AGE OF AMBITION

CHASING FORTUNE, TRUTH, AND FAITH IN THE NEW CHINA

[十週年經典回歸・重新校訂版]

野心時代

在新中國追求財富、真相和信仰

Evan Osnos

◎ 普立茲新聞獎得主——歐逸文——著

潘勛——譯

獻給貝莎娜（Sarabeth Berman），她體驗了一切。

目錄 Contents

第二部　真相
Part II ∙∙ TRUTH

第三部　信仰

Part Ⅲ：FAITH

十週年中文版新序

中國的鬱卒時代：

經濟體堪慮、年輕人躺平、企業家逃離、習近平返祖

Preface

歐逸文

二十五年前，中國正當紅的作家是一號叫王小波的人物。王小波受過文化大革命的煎熬，同樣遭遇的人會把這段經歷化為掏心掏肺的創傷故事，但王小波不一樣，他是諷刺家，有寇特・馮內果（Kurt Vonnegut）的意趣，對於政治入侵私生活領域洞察甚深。他的中篇小說《黃金時代》寫到一對年輕情侶坦承犯下了布爾喬亞的婚外情——「在山上敦偉大友誼時，嘴裡噴出白氣。」兩人被逮到要交代自己違背了革命的規矩，但當地的黨員關注的顯然不是馬克思，而是他們「偉大友誼」的淫迷細節。

王小波的小說與散文彰顯個人尊嚴甚於循規蹈矩，他擁抱外國思想——來自美國作家馬克・吐溫（Mark Twain）、義大利作家卡爾維諾（Calvino）、英國哲學家羅素（Russell）——與中式觀點相輔相成。他的文集《思維的樂趣》剛出了英文版，而在同名

文章〈思維的樂趣〉裡，他憶想在公社時，唯一獲准閱讀的就只有毛澤東的小紅書。在他看來，這樣的狹隘蘊含著一種令人難受的謊：「假如這種終極真理已經被發現，人類所能做的事就只剩下了一句這種真理來做價值判斷。」四十四歲那年，王小波心臟病走了，但他的觀點仍然傳播在粉絲之間，像握手時的祕密動作。王小波遺孀，社會學家李銀河曾經告訴我：「我一看就曉得，到他的墓前致意的是一對拉拉。」她補了一句，「類似想法的人還有很多。」

王小波是怎麼在一個以束縛而聞名國家變成標誌性的文人的？他精於敘事，太極功力足以混過審查。但政治局勢也很關鍵。一九八九年的天安門鎮壓之後，中共大有被莫斯科的同志遺忘的危險。中共還是存活了下來，方法是對中國人民做出重大但實際的讓步：給予個人空間，換取政治效忠。中共領導人鄧小平打破毛澤東時代的教條，呼籲「敢於試驗」，中國「不能像小腳女人一樣」。不久後，就有倡議女性與少數族群權利的新NGO出現，外資也挹注新創公司如阿里巴巴與騰訊，兩者後來躋身為全球財富最多的企業。年輕人開始嘗試新的身分；我就碰到過一個玩美式搖滾的中國樂團，只是他們的定番曲目有限，結果一晚上就唱了〈加州旅館〉（Hotel California）兩遍。更有甚者，黨也試圖展現出自信：一九九七年，繼承鄧小平的江澤民走訪紐約證券交易所，按下敲開股市的鐘，然後他出人意料地用英語說：I wish you good trading!（祝各位大發利市！）

鄧小平跟人民約定之後的二十年來，中共算是信守承諾了。私部門創造財富；知識分子在校園與社群媒體上表示異見；中產階級出遊縱樂。二〇〇五年到二〇一三年，我住在北京，當時社會上的日程表時不時就來個開幕式：音樂廳開幕，實驗室落成，建築奇觀剪綵。有一回新的美術館開幕致慶，國際友人齊聚一堂，眼睛盯著西班牙前衛藝術表演班子在起重機吊臂上盪來盪去，翻騰扭絞有如蜘蛛網中的蒼蠅——某作家親臨現場，稱之為「中國藝術勢不可擋的崛起」，而這只不過是又一個「勢不可擋」的夜晚。

最近我重返中國，那種崛起之勢不可擋的感覺已經消退了。北京街頭還是有進步，電動車大軍壓境，彷彿科幻電影裡的道具那樣滑過去，而害天色一直霧茫茫的廢氣也沒了。但是在胡同裡，以前那些急就章的、活絡了整座城市的咖啡店與藝廊，已經奉秩序之名一掃而空；頭頂上，曾經吸引世界各地設計師前來建造新摩天樓的競賽，也乏力了。今年夏天，我跟一位認識多年的知識人喝酒。他回想當年自己從東歐集團的異議人士所獲得的啟發：「十五年前，我們還在講哈維爾（Havel）。」眼下，他帶著一絲沮喪對我說：「大家都懶得有意見了。」我們起身離開時，他已經乾了四杯馬丁尼。

這種顛倒的化身就是習近平，中共總書記暨中國國家主席。黨內給了他一個簡潔的頭銜：「核心」。回到習近平掌權之前，在二〇一二年，中共有部分思想家想推動政治自由化，但領導班子擔心內鬥與人民造反，於是選擇更嚴格的專制。事實證明，習近平無比嚴厲；雖然一開始他鼓勵年輕人「敢於追夢」，還表現出一副以市場為導向進行改革的樣子，但他已經拋棄了鄧小平的「敢於試驗」，並引領他的國進入窘迫的新時代。

在習近平主政的第一個十年的末尾身處中國，等於見證一個國家從運動狀態滑落到停滯，也讓人們在二三十年來第一度想問：超級共產大國能否躲過當年讓蘇聯走向末日的那些矛盾？

七十歲的習近平已經把任期限制拿掉，排除了反對者，連忠黨愛國的人也不例外。他沒有以前那麼常巡視，很少展現思緒底下的情緒，也沒有在公開場合激昂講話或大張旗鼓。他動作之謹慎，彷彿人在水底。疫情前，中國官媒經常放出他身在支持群眾之間，眾人以生硬的鼓掌表現崇拜的畫面。有人把國外流傳的影片片段打上「西北韓」（West North Korea）的挖苦字幕，但在國內，審查機構卻是目光如炬，嚴密守護習近平的榮譽；去年中國社群媒體流出一份資料，揭露了該平台封鎖至少五百六十四個習近平的綽號，像是凱撒、末代皇帝，以及用「小熊維尼」變出的二十一種花樣。

習近平不像鄧小平與江澤民，他沒有在國外生活過，對於美國及其民主盟國未來發展一直公開表現輕視，宣稱「東升西降」。偶爾跟新聞自由發生齟齬時，他也不掩飾自己的不悅；去年G－20峰會場外有個花絮，他埋怨加拿大總理杜魯道（Justin Trudeau）：「我們所有討論的內容洩漏給了媒體，不合適。」加拿大一家電視媒體的團隊捕捉到了對話場面，習近平笑容緊繃，要求「互相尊重」，還補了一句：「否則，這個結果就不好說了。」

一年年過去，感覺習近平在他所謂「最好、最親密的朋友」普丁（Vladimir Putin）的世界裡是如魚得水。三月，國際刑事法庭（International Criminal Court）根據戰爭罪指控，發布對這位俄羅斯總統的逮捕令。隨後普丁在莫斯科接待習近平，兩人表示彼此的關係從未如此這麼好過。習近平在克里姆林宮門廊與普丁緊緊握手道別時，表示：「這也真是百年變局之一部分，我們共同來推動。」普丁答：「我同意。」

・・・

一個地方的書店，可以讓人曉得許多當地的情況。這一點在世界大部分地方均成立，在中國也是。上海是中國最海納百川的城市。多年來，上海的愛書人擁有「季風」——季風書園在一九九七年開幕，正是王小波猝逝那一年。季風是這座城市無庸置疑的自由前哨，再難懂的講者都能在這裡吸引一票聽眾。但在二〇一七年，擁有季風書園所在建物的上海圖書館不再續租，理由是國有房屋資產管理使用須「更加有序規範」。負責人于淼另覓新店址，但每找著一處，地主就會接到電話，然後拒絕于淼。于淼終究體認到，「季風沒有立足之地」。就連為了銷光庫存書籍而舉辦的告別會，也因為突如其來的「設備維修」而倏地一片漆黑。來買書的人拿手機當手電筒，依舊在黑暗中購書。今天，沒有誰還敢開像這樣的書店。

想測得一國的風向不是容易事，尤其中國是個不允許獨立進行民調的地方，但總是有跡可循。一九七〇年代為美國通貨膨脹、天然氣短缺，加上中東動盪不安的年代，此時民間的氛圍可以從路上跑的汽車來解讀；汽車業至今仍然稱當年笨重、方正的設計美學為「鬱卒年代」（Malaise Era）風格。問問中國民眾他們如今的心情，最常聽到的幾個詞會有「迷茫」跟「沮喪」。

經濟考量多少反映出美國的民情，這一點在中國亦如是。一九七八年，中共領導人展開市場改革，此後中國經濟體規模每十年都會成長兩倍以上。基礎建設興建的步調有多快？美國整個二十世紀的混凝土使用量，中國在三年間使用的混凝土，比美國整個二十世紀用的還要多；貧窮榜上有名的貴州省，擁有十一座機場，服務一片面積相當於密蘇里州的範圍。但榮景已然結束。該有的機場，還有鐵路，還有工廠，還有摩天大廈，中國都有了。去年，中國經濟成長百分之三，遠低於官方目標，出口下降，債務直上雲霄。曾經跟進研究中國崛起的經濟學家們，如今也是徹底悲觀。紐約智庫榮鼎集團（Rhodium Group）的丹．羅森（Dan Rosen）告訴我：「這不是『嗶』一下就過去，這是長期的新常態。」

就規模而論，中國就跟以往一樣拔山蓋世：中國是一百二十多國的最大貿易夥伴國，是太陽能板供應鏈至少百分之八十的所在地，是全世界最大電動車生產國。但經濟的低迷已經動搖了此前未曾經歷過生活水準下降的公民們。人們用畢生積蓄簽下新公寓的合約，結果開發商錢燒光了，他們只得面對過度開發的土地上爛尾的水泥空心磚。中國「清零」政策要求的封城措施，也讓民間財富水位枯竭：有報導指稱老師與公務員都沒有拿到薪水。

中國如今的難題遠不只是經濟。鄧小平和同僚讓他們的國家走上「改革開放」的路之後過去了四十年，他的後繼者卻倒轉了頭，而且政治與文化皆然。對中國老百姓來說，開這種倒車會有多顛簸呢？打個比方，以前美國有邊境公地放領，假如國家從邊境撤離，會讓領地墾荒的人多麼心煩意亂？中國歐盟商會（European Union Chamber of Commerce）榮退主席伍德克（Joerg Wuttke）曾在中國生活三十多年，他告訴我：「中國永遠不缺東山再起的故事，但現在不是時候。」他回想以前在北京大學對一整屋子學生演講時：「我說，『你們當中有誰樂觀？』三分之一的人表示樂觀——意思是中國最好的大學有三分之二的人感到悲觀。有一種『我們在這兒幹嘛』的感覺。」

今年夏天，我走訪中國與海外的中國僑民社群，訪問了好幾十個人，問他們的工作與日常生活，問他們對於商務、文藝與政局走向的想法。他們講到習近平的時候，經常不會吐出他的姓名——伸出一根手指，指指天便足矣——因為繞不過他，但講了又不安全。這令我相當詫異（許多人要求不要透露其身分，我很少遇到這麼頻繁的情況）。我最震驚的是，居然有這麼多人開始懷疑中國真能達到以往他們所預期的高度。「我會用『悲哀』來描述現在的中國，」一位企業家告訴我，「我們是為那難得一遇的時代而難過。」

中共一步步掩蓋問題，不讓外國人檢查：企業資料與學術期刊的海外存取權受限，學者接獲警告莫要討論通貨緊縮，還有股票上市的情況——按照慣例律師要提醒客戶，法律會在「無須預先通知」的情況下改變，但現在有人叫他們取消這種慣例（他們要改用「不時」這個說法）。中國官方鼓勵外國企業與學者回返中國，但增修的「反間諜」法卻限制他們接觸各式各樣的資訊，像是「關係國家安全和利益的文件、數據、資料、物品」。當局突襲檢查在中國歷史悠久的顧問公司，像是貝恩策略顧問公司（Bain & Company）與敏茲集團（Mintz Group）——這家盡職調查公司表示有五名中國籍員工遭到拘留。

流行文化、高雅文化與自主互動的餘地縮到針尖那麼小。中國社群媒體本來是個鬧哄哄的菜市場，現在都乖起來了，風雲人物噤聲，討論帖子關閉。流行歌手演唱會與其他表演因所謂「不可抗力」的因素而遭到取消。甚至脫口秀還被迫預錄段子裡埋的哏送審。今年春天，一位喜劇演員脫稿演出，在講自己的狗瘋狂追松鼠的時候拿中國解放軍口號當哏（「作風優良，能打勝仗」），結果遭到調查。他的經紀公司遭罰一千四百多萬人民幣，並責令禁止演出。

中共用來注入這個文化真空的，是打著習近平之名的出版品洪流，今年前五個月就有十一本新作，數量遠遠超過每一位前任的掛名書，集結了他對於每一個議題，從經濟到歷史，再到婦女生活的見解。知名史家兼翻譯家白杰明（Geremie Barmé）稱之為「習近平的乏味帝國（Empire of Tedium）」。「本來是個溝通時像打電報一樣惜墨如金的偉大文化之一，最後卻以這場話癆海嘯告終。」白杰明如是說。既有體制跌跌撞撞的尋找，尋找這個大哉問的解答：習近平的中國還能維持「專制」與「資本主義」的搭配嗎？「面對一個因經營不善，引發失業問題，卻無能為力的經濟體，你能怎麼辦？」白杰明問，「面對覺得人生沒有目標的人民，你要怎麼辦？」他說，「他們放任這些力量，卻沒有一套辦法能對治。」

・・・

之前，我有個星期六晚上跟北京朋友去一家叫「小塊兒」的愛店聽當地樂團的表演。白天，小塊兒兼有錄音室功能，製作的是復古的塑膠卡帶。天暗了以後，酒吧裡擠了二十來人聽團，團名像是「黑磚」（Black Brick）與「電離層」（Ionosphere）。

聽眾熱情歸熱情，現場卻瀰漫一股下台一鞠躬的氛圍：主理這家酒吧的情侶將在月底收店。告別信中提到，他們原本希望支持「獨立文化」，但卻得抵抗「什麼可以什麼不可以的界線不停改變」。北京的精神錨點——壇、Cellar Door、小院兒（El Nido），最近都接連走入回憶，小塊兒也在加入這份名單。

消失，已經成了習近平統治下中國公眾生活的反拍基調。中國火箭軍司令員李玉超在夏天不知何時遭祕密羈押。他的政委也被消失了。根據這類消失的不成文規矩，官方報告終將揭露這兩人做了什麼，有什麼樣的下場，但此時頂多只有他們因貪腐或者、也許因洩漏國家機密而遭到調查的謠言。

從這些將領的消失，可以看出是個整肅異常頻繁的夏天。中國外交部長秦剛，上一次現身是在北京的會議中與越南官員握手，也在差不多時間消失了。秦剛人間蒸發引來關注，畢竟他一直有參與對美磋商，處理台灣議題、商務人士與留學生等審慎的運作。外交部發言人本來說秦剛是因為「健康因素」而缺席，但外交部後來把這段聲明從官方逐字稿中拿掉，改成表示對他「沒有信息可以提供」。因為他之前曾擔任駐美大使，我偶爾會在華盛頓見到他。他這人棉裡藏針，老愛把自己走訪過美國多少個州的事情掛在嘴邊（最高紀錄來到二十二個州）。我上一次見到他的時候，他正準備走訪聖路易（St. Louis），去那兒在紅雀隊比賽擔任開球嘉賓，正研究 YouTube 影片，緊張兮兮地做準備。

在毛澤東時代，中共黨內整肅時少不了功夫老到的專家，好讓同志的身影從照片中消失。進入數位時代就好辦多了，一夕間，外交部官網關於秦剛的條目都消失了。不過，等到這個變化在國外引發關注時，提到他的部分又恢復了。我今年夏天造訪中國期間，大家都在討論他。有些揣測挺慘的。「人家說他已經挨槍子了。」在上海跟人喝咖啡的時候，對方這麼說。其他說法則天馬行空：有個生意人拿起我的錄音筆，藏到自己背後，然後俯身向前講悄悄話：「我聽到的是，他睡了習近平女兒。」但多數人提供的都是同一個故事：已婚的秦剛有了婚外情，對象在美國生下了孩子，導致他受到境外情報組織的勒索；只是版本不同（據傳孩子的母親是電視台主播傅曉田，她同樣從公眾視線中消失了）。

從二〇一二年習近平發動「反腐」運動，演變成大規模拘捕以來，二〇二一年的官方報告表示中國已「查處四百零八萬九千人」。被消失的人有部分最後出庭受審，定罪率達百分之九十九；其餘則是在人稱「雙規」、諱莫如深的措施下遭到無限期拘留。被消失的人來自每一個角落：報紙專欄作家董郁玉去年在與日本外交人員午餐時被捕，隨後遭間諜罪起訴；中國高知名度銀行家包凡在二月失聯，不過他的公司後來表示他正在「配合中國有關機關調查」。到了九月，人權團體發現失蹤將近五年的著名維吾爾民族學家熱依拉·達吾提（Rahile Dawut），現正因危害國家安全罪服無期徒刑。

除了這些人間蒸發，日常生活處處都能感受到政治之手愈伸愈深。今年初，中共發起運動，要把黨的文宣中慣稱的「習近平新時代中國特色社會主義思想」拿來教育群眾。無論是實驗室、資產管理公司、銀行還是智庫，各種機構都該騰出時間定期聽講，然後要寫作文，還要考試。部分企業高層表示自己的工作日有三分之一時間用於「思想工作」，像是一個月平均要讀四本書。有大學實驗室的晶片工程師對朋友說：「每天開會都把科研的時間吃掉了。」

近年辭世的漢學家李克曼（Simon Leys）曾經稱共產黨的行禮如儀為「悲哀的旋轉木

馬」，而推動思想工作的整體效果，就是重新啟動這種旋轉木馬，振興一種刻意混淆的文化，就像李克曼口中所謂解讀「用隱形墨水寫在白紙上的銘文」。從重出江湖的人間蒸發，還有如此規模的思想工作就能清楚看出，即便中國已經這麼現代化，但習近平已經不演法治默劇了，他已經讓中國回歸人治。一位長期觀察家告訴我，習近平骨子裡就是「有錢的毛澤東」。

・・・

回來說北京的酒吧。我跟一位名叫史蒂芬（Steven）的中國頂大畢業生一塊兒到店外透透氣。他穿著夏威夷花襯衫和Nike的衣服。幾分鐘過後，他告訴我，自己因為想旅行，準備拋下手邊這份寫能源報告的高收入工作。「很多有趣的人都要走了，」他說，「我許多朋友離開了。」又過了一會兒，有個提著吉他硬盒的傢伙在酒吧門口對著手機另一頭的人大吼：「我剛把工作辭了！我受夠了。」此君掛掉電話，轉頭對朋友說：「我會想辦法找事來做。」

中國在光陰的長征中熄了火——這種感受在年輕人之間尤其鮮明，他們正在跟停滯的薪資與處處受制的累人文化拚搏。對於在社會流動性的神話中長大的青年世代來說，失去樂觀態度簡直就像幻肢痛。

二〇二一年，曾經的工廠工人，三十一歲的駱華忠貼出一張自己躺在床上的照片，說明文字是「躺平就是我的智者運動」，他說自己是致敬古希臘哲學家第歐根尼（Diogenes），傳說第歐根尼以住在一個大桶子裡的方式，以對雅典貴族的奢華無度表達反對。這個帖子傳了開來，「躺平族」組成線上社群來表達共鳴。百度審查屏蔽了這個帖子，但「躺平」一詞至今猶在，生活在城市裡的人尤其愛用，有些人自比為「垮掉的一代」，而這個詞一開始是用來表示面對物欲與從眾壓力時的「疲憊」。

二〇二三年七月，中國國家統計局公布青年失業率破紀錄達到百分之二十一，是四年前的近兩倍。後來統計局便不再發布數字。北京大學經濟學教授張丹丹發文指出，真正的失業率恐怕高達百分之四十六，她估計有多達一千六百萬年輕人暫時不找工作，只想躺平。

一胎化政策下長大的年輕人，擔心養孩子的同時還要養退休的父母，開銷太大，寧願組小家庭，結果導致中國工齡人口預期在二十一世紀中葉時，將從二〇一一年的高峰減少將近百分之二十五。人口成長受限的前景，讓臥房重回政治注意力的焦點——不是去抓婚外情了，而是要以愛國之名催生。地方官員開始打電話給新婚夫婦問狀況，鼓勵他們生育，浙江某縣更是為了提倡「適齡婚育」，向女方年齡二十五歲以下的新人提供現金獎勵。

習近平的中國就像普丁的俄羅斯與奧班（Viktor Orbán）的匈牙利一樣，一場對民主影響力的戰爭，已經讓性別不平等重新浮現；二〇二一年，中共決定「弘揚中華民族傳統美德」與「尊重生育的社會價值」。倒退的跡象再明顯不過了：政治局數十年來首度完全由男性組成，女權人士頻遭起訴。

政治壓力影響個人決定，讓許多中國女性大為不滿。二〇一六年以來，中國生育率已經腰斬——即便政府改變政策，允許民眾能生三胎，也未能扭轉。對於一個並非處於戰爭狀態或政局動盪當中的國家來說，這種「跳水」現象相當罕見。中國上一次出現人口衰退是在一九六一年，人口正被毛澤東大躍進造成的饑荒搞得七葷八素。政治經濟學家尼古拉斯・埃伯施塔特（Nicholas Eberstadt）在美國企業研究所（American Enterprise Institute）研究人口趨勢，他稱這場生育率危機為「內化的公民不服從」。

一次晚餐時，我問二十四歲的西碧拉（Sybil）有沒有打算結婚，她說：「我的話絕不。」她不久前到親戚家，看到那人爸媽對媳婦的頤指氣使。「不做他們期待的妻子或母親，就要把人趕出去，」她說，「那何不乾脆趁青春年華去闖闖？」西碧拉說她好長一段時間反覆做惡夢，夢到自己懷孕。「我半夜嚇醒，就睡不回去，」她說，「生小孩的話，就活不出自己的潛能。我覺得一個家容不下兩個人的夢。」

西碧拉對婚姻的反感，是跟中國升學就業的激烈競爭分不開的。她在念語言學碩士，看待工作也很彈性。她說：「給我工作，要我去火星都行。」但她目前能找到最好的職位，是在一家公關公司當實習生，而且她考慮過後，覺得要是離開職場生小孩，就再也追不上了。「我們就跟倉鼠一樣，在輪子上跑啊跑。」她說。

從歷史上來看，年輕人一直是中國政局中一股不穩定的力量。一九八九年，學生抗議腐敗與專制，演變成占領天安門廣場。而在眼下這個片刻，他們的困境則是以其他形式展現。多年來，年輕的大學畢業生湧入中國大城市，追求財富與鼓舞，但官媒在二〇二三年八月報導，有將近半數應屆畢業生因為負擔不起生活開銷，而在畢業後的六個月內回鄉。留下來的人裡，有些人揭了應徵「床友」，也就是跟陌生人分一張床的廣告，有些人則是免費住進安養院，每個月勻出十小時娛樂院民。

十年前習近平叫青年「敢於追夢」，現在他告誡年輕人要降低自己的期望；他在近幾次講話時表示不滿的年輕人該「摒棄驕嬌二氣」，該「吃苦」——講白了就是「吞下去」。這番告誡沒什麼作用。年輕人挖苦話裡的含意，說自己基本上就是「人礦」，是要給國家開採的。大學畢業季期間，應屆畢業生紛紛貼出自己面朝下趴在地上，或是掛在橫欄扶手上的照片，呈現所謂的「殭屍風格」，作為一種微妙的反抗。

• • •

花點時間在近來中國商業界的邊緣蹲一下，就能得到新經驗談。假如得公開發言，那請堅持使用黨的講話方式；去年，第一艘在中國大型遊艇公司打造的遊艇下水，公司執行長誓言推動「以中華文化認同為核心的新遊艇文化與旅遊業概念」。身在國外的話，要提防家裡有急事要速速回國的要求。「我認識的好幾個人都因為一通電話就回中國去了，那種電話是政府想抓你的圈套。」一位財經人士告訴我。遭到拘留時，從一些線索可以揣摩審訊的下手輕重。「要是他們晚上把你的手機還你，事情就不會有什麼問題——人家只是想找你談談，」他說，「你還可以跟你的太太或情婦微信一下。」可要是審訊的人不把電話還給你，那你八成不是情報來源，而是調查目標。

習近平撼動中國私部門的程度，再怎麼高估恐怕都不為過。幾十年前鄧小平開放中國的時候，說過「讓一部分地區、一部分人先富起來，帶動和幫助其他地區、其他的人，逐步達到共同富裕。」多年來，胸懷抱負的人看著前輩企業家的榜樣，接著一波波自己「下海」。二〇一四年，阿里巴巴在紐約證交所上市，籌得兩百五十萬美元資金，創下當時歷史上首次公開發行的最高紀錄。新企業如雨後春筍，截至二〇一八年，中國已經透過創投合約吸引六百三十億美元資金，等於在五年間成長將近十五倍。

習近平出任主席時，鮮少表明自己對私部門的看法。根據當時在北京開發地產的沈棟所回憶：「大家都不確定自己會怎麼發展。」企業家認為私部門太重要，不會來胡搞瞎搞。中國有個說法，民營經濟貢獻六成以上的GDP，七成以上的技術創新成果，八成以上的城鎮勞動就業崗位和九成以上的企業數量。

沈棟說，到了二〇一五年，「風向感覺開始變了」。這年十二月，人稱「中國巴菲特」

的實業家郭廣昌遭拘留數日；不久後，他的公司售出一系列重要資產。二〇一七年，與政壇關係良好的億萬富豪肖建華被人從自己下榻的香港四季酒店套房中推著輪椅帶走，頭上蒙著一張布或毯子（此後他行蹤成謎，當局直到八月才宣稱他因為違法運用資金與行賄而入獄）。

一直要到二〇二〇年，才真的欲來山雨滿樓風。馬雲是阿里巴巴創辦人，是中國首富，也是中生代企業家的標竿。馬雲批評中共操縱的金融改革，結果消失月餘。中國監管當局喊停螞蟻集團上市（螞蟻集團是馬雲的另一家公司），並以反壟斷罪名對阿里巴巴祭出創紀錄的一百八十二億多人民幣罰款。類似的人間蒸發與處罰，掃過了教育、房地產、醫療照顧等一個又一個的產業。中共表示打擊的目標是不平等、獨占與過度的金融風險，但某些人被捕顯然是私怨。有人洩露一篇文章，內容是地產大亨任志強嘲笑習近平是「剝光了衣服也要堅持當皇帝的小丑」，結果是任志強被控貪汙等罪名，遭到判刑十八年，手下的異常重。

這些目標都沒有展現出任何組織性的政治意圖。唯一可見的模式，只有習近平及其派系顯然有意把競爭對手的權威來源給掐熄。「有影響力就有權力，有資本就有權力」，那位以「悲哀」來描述現在中國的企業家說，習近平把有權力的人一個個排除掉了。據說習近平曾經表示，他看著一九九〇年代時葉爾欽（Boris Yeltsin）跟俄羅斯大亨對抗的過程，看得很不是滋味。伍德克告訴我：「二〇〇〇年，普丁進克里姆林宮的時候，把各家寡頭叫來說話，大意是你可以留住錢，但要是敢碰政治，你就玩完了。」他接著說，「中國的大人物都該從這次講話裡學到教訓，因為在這一點上，普丁跟習近平就是靈魂伴侶。」

多年來，經濟學家敦促政府應停止仰賴房地產投資與臃腫的國有企業，而是要增加醫療與退休保險，讓一般家庭有更多消費，刺激私部門。但習近平骨子裡是馬列主義者，他在去年秋季表示國有企業應該要「做強、做優、做大」。外國投資人嗅到警訊。據摩根大通表示，二〇二三年第二季的海外直接投資落到二十六年以來的最低點。缺現金的地方政府採取微妙的強索措施，律界稱之為「查稅收稅法」。上海一家工廠老闆告訴我，中共官員利用銀行往來紀錄，找出流動資產高達三千萬人民幣（大概四百萬美元）的居民，然後讓他們選擇：交出百分之二十，或者「冒全面查稅的風險」。

最近中共釋放訊號，暗示對於私部門的整頓已經結束，但許多人是愈來愈謹慎。一位前電信業主管借了傳統上社會階級排序的說法，也就是「士農工商」。「兩千年來，商人地位都是最低的，」他說，「習近平的做法等於是把中國傳統四民順序倒過來。」目前這個時代的最大贏家是跟習近平私交深厚的官員：他讓政治局裡都是信得過的幫手，並且提升對軍隊的投資，用忠誠派取代本來的軍隊高層，來拉攏軍方。曾任黨報編輯、現居美國的鄧聿文說，人民解放軍已經成了「習近平的私人軍隊」。

習近平對私部門的行動引發意料之外的影響，其中包括政治意識的覺醒。多年來，許多中國企業家對於中共濫權的態度都曖昧不明。他們的想法是，中國有缺點，但前進方向是對的。如今，抱持這種得過且過的心態的人愈來愈少。「這種翻轉已經持續好幾年了，」一位現住在國外的投資人告訴我，「我當然想念中國。但中國已經變了太多，已經不是同樣的國家了。」

我見過的每一個人都認為，只要習近平身居首位，政治掌控就不會放鬆，而他可能還會統治好幾十年（習近平的父親活到八十八歲，母親則是九十六歲。習近平和多國元首一樣，想必會有一流的醫療照顧）。

中國私部門前途黯淡，找工作的人紛紛轉求鐵飯碗：二〇二三年，一百五十萬人參加中國公務員考試，等於兩年內人數增加了一半。捧起鐵飯碗（在中國稱為「上岸」）受歡迎的程度，甚至催生出一種讓人難以置信的流行時尚。年輕人為了明志，穿起暗色西裝、風衣，甚至別上中共黨徽，人稱「廳局風」。

不到五年，中共已經讓曾經創造出稅收、工作機會、志向與全球聲譽的產業跛了腳。中共曾經有一代的黨員找到方法先實際而後意識形態。鄧小平說：「不管黑貓、白貓，會捉老鼠就是好貓。」到了習近平時代，這個原則實際上已經演變成：不管貓捉不捉老鼠，只要是紅貓，就是好貓。

• • •

一年年過去，習近平不斷撤銷鄧小平那一輩跟人民達成的承諾，也就是用個人空間換取忠誠。他先是打破與政治階級的協議，然後撕毀與商界的契約。最後，到了疫情期間，他似乎還疏遠了廣大中國人民，而他的做法才逐漸浮上檯面。

中國因應新冠疫情的做法一度備受推崇。二〇二〇年，隨著無法控制疫情蔓延，也掩蓋不了疫情最先是在武漢爆發的事實後，中共採取了「清零」方針，例如關閉邊界、實施普篩、嚴格檢疫，讓中國大部分地方恢復常態生活，而同一時間美國的學校與辦公場所還在為了維持基本運作所苦。科技公司與政府合作，蒐集大量醫療與定位資料，給每一個人配一個健康碼，有綠有黃有紅。封鎖是有限的，志願者穿起白色防護衣，替無所不在的篩檢與封控團隊出力，人們也因此親切稱呼他們為「大白」。

但時間一久，清零戰略加上操弄恐懼，就造成極大的痛苦。地方官僚擔心受罰，哪怕只是很小的爆發，結果變得僵化、沒有彈性。上海兩千五百萬居民中的大多數人被關在家裡兩個月，連食物與藥品都快見底。一位婦女的父親因為封控太久的關係，連心臟病的藥都快沒了。她告訴我：「我們沒必要去想像機器人控制我們的晦暗未來，我們現在過的就是那種日子。」市民跑到自家陽台上唱歌或者要求物資之後，有一段影片開始流傳，上海一處小區出現無人機盤旋，廣播一條反烏托邦般的指令：「控制靈魂對自由的渴望，別開窗唱歌。」

醫院拒收一些並非染疫的病患。退休後加入上海大眾樂團的一位小提琴手陳順平，從自己公寓的窗戶一躍而下，因為苦於急性胰腺炎引發的嘔吐而得不到醫治。他留下遺言給妻子說：「我實在忍受不了胰腺炎的痛苦。」最讓人怒不可遏的，或許是篩檢陽性的父母必須與自己的嬰兒與牙牙學語的小孩分開，由政府安置孩子。去年十一月，上海等幾座城市爆發示威；抗議者舉起白紙，象徵自己所不能說的一切。數十人遭到逮捕，至今仍有人在羈押當中，人數不詳。維吾爾族大學生卡米萊．瓦依提（Kamile Wayit）把抗議影片分享到網路上，結果因「宣揚極端主義罪」獲判三年有期徒刑。等到清零政策終於結束，接下來一個月因為變化太大，獨立單位分析至少有一百萬人在幾星期內死亡；政府已不再公布火化統計資料。

疫情大起以來，民間冒出一股新的憤世嫉俗的情緒。「民眾這麼生氣，我很訝異。」上海一位娛樂業人士告訴我。他頭一次聽到有泛泛之交明白地在他面前質疑領導階層的無能，「信心就像你對宗教的那個『信』，」他說，「是一種對無形證據的信仰。」

我拜訪一位德高望重的作家，他工作的地方在曲曲折折的胡同深處，是個幾乎堆滿了書的避靜所（他對電子書沒信心，畢竟電子書也會被消失）。為了騰出空間待客，他推了推凳子上的貓，然後用氣憤的口吻談起大疫。他在自己認識的人之間看出一股伏流：年紀愈大、權力愈大的人，對於封控愈是不耐。「他們都是菁英，」他說，「他們有好工作，他們有影響力，卻只能痛苦哭訴。我不禁想，要是有人先開口，或許我們能集眾人之力，說出我們不喜歡這個政策，或者這種惱人的情境。但誰都不想第一個把腦袋伸出去。」他接著說：「中國最麻煩的，就是開放的心態，也就是學習的能力，已經消停了。四十年來，我們學到東西，然後大家就認定中國無堅不摧無所不能，東升西降，中國已經是世界霸主。然後我們就不學了。但其實我們一直沒有建立有良心的社會。」

人們還在發現心裡留下的痕跡。封控結束後的幾個月，朋友吃完晚餐回家，經過一處篩檢亭。她一下子無名火起，踢了一腳。「我非常生氣，生氣這一切。」她說。碎玻璃在她腳踝上割了一道深深的口，鮮血泉湧，但比這還糟的是，她瞬間想起有監控攝影機。「我好害怕，」她告訴我，「我是不是惹禍上身了？」去醫院感覺很危險，但血流到不能置之不理。她編了個說法，說自己撞到玻璃帷幕；到了清晨，腳纏著繃帶的她一拐拐地回家，血在受傷那隻腳的鞋子上凝成硬塊。一道長長的疤從腳踝彎彎曲曲往上，那股引爆開來的怒氣留下了永久的痕跡。她說：「潛意識裡那股憤怒永遠不會消失。」最近她多半把時間用來找方法移民出去。

・・・

二〇一八年，中國網路論壇出現了一個新詞：「潤學」，也就是逃跑的功夫。上海開始封城後，這種說法就興起了。騰訊表示搜尋「移民加拿大條件」的次數激增。當局相當感冒，移民管理局宣布新規定：「嚴格限制中國公民非必要出境」。但人們還是找得到門路。根據聯合國說法，去年有超過三十萬中國人離開中國，是上個十年移民速度的兩倍。有人採取極端的做法。八月，有人騎著水上摩托車，帶上多餘油料，騎了兩百多英里到南韓。根據人權團體說法，此君曾因為穿著把中國領導人稱為「習特勒」的T-shirt而蹲了一段時間的監獄。其他人則是苦旅經過好幾個國家，期盼能抵達美國。有人利用厄瓜多旅遊免簽進入南美洲，加入人流往北，穿越達連隘口（Darién Gap）的叢林。今年夏天，美國南方邊界各州當局提出報告，顯示過去十個月紀錄在案的中國遷徙者人數達一萬七千八百九十四人，比去年增加了十三倍。

多年來，中國有錢人會說「留」的收穫比「走」更多，但許多人開始改變想法。恆理公司（Henley & Partners）是一家為富人提供投資取得居留權、公民權的顧問公司。六月，恆理的報告提到中國在二〇二二年所流失的富人淨人數為一萬零八百人，超過俄羅斯，成為全世界富裕公民移出最多的國家。去年秋天，習近平以「共同富裕」的名義，提倡「規範財富積累機制」，預計將對遺產與財產開徵新稅。「要是你屬於那百分之零點零一，就要試著出去。」這位企業家告訴我。

阿俊（Jun）是一位五十多歲的技術專家，用剃得很短的頭髮與隨興的穿著掩蓋自己的緊張。他在地中海買了個地方。「中國有句俗話叫『狡兔三窟』，」他告訴我，「我最擔心哪一天持中國護照的人就出不去了。」中國公民可以用十萬美元左右的代價，購買來自安地瓜與巴布達等加勒比海避稅地的外國護照。二〇一五年，馬爾他開始出售永久居留權之後，百分之八十七的申請者是中國人。今年稍早時，愛爾蘭取消投資移民方案，擔心過程中會逐漸受到中國主導。

阿俊很難稱得上是異議人士，一系列的網路與娛樂相關投資讓他致富，但他逐漸認為中共對於控制的必要性實在站不住腳。掐住私生活與私人企業會加速形成對立——阿俊認為這是必須忍受的痛苦。「現在壓力愈大，未來開放的速度就愈快，」他說，「中國五年內會走弱，十年內出現衝突，但十五年內會好轉。」這種觀點的各個版本流傳甚廣，部分中國人甚至給習近平起了綽號叫「總加速師」，相信他正把中國推向算總帳。至於現在，阿俊說：「大家一句話都不說，他們只是盯著壓力鍋看。」

中國領導層曉得人才流失有多危險。二〇二一年，習近平在演講時提到「綜合國力競爭說到底是人才競爭」。但「人才優先」跟「控制的必要性」衝突時，贏的會是控制。我在北京時，有人告訴我說，自己的社交圈子因為移民而少了一大半，他得「在羽球場上認識新朋友」。他還告訴我不久前親戚家裡上演的劇碼，內容融合了各種悲情：「我姪子告訴他爸媽，『你們要是不讓我跟我老婆搬去加拿大，我們就不生孩子。』」

大衛・萊斯普倫斯（David Lesperance）曾經是協助有錢公民離開中國的律師，他說自從那些高調失蹤事件之後，詢問移民的人數增加了。他告訴我，自己初期有一位客戶出身上海望族。「這人說：『你瞧瞧，我們家經歷過皇帝統治，經過太平天國、義和團、日本人、國民黨跟共產黨。我們家的家訓是，無論時局多好，港邊一定要備一條快船、備用的文件與一些金條。這個麼，今天的話就是額外的護照、房子和銀行帳戶。』」

中國公民一年能換的外幣通常不能超過五萬人民幣。不過，替代方案總是有的。有個地下匯兌網路，稱為「飛錢」，能讓你把錢存入本地帳戶，然後在國外取出，扣一點手續費。金額更大的話，則要靠假收據——比方說，用十萬美元換一張一百萬美元購置機器零件的收據。八月，警方逮捕了上海最大中美移民公司，「外聯出國」的負責人，指控其「採取境內收取人民幣、境外提供外幣的方式，為他人非法提供外匯買賣」，顯見中國當局對於現金流出相當警惕。

今年夏天我走訪新加坡，當地商人鄭恩里（Calvin Cheng）跟中國菁英關係緊密，他告訴我「新加坡是這些人的避風港」。他說：「他們吃的東西沒變，講的語言也沒變，在這裡不會感覺像次等公民。」中裔移民稱呼新加坡是「坡縣」，就好像這裡只不過是中國的另一個行政區。二〇二二年，新加坡當局登記有七千三百一十二個法人實體業主是中國人，比前一年高出百分之四十七。最有錢的移民聚集在旅遊勝地聖淘沙島，島上的別墅一個月租金來到三萬五千美元。一位中國籍居民告訴我，島上別墅區新來者眾：「他們會挨家挨戶拜訪，互相乾杯。」

新加坡新聞媒體追蹤中國知名商人的動態，像是 TikTok 母公司字節跳動創辦人張一鳴，復星創辦人梁信軍——這家集團曾在壓力下賣掉重要資產。「阿里巴巴有不少創辦人都在這裡，」鄭恩里告訴我，「但他們都很低調。」一位跟新移民親近的商人說，許多中國朋友都在讀《萬曆十五年：一個無關緊要的年分》，這部經典著作談的是皇帝的傲慢，描述萬曆皇帝的統治是怎麼樣隨著疫情肆虐、官僚失去信心而演變成獨裁統治。「中國有過十三個朝代，」他說，「習近平在做的事情很像晚明的皇帝，大家看明白了，說『該閃了』。」

二十多歲的中國紀錄片製作人荷莉（Holly）告訴我，自己最近辦了英國簽證。「對我來說，最重要的還是自由。要能選擇，能掌控身邊的事情。」荷莉說。以前她對於離開中國感到猶疑：「我會感覺有罪惡感，覺得丟臉。但經過封控，加上朋友們也離開，我的態度就像『好吧，有時候顧好自己就夠了。』」

· · ·

某天下午，我在北京大學一個側門邊等著，那兒擺了金屬路障，由亭子裡昏昏欲睡的警衛看守著。疫情期間，中國大學校園不對外開放，如今重新開放的步調也很慢。警衛細查訪客名單，找到我的名字，指了指旁邊的照相機要照下我的臉，然後放我過關。我到北大拜訪國際關係學院前院長賈慶國。到了他的辦公室，他告訴我外國訪客之所以少之又少，原因不只是新冠疫情，而是北大愈來愈不願意讓外國記者入校。有一段時間，他幾乎對採訪要求置之不理。「我不知道怎麼回覆好，所以乾脆不回，」他悶悶地說，「不曉得他們現在會怎麼想我。」

賈慶國提到對世界最強的兩個國家之間的趨勢表示擔心，他談到在美國領空遭到擊落的中國氣球，談到美國對技術出口的控制，談到北京日益冷淡的情緒。「要是你把這些加總起來看，把經濟跟美方壓力擺在一塊兒，很多人會覺得中國當前問題是美國造成的。」他說。賈慶國認為，美國政客設法對中國採取最嚴厲措施，會激化暴力衝突的可能性。「到了明年初，美國總統選舉將如火如荼，」他說，「各界對此感到非常悲觀。」

這種感覺是雙向的。即將卸任的美國總統拜登曾接連派出內閣官員來修復關係——即便共和黨批評者質疑這些拜會看起來頗為卑微，而國務院也警告美國民眾前往中國之前要三思而後行，提到「不當拘留」的風險愈來愈高。對於華盛頓來說，兩國相互的反感引發了一個令人恐懼的問題：停滯的中國最後與美國開戰的可能性是更高還是更低？

答案端視於對經濟衰退的預測。經濟學家普遍認為榮景已經結束，但對於情況會有多糟，就沒有共識，就連同一間研究機構的學者也一樣。彼得森國際經濟研究所（Peterson Institute for International Economics）中國問題專家尼可拉斯．拉迪（Nicholas Lardy）預期發展緩慢但穩定；他指出出口正在復甦，網路公司重新開始招人，而資產衰退還不到傷害金融體系的地步。他說：「銀行可以安全下莊。」但研究所總裁亞當．波森（Adam Posen）則預料會有長期問題。他提到，從歷史上來看，獨裁者如查維茲（Hugo Chávez）、奧班與普丁等多能達成一段時期的高度成長，但他們反覆無常的用權方式與任人為親，卻會造成社會的失望與警惕。公民無法票選自己的領導人，於是把錢藏起來，或者送到海外。相較於其他獨裁者，習近平擁有的經濟體大得多，運作也更好，但動態是類似的；在波森看來，清零政策「對中國經濟行為來說，幾乎是個無法回頭的臨界點」。

根據比較悲觀的預期，中國將面臨「日本化」——勞動力萎縮，數十年成長衰退。如果政策能有迅速且決絕的轉變，或許還能避免，但蔡霞（曾經在根正苗紅的中共中央黨校擔任教授，直到二〇二〇年與黨決裂，搬到國外）告訴我，中階行政人員已經被踩錯步的恐懼給癱瘓了。「官員就是『說謊的鼠輩』，」她說，「沒有層峰下的指示，底下人就不會有行動。」變革也不太可能由海外帶起。一位中國外交官最近告訴我，政府對於西方人鼓吹改革非常不悅。「我們會堅守計畫，」他說，「中國人很固執」，他帶著緊繃的笑容補充道，「比起有形的利益，原則重要得多。」

經濟學家許成鋼告訴我，他認為中共目前的領導班子是政治「基本教義派」，看不見教條僵化的風險。許成鋼曾在二〇一三年贏得中國最高的經濟學獎項，四年後他離開自己在清華大學的教職，僵硬的意識形態氛圍已經在清華形成。現在他在史丹佛大學做研究。

經濟繁榮的那些年，中國運用外資與訓練，以及必須「技術轉移」的規定，在科技方面迅速成長。但美國把這些管道收窄，新的出口控管規定截斷中國取得先進晶片的途徑，拜登還發布行政命令，禁止投資人對中國人工智慧發展投資。習近平的回應則是反覆宣稱中國要以「科技自立自強」為目標。許成鋼抱持懷疑態度。「在美國，你是身處自由競爭的叢林，數十間實驗室彼此競爭，而且沒人曉得什麼可以行的通，」他說，「但共產政權不會允許這種競爭。這就是問題關鍵。」中國政府砸下數十億美元，試圖打造先進晶片晶圓代工廠但不果，中國的聊天機器人跟 ChatGPT 的競爭也處處掣肘，因為中共規定這些聊天機器人必須堅守「社會主義核心價值」（假如你問文心一言——相當於中國版的 ChatGPT——習近平是不是踏實的人，它會回答「換個問題」）。

華府方面，近年來漸占上風的觀點是：習近平會以更大的進犯力道來回應成長的緩慢，例如可能入侵或封鎖台灣。政治學者哈爾・布蘭德斯（Hal Brands）與麥可・貝克利（Michael Beckley）在二〇二二年發表《危險地帶》（*Danger Zone*）一書，讓「中國峰值」（peak China）理論流行一時。書中認為這個國家正在「失去信心，認為時不我予」，恐怕會冒險利用戰爭，「拿民族主義給一個負傷的政權當拐杖」。海外中國人之間流行的相應觀點，則是習近平可能會進攻台灣，以提高自己在國內的地位，並避免有人對他的暴行展開報復。

但部分研究中國軍事的專家對這種「注意力轉移之戰」（diversionary war）的理論表示懷疑。麻省理工學院安全研究學程（Security Studies Program）主任傅泰林（M. Taylor Fravel）最早對中國的領土爭議進行全面研究，他告訴我：「中國在經濟動盪或國內局勢不穩時，非但不會出兵轉移焦點，反而還更偏向和解。」當年中國在天安門事件後遭到孤立，鄧小平要他的同志們「冷靜、冷靜、再冷靜」，並修補與印尼、新加坡、南韓和越南的緊張關係。沒人曉得習近平會不會遵循鄧小平韜光養晦的模式，但傅泰林擔心華盛頓的氛圍，他說：「無論中國是崛起還是衰落，有些人反正就是會說中國正變得愈來愈挑釁。」試圖利用中國經濟走弱恐怕會弄巧成拙，他說：「假如中方認定有人在利用他們的不穩定，尤其是利用他們非常重視的項目的話，他們恐怕會更願意動武，來重振其立場的說服力。」

今年，美國國防與情報官員在國會聽證會上表示，他們沒有看到跡象顯示習近平有即將攻台的計畫。多數人士認為立即的風險在於南中國海或台灣海峽局勢升高的話，恐將造成意外衝突，引發戰爭。二〇二二年，南西·裴洛西（Nancy Pelosi）造訪台灣後，中國領導層發動數十年來最具威脅性的軍事演習。前國務院參事，現任北京中國與全球化智庫理事長王輝耀認為，相互仇恨的惡性循環正在形成。他說，中國領導人「感覺受到刺激。當然，美國會說『中國又在大秀軍事肌肉啦——他們老是不放棄動用武力！』這會彼此強化，讓態勢升級。」

我採訪美國駐中國大使尼古拉斯·伯恩斯（Nicholas Burns），他預料「接下來十到二十年會是一種競爭、角力的關係」，但他也觀察到近來的高層會面已經「讓局面更加穩定」。伯恩斯預期，美國會繼續把更多的供應鏈搬回本國——政界稱之為「去風險」，但他警告若潮流長此下去，將會讓兩國社會喪失接觸。根據美國大使館的資訊，中國的美國留學生人數在二〇一九年有數千人，如今卻跳水到不足四百人。「我們需要穩定局面，而人就是壓艙物，像是學生、商人、非政府組織、記者，」他說，「兩國脫鉤對我們沒有任何好處。」

・・・

每當政治重要日期前夕，走在北京街頭，都會看到大量的咒語出現在海報與大紅色的布條上。「習近平思想」時代充滿省字的標語，有點猜燈謎的感覺，要提醒人民遵守「兩個確立」、「三個堅持」，以及「四個全面」。

習近平在非公開場合講話更直接。習近平掌權後不久，曾經在閉門場合發表談話，他的發言至今仍是對於其願景最清楚的聲明。根據黨員間流傳的文摘，他問：「蘇聯為什麼會解體？」他說，其中一個重要原因是「理想信念動搖了」。但更關鍵的卻是「因為專政工具不在他們手中」。習近平以不動搖的步伐開始強化黨的信念，要打造專政工具。但相較於強化信念，他打造專政工具則更是成功。如今，中國最普遍的信念就是任何人都有可能消失，從最忠實的追隨者到最狡猾的鉅子，沒有一個例外。今年秋天又有鮮活的證據：曾經大權在握的將領，國防部長李尚福，一直沒有在預計要參加的那場會議中現身。

一位多年來力抗言論審查的老油條主編告訴我，人民愈來愈不願意拿自己的權利當抵押，去交換更高的生活水準。他在沒有提及習近平之名的情況下說：「借用網上流行的講法，大家都碰過『挨了鐵拳』的情況。有人是因為二〇一八年的修憲而感到幻滅，」

這次修憲拿掉了習近平的任期限制，「有人是因為二度當選。還有人是因為教育界或科技業受到的打壓。每個人都有自己的死穴。」結果就是社會難以在失望中團結：「失望就像裂痕，不會一口氣裂開，而是這裡裂一點，那裡裂一點。」

假如人民的失望情緒累積下去，總有可能會引發比短暫的白紙革命更持久的抗議。但從歷史來看，發生政變的可能性不大：自中華人民共和國一九四九年以來，從來沒有黨的領導人被下屬罷黜的情況（有三人是被黨的大老推翻的）。眼下，中國的經濟問題不太可能帶來中共的末日。為了彌補跟西方之間愈來愈少的交流，中國把更多注意力擺在跟全球南方打交道上。如今中國對開發中世界的出口，已經比對美國、歐洲與日本三者的出口相加起來還要多了。

儘管中國抱負遠大，但現在卻面臨艱苦的奮鬥，要恢復人民的信任與活力。停滯也許會過去，就像一九八〇年代的美國；停滯也有可能加深，就像同一時期的蘇聯（十年後，其中一個帝國消失了）。伍德克的岳父是俄羅斯聯邦第一任駐中國大使；二〇一一年一場招待會上，他的岳父提醒中國同志們要小心驕傲帶來的危險，「我們存在了七十四年，你們才剛六十一年，」他的岳父補了一句，「過去十年是最糟糕的一段時間。」到了今年，共產中國已經跟蘇聯同庚。我問伍德克，美國人從遠處看，會如何誤解中國。「二十世紀本來可能會是德國的世紀，但我們搞砸了——還兩次，」他說，「二十一世紀本來可能是中國的世紀，但他們現在正冒著無法實現的風險。」習近平在中國部分俊傑的心裡，已經把這種潛力浪擲掉了。伍德克說：「總得有人告訴美國人，『中國會超車他們』的這種事情已經結束了，這位仁兄已經把局走殘了。」

習近平追求完全控制已經十年了，他喚醒了中國的信念，但不是用他意料中的方式。我曾經與一位舉家從上海遷往新加坡的前銀行家談過，他推測自己對於權力者及其財務狀況的專業能力，會讓自己陷入危險，所以離開了中國。「我愛中國，但國家是一回事，政府又是一回事——政府就是一群在歷史的長流中短期控制國家的人，」他說，「我沒有推翻政府的意思，我也沒有那個能力。但有些真相我認為中國人民有權知道。過去的教育要我們『沉默是金』，但這不對。資訊不流通，整個國家就會退步。」

許成鋼，也就是那位逃離中國的經濟學家，管這種政治演進叫「啟蒙」，這個說法令我大感意外。他娓娓道來他的父親是著名物理學家與異議分子，曾經遭軟禁數十年，但對愛因斯坦的這段話從未失去信心：「國家是為了人而造，而不是人為了國家而造。我認為，國家的首要責任是保護個人，讓個人有機會發展出創造性的人格。」許成鋼告訴我：「從歷史來看，以前中國人對憲政或人權一無所知。現在對此有所了解的比例還是很小，但受到啟蒙的人數卻不少。他們也曉得。這樣的啟蒙會是未來的一部分。」

（原文刊於二〇二三年十月三十日《紐約客》）

前言
Prologue

每當一個新點子橫掃中國，不論是新時尚、哲學，還是生活方式，中國人均稱它為「熱」。在改革開放頭幾年，中國人患上了「西裝熱」、「沙特熱」（Jean-Paul Sartre Fever）、「私人電話熱」。你很難預測某種熱何時、何地會發作，還有過後會留下什麼樣的影響。

一九九〇年，中國電視開始播放美劇《Hunter》，在當地稱《神探亨特》而出名；人口有一千五百六十四人的夏家村迷上了它，村民開始聚在一塊兒，觀賞洛杉磯警局偵查警官亨特（Rick Hunter）與他的同僚麥考兒（Dee Dee McCall）如何臥底辦案。夏家村民最後發現：亨特警官至少在兩個時機會說他的口頭禪：「我同意」（Works for me）——只是，他最後在中國變成神職人員，原因在「我同意」被誤譯為「上帝的旨意」。這股狂熱由甲傳到乙，而且影響每個人的方式都不相同。幾個月後，當夏家村的公安想搜索當地一位農民的家時，農民跟他們講，拿到搜索票再來——而搜索票一詞，他是由《神探亨特》學來的。

二〇〇五年我搬到中國時，我已耳熟能詳的說法是，中國正以巨大而全面的手法在蛻變，涉及全人類的六分之一，並成為政治經濟的大樞紐。只是就近一看，最深沉的變化極為私密，不斷發生，隱藏在每日生活節奏之中，其方式我們很容易忽略。最大的狂熱是志向，相信絕對有可能重塑人生。大家都在嘗試，有些人成功了，但更多人沒有。更值得一提的是：中國人反抗他們的歷史傳統，這種傳統叫他們無需嘗試。中國最受推崇的現代作家魯迅曾寫道：「希望本是無所謂有，無所謂無的。這正如地上的路；其實地上本沒有路，走的人多了，也便成了路。」

我在中國住了八年，目睹此一野心時代蛻變成形。總而言之，這是個充裕的時代——第一次工業革命造就現代英倫，而中國轉型之極速，規模要大一百倍，速度要快十倍。中國人不再挨餓——公民肉類食用量平均是一九七六年的六倍——但這個「飢餓年代」有所不同，這年頭人們醒來，想貪婪攝取的是新鮮點子、轟動事件及他人的敬意。中國是全球最大能源、電影、啤酒及白金消費國，而且正在蓋的高速鐵路與機場，數量比全球其他地方加起來都要多。

對某些中國公民來說，中國的勃興創造出巨大財富，成為億萬富翁人數成長最快的地方。這些新財閥裡，有些名列全球最專心致志的盜賊，其他則位居政府高職。有人則兩者皆是。然而對大多數中國人來說，此一勃興沒造出龐大財富，只是蹣跚地走出脫貧的前幾步而已。中國崛起而創造出來的獎酬，極不一致，但基本上很深遠：算是人類走進現代以來人民取得最廣大福利的案例之一。一九七八年，中國人平均收入為二百美元；到了二〇一四年，變為六千美元。幾乎從各種標準來看，中國人已擁有壽命更長、更健康、教育程度更高的生活。

住在北京的這些時日，我發現一個人對自己想法的自信，尤其有關中國未來的自信，似乎與他腳踏實地所耗的時間，恰成反比。一切是那麼錯綜複雜，想套用簡單邏輯來解釋，都會感到猶疑躊躇。想在諸多變化裡找出秩序，我們會蹩腳地託庇於統計數據：我住中國的那些年，搭機旅客增加一倍；手機銷量成長三倍；北京地鐵長度成長四倍。但那些數據給我的印象並不如一幕我無法量化的活戲那麼深：兩個世代以前，訪問中國的人最感驚訝的是人民的同質性。對外國人來說，誠如一本值得紀念的書名所述，毛主席是「藍蟻帝王」◉，是凡間神明，其土地上住的人民都穿一致的棉裝，組成「生產隊」。把中國人看待成集體，宛如一群不可思議的雄蜂的這種刻板印象，之所以能揮之不散，部分要歸功於中國政治的出力維繫：中國官方提醒來訪的人，這是個由工作單位、公社

◉——注：《毛澤東：藍蟻帝王》，*Mao Tse-tung: Emperor of the Blue Ants*. 1962. Paloczi-Horvath, George。

及難以度量的犧牲所組成的國度。

但是在我碰到的中國，一度是集體合唱的國族敘述，正碎裂為十億個故事——有血有肉、具個人氣質而且孤單奮鬥的故事。這個時代，世界兩個最強大國家的中國與美國，其關係會受到考驗，只因為一名鄉下律師擇定時日，想改變自己命運。這個時代是醜小鴨變天鵝的時代，農夫的女兒可以努力上進，由工廠組裝線扶搖而到公司董事會，速度如此之快，以至於她根本沒時間甩掉農村習氣與焦慮。這個時代，個體可以成為強風，影響政治、經濟與個人生活，只著意上升世代裡自我的形象，以至於煤礦工的兒子成長時相信，天下事對他而言，再沒有比瞧見自己名字躍上書的封面來得更重要。

由一方面來看，野心時代最大的受益人是中國共產黨。二〇一一年，中共慶祝建黨九十週年，這在冷戰結束時是無法想像的里程碑。蘇聯瓦解後那些年，中國領袖鑽研那段歷史，矢言絕不會落到同樣的結局。二〇一一年，阿拉伯世界的獨裁者們紛紛倒台，但中國撐住了。為了求生，中國共產黨拋開教條，但還牢牢抱著它的聖人；馬克思理論雖遭揚棄，但毛像依然保留在天安門，俯瞰著天安門廣場。

共產黨不再保證平等或世界大同，它承諾的只有富強及尊嚴。有好一陣子，那樣就夠了。但隨著時間推移，人們最後覺得那還不夠，而最想要的，大概莫過於資訊。新科技翻攪出短暫善變的政治文化，以往是祕密的事，現在大家知道了；以前孤立的人，現在也連結起來了。黨愈是想阻止人民取得未經過濾的思想，大家愈是搶著想先取得它們。

今天的中國因矛盾而撕裂。中國是路易・威登（Louis Vuitton）包包最大買主；勞斯萊斯（Rolls-Royce）、藍寶堅尼（Lamborghini）等名車購買數量僅次於美國，只是治國的卻是馬克思—列寧主義政黨，想把「奢侈」一詞由各式排行榜中給禁掉。中國最富有城市的人均壽命與收入，跟中國最窮省分的差距之大，就好比紐約與非洲迦納那樣。世界市值最高的網路公司裡，中國有兩家，上網人口比美國來得多，但同時政府加碼投資，耗費史上最大心血，想要篩揀人類的表達自由。中國的多元、城市化及繁榮空前未有，可它是世上唯一把諾貝爾和平獎得主關在牢裡的國家。

有時候，人們會拿中國跟一九八〇年代的日本相比。當時，東京市中心一百平方英尺要賣一百萬美元；大亨們啜飲雞尾酒，其冰塊是由北極拖來的。到一九九一年，日本身陷現代資本主義史上最大規模的資產貶值。只是兩國類似之處不算多，日本泡沫爆掉時，是成熟且已開發的經濟體，但中國呢？即使經濟過熱，還是個窮國，一般人的所得只達到日本公民一九七〇年的水準。在一些時刻，中國還在踢正步的解放軍，以及它的異議人士及向外國投誠者，在在令人回想到蘇聯甚至納粹德國。然而那些類比不盡如人意。中國領導人並沒威脅要「埋葬」美國，但蘇聯赫魯雪夫（Khrushchev）有；另外，即使中國最激烈的民族主義者，也沒進行帝國主義侵略或種族大屠殺。

中國最讓我想起的，是美國所曾身處轉型的年代——馬克・吐溫（Mark Twain）及華納（Charles Warner）名為「鍍金時代」（the Gilded Age）的時期；當時，「人人有夢，有自己鍾愛的盤算」。美國由內戰崛起，邁向鋼鐵產量比英、德、法加總都要多。一八五〇年，美國百萬富翁不到二十人；到了一九〇〇年已有四萬人。有些人之傲慢自大如貝內特（James Gordon Bennett），到蒙地卡羅餐廳，人家不給他窗邊座位，他就把整家餐廳都買下來。跟現今中國一樣，美國發大財初期也出現大量的背叛不忠。曾祖父及祖父都當上美國總統的鐵路總管小亞當斯（Charles Francis Adams Jr.）口發狂言說：「我們做事之道，是奠基在撒謊、欺騙與行竊之上的。」最後，作家費茲傑羅（F. Scott Fitzgerald）跟我們講了《大亨小傳》（*The Great Gatsby*）主角，北達科他州蓋茨比（James Gatz）的滑頭故事，此君青雲直上新世界，追求愛情與財富而下場淒慘。我因中國新城市天際線而佇立時，有時會想到蓋茨比的紐約——「永遠是人們初次所見的城市，狂野地許諾著世上一切神祕與美麗。」

• • •

二十一世紀頭幾年，中國由兩個宇宙組成：既是全球最新超強，也是世上最大集權國家。有好些日子，我早上跟新大亨在一起，晚上則與軟禁在家的異議人士為伍。你很容易把他們看待成代表新中國、舊中國；涇渭分明的政經領域，只是到最後我歸結認為，他們是同體合一的，其間的差異則是不穩定的自然狀態。

本書敘述兩股力量的碰撞：個人志向與專制獨裁。四十年前，中國人民事實上無法取得財富、真相或信仰的管道——因為政治及貧窮剝奪了他們的權利。當時他們沒有機會經商，只能沉溺於自己的欲望；沒有力量挑戰政治宣傳及言論刪檢；沒有法子在共產黨外找到道德靈感。在一個世代之內，這三種東西他們都有管道取得了，而且想要得更多。以往幾乎全由他人操控的東西，比如工作、旅遊、婚姻，中國人民已能自由掌控。只是隨著那些自由的擴大，共產黨只採取猶疑的步驟來加以適應。共產黨孜孜不倦於控制，他們想規定的東西，不止於誰領導國家，甚至連列車服務員微笑時能露幾顆牙齒都想管，但與外界生活的忙亂已相牴觸。我在中國住愈久，愈感覺到中國民間已超越了滋養中國崛起的政治系統。黨已釋放出史上最宏大的人類潛能擴張，而且可能孕育出對其存亡最強大的威脅。

這本書奠基在長達八年的訪談，絕非杜撰揑造。我行文最側重在打拚的男男女女，他們奮力想從某一領域推開一條路到另外的領域，不僅限於經濟，也涉足政治、思想及靈性。我能結識他們當中諸位，都在我替《芝加哥論壇報》（*Chicago Tribune*）還有後來替《紐約客》（*New Yorker*）雜誌撰稿之際。他們的生活不斷演進，時而和我自己的生活相交，時而離我而去，我則跟隨著他們的軌跡。身為在海外寫作的美國人很難避免某些誘惑，例如嫉妒某些美國難以望其項背的中國強項，或難免想嚴厲批判牴觸到我的價值觀的東西。但總而言之，我已努力用中國人的條件去描述他們的生活。

除開幾個我有注明的案例，因其人物身分涉及政治敏感，不然我都使用真實姓名。所有的對話，均根據目前仍在世的一個或多個人所述。第一部始於經濟大成長的最早時刻；我介紹幾位在中國掙脫貧窮時趁勢而起的男女，描述他們所冒的風險及驅動他們的想法。愈是在經濟生活裡取得成功，他們愈是想要了解周遭的世界。在第二部，我描寫對政治宣傳及審查行為的反抗。最後一部，當中產階級下層的男男女女致力於尋找他們該信仰些什麼時，那些追求匯流在一起並探尋出新的道德基礎。

中國二十一世紀所發生的故事，經常被敘述成東方與西方、國家資本主義與自由市場之間的較量。但較量的前台，還有個更直接的競爭：即對於「中國這個概念到底是什麼」還需要奮力界定。想了解中國，不僅要衡量燦爛新國力發射出來的光與熱，還得檢查其能量的來源，也就是位在中國演化中心的男男女女。

第一部

財富

P A R T I

FORTUNE

第1章 鬆綁 Unfettered

時值一九七九年，五月十六日。天上月細如絲，在中國外島的金門，二十六歲的陸軍上尉溜離崗位，來到岸邊。他行動時盡可能安靜，爬過矮樹叢來到俯臨海岸的突堤。若是他的計畫被識破，他就會蒙羞乃致被處決。

這位上尉時名林正誼，是名模範軍人，台灣陸軍最受推崇的年輕軍官之一；台灣這個島嶼省分正由中國共產黨的對手統治。三十年來，台灣拒絕共產黨的統治，而林上尉則是那股反抗力量的象徵：讀大學時，他是明星學生，放棄平穩的百姓生活，加入軍旅，這種決定十分罕見，後來當上台灣總統的蔣經國與他握手，加以表彰，合照刊滿報紙，讓林變成「反攻大陸」夢想著奪回中國本土的看板男孩。

林正誼身高將近六英尺，身材挺拔，鼻子寬平，罐狀耳朵由軍帽邊沿露出來。他棄筆從戎，讓他取得在前線最敏感地點當連長的差使；這個葡語拚音成Quemoy的小島用中國官話通稱為金門，隔著寬約一英里的海水，與中國大陸岩岸對峙。

只是林上尉心中的這個祕密，對他及家人是如此危險，甚至不敢洩露給妻子；林妻在家帶兒子，肚裡還懷了第二個孩子。林正誼已經意識到身邊累積的歷史使命感。在動盪三十年後，中國正呼籲台灣人民與「偉大祖國」團圓統一。任何想叛逃到大陸的軍人都會被當場射殺。雖說後果很清楚，真試著那麼做的人極為罕見；最近一案發生在不到一個月前。但林已聽到「召喚」。他相信，中國將再度繁榮，而他將與中國一起成功。

他在昏暗中找到那條沙徑，帶他平安走下布滿地雷的山丘。海風吹得滿是樹瘤的松樹、木麻黃都彎了腰。那一帶海水白天碧綠晶瑩，但此時是無止境的漆黑一團，隨著浪濤起伏。為了防止入侵，海灘裝設了長長的金屬反空降樁，由沙堆突出來，朝向大海。

就在林上尉離開樹林邊緣，衝往海邊之前，他鬆脫鞋帶，赤腳踏在土石之上。他已準備要拋棄同袍、家人，乃至自己的名字。

・・・

事實上，試著游過該水域的其他人走的都是相反方向。一九七九年，中國大陸是一塊人們都想逃離的地方。

十八世紀時，帝制中國控制著全球三分之一的財富，其最先進城市的商業化及繁榮程度絕不亞於大不列顛及荷蘭。只是到了十九、二十世紀，中國因外國入侵、內戰及政治動盪而國力大傷。一九四九年中共掌權後，進行「土地改革」，把中國小塊的家戶農田群組起來，導致殺了幾百萬名地主以及中共認定的敵人。一九五八年，毛主席發動「大躍進」，想讓他的國家騰空而起，只要十五年就可以超越英國。有些謀士跟他講，那是不可能的事，但毛無視而且羞辱他們，國家科委副主任范長江因此跳窗而死。政治宣傳者稱頌一項又一項荒誕不經的糧食大豐收，稱其為「放衛星」，與蘇聯發射人造衛星的成功等量齊觀。但那些數據是捏造的，隨著饑荒的蔓延，很多抱怨者們被施刑折磨或被殺害。黨禁止人民離鄉找食物。毛的大躍進導致全世界最慘的大饑荒，死亡人數在三千萬到四千五百萬之間，比第一次世界大戰還多。林上尉由台灣叛逃之際，中華人民共和國比北韓還要窮，人均所得只有非洲撒哈拉沙漠以南地區的三分之一。

此時鄧小平當上中國最高領袖還不到六個月。鄧時年七十五歲，是個能說服人但樸實無華的政治家，而且是個倖存者——屢次被毛主席整肅離開領導群，兩次謫居於北京之外。往後的歲月裡，鄧經常被描述成中國後來經濟勃興的唯一設計師，但那種觀點是黨御用的歷史學家所打造的成品。鄧了解自己知識的局限性，經濟事務上，他最精明的招數是聯合陳雲——陳雲也是黨的元老，他如此懷疑西方，以至於他的改革思想乃是透過重讀列寧著作《帝國主義》（*Imperialism*）而衍生的；鄧還聯合趙紫陽——趙是黨內年紀較輕的進步派領袖，他千方百計減少貧窮，因此在農民之間流傳一句諺語「要吃糧，找紫陽」。

• • •

變革的發生，乃是來自基層。在內陸村莊小崗村，當地農民前一年冬天因毛的經濟願景而如此窮苦淒慘，以致他們停止澆灌公社土地，靠乞討維生。在絕望中，十八名農民分割土地，各自耕種；他們自設時程，除了政府要求的配額賣給政府外，無論剩下什麼，他們都賣到市場去以收穫利益。他們簽下了生死狀，面臨逮捕時，要彼此保護各自的家人。

到了來年，他們的收入比起以往要多達將近二十倍。他們的實驗被發現時，有些黨特務指責他們「挖社會主義的牆腳」，但更賢明的領導人允許他們的計畫進行下去，最後還推廣給全國八億農民。這個人稱「包產到戶」的收益傳播得如此之快，有位農民把它比擬為雞舍鬧雞瘟，「一家的雞遭了瘟，全村都會染上；一村得了，全國都會感染。」

鄧與其他領導人不時爭吵，但是鄧的領袖魅力，陳的謹慎慢行，還有趙的能幹，三者結合取得驚人的成功。他們創造出來的模式撐持了幾十年，叫「鳥籠經濟」，誠如陳雲所稱，空氣夠流通，足以讓經濟茁壯，但又沒那麼自由到讓它成為脫韁野馬。大老們年輕時是革命黨徒，曾監督過處決地主，抄沒工廠，打造出人民公社；可現在他們把整起革命顛倒過來而保存住自己的力量：允許民營企業，向外在世界開一扇窗，哪怕誠如鄧所形容，會有「幾隻蒼蠅」飛進來。中國的改革沒有藍圖，其策略如陳雲所述，乃是前進而不失控制——是「摸著石頭過河」（鄧免不了因為這種修辭能力而得分）。

一九七九年，黨宣布不再把人民貼上如「地主」、「富農」的標籤，接下來，鄧小平把最後的汙名除掉。他說：「一部分地區、一部分人可以先富起來，帶動和幫助其他地區、其他的人，逐步達到共同富裕。」黨把經濟實驗擴大。官方表面上說，私營企業獲准僱用不超過八名員工——馬克思相信，企業有八名以上員工就會有剝削——但最後小型企業如雨後春筍般冒出來，其速度之快，以至於鄧小平對南斯拉夫特使團說，情形「彷彿有支陌生軍隊突然憑空出現」。他不居功，「這不是我們中央政府的成就」。

遍及整個中國，人們退出曾宰制他們生命的集體農場。他們談到這件事時說，自己獲得「鬆綁」——這個詞彙較常用在囚犯或野獸獲釋。他們開始談論政治及民主。但鄧小平並非毫無限制。一九七九年三月，林正誼展開其大陸冒險前不久，鄧才對一群黨的高官演講，下令說：「我們能夠允許這種公開反對憲法原則的『言論自由』嗎？」黨絕不會擁抱「個人主義民主」。經濟自由可以有，但政治要有所控制。中國想要繁榮壯大，「心靈的解放」必須要有限制。

變革開始在大陸鞏固時，林正誼由遠方觀察它。他出生於一九五二年，也就是台灣與大陸展開政治與意識形態對峙後三年，對峙還持續了幾十年。一九四九年，中國國民黨在內戰輸給共產黨之後逃到台灣，宣布全島戒嚴，而且理論上準備有朝一日重掌中國政權。台灣生活很困苦而且設限頗多。林生長在宜蘭肥沃的河口三角州小鎮。他的祖上為更早來自大陸的移民，已傳數代。國民黨部隊來台後，把這些早期移民視為低階級者，政治上不可靠，而且就業與教育上所受到的歧視既深且廣，這些台灣人都是受害者。

林正誼之父林火樹開一家理髮店，母親則替鄰居洗衣裳。一家住在鎮子邊緣的簡陋房子裡。只是林父把古代科學與治國之道傳授給子女，何以中國文明一度如此先進，早在古騰堡（Gutenberg）之前四百年便開始印刷書籍。他大聲朗誦《三國演義》、《西遊記》等給孩子們聽，把中國復興的夢想灌注到他們體內。他把第四個兒子取名為「正義」。

林正義很小時便好奇，中國歷史雖然光輝，為什麼他家卻只能勉強餬口。林回憶說，他哥哥從不向母親問有沒有午餐，因為那個問題讓人不舒服。「他會彎腰看灶。灶若是暖的，意味著我們就有午飯。」不然呢，他們就要餓肚子。對林來說，這個經驗培育出極為務實的傾向。最後，他主要以歷史及經濟為透鏡，來打量人類尊嚴的課題。

他十來歲時的重心曾放在有關工程的故事，即古代李冰的事跡，李冰是西元前三世紀的蜀郡郡守，服職於現今的四川省，他著手想控制住致命洪水，於是投注八年時間開鑿穿過山丘的水道。他靠著數千名民工，用稻草燒岩石，再用水來冷卻，而讓石塊裂解。結果建成一套灌溉系統，它是如此龐大、持久，以至於都江堰經常被比擬為世界奇蹟；它把全國最窮的地區之一轉化成富饒之境，四川迄今仍以「天府之國」而聞名。

林正義是林家諸子中最有出息的，一九七一年，他考進國立台灣大學農工系，主修水利組。為了付他的學費，三個哥哥輟學到他爸爸的理髮店工作。林進入台大時，校園裡正因台灣與中國大陸前途而辯論得如火如荼。長年以來，台灣年輕人被教育為大陸是由「共匪」及「兇寇」在統治。國民黨利用這一威脅正當化自己所實施的戒嚴法，並犯下大量侵犯人權的罪行，鎮壓政治對手還有共產黨同情者。

但林進入大學之際，台灣的地位正在崩蝕。一九七一年七月，美國總統尼克森宣布造訪北京，大陸取得影響力。同年十月，聯合國投票剝奪了台灣在聯合國大會的席次，轉授予中華人民共和國，承認大陸政府是中國人民的合法代表。在此氛圍中，林正義找到了自己的發聲點。他當上一年級學生代表會主席，一個最熱誠的台灣年輕活躍人士誕生了。在一場名為「反對共匪混入聯合國」的座談會上，他拿起麥克風呼籲全島進行抗議，此一想法在戒嚴時期是如此的激進，就算他的同伴們也無法挺身支持。在另一起事件裡，他矢言絕食抗議，直到校長勸他停止。

當林正義宣布他要轉校去讀陸軍軍官學校時，他對記者們說：「若是我從軍的決定，能激起每個年輕人的愛國心……那麼其影響則難以估計。」林也有實際考量：讀陸軍軍官學校免收學費，還有補貼。

讀大學時，有一天在朋友的家，林正義見到一位名叫陳雲英的年輕女子；她也是政治活躍人士，在國立政治大學主修文學。他倆畢業後就結婚生子。林花了兩年攻讀企業管理碩士學位，接下來獲派到金門帶領連隊；金門在冷戰時代以「自由世界燈塔」而聞名，原因在於它是挺立於共產大陸海岸線前的最後一小塊土地。鑑於國共兩方守軍曾如此猛烈地砲轟彼此，台灣軍隊把金門島的山丘挖成蜂窩，設置碉堡、地下餐廳，還有深深挖進花崗石山的一座醫院，目的是讓金門能撐過核子攻擊。

林正義進部隊後改名「林正誼」，他一九七八年抵達金門時，戰爭的心理成分已大於具體行動。兩邊軍隊依然用大砲互相轟炸，但只是按表操課：大陸單打雙不打；台灣則在每週剩下的日子還擊。雙方大多數心血用在打政治宣傳戰，用巨大、高功率的喊話器轟炸，還用熱氣球投擲傳單。他們把壘球大小的玻璃容器放進海水漂到對岸，裡頭塞滿物資，旨在用發財的希望誘惑投誠者。台灣這邊動用美女照，描述外在世界的微型報紙，乾淨內衣褲，流行音樂卡帶，如何製作簡單收音機的說明，另許諾金幣及名譽，給任何有意投誠的人。大陸則回敬以美酒、茶、哈密瓜，還有小冊子，裡頭是叛逃到大陸而微笑的台灣外交使節和科學家——共產黨形容這是「棄暗投明」。

・・・

一九七八年十二月，美國總統卡特宣布正式承認北京的共黨政府，切斷與台灣的正式外交關係。這條消息葬送台灣島還能奪回大陸控制權的任何希望。在台灣，誠如一位記者所形容，人們「緊張得如想穿過大街的貓，而當時交通愈來愈糟」。一九七九年元旦，北京政府宣布停止砲擊金門，而且放送一則對台灣人民的呼籲，「光明的未來……屬於你和我。與祖國統一的神聖任務，歷史已交給我們這一代。」中共宣稱，「建設即將在祖國大力展開」。

二月十六日，林奉派到更接近大陸的地方，名叫馬山，接掌這個小小前哨站的指揮權，當地頗為寂靜、強風吹拂，在阿兵哥當中夙稱「宇宙的前線」。馬山連長地位顯赫，但根據軍方調查說，林很是憎恨這項差使，原因是他被放逐在外島，而他本可以到陸軍官校教書，或者考試晉升到更高的官階，而現在，他的哨站只是達官要人想在前線與愛國阿兵哥合照的最愛場合。四月，他返台探親尋友；有一個晚上，他對一位大學同學張嘉生（音）說，他相信唯有大陸興盛，台灣才會繁榮。

回到馬山，林的所在地與大陸如此之近，他由雙筒望遠鏡就可瞧見人民解放軍戰士的臉。他的思想已經開始大轉彎。雖然台灣跟共產黨是仇人，但一般人認為，他們是同一族裔分割為二，擁有共同的歷史及命運。誠如美國內戰時代，有些家族具體上被分割開來。有一個案例指出，就在共產黨切斷船運交通之前，有位台灣母親派他兒子去大陸採購，結果無法回家達四十年之久。

在兩岸分裂的前幾年，有些士兵曾試圖游泳到大陸，但金門列島海流洶湧，叛逃者經常被海浪沖回來，筋疲力盡，然後以叛國賊之名被捕。為了嚇阻其他人，軍方摧毀了金門島大多數漁船，少數留下來的幾艘也被要求要在夜裡鎖住船槳。那些年代，任何可以轉化為漂浮裝置的東西，比如籃球、腳踏車胎，都得登記，好比武器；而且軍方還會環島抽查，到家家戶戶敲門，下令查看所有球類的內胎有沒有好好保管。

早在一九七九年春天，有位阿兵哥罕見地叛逃，但也一樣被捕。為此，林正誼依舊沒退卻。他相信自己的計畫更為周詳，但他打算把自己的叛逃對長官的影響化到最小。按時程，他在五月將被安排由馬山調到另一個指揮哨，他相信自己若是在交接期叛逃，高階軍官們就有藉口互相指責漏失線索，而避免大多數責難。春天的金門島恰是霧季，濕暖空氣與海上冷空氣相碰，遮覆住海岸線，如灰色簾幕，霧氣之厚正好可以隱藏一個人潛入海浪的身影。

春季來臨，海流每天在逐漸加強，到了夏天就強到足以把人推回海岸，無論他與浪濤搏鬥得有多厲害。林正誼要是想游往大陸，立刻就得走。

• • •

五月十六日早晨，林正誼在指揮哨。他向連上的文書廖正朱（音）要了最新的潮汐表。高潮在下午四點，接下來開始退潮。

日落之後，當天晚上林到營部開會，再返回馬山吃晚飯。八點三十分，一名叫佟清耀（音）的文書兵來到林的餐桌前，報告說他要去營部接一名新兵。一小時之後佟返回連上，但林已不在食堂。

他也不在兵營裡。到了夜間十點五十分，來自師部的兩名上尉在日誌上登記了他的缺席，組織搜索隊。到了午夜，司令官開始發動全島搜索——部隊裡叫做「雷霆演習」——派了十萬人，軍民都有，男人、女人乃至小孩都在內。他們打開農人穀倉，用竹竿戳進池塘。接下來搜索隊發現了第一個線索：由馬山到海邊的雷區小徑盡頭，找到了他的運動鞋，印有「連長」兩字。他們搜索了林的房間，發現有幾件東西不見了：一個水壺、一個羅盤、急救箱、連旗，還有救生衣。

但當時，林已遠遠把他們拋在後頭了。他由指揮哨動身，只需跨越三百公尺就抵達岸邊的棕褐色大圓石群，他從那裡滑入浪中。他計算過，只需在晚上十點低潮前進入海水中，海的力量就會把他拉離金門陸地。他還採取另一重要步驟：根據軍方調查，他游泳叛逃前兩天，曾檢查沿岸的入口哨，跟守望地平線的年輕義務役士兵講話。他跟他們談到一則老笑話：若是在夜裡，你瞧見沒有跡象會攻擊你的游泳者，不必麻煩去射擊，他們可能只是「水鬼」；若開槍了，等於誘惑他們來報復。惡兆及鬼魂的迷信在台灣很盛行，而長官隨意地講述一下，很可能就足以讓緊張兮兮的十八、九歲阿兵哥，對暗夜大海上神祕的影蹤要不要發布警報，三思而行。

來到水中，林正誼奮力快游。海水拉扯著他，但很快他就離開淺水區，獨自位在暗黝的深水區了，周遭只有海水與天空。他只消游到小海峽的中間，接下來漲潮就會帶他走完剩下的路程。

他先用自由式游到力氣耗盡，再改成仰式漂浮著，等力氣恢復。三個小時後，他的兩腿直打抖，因水溫低而變得痲木，但他已接近陸地了。那裡是中國土地的最東緣——角嶼。角嶼只有六十英畝，唯沙地及棕櫚樹叢而已，除了中國防衛哨所及大砲，無人居住。他曉得岸邊布滿地雷。他伸手探進衣服，裡頭有包密封的塑膠袋。那是個手電筒，他用冰凍的指頭摸索著按鈕，啪地打開後，他向人民解放軍發出訊號，他們開始集結於岸邊。

林抵達淺水區時有很多嚮往：共產黨的小冊子裡保證，投誠者會受到英雄式歡迎，還有黃金及現金獎勵。但是在黑暗中，只有一名中國士兵蹚進水裡，逼近林正誼，然後逮捕了他。

第2章 召喚
The Call

每回往中國一遊，起因都是「地心引力」的故事。出生在天津市傳教士家庭的美國作家赫西（John Hersey）把它稱為「召喚」（the Call）。

大學一年級那年，我閒逛到現代中國政治的導讀課堂上：革命與內戰，毛悲劇般變化多端的力量，鄧小平的失勢與得勢，還有他如何帶領中國走出鎖國，進入世界。那時，距離一九八九年天安門廣場民主示威過去才五年；當時廣場上的學生，年紀只比我大一點，在黨的權力要塞裡建起一座帳篷之城和迷你的國中之國，充滿令人熱血沸騰的理想主義。在電視上，他們看來似乎在東西之間搖擺不定；他們頭髮蓬亂，帶著行動音箱，高喊著美國人亨利（Patrick Henry）的「不自由毋寧死」等口號，但他們也大唱國際歌，跪著把自己的請求呈給身著筆挺毛裝的要人。有位學生示威者對記者說：「我們要什麼，其實我並不清楚，但我們就是想要得更多。」他們的運動在六月三到四日夤夜裡被血腥鎮壓；當時官方擴音器大喊：「這裡不是西方，這是中國！」政治局派人民解放軍對付人民，是革命以來的第一次。黨對成功鎮壓這起對政權的挑戰，覺得很自豪，但也了解此舉對黨的形象大有損傷，於是在接下來的幾年裡，有系統地把那些事件由其歷史裡擦掉，只殘存著幽靈般的輪廓。

當我對中國產生了興趣，便搭機到北京，並花了半年時間學習北京話。那是一九九六年。北京城令我震驚。攝影鏡頭從未能傳達的是：不管在精神及地理上，它肖似朔風橫過蒙古草原，遠大於霓虹四射的香港。北京聞起來，像煤、大蒜、工作汗漬羊毛衣與廉價菸草混合的氣味。在一台浮話連天的計程車上，車窗全閉而熱氣蒸騰，這個城市的氣味會直卡到你的上顎和鼻底。北京群山環抱，卓然位於華北平原地勢之高處，到了冬天，由成吉思汗故國颳起的強風便呼嘯而下，鞭打在你的臉上。

北京當時很乏味，噪音煩人。最好的建築物之一是「建國飯店」，建築師自豪地描述為美國加州帕羅奧圖市假日酒店的完美複製。中國的經濟規模要小於義大利，感覺上離鄉間不遠，很多個晚上，我在名叫新疆村的穆斯林區吃飯，當地住著來自遙遠西部的維吾爾族人。他們開的灰磚餐館很小，門口綁著提心吊膽的羊，到了晚餐時間，那些動物就會一頭接一頭消失於廚房。每晚顧客散去後，店小二跟廚子就爬上餐桌呼呼大睡。

網路兩年前才抵達中國，但當時每百人只有五條電話線。我由美國帶來一具數據機，把它插進我宿舍的牆壁；機器爆出「啪」的一聲，就一抖也不抖了。

• • •

我第一次去天安門廣場，站到廣場中心放眼環顧，三面分別是毛澤東陵墓、人民大會堂及天安門，當然沒有半絲示威的殘跡，而且，自一九七七年毛的屍體塗上防腐劑並放進玻璃棺以來，廣場一無變化。身為老外，我發現自己實在忍不住不去凝視那些中共建造的史達林式建築物，而且認定這個黨注定完蛋。那年夏天，《紐約時報》刊了篇標題為〈邁向無關痛癢的長征〉（The Long March To Irrelevance）的文章，文中說：「一度無所不在的中國共產黨，幾乎已無蹤影。」

廣場的另一邊倒是獻給了未來：那裡有個巨大的數字鐘，高五十英尺，長三十英尺，一直在倒數著，頂上文字寫道：「中國政府取回香港主權」。不到一年，大英政府就要歸還自一八四二年鴉片戰爭中國敗北後所控制的香港。中國人深恨那段被侵略的歷史，誠如他們所形容，被列強「瓜分」。所以香港的歸還，象徵恢復了中國尊嚴。時鐘底下，中國遊客們在拍照，當地報紙則報導了許多新人在數字鐘底座拍結婚照的故事。

香港回歸滋養了一股愛國熱潮。改革、西化進行了二十年後，中國作家開始掉回頭，排斥好萊塢、麥當勞及美國價值。那年夏天一本最暢銷的書的書名為《中國可以說不》，執筆人是一群年輕知識分子，他們譴責中國「癡迷於美國」，作者們主張，中國人因為對美國簽證、外援及廣告的著迷而壓抑了國族想像。中國若不抗拒這種「文化絞殺」，就會變成「奴隸」，讓外國入侵的羞慚歷史就會延續下去。這些觀點儘管是支持政府，但北京當局對其傳播迅速所導致的不安，還是很躊躇，最後把該書下架。但沒過多久，一堆模擬之作便冒出來，想操弄相同的情緒，如《為什麼中國可以說不》、《中國仍然可以說不》及《中國應該永遠說不》。那年秋天慶祝十一國慶時，我正在當地。國營媒體旗艦的《人民日報》刊登社論提醒大家說，「愛國主義要求我們熱愛社會主義制度。」

・・・

兩年後，我回到中國，進入北京師範大學就讀。我對該校的了解大多來自一九八九年的史實：當時天安門廣場示威，北京師範大學是最積極參與的大學之一，有好些日子，全校九成的學生都上廣場抗議。但當我來讀書的那年夏天，我碰到的任何人，最迫切想做的事便是滿足被壓抑的消費欲望。變化如此之大，怎麼誇張形容都不為過。社會主義全盛時代，有部電影名叫《Must Never Forget》，內容講述有個人是如此渴望一件新的羊毛西裝，以至發瘋。但現在中國出現《精品採購指南》這樣的雜誌，主打內容如〈離婚之後，房子歸誰〉。有篇文章談論飲料，其中一則條目是「選擇喝蘇打水的男人」，文中解釋說，眾所周知，這類男人「自尊心強烈，有想法及野心，幾乎不能容忍平庸」。

中國政府跟它的人民達成交易：用繁榮換得忠誠。毛主席痛斥小資產階級之偷懶享樂，可現在的中國領導人主動提倡追求好日子。六四民主示威後那年冬天，北京各工作單位就發大衣、毛毯、可口可樂、即溶咖啡還有額外的肉類給員工。一條政府新口號傳遍全城：「貸款，實現您的夢想」。

人們還在適應「工作以外的生活」這個概念。中國把每週工作六天減為五天才剛過兩年，政府又再次調整了舊社會主義日曆，創造出以往想像未及的東西，即長達三週的假期。中國學者們歡呼，這是個全新的學術領域叫「休閒研究」，致力於這個「人類社會演化中的重要階段」。有個週末，我跟中國同學們一起去內蒙古旅行。火車超載了，而且通風系統把柴油廢氣吸進來，並吐進車廂內。但沒人抱怨，原因是車有在動，就已經算是小確幸了。

大學畢業後，我去芝加哥、紐約及中東當記者，到二〇〇五年，《芝加哥論壇報》問我想不想回到中國。我在開羅市公寓打包，班機在一個無風的夜裡降落在北京，當時是六月。中國仍有二億五千萬人一天的生活費不到一點二五美元。事實上，相當於全美人口的這許多人，在描述新中國時卻經常被略而不談，這實在不對，但卻可以理解，原因是周遭變化的規模及速度太大了。我已認不出北京了。我去找新疆村夜裡賣羊肉的小攤，但它們在一波市容美化行動時都被清除掉了。人民的收入開始飆升，速度之快是這個大國未曾體驗過的。上次我來中國時，人均所得僅為一年三千美元，相當於一八七二年的美國。美國花了五十五年才達到七千美元，而中國只用十年便辦到了。

此時中國每六小時的出口量，相當於一九七八年的一整年；也就是林正誼上尉游到大陸之前的那一年。我登門拜訪林先生，本是想求教經濟學；我試圖從學者們那裡了解驅使中國日新月異的原因是什麼。當時，林正誼已經改名為林毅夫，是著名經濟學家，年紀在五旬之末，剪刷子頭，髮色已灰，眉毛很濃，戴著的鐵絲框眼鏡常會溜下鼻沿。我對他的背景一無所知。當我跟另外一位經濟學家提到林毅夫之際，他認為我從林的人生軌跡去了解中國勃興的動力，要比我想讀的那一堆書來得更有功效。

我首次向林探詢該問題之際，他客氣地說：「都是舊事了。」他絕少談到自己的叛逃，這我可以理解，但我的好奇徘徊不散。我們頭一次見面之後，我多次去拜訪他，談論他的最新著作，最後，他對我連番追問終於屈服了。我搜集有關他的文件，還拜訪他啟游的海岸。他說，當他離開台灣時，只想「人間蒸發」。

• • •

為了找尋當初我所認識的中國，一開始我戀著鄉下不放。那兒是文學及水墨畫的中國。有一個月，我什麼都不做，只走路或搭便車沿四川省的河流旅遊。我下榻的小鎮似乎已半被遺棄，原因在於都市的召喚，讓青壯之人都抗拒不了它的吸引力，被席捲而走。村莊裡的老者開玩笑說，當他們去世後，只怕沒有夠力氣的人幫他們扛棺材。

若是有人跟你說，中國的城市有時候感覺像是例外，是凋敝農村汪洋中的孤島，這種說法絕非實情。中國每兩星期的建設總面積，相當於一個羅馬（二〇一二年全國首次城市數量超過農村）。我開始感受到一種壓迫感，宛如走進突然出現的城市，黑色柏油路還沒劃線，無拘無束，綿延數英里，兩旁建築物林立，但還沒有人進駐。唯一恆常的便是新東西不斷冒出來。有位中國朋友問我，他下次訪美該去哪個城市，我建議紐約，他盡可能有技巧地回答說：「每次我去，紐約看來都一樣。」而在北京，我不會放棄每個邀請，因為那些地點、那些人，你這次不去，可能就會消失，根本沒有下一次。

當我想去找個地方住下來，建築廣告如「美林香檳小鎮」、「威尼斯水岸」及「月河度假村」繁多。我選擇了「世貿國際公寓」，這是一棟剛由大海般建築工地裡冒出頭的住宅。不管誰蓋房子都安裝了防噪音窗戶，因在可預見的未來，房子四周都不時有噪音環繞。我住在二十二樓，很多個早晨，我要去上班前會憑窗研究中國人，放眼往下看，一小隊戴著橙色安全帽的工人在看似永不休息的建築吊車下移動。夜裡，另一班工人接手，銲槍火焰發出的光亮照映在窗子上。如果想琢磨共產黨的口號——「具有中國特色的社會主義」是什麼意思，那麼世貿國際公寓大概是最好的地點了。

《紐約時報》九年前曾預言共產黨的「長征」將走向無關痛癢之處，但黨現在比過往任何時候都更富有和壯大，有八千萬黨員（每十二個成年人就有一個），而且沒有組織化的反對力量。即使在最西化的科技公司及避險基金裡，黨都開設了小組。中國有高度運作的獨裁政體——沒有獨裁者的獨裁政體。政府聽命於黨；各公司的執行長、天主教主教及報紙的總編輯都由黨來任命。敏感的法院案件，黨會提供忠告給法官該怎麼判，另外黨也指揮全國部隊的將領。在最低層面，黨感覺起來像職業網絡。我在北京認識一位很有才華的年輕記者，她告訴我說，大學時她會入黨，是因為黨把可得手的工作職位增加一倍，還因一位她最喜愛的教授請求她幫忙，好填滿女性雇員的配額。

我抵達中國時，黨正在進行「維繫中國共產黨先進本質的教育運動」，期望藉此能煥然一新。依黨的標準，這相當使人樂觀。跟一九六〇、一九七〇年代人們公開譴責或對質大不相同，此時，黨鼓勵人們慶祝「紅色生日」，即自己入黨的日子。每位黨員按期望要寫兩千字的自我評價。市場嗅到商機，很快就有許多網站推出自我評價的「範本」。裡面草擬出絕妙的自我批評，如「我付出的心力不夠，沒能建立科學的世界觀」。我的記者朋友曾在大學時入黨，這時試著來寫自我評價，只是當她在黨的月會上朗讀時，卻因沒能吸納那些飽受推崇的詞彙而被批評，以至她要回頭去找那些制式清單。

我離開中國那七年，語言已發生變化。原本意思是志同道合的「同志」一詞，已遭男、女同性戀者挖苦，用來形容彼此。一天下午我在銀行排隊，有位老者往前探頭，很不耐煩地說：「同志，我們快一點！」兩名青少年差點笑壞了。稱呼餐廳女侍或售貨女郎的

「小姐」一詞也被重改意義，大多用來指妓女；而這種新型「小姐」，在一個腰纏萬貫的新創業家絡繹於商務旅行的國家，突然變得無所不在。

但最令我吃驚的是「野心」這個詞彙所發生的變化。在中文裡，野心總是帶有野蠻放縱及荒謬期待的意味——比如有句諺語說，「癩蛤蟆想吃天鵝肉」。兩千多年前，有本政治忠告彙編集子叫《淮南子》，書中《主術訓》篇便警告統治者「故有野心者，不可借便勢；有愚質者，不可與利器。」但突然間，我到處都看得到「野心」的提示，如在電視脫口秀和勵志書籍裡。書店裡塞滿這些書，書名如《偉大的野心——新興商業英雄們的創業風雲》以及《二十幾歲要有點「野心」》。

・・・

夏日炎威稍退時，我動身去見一位叫陳光誠的人。之前曾聽說過他，是山東東師古村一個小農之家五兄弟裡的老么，這個村人口五百。兒時得病使他失去視力，直到十七歲前沒上學讀書。他家人讀文學及冒險小說給他聽，他也收聽廣播，並由他爸爸那得到鼓舞（陳的父親原不識字，成年之後才去讀書，最終掙得教職）。

陳光誠學習按摩及針灸，事實上這是中國盲人唯一能取得的教育。但他對法律更有興趣，因此申請了旁聽法律課程。父親給他一本《中華人民共和國殘疾人保障法》，他則請父母與兄長多次讀給他聽。陳光誠發現，他家並未依法得到免稅的待遇。他大膽到北京上訪申訴，令大家很吃驚的是：他竟然打贏了官司。接下來不久，他娶了一位在自己所收聽的叩應節目上談話的女子——袁偉靜。她的爸媽跟中國絕大多數父母一樣，不贊成她嫁給盲人，但她毅然與陳光誠結婚。

東師古村的村民種小麥、大豆及花生，這位男按摩師懂得法律，於是人們來向他求救。有個案例是他阻止了地方幹部取得農田控制權，再以更高價錢回租給農民。另一個案例是他關閉了汙染當地河流的紙廠。有位記者來訪問他，他說：「最重要的事情是讓老百姓懂得他們有權申訴。」陳在中國政治界是個怪胎，不僅因為他的生活環境是在貧困鄉村，還因為他是新型活躍人士，比傳統的異議分子還要難以捉摸。

二〇〇五年我聽聞他大名時，他正在蒐集因違反中國一胎化政策，而被迫接受墮胎及絕育手術婦女的供述。她們拒絕或逃跑時，當地政府會把她們的爸媽或兄妹手足關起來，藉此迫使這些女性現身。陳光誠幫這些女性打官司，而當地官員則把他軟禁在家。

夏末的一天，我搭飛機到山東，接下來換乘了一台又一台的計程車，才來到東師古村。那個下午令人昏昏欲睡，我抵達通往村子的那條窄窄泥路，離開計程車，徒步走上那條有坡度的小路。陳住在一間農舍平房裡，正門前有棵垂柳以及爬上房屋石牆的開花藤蔓植物。門兩旁有褪色的紅春聯。就在我快到門口時，兩名男子擋住我的路。一人瘦骨嶙峋，臉頰紅而有裂痕；另一人則粗壯結實，在微笑。

結實的男子說：「他不在家。」他微笑著走近我，以至我聞得到他午餐吃了什麼。

我說：「我想他應該在，他在等我。」

他說，即使陳光誠在，也不想見任何客人。其他人三三兩兩成群趕來，有人抓住我的手腕，扯著我往回走向計程車。一輛警車靠路旁停住，警察向我索取護照。他們說，我不准來這裡。他們讓我選擇，是跟他們到派出所「休息一下」，還是我自行離去。

那個結實的傢伙不再微笑。他想知道我打哪兒知道東師古村這位盲人。我說，「從網路上」。他一直睨眼看著我，我從他的表情察覺到，網路對他來說，就跟說是神靈引導我來的一樣。他打開計程車門，把我推進去。

我跌坐計程車內，車慢慢地駛離城鎮，警察尾隨著我們。計程車司機搞不清楚這一團混亂是怎麼回事。我解釋說，陳光誠正在蒐集因一胎化政策而衍生虐待的申訴，司機說他聽說鄰近有個地方，人們也有類似的訴苦。他載我到一個叫泥溝鎮的小鎮，我們停車在街上的一排商店旁。商店的一樓賣肥料，頂上有個窗子用柵欄封住。我走出車外，站在窗下時，有個女人來到柵欄旁，由裡頭往下瞧著我。

我問她怎麼會在那裡。她說：「我們無法離開。我們沒有自由。」她很平靜，說當地的計生委把她鎖在肥料店上頭，原因是她的兒媳不接受強迫結紮，也不願付小孩的超生費用，這筆錢相當於她們一年的收入。

我抬頭看著那位婦女，「妳在那兒待多久了？」

「三個星期。」

「妳們有幾個人在上面？」

「十五個。」

就訪問而言，這是個古怪的安排。我站在窗戶底下，而她則透過窗柵往下瞧。我上下打量那個社區，人們都在忙著自己的營生。一邊有個美髮沙龍，對面則是水果攤。

當地計生委辦公室就在街對面占了個樓面。我走進去，詢問有關被拘留在肥料店樓上的那些人。辦公桌後有一男子名叫萬振東（音），是計生委統計部門的領導，他說他不曉得有什麼拘留中心，不過補充表示那些抱怨被拘留的人，通常都是超生而不願繳罰鍰的人。萬說：「一胎化政策，是本地百分之九十九點九的人都支持的。」

我一回到北京，就打電話給陳光誠，那位盲眼按摩師。只是每次我撥號後就會斷線。有好幾個月我沒有任何進展。我向一位名叫滕彪的律師描述自己在泥溝鎮的遭遇，他一點也不詫異。人們開始把這些拘留中心稱為「黑牢」。很難搞清楚黑牢有多少家，地點又在哪兒，必須沿村挨鎮去找。滕彪對我說：「當地人很難把資訊提供給律師及媒體，因為地方政府會盡最大努力不讓任何人曉得。」

・・・

在東師古村，網際網路大致還是個謎團，但在北京則不然。一開始，中國政府把網路看成機會所在；中國很晚才加入工業革命，中國領袖本盼望資訊革命能幫助國家縮小與西方的差距，但這股熱情冷卻了。二〇〇一年，國家主席江澤民把網路認定為「政治、意識形態及文化上的戰場」。我由山東回來那個星期，公安部擴大了網路上官方「禁止」的訊息清單。只要有可能，中國政府喜歡用類別來組織世界，原先已表列禁止九種資訊，包括「謠言」及任何「有損國家聲譽」的東西。此時它把表列由九項增為十一項，把「煽動非法集會的資訊」及「涉及非法民權社團活動的資訊」也納進來。

可以取得的資訊規模爆增。二〇〇五年初，中國有大約一百萬個博客；到了年底，已增為四倍，政府下令網路公司設立「自律」系統，以刪檢、監視人民使用國外網站。黨東拚西湊地建立起最後通稱「網路防火長城」的東西，它是個龐大的數位防衛工事，目的是不讓中國用戶取得批評高階領導的新聞報導，或者來自人權組織的消息；最後，它把社群網站如推特（Twitter）、臉書（Facebook）都封掉。跟有形長城不一樣的是：數位長城可以伸縮，以適應新的挑戰或傳達開放的錯覺。通常不會知道哪些東西遭禁止，除非把想找的東西鍵入，然後收到錯誤碼如「HTTP 404—無法找到本網頁」。

有些人試圖削弱黨對資訊的掌控，而黨則愈來愈決心予之以處罰。一年前，一位名叫師濤的記者在湖南省的《當代商報》服務，參加幹部會議，總編輯在會中傳達了中央最新指示—有關天安門示威週年紀念的題材，將不予刊登。當天晚上，師濤登入自己的電子郵件帳戶（huoyan1989@yahoo.com.cn），把這份黨的文件（《關於當前穩定工作的通知》）匯總寄給「民主通訊」的編輯；「民主通訊」網站設在紐約。兩天之後，北京的國家安全局接洽「雅虎中國」（Yahoo! China），索取該帳戶的使用者姓名、電子郵件的內容，還有從哪些地點可以取得該電子郵件。雅虎言聽計從，到了二〇〇四年十一月二十三日，師濤被捕，控以「非法向境外提供國家機密」罪。審判為時兩小時，最後被判十年有期徒刑。

本案最清晰地揭櫫：當中國政府碰到不確定的新挑戰時，為了維繫控制而會動用哪種力量。人權團體批評雅虎交出師濤的資訊，公司共同創辦人楊致遠回答說：「若你想在當地做生意，就得照辦。」美國國會議員注意到了此事。眾議院小組委員會在聽取中國網際網路狀況時，新澤西州出身的共和黨眾議員史密斯（Chris Smith）問道：「假如半世紀前，納粹祕密警察追問安妮．法蘭克（Ann Frank）的下落，難道交出資訊以遵守當地法律是正確答案嗎？」雅虎不為所動。當師濤的母親控告該公司曝其子於險，雅虎提起動議加以駁回。

久而久之，外界給雅虎的壓力變得難以承受。二〇〇七年秋天，唯一在納粹大屠殺倖存下來、服務於美國國會的眾議員藍托斯（Tom Lantos）把楊致遠等網路大公司執行長叫到眾議院外交關係委員會，說：「你們真是道德上的侏儒。」師濤的母親聲淚俱下地做證，證供結束後，楊對她鞠躬三次，說：「我個人願意道歉。」雅虎與她的家庭達成賠償協議，但師濤依然關在牢裡。在中國境內，共產黨釋放出明確無誤的訊息：網際網路絕非暢所欲言的園地。

・・・

世貿國際公寓太安靜又太昂貴了，而我真的需要更多機會練習中文：比方說，我打電話給房東，提議他把我的押金留下來，當成最後一個月的租金，竟錯誤地告訴他，把押金當成最後一個月的「月經」。

為了準備二〇〇八年奧運，北京城大部分地區都拆除重建了。北京出生的作家查建英前往美國求學，回到京城之後，她引述一位朋友的形容：北京城變成這樣一個地方，已經找不到「掛鳥籠」的所在。老北京少數殘存的幾個區大致上由小巷弄組成，兩旁排列著由灰磚、黑瓦片及木材蓋成的宅院。這樣的街道布局已保留約七百年，當時是元朝的規劃，蒙古人把這些巷弄叫做「胡同」，這個詞彙後來在中文裡變成「街巷」的代稱。蒙古人把胡同設計為一致寬度，不是十二步便是二十四步。八〇年代，北京由六千條胡同組成；這些年下來，只有幾百條胡同得以倖存，其他全被夷平，空間都騰出來蓋辦公大樓及公寓大廈。城裡的四十四個親王府，只有一個被完整地保存下來。

我四處打聽，找到草廠北巷四十五號一間宅子要出租。住那些老宅的人，大多使用公共廁所，地點在我租屋前門再轉角。但這棟宅子安裝了室內管路，還予以翻新，變成四間現代化的房間，還包圍住一個小小院落，院裡有一棵棗樹及一棵柿子樹。我把新地址跟《芝加哥論壇報》司機老張講的時候，他頗不以為然。說：「你方向搞錯了吧！應該由平房搬到樓上的公寓，而不是倒過來。」

房子四壁孔隙頗多，下雨時天花板會漏水，冬寒壓倒暖氣時，我在房內得戴滑雪帽。腳底下老鼠、甲蟲及壁虎固定來來往往，我不時得用雜誌打扁蠍子。但住在窗戶可以打開的地方真是舒心，我真喜愛這樣的生活。巷子對面，有位鄰居在他屋頂裝了鴿舍，那是他的嗜好。他在鳥兒腳上裝了木哨管，所以當牠們在我們頭頂盤旋時，會有嘯聲。

我書桌靠窗，窗戶外盡是老北京鼓樓的景致；鼓樓建於西元一二七二年，上面是高拔的木造亭簷。數百年來，鼓樓及其附近的鐘樓為北京市民計算時間，告訴大家何時睡覺、起床。這兩座樓是方圓數里內的最高建築。鼓樓有二十四面巨型皮鼓，大到足以讓轟轟鼓聲傳到京城的最遠處。

中國帝王很執迷於掌控四季更迭及每日的時移刻轉。春天時，皇帝會詔令文武百官在什麼時候更換服裝，易裘為絲；到了秋天，皇帝又敕令何時耙掃落葉。掌控時間是如此與皇權緊密相連，以至於一九〇〇年外國軍隊入侵時，那些兵將要爬上鼓樓用刺刀切劃皮鼓以顯示威風。有好一段時光，中國人把鼓樓重新命名為「明恥樓」。

第3章 文明的洗禮

Baptized in Civilization

解放軍戰士把林正誼由淺水拉上海灘。當時是一九七九年五月十六日，夜最深沉之際。他們懷疑林是間諜，因為以前沒碰到過從台灣游來的官兵。

而在台灣，林的長官們不知如何設想。他們懷疑他是投共去了，但要是林成功了，他們認為對岸的廣播站應會洋洋得意地吹噓林已抵達才是；或許他淹死了，又或許他自始至終都是大陸間諜。不管如何，一名台灣最受推崇的戰士突然失蹤，讓人覺得很丟臉。軍方把林歸類為失蹤，繼而宣布已死，撫恤他的妻子陳雲英大約三萬元。她懷了孕，還隻身撫養兩人的三歲兒子。為了保護她免遭報復，林完全沒把自己的計畫告訴她。林的父母則在家裡的神明龕內加了塊牌子，鐫刻上他的姓名。

在大陸，林被拘留盤問了三個月，直到他說服了他們，相信自己不是間諜，便獲釋且准許旅遊。在一個大多數人民還忙亂於文化大革命的國家，他以改信者的熱情來看待毛澤東的遺緒，他還去了共產黨戰時總部的延安朝聖，他告訴我，他「想接受教育」。

他到了四川，親眼觀看心中英雄人物李冰所建造的古壩。由突出的堤上俯臨洶湧堰水，他凝視著這條浩蕩的水渠。都江堰經常被援引為自兩千年前蓋好以來，中國一直墮落不前的象徵，但林卻把它看待成振作人心的泉源。「我想，若是我們能有所作為，我們可以改變人民的命運，改變國家千秋萬世的命運。」

林叛逃的喜悅，因為他把家人扔下的慚愧而被沖淡。他對我說：「我愛我妻子。我愛孩子們。我愛我們家。我覺得虧欠他們。身為知識分子，我也強烈覺得，自己對中國的文化與繁榮有責任。若是我強烈信仰什麼才對，那麼我有必要追隨它。」

他來到大陸的前幾個月，要跟他妻子接洽，這根本想都不能想。台灣軍政府無疑在監視她，想找出林正誼下落的蛛絲馬跡。他想起有個李姓表親◉，當時在東京求學，便寫信給他說：「目前我唯一能聯繫的親人就是你，但是你也應特別小心，不要給國民黨抓到任何把柄，免得惹來一身麻煩。消息最好口傳，不要留下痕跡。」林請李代他買生日禮物給陳雲英及孩子們，簽上他跟陳雲英之間的小名「方方」。在信中，林承認：「雖說男兒志在四方，不能眷念兒女私情，而忘卻肩上的責任；但是思鄉之情卻是隨著日月的增長而加深。」他掛念父母、兒子及剛出生的女兒。談到兒子，他說：「小龍已經三歲，正是最需要父親的時候，但卻只能和他母親相依為命。小麟出生，連跟父親見面的機會都沒有……對於他們我實在有說不盡的抱歉，但望團圓之日早日來臨。」

他對台灣政府仍有餘恨，認為分派他的任務，其政治宣傳的成分比實際進展來得大。他寫道：「可是國民黨對我只是利用，而不是真正的培養。」他激情地談到鄧小平的經濟改革，最初幾個月便造就經濟勃興，中國發生許多變化。「但基本上每個人是可以吃得飽、穿得暖的……整個大陸正在以一個飛躍的速度向前進步，人民充滿朝氣和信心。我深深地相信，中華民族是有希望、有前途的。而做為一個中國人，是值得驕傲的，也是可以抬頭挺胸昂立於世界之上的。」

但是一等新鮮感消失，叛逃者的生活就變得艱辛。一位一九八一年駕機叛逃大陸的飛行員黃植誠回憶說：「一開始，歡迎之聲不絕於耳，接下來便丟下你，讓你自謀生路。」

林先申請到北京人民大學攻讀經濟學，但遭到拒絕。他的官方檔案裡充斥各種對他政治背景的懷疑。對他來說，叛逃一直是他令人啟疑之因；以當時的語言來講，大家說他「出身不明」。遭拒之後，他申請讀北京大學。校方行政人員董文軍（音）本擔憂林最後被查出是間諜，但最後決定批准他入學。誠如他後來所述：「總之經濟系沒有情報可以蒐集。」

林對同班同學說，他是新加坡來的學生。解放軍想酬賞他的叛逃，林則要求別把他

◉——注：指林的表哥李建興。

的故事用於政治宣傳。他瞧過沖上金門海岸的小冊子，前頭總是叛逃者，他不想自己變成那樣的焦點。此後他放棄林正誼這個名字，改名為林毅夫，意思是「有毅力的男人」。

・・・

有一天下午，在林的辦公室，我提到台灣有人推測他向人民解放軍提供軍事機密，來證明他值得信賴。他自己也聽說過。他澀然一笑說：「那是無稽之談。我來的時候，除一身衣服，別無其他。」他指出，自己逃離金門時，中國已在呼籲統一，而且低階軍官的機密實在沒什麼用途。他駁斥台灣軍方的報告。報告中說，他會叛逃的部分原因是在職場受挫，還誤導哨兵，以便掩飾他脫逃。林把自己泳渡大陸描述成理想主義之舉。「我依然相信，我台灣的朋友們也有相同的抱負，想對中國有所貢獻。我尊敬他們的志向。我相信這是我能對中國歷史有所貢獻的方式。離台是我的個人選擇。」

依中國的標準，這個舉動很激進：因為在歷史上，個人抉擇對中國人來說，幾乎是排在最後的選項，其原因很多，但從古至今，最根本的都與土地有關。密西根大學心理學家尼茲比（Richard E. Nisbett）研究人類世界觀的文化差異，他發現在中國古代，肥沃平原及河流孕育出稻米耕種，而種稻需要灌溉，迫使人們「彼此合作，耕耘土地」。相形之下，古希臘人住在山區、海邊，靠放牧、貿易及捕魚維生，故此較能獨立。依此歷史，尼茲比看到了希臘人有關個人自由、個體及客觀思考的觀念是如何形成。

個人只是鑲嵌在更大合群組織裡的分子這種認知，貫穿於中國藝術、政治及社會。西元前三世紀的哲學家荀子相信，只有社會禮儀及模範才能控制個人「任性」的嗜欲，一如用蒸氣再加壓力才能扳直變形的木板。中國最富盛名的古畫之一，是范寬繪於西元十一世紀的《谿山行旅圖》，常被譽為中國的《蒙娜麗莎的微笑》。但相形達文西滿畫框的肖像，范寬畫作描繪的是一個小小的騎馬人物，四周包圍著巨大、霧氣濛濛的群山。在帝制中國的律令裡，判官考量的不僅是動機，還有對社會秩序的傷害，所以犯人謀殺了社會地位較高的人，則較之他殺了地位較低的人，會受到更嚴厲的懲罰。處刑是集體式的連坐，判官不僅宣判那個犯罪的個人，還宣判他的家人、鄰居乃至鄉社長老。

二十世紀初年的改革派領袖梁啟超，原本歌頌個人對國家發展的重要，但一九〇三年造訪舊金山的唐人街之後，就棄絕了這觀點，而且下結論說，不同宗族、家族之間的競爭，讓中國無法繁榮。他寫道：「故吾今若采多數政體，是無異於自殺其國也。」

梁啟超夢想中國有個克倫威爾（Cromwell）般的人物，「雷厲風行，以鐵以火，陶冶鍛煉吾國民二十年、三十年乃至五十年，夫然後與之讀盧梭之書，夫然後與之談華盛頓之事。」一九一一年清帝國落幕後，當上臨時大總統的革命家孫逸仙評論說，中國會弱，原因在人民是「一盤散沙」。他說：「個人不可太過自由，國家要得完全自由。」他請民眾把政府設想為「一部大汽車」，而政府官員是「汽車伕」，必須有駕馭的自由。

中國始終不乏詩人、作家及革命黨人，白傑明（Geremie R. Barmé）及賈佩琳（Linda Jaivin）兩位作家把他們稱為中國歷史上「沒纏足的人」，但毛決心把「個人服從組織」這一觀點供上聖壇。他宣稱，黨必須「根除一切不團結的傾向」。中國共產黨把人民組織起來，納入工作單位與人民公社。單位沒發函，你無法結婚或離婚，無法買機票或住旅社，就此而言也無法拜訪其他單位。大多數日子裡，你在單位的範圍內過日子、工作、買東西及學習。為了查明、矯正個人思想，毛大力仰仗政治宣傳及教育——他稱其為「思想改造」，後來俚語通稱「洗腦」。一九五〇年，有位美國中央情報局官員得知此事，造出「brainwashing」一詞。

黨為了讓其欲傳遞的訊息鮮活起來，便推銷各形各色犧牲的典範。一九五九年，報紙大寫特寫一名叫雷鋒的戰士；他身高只有五英尺，自稱是革命機器裡的「小螺絲釘」。他也出現在相片巡迴展裡，更現形於各種影像如「雷鋒幫忙遼寧人民公社鏟糞」及「雷鋒補襪子」裡。在軍方宣布這位年輕戰士死於意外（被倒下的電話桿打到）之後，毛忠告人們要「向雷鋒同志學習」。接下來幾十年，地方的博物館裡展覽了便鞋、牙刷等雷鋒物品的複製品——宛如聖人遺骸。

要求服從的壓力，影響深遠。一位文化大革命期間遭恐嚇的醫生（被流放到西部沙漠，其妻在當地自殺）後來說道，「在中國你想活下去，必須什麼都不透露給別人知道，不然事情可能用來對付你……正因如此，我認為，人最深沉的自我最好是模糊不清，好比中國山水畫裡的雲霧，把私人部分藏在你的社會角色之後。流露在眾人前的自我，最好像米飯，乏味而不顯眼，只反襯出周遭菜色的滋味，而毫不流露自己的味道。」

・・・

變革在一九八〇年代加速時，中國領導人警告說，全國必須要「摸著石頭」過河。事實上，許多捲進中國轉型急流的人發現：他們已經別無選擇，只有跳進去，盡快地游，而對岸有什麼東西，他們的感受至為模糊。

檯面上，中國依然對個人存疑；即使改革已然上路，但中國最權威的字典《辭海》一九八〇年版，仍把「個人主義」定義為「小資產階級世界觀的中心，損人利己的行為」；而且，共產黨最痛惡的東西莫過於柴契爾夫人（Margaret Hilda Thatcher）式的自由市場基本教義。只是，中國仍把她某些最基本的想法制定為法律：如公共服務退場，對工會的敵意，及以國家和軍隊為驕傲。

遍及全中國，人們開始踏上路途，加入人類歷史上規模最大的人口流動。中國非凡的經濟成長，靠的是結合了充沛而廉價的勞動力及大舉投資於工廠及基礎建設——這種配方，拔去阻塞，釋放出毛主政的動盪歲月裡儲存的經濟能量。總書記趙紫陽周遭都是經濟學家，試圖模仿南韓及日本的經濟成長，為了繁榮必須權宜變通。國營智庫研究員吳敬璉，生涯伊始是名社會主義正統派，這種立場說服他的中學放棄教授英語及西方經濟學。但文革期間，他擔任幼稚園長的妻子，因父親曾是國民黨部隊將領而被打成「走資派」，紅衛兵剃光她半邊頭髮。吳自己也被貼上「反革命」標籤送去「勞動改造」。他對我說：「我的意識形態經歷了劇變」。到了八〇年代，吳成為自由市場的首席專家之一，哪怕那個詞彙爭議太大，難說出口，吳敬璉必須改稱它為「商品經濟學」。

一九八〇年起，中國指定幾個經濟特區，利用稅賦優惠等優勢來吸引外國投資，引入科技及海外客戶人脈。特區需要勞工。自五〇年代起，黨為了控制人們而把戶籍分割成兩種類型：鄉村及都市。這種區分注定你的出生地、求學、受僱，很可能下葬地點也在其中。除了少數特例，不然只有公安局才可以改變你的戶口。但隨著新式機器和施肥的採用，使農村需求的人手大減，因此在一九八五年，政府正式允許鄉村人口暫時到城市居住與工作。接下來八年內，移往城市的人口達到一億人。一九九二年，鄧小平讓大家了解，繁榮至上。他造訪一家七年內擴廠十六倍的電冰箱工廠之後說：「發展才是硬道理」。一九九三到二〇〇五年間，國營企業裁員七千三百萬人，讓這些下崗工人自己去找新的收入來源。中國領導人保持貨幣低值，讓出口產品變得便宜，於是出口激增。一九九九年，中國出口量不到美國的三分之一。十年之後，中國成為世界最大出口國。

自主權慢慢進入日常生活。在毛的時代，兼差被視為不道德，因為個人的空暇時間也屬於國家所有。到了九〇年代，日夜兼職的人口如此之多，以至於名片印刷業業績勃興。一度鼓勵人人當機器裡「一顆不銹螺絲」的國營媒體，此時也承認競爭是新事實。《河北經濟日報》寫道：「你必須依靠自己，闖出自己的道路，去戰鬥。」不論管道是什麼，大家有錢就賺。在貧窮地區，血販子沿門挨戶推銷這門交易，以幫助人們支應納稅、學費等開銷。在哈佛取得博士學位的人類學家景軍發現，人們賣血之頻繁已超出人類極限。他寫道：「因此血販子會把人倒過來，腳部靠牆倒吊，以便血液能流到手臂。」（這種生意後來釀成大災難：九〇年代中期，血販子造成中國最慘重的愛滋病大爆發，估計有五萬七千人感染。）

個人化的語言滲透在電影、時尚及音樂。電影製作人賈樟柯回憶說，八〇年代他在山西煤鄉長大，會坐四小時的公車，只為買一卷鄧麗君的卡式錄音帶，而且音質不算很好。鄧麗君是台灣歌星，人氣之高，以致林毅夫的金門馬山連會廣播她的歌來吸引投誠者。因為她的姓與鄧小平相同，大陸官兵開玩笑說，他們白天聽老鄧，晚上聽小鄧。賈對我說：「在此之前，我們唱的歌是《我們是共產主義接班人》和《咱們工人有力量》。歌詞總是『我們、咱們』。但是在鄧麗君的歌《月亮代表我的心》裡，歌詞談的是『我』，我的心，我們當然愛上她！」

公司強化了那種訊息。中國移動公司針對二十五歲以下族群，銷售行動電話服務，使用的口號為「我的地盤我做主」。即使在變化緩慢的鄉下地區，人們談到自己時的方式也不一樣了。挪威漢學家賀美德（Mette Halskov Hansen）花了四年在鄉下學校，她發現老師們給學生的教育是讓他們做好準備，未來想生存下去的世界，要求的是「自立、自強、自力更生的個人」。二〇〇八年賀美德觀賞一場賽前動員會，學生們背誦的誓詞是：「天生萬物以來，沒人跟我一樣。我的眼，我的耳，我的大腦，我的靈魂，都獨一無二。沒人講話、做事跟我一樣。我前無古人，後無來者。我是大自然的最大奇蹟。」

想離開——中國人叫「外出」——的欲望席捲各村莊。這股浪潮吞噬的，不見得是最成功、最有自信的男女；相反地，遭其席捲的是最不合宜的人——最不安定、最任性、最沒福氣的人。當十來歲的少女龔海燕想離家那天，她的父母猶豫了。她是兩人唯一的女兒，而他們是鄉下人，不懂城市。只是龔海燕心裡打定主意之後，堅持的程度就像騾子。龔對我說：「他們別無選擇，只好同意。」

・・・

龔海燕是湖南人，與毛同鄉。她出生在山腳下的挖斷崗村，父母是在慘澹條件下結合的。文革時代，因為他倆的家庭都被歸類為「富農」，受到同樣的政治折磨，於是在鄉裡媒人的撮合下結了婚。龔家種花生、棉花，養雞也養豬。龔家有兩個孩子，海燕是老大，身材嬌小又多病。她雙肩瘦削，嘴唇很薄，臉龐不動時，神色有幾分遲疑。依鄉村生活的等級制度，這些特色對她沒有好處。當地男生要的是兩頰豐潤、唇如花蕾的女孩。多年以後，我在北京認識她時，她對我回憶說：「若是有人曾經喜歡我，我還真想聽聽原因是什麼。」

但即使還是小孩子，龔便精力過人。鄰居們開始做小生意，她便纏著爸媽，讓她也加入這一潮流。父母笑了。「我們只有三戶鄰居，家背後就是大山。誰會來買東西呀？」他倆問道。可海燕沒退卻，她找弟弟海斌一起做生意，先買來冰棍，再挨家挨戶轉售。拖著重三十磅的保麗龍隔熱容器，沿著村莊滿是車痕的小路走上一天，她弟弟打退堂鼓了。她說：「我把他打得半死，他還是不肯再出來。」但海燕摸熟了附近村裡，知道哪些爸媽會拗不過孩子們的懇求，然後找出最佳販賣路線。很快地，她一天可賣上兩盒。她下結論說：「不管做什麼，都得有策略。」

出生於七〇年代，與龔海燕同一輩的男女有所不同，從談話中便能聽出來：他們說「我」，講得很自在，相形他們的父母則會用集合詞「我們單位」、「我們家」（老一輩中國人最後把她那一代人叫做「我世代」）。

龔海燕十六歲時，考試成績之好，讓她得以就讀當地的重點中學，這對務農家庭來說是轉型契機。開學前不久，她搭拖拉機進城，去補冰棍的貨，但拖拉機栽進溝渠，其他乘客摔出來沒事，但坐在前座的她右腿粉碎性骨折，鼻子幾乎斷掉。她出院時傷勢好轉，但還戴著石膏模子，發現鄉下學校無法收容走不動的學生。校方遂建議她退學。

龔海燕的母親江小員（音）可不吃這套。她搬進宿舍，背著女兒上下樓梯到教室，來回上廁所（海燕把自己訓練到一天上廁所不超過兩次）。龔上課時，她媽媽就匆匆跑到街上，提籃子賣水果賺點小錢。我一直好奇這個故事是不是真的，還是只是打比方，直到我見到她的母親。江小員回想到那段時光還很火大，她說：「有棟校舍特別高，那裡是實驗室，而她們上課在四樓。」龔從沒認真考慮換別種生活。江對我說：「讀書是唯一的出路。我們可不要她跟我們一樣在田裡工作。」

• • •

龔的醫療費用讓父母背上債務。她說：「我出那次車禍，讓家裡變得亂七八糟。」當時是一九九四年，中國史詩般的勞工大遷徙正加緊進行。一九七八年，中國近八成人口在田裡工作，這一數據到一九九四年已降到不足五成。龔海燕也從當地的重點學校休學，前往廣東沿海工廠工作。

隨著移民增加，政府試圖管理人潮的流向。有條口號呼籲鄉村人口在家附近找工作：「離土不離鄉，進廠不進城！」官方正式把新移民叫做「流動人口」——這個中文詞彙既有流氓又有流浪狗的意味。警方把犯罪歸咎於他們稱做「三無」的現象——這些移民無家、無工作、無穩定收入來源。城市想方設法限制新來人數。在北京，市政府限制好幾類人，包括「乞丐、街頭賣藝、算命等其他從事封建迷信活動者」。他們若被發現，就會被遣送回老家。北京還正式頒授「綠卡」，限制就讀公立學校及住屋管道，但標準之高，只有百分之一的新移民符合資格。上海市出版一本手冊叫《進入上海指南：給前來上海工作的兄弟姐妹們》，頭一章的標題便是「別盲目前來上海工作」。

只是，大家還是來了。到了二〇〇七年，一億三千五百萬鄉村移民已生活於城市，政府把「流動人口」改稱為「外來人口」。國務院下令各級政府要改善他們的保險及工傷保護，確保移民「受到文明洗禮」，官方媒體喜歡這麼形容。

在珠海市，龔海燕在松下電視組裝線找到工作。她把兩條電線用焊錫接起來，每天兩千次，並把工資寄回老家。若是她提早完成，工頭就增加她翌日配額。工廠有辦廠內報，兩個月過後，龔寫了篇不凡的文宣叫「我愛松下，我愛我家」。文章收到了她想要的效果：她脫離生產線，被拔擢為編輯。她找到可以全神投入的工作。但接下來有一天，她一位老同學來找她，那個週末用其他老友升大學、搬到新地方等新聞「款待」了她。在工廠範圍內，龔海燕認為自己算是成功：她用頭腦而非指頭工作；但現在她得知自己錯失了什麼，這令她鬱悶不安。

她痛責自己輟學的決定，說：「真是軟弱又愚騃。」她身旁周遭，中國經濟正在起飛，而她卡在最底層。電視、成衣工廠要的是不會抱怨的工人，也不提供就業安全、在職訓練或成長的許諾。外來人口如她，賺的錢只有廣東一般居民的一半，而且差距愈來愈大。要是她待在廣東，能指望的生活，不過是矮人一級的健康醫療與教育，而且她為孩子付出的教育費用，要比有當地戶口的父母高出五或六倍。廣東省產婦死於分娩者，四分之三以上是外來人口，因為她們無法取得婦產科的醫護。

在電子業組裝線，老闆偏好女性勞工，是因為她們對瑣屑的工作更謹慎。龔海燕待的工廠裡，男性只有保全警衛、卡車裝運工及廚子。她說：「假如我想安定下來，可以選擇的便只有他們。」她知道返回村子有哪些危險。當時已是一九九五年，而中國鄉下與城市之間收入落差之大，在全世界只比辛巴威及南非要好一點點。她必須到城裡。她說：「我決定回學校。」

她接著說：「村裡每個人都反對這個點子。他們說：『妳都是二十一歲的大姑娘了，找個男人嫁了吧。』」依村子的等級排行，地位唯一比年輕女子來得低的人，便是對未來還心存志向的年輕女子。只是她的父母支持她的決定，學校允許她重新入學，讀十一年級。她考得縣裡的全國大學入學聯招的最高分數，得以進入令人垂涎的北京大學就讀。當年二十四歲的毛主席來到京城，有次忍不住說：「北京就像一個大熔爐，在那裡，不可能變化的人也能被改變。」

她跟林毅夫一樣，在入學之前更改名字，變成海燕；燕字指的是小而硬實的海鳥。高爾基（Maxim Gorky）在一首過去的革命詩篇《海燕之歌》（The Song of the Stormy Petrel）裡提過。那首也是列寧的最愛之一。龔毫不關心革命，但她很愛一隻鳥兒轉而面對風暴的意象，誠如高爾基形容，「自由靈魂，御乎渾混之上，毫髮無傷」。

襲在北大取得中國文學學士，再到上海復旦大學讀新聞學碩士。到了第二年，她已感受到專業的核心要素；只是，有件事付諸闕如：談戀愛。

• • •

中國人生活變動之大，如天翻地覆，這一切之中，對個人最私密的莫過於有機會自擇配偶。幾百年來，村裡的年輕人是由媒人及父母，依相襯的社經地位撮合起來——此之謂門當戶對——新郎新娘能參與的極少。

孔子煞費苦心，教誨仁義與責任，他在教學紀錄《論語》裡，談到「情」僅僅一次。愛情故事在中國要到二十世紀才流行起來。歐洲的故事主角偶爾還以喜樂收場，而中國戀人們一般都屈服於無法控制的外力：父母作梗、疾病及誤解。這些愛情故事可以分門別類為悲戀、苦戀、慘戀、錯戀及貞潔牌坊戀，因此讀者可以藉此期待其命定的結局。第六類叫喜戀，則賣得沒那麼好。中國有個傾向，就是把愛情看待為持久的麻煩。一九九〇年代，羅斯鮑姆（Fred Rothbaum）及曾育彪兩位學者分析八十首中國與美國流行歌曲的歌詞，發現中國歌曲更常提到痛苦及「負面期待」，瀰漫著一種感覺：一段關係命中注定下場淒慘，無法取得救贖。

在中國，男女戀愛也會扯上歷史關係：一九一九年，當中國學生奮起而為他們稱為

「德先生」與「賽先生」◉的民主和自由而示威時，同時也要求終結包辦婚姻，他們稱其為「自由戀愛」。毛澤東立法禁止包辦婚姻及蓄妾，規定女子有權要求離婚，但這套系統幾乎沒有留給情欲任何空間。沒能走進婚姻禮堂的約會是「無賴行為」，而性是如此被目為羞恥，以至於毛時代的醫生經常碰到無嗣求醫的夫婦，原因只是他們欠缺性知識，不知怎麼做愛。《大眾電影》（*Popular Films*）雜誌刊登一張灰姑娘親吻王子的照片，讀者還寫信來責備。有人寫道：「我代表工農兵大眾譴責你們，怎麼這麼不知羞恥！」

雖然包辦婚姻一九五〇年便被禁止，但很多媒妁工作，還是由工廠廠長及共黨幹部來做。一九七〇年，有位名叫閻雲翔的年輕知識分子從北京被下放到東北的夏家村，他發現慘戀十分普遍。當地女性對自己嫁給誰幾無置喙權利，村裡有個傳統，女性出嫁當天，離開娘家時都要啜泣。要到八〇年代，村裡的長老才開始釋放對當地婚姻的掌控權。閻雲翔後來當上人類學家，繼續造訪夏家村。他參加一場婚禮，新娘是嫁給所愛之人，她私下對閻說，太高興了，哭不出來，只好在手帕上抹辣椒，把眼淚逼出來，這樣才符合父母一輩的期望。

社會主義全盛時期，夏家村每個男子都希望自己看上去很老實，而一個光棍最混蛋的事便是風流。但是突然之間，老實男子被認為寒傖好欺負，人人都想風流如電影《鐵達尼號》中的李奧納多・狄卡皮歐（Leonardo DiCaprio）——那是當時盜版最兇的電影。

世上許多國家結婚率都在下降，美國的成年人結婚率跌到百分之五十一，為有紀錄以來最低。只是在中國，其文化是如此圍繞在家庭與子女，故儘管離婚率在攀升，但百分之九十八的女性人口最後都出嫁了——全世界比例最高之一（中國既沒有民權聯盟，也沒有禁止歧視法律，而且依然是對同性戀最嚴厲的國家之一）。

自由來得太突然，也帶來了麻煩。中國的酒吧或教堂很少，也沒有男女混打的壘球，所以男女社交場合還是勉強拼湊。大的工廠會替整天在生產線上工作的工人們組織「交友俱樂部」；北京電台103.9兆赫的「交通之聲」在每個週日，都撥出半小時專門留給計程車司機，讓他們在電台中自我介紹，尋找另一半。軍方頻道的央視七台會替戰士們舉辦約會節目。但是這些舉措僅僅讓既有的障礙更加嚴重，而且對大多數人來說，愛情、抉擇與金錢的困擾，反成為令人迷惘的新麻煩。

中國的一胎化政策對婚嫁產生意想不到的影響。由於提倡使用保險套到了前所未有的規模，這讓性愛與生殖脫鉤，並激發出小型的性愛革命。只是，競爭因此也升高了：一九八〇年代超音波技術傳到中國，導致夫妻把女性胎兒拿掉，只為等著生男孩。結果便是中國現在有二千四百萬名男生，到二〇二〇年就是適婚年齡，但卻找不到配偶——誠如中文所形容，變成「家譜樹」上的「光棍」。中國媒體則狂轟猛炸女性說，若是她們到三十歲還單身，就會被視為「剩女」。

◉——注：民主「Democracy」與科學「Science」，取其字母諧音。

⋮

一天，龔海燕對我解釋說：「中國婚姻市場裡，有三種族群想存活下來：男人，女人，以及有碩博文憑的女人。」還在攻讀碩士學位時，她發現中國男人對教育程度超過他們的女人，很是畏縮。在上海時，她說：「這城裡，我沒半個相熟。我爸媽只有小學程度，他們會接觸的那種人，我無法產生興趣。」

男女戶口不同也很少能成婚，這一點讓她很困擾。她對我說：「即使法律規定『戀愛及婚姻自由』，事實上我們沒有選擇的自由。」二〇〇三年，網際網路用戶只有六千九百萬（占總人口的百分之五），但是以一年百分之三十的速度增長。同年秋天，入口網站「搜狐」（Sohu）報導，該網最常搜索的人名以前是「毛澤東」，此時變成「木子美」，一個性愛博客博主。木子美把她一次幽會的錄音檔貼上網，點擊量之大讓伺服器當機，對那些倒抽一口氣的人，她回答說：「我透過性愛表達我的自由。」

龔海燕付了五百人民幣（當時約合六十美元），購買早期的線上約會服務。她挑選了十二名男士，把訊息發給他們。當沒收到回應而向該公司客訴時，客服告訴她：「妳瞧瞧自己——長得醜，還想追這些優質男？難怪妳收不到回應。」她找到其中一名單身男子，才了解到他根本沒在該網站註冊。照片、基本資料及聯絡資訊這一切都是從其他網站拼湊而來的。中國一度很擅長仿製馬球衫，此時則改而偽造線上約會。龔說：「我並不想做老闆，我只是很氣憤，想替所有與我情況差不多的人建一個網站。」

她用網站軟體「Font Page」設計出雛型，把自己的生意取名為「Love21.cn」（後來改名為「世紀佳緣」）。為了賣廣告，她僱了自己弟弟海斌；他中學輟學後，修了幾門電腦課程。她先動員自己的朋友，其他客戶跟著上門。有位軟體設計師同意投資相當一萬五千美元（後來，他在該網站找到了自己的結婚對象）。龔用這筆錢來擴張，而且發現客戶需求量之大超過她的想像。在偏遠地區，電腦掃描還很難取得，客戶便把照片用郵件寄來。註冊會員以每天約兩千的速度增加。

龔與我認識的其他中國網路創業家一點也不相像。首先，中國科技界排行拔尖的都是男性；此外，與那些窺出中國網路巨大潛力的人不同的是，她英語講得並不流利，甚至沒有電腦文憑。她身上還有幾絲鄉下氣息。她講話音量很高，但是在眾人之前聲音則會發抖。她只有五尺三寸高，雙肩瘦削，當談論她的生意時，我感覺她在談自己。她跟我說：「我們跟你們外國人不一樣；你們在酒吧很容易交到朋友，或者去旅行，跟陌生人搭訕。我的網站不是想鬼混找樂子。成為我們會員的訊息很明確，便是要結婚。」

空暇時間，龔從事寫作。網際網路正成為匯聚各色點子的論壇，而龔為自己博得了「小龍女」的美譽，是提供諮詢的專欄作家，因應人民共和國的各種婚姻疑難雜症。她出沒於苦惱單身漢，為兒女擔心的家長以及焦慮新娘的各種訊息裡——其中很多人以前或現在是她約會網站的會員。

通常，她給出的建議讀起來像是反對中國古代禮制。她對一位新婚女性說，若是妳婆婆看待妳不過是「傳宗接代」的機器，而妳丈夫又袖手旁觀，那就不要這個先生，「鼓起勇氣，離開那個家庭」。碰到一對有錢的新婚夫婦，丈夫到處拈花惹草，太太並不因此大哭大鬧，也不軟弱無能、自我哀鳴，而是讓丈夫簽下一份協定，如果再有不忠的行為，他必須放棄他的所有財產，龔對這位妻子的舉動拍手稱快。總之，龔把尋找真愛，形塑為一件仰賴自己而非別人的事情。她寫道，「天上不會掉餡餅」。

第4章

心靈的胃口

Appetites of the Mind

龔海燕推出自己的生意不久，有一則貼文吸引她注目，文中寫道：「尋找妻子，身高一米六二，容貌中等以上，有碩、博學歷。」

這位徵婚者是位博士後，鑽研果蠅，喜歡運動，所貼的是他在研究室實驗工作檯前，戲謔展現自己臂上三頭肌的照片。龔對我說：「他的條件很好。」接下來她檢查他的擇偶要求，發現自己「找不到任何匹配他的女生」。但是她決定以高度自信的姿勢回答他。她寫道：「你的聲明寫得不好。就算有女孩子符合條件，還是會覺得你太挑剔。」

這位男士名叫郭建增，他尷尬了，回答說：「我以往沒寫過這類東西，不太曉得該怎麼做。」龔自願幫他修飾其聲明。她對我說：「修飾之後，我可以想出世上有四名女生符合此一標準，包括我自己。」

郭建增時年三十三歲，很是害羞。他倆見面時，他手機上只儲存了八個號碼。他不是天生浪漫的人，他送給龔的第一件禮物是一副眼鏡，取代她壞掉的，而且他不算有錢，存款不到四千美元。但龔請他做線上智商測驗，很驚奇他以五分打敗她。另外，他照顧自己鰥夫父親的孝心也令她感動。他們第二次約會，他便向她求婚，地點在地下道。

她坐上他腳踏車後座，就去民政局，花了九元登記結婚。整個儀式只花了十分鐘。他沒買結婚戒指，反而是買台筆記型電腦送她。他們租了一間小小的公寓，月租一百美元，還跟一位鄰居老者共用衛浴。

到了二〇〇六年，龔的約會網站已有一百萬名註冊用戶；翌年，創投資本家注資到她的公司。她開始從收發訊息中收取費用（大約美金三十分）。等到她開業第七年，網站已有五千六百萬名註冊用戶，而且在上網瀏覽、單一訪客量兩方面，都名列中國第一，成為中國最大的線上約會服務網站。她把原先「Love21.cn」的網名改掉，換成聽來更堂皇的「佳緣」。她給網站一條很符合她性格的標語：「嚴肅婚戀交友網站」。

・・・

一天早晨，我到龔的辦公室，當時她正慢慢走進會議室，參加替新進員工辦的「指南說明會」。時間快到中國農曆新年，這個國家的單身男女都會回家「走親戚」——少不了會被絮絮叨叨地追問終身大事。對某些人，這種壓力大到難以承受。過完年之後，佳緣的註冊數將會大大攀升，好比新年後，美國健身房人數大增一般。

在人群前發言，哪怕人數不多，依然叫她緊張，她把講話要點印在紙上隨身攜帶。她說話之前，員工們先聽首席營運長，一位名叫方清源的男士講話，他輕聲細語地對他們說：「在本公司，別花心思在尋求上司關愛或裙帶關係。努力工作，你的成功會清楚表現在你的成果。別費神去拍馬屁。」

輪到龔說話時，她坐進會議長桌盡頭的位子，跟新員工們講，現在他們正在進入「幸福的事業」。她沒有微笑。她談到幸福事業時很少微笑，反而專注在「價格／表現比率」以及「資訊不對稱」。她身著辦公套裝：戴眼鏡、綁馬尾，不施脂粉，身穿的粉紅色愛迪達（adidas）夾克左袖還皺皺的。她眼前的年輕男女正要加入佳緣近五百名的員工之列。她告訴他們，客戶事實上跟你們幾乎一模一樣：外來人口，隻身進城，因「三座大山」而找不到愛情——沒有錢、時間、關係。公司目標很簡單：讓人們有所選擇。

在中國，選擇一時間變得五花八門，大家還沒適應。當地媒體經常把龔描述為「中國第一紅娘」，儘管她的事業想反對的正是作媒這個想法。雖然她的公司名叫「佳緣」，但她最想直言不諱的卻是：她相信緣分已經過時。她對新進員工們說：「中國人還是相信緣分。大家都說：『哦，我就隨緣吧。』只是他們不必再那麼做了！現在，欲望就可以導引他們。我們呢，要把戀愛自由給大家。」

這麼多年來，人們對婚姻這項人生大事沒有太多置喙餘地，現在似乎想彌補失落的時光。我讀到一則線上徵婚啟事，作者名叫林瑜（音），她把對未來先生的要求條列化：「沒結過婚，碩士以上學歷，非武漢本地人，非農村戶口，不是獨生子女，不吸菸，不酗酒，不賭博，身高一米七二以上，需交往一年才能結婚，愛好運動，父母非離異，年收入五萬元人民幣以上，年齡在二十六到三十二歲之間，每週必須有四天在家吃晚飯，以前至少交往過兩個女友，但不能多於四個，非處女座，非摩羯座。」

中美兩國約會網站最大不同之處，在觀念方面：在美國，網站有擴大你潛在伴侶的力量；在中國，一個有十三億人口的國度，約會網站則保證做相反的工作。龔的主任工程師陸濤（音）說：「有一次，我看到一名二十三歲的女孩在北京找約會對象，而當地有四十萬個男性用戶。她用血型、身高、星座等等來縮小範圍，直到人選只剩八十三人。」（有位中國銀行家告訴我，他只用單一標準在佳緣上過濾，那就是身高，就讓他找到一堆身材高挑的模特兒名單。）

我在佳緣註冊，以了解龔的事業，當時我回答了三十五則複選題。共產黨花了幾十年提倡一致性，但佳緣的問卷讓你毫不懷疑地了解：現在的男人要有精確地自我界定的能力。繼身高、體重、收入等基本資料之後，問卷要求我描述自己的頭髮，先是顏色（黑色、金色、深褐色、淡褐色、灰色、紅褐色、銀色、染色、禿頭或其他）；接下來是形式（長而直、長捲髮、中等長度、短髮、小平頭或其他）；談到臉形，我有九種選擇，包括橢圓形叫「鵝蛋臉」、狹長的叫「瓜子臉」，有一度，我很懷疑「國字臉」是否指愛國人士，接下來才了解，它指的是下巴較寬的臉形，很像中國字裡的「國」。

按要求，我得提示自己「最迷人的特色」，我有十七種選項，包括我的笑容、眉毛還有雙腳。「宗教信仰」方面，我有十六種選擇；為了看來與眾不同，我勾了「薩滿教」。為了回答「謀生技能」，我得殺出二十四種選項，包括翻新房屋及商業談判。當我做完時，我還被問到對度假地點、閱讀題材、婚前協議、抽菸、寵物、個人空間、做家事、退休等看法。接下來我碰到一個問題，要我從清單中選擇一個最能描述自己的：

1. 有孝心的兒子
2. 很酷的男人
3. 有責任心的男人
4. 精打細算的居家男人
5. 誠實率直的男人
6. 敏感的男人
7. 事業為重的男人
8. 睿智有遠見的男人
9. 相貌普通的男人

10. 幽默的男人
11. 愛好旅遊的男人
12. 喜歡宅在家裡的男人
13. 考慮周全的男人
14. 勇敢的男人
15. 忠誠的男人
16. 有管理能力的男人
17. 很帥的男人
18. 穩重，傳統，沉著的男人

下一頁，我被要求選擇最能描述我個人外表的項目。我回想到「藍色螞蟻」時代，再檢查以下選項：

1. 我很斯文都市派
2. 我是大西部來的牛仔
3. 我陽光而優雅
4. 我俊俏文雅

5. 我成熟有魅力
6. 我高而魁梧
7. 我簡單而樸素
8. 我含蓄又酷

龔海燕進入這門有選擇的行業，時機很好。中國人一生中花在選擇上的時間愈來愈多。八〇年代，個人收入開始上升，購物者結群而動，爭著購買與他們的鄰居一模一樣的產品，其力量之強，後來變成眾所周知的「潮流消費」。

夏家村裡，非正式活動中心由黨部移動到村裡唯一一家店鋪。年輕人談到他們稱為「個性」的品質，開始語帶尊敬。鎮中心的少年開始買髮膠塗頭髮，還買牛皮製的樂福鞋（loafer）。他們開車到村裡那家店，而不走路，哪怕距離只約三百公尺。家家戶戶重新安排房子格局，如此夫妻不再跟爸媽及小孩睡大通鋪，而且不同世代開始睡在不同房間。當地黨書記不再稱自己是「革命機器裡不生銹的螺絲釘」，而是坦白地講，「我為什麼幹這份差事？很簡單——賺錢。」

鑑於國家已不再直接指定工作，它此時得帶領大學畢業生們透過並不熟悉的求職經歷。新的就業市場（以及婚姻市場）創造出對新衣裳、健身俱樂部、化妝品、剃刀及刮鬍膏的需求。二〇〇五年，中國電視播出第一個「美國偶像」風格的節目——蒙牛酸奶超女大賽。節目之成功，孕育出一個叫做「選秀」的新門類，就是在節目之中，參賽者可以彼此選擇或被選擇，觀眾亦然。

購物，或至少是逛街，變成主要嗜好。中國公民平均每週花約十小時在購物，而美國人平均不到四小時。這種差別，部分歸因於中國購物流程的效率較差——公共運輸、比價都花時間——另外部分原因在於這乃是新式娛樂。一項廣告研究發現，在正常日子裡，上海人平均看到的廣告量是倫敦消費者的三倍。市場充斥著新鮮品牌，彼此爭奇鬥艷，而中國消費者對搏眼球的大膽花招，相形下司空見慣，感到自在。廣告如此充斥版面，以至於時尚雜誌不得不衝破「物理限制」：《柯夢波丹》（Cosmopolitan）雜誌中文版的編輯不得不把一期切分成兩本，原因在每一期雜誌都厚到難以處理。

我的手機裡也充塞著垃圾廣告，提供範圍極廣的消費選擇。一條來自「北京最大室內騎馬場」的訊息說，「有心騎馬者請注意」。一天早上，我收到的廣告說，「巨型百年建築，英國工藝建造」，還有「宮殿級巴洛克別墅，五萬四千平方公尺私人花園」。更多的是販售偽造收據，幫助大家申報不實開支。我實在喜歡想像現今典型中國男人的模樣：每天早晨走在巨型英國建築裡，跨上馬，穿過私人花園，出發去買些偽造收據。

西方公司你爭我搶地增加選項，希望能符合中國人的品味。「箭牌」（Wrigley）造出小黃瓜薄荷口味的口香糖；「哈根達斯」（Haagen-Dazs）賣月餅。不是每種想方設法都取得成功：「卡夫食品」（Kraft）想製造一種「麗滋」餅乾，用辛辣的四川黑胡椒油煮魚來調配，結果失敗。「美泰兒」（Mattel）在上海市中心開一家六層樓的芭比娃娃大型百貨店，附設水療及雞尾酒吧——最後他們發現，中國爸媽不贊成芭比的讀書習慣。「家得寶」（Home Depot）發現，農民和工人的子女最不愛的事，便是自己動手做。

外國人實在難以理解中國消費者的某些選擇。有種時尚眼鏡框出現在市場，名曰「海倫凱勒」。記者訪問該公司，為什麼選這位全世界最出名的盲人來打眼鏡廣告。公司回答說，中國學校教導海倫凱勒的故事，主要是把她當成自強不息的象徵。可以肯定的是：這款鏡框銷售很好。海倫凱勒眼鏡銷售主打的口號是：「你看世界，世界看你。」

• • •

在中國，金錢與愛情掛鉤的程度，總是比西方來得公然、明顯，只是在幾乎人人都赤貧的時代，婚嫁的財務比較簡單。傳統上，中國新娘的爸媽會付嫁妝，而新郎的爸媽出的數目較多，在中國這叫「生女兒賺錢」。毛澤東時代，結婚交換的禮品通常是穀物，但是到了一九八〇年代，夫妻期盼的是「三樣圓的，一樣有聲音的」：一台腳踏車、一個腕錶、一台縫紉機，以及一台收音機。或者，在某些案例，要求的是「三十隻腳」：一張床、一張桌子與幾把椅子。在中國大多數地區，這種風俗留存下來（變成現金），只是金錢押寶愈來愈高而已。

對婚姻傳統最大的衝擊來自意想不到的地方：一九九七年，國務院恢復人們買賣房屋的權利。依社會主義傳統，僱主本來是把城市裡的工人分配住到清一色的混凝土住宅區裡。以至於政府恢復房市之際，中國官僚甚至還沒把「抵押」這個英文詞彙給正式翻譯出來。只是過沒多久，全球最大的房地產財富斂聚就風風火火地展開了。

傳統上，新婚夫婦是搬去跟新郎的父母居住，但是到了二十一世紀，能與老人家住很久的夫婦不到一半；魏尚進及張曉波兩位經濟學家發現，有兒子的爸媽替子嗣蓋更大更貴的房子，希望吸引更好的匹配對象——這種房地產現象以「婆婆症候群」而得名。報紙用新聞標題鼓勵這種現象，說「房子是男人的尊嚴」。在某些村莊，房地產「軍武大賽」展開了，各家各戶都想壓倒對方，蓋超多樓層，就算當時沒錢裝潢，空著也行。二〇〇三年到二〇一一年間，北京、上海等其他大城市的房價飆升八倍。

野心時代不再用出身來對人們分類了，用的是人們的未來。社會主義時代，中國人重視父母和祖先的「政治可靠」，但現在，男男女女打量彼此，是依他們的潛力，特別是賺錢潛力。只是，在新的婚姻市場上，形勢也愈來愈清楚，普遍的期望與現實並不相符：龔的佳緣網男性會員裡，只有一成有房，而一項外界做的調查說，受訪女性近七成表示，自己不嫁給沒房的男人。住屋的精準細節，對戀愛有沒有前途是如此關鍵，以至於我被要求從下列選項中挑選：

1. 我沒有房
2. 有必要時我會買房
3. 我已有房
4. 我與人合租
5. 我自己租屋
6. 我與父母合住
7. 我與親友合住
8. 我住工作單位的宿舍

所有問題當中，這則最重要。龔對我說：「如果你是與人合租或共用一個地方的男人，幾乎可以說一開始就不必玩了。」有大好答案的男人不憚於詳加敘述：他們的單身廣告裡採用一個新的詞彙「車房齊備」。

想趕上他人的壓力，造成一種「語言膨脹」。幾年前，「三無」指的是沒有棲身之處、工作或收入來源的移民工。等到我開始來龔海燕的辦公室蹓躂之際，「三無」指的是沒房、沒車、沒儲蓄的男人。三無男人若能結婚，叫「裸婚」。二〇一一年有部中國劇集就叫《裸婚時代》，講的是一個條件很好的女子不顧父母反對，嫁給她工人階級的先生，搬進他家去住。劇集變成中國收視率最高。若是在一九三〇年代，這個故事寫成小說，會被歸類為「悲戀」：劇集結尾，那對夫妻離婚了。另一人氣節目與「選秀」有關，叫《非誠勿擾》，參加的單身男女彼此打量著，而螢幕上冒出來的泡泡提示著男性來賓是否有車有房。有一集節目，一位三無男子邀請某女士坐他的腳踏車，但她輕蔑地拒絕說：「我寧可在寶馬車裡哭，也不要在腳踏車上笑。」這句話讓內容篩檢人員實在受不了。他們很快重組節目，加添一名主婦般的共同主持人，忠告著美德與節制的好處。

・・・

襲的公司每週都會組織一到兩次的單身派對，有一天晚上，我與其他三百名精心打扮的男女有序地排隊進入一家北京的舞廳。每人都拿到裝有電池的燈，其形狀是噘起的嘴唇，大家把它別在衣服上。主持人蹦到台上，引起大家注意。他說，「請把手放在心臟部位，然後跟著我說……『我發誓，我來到這裡，絕對沒有欺騙之心，邪惡之念』。」

十二名女性來到台上，開始互動遊戲，每人都拿著一根紅色權杖，頂端有個心形的燈：如果燈亮，表明有興趣；燈不亮，則相反。她們都是事業有成的人，有工程師、研究生、銀行職員，年齡在二字頭末，三字頭初。

男士們一個一個登台回答問題，不過在問答當中，我感受到男女期盼的巨大落差。有位銀行職員穿著毛衣、胸肌鼓鼓，吸引了很多女孩子，不過當他說一星期有六天半必須待在辦公室時，女士們就噤聲了。下一位是穿著呢套裝的物理學教授，他說人生目標是「不奢望取得偉大成就，只希望自己沒有後悔的事情」，女士們沒什麼反應。最後一位是幹練的刑事案件律師，他極愛遠足旅遊，他的表現都不錯，直到後來他向女評委們強調，自己非常看重「順從」這項美德。結果沒有一盞燈亮，他獨自走下舞台。

再過幾天就是農曆新年了，隱隱然像是大限。當天晚上我碰到一位男士叫王晶斌（音），他三十歲，國字臉，人很和氣，為了返鄉團圓而努力準備。我們沿著一道牆而坐，他對我說：「他們（指家人）給我很大壓力。就因如此，我今晚才會來這兒。」大學畢業後，王成為生意人，出口餐巾等紙製產品。這項工作對他使用的英語詞彙影響很大。當他描述約會不順利時，會說自己「被退貨了」。他現在還單身，讓鄉下的親戚們心很煩。他跟我說：「我姐姐很不贊成我來這兒。她說：『在那裡你別想找到老婆』。」他自己是怎麼想的呢？他說：「我得按自己心思來走。我姐的教育背景、生活經驗跟我不同，所以我倆想法不一樣。」

他姐姐讀書只到初中，仍住老家村子裡，開一家店賣麵條及汽水。她二十歲時，經親戚介紹嫁給一位鄰村男子。相形之下，王晶斌在山東大學讀英語專業，然後來北京找工作。我們碰面時，他已在京城待五年了，快要掙脫工人階級之列。我們聊天時，我心裡替他填了問卷：一、有孝心的兒子……四、精打細算的居家男人……十四、勇敢的男人。

王晶斌告訴自己，每星期至少參加一次男女派對，直到找到對象。他說：「跟你講實話，昨天我就被一個姑娘退貨，原因是我身高不如她的期望。」我問他，是否贊成婚前應該有房有車這種想法。他說：「贊成，房與車是禮貌的象徵。女人嫁男人，部分原因是嫁給他的房跟車。我現在還租房子，所以我覺得壓力很大。」他沉默了一下，說：「但是，我有潛力，你覺得呢？依我看來，買車買房要再花我五年。再五年。」

第5章 不再是奴隸

No Longer a Slave

鄧小平宣布，現在是時候「讓一部分人先富起來」，當時他沒說是哪些人，要由中國人自己去琢磨。

在此之前，黨首要也最持久的目標，一直是階級專政。毛拆散四百萬家私人企業，把資產國有化，把社會階級打得如此之平，使得中國的貧富收入差距，在社會主義國度裡降到最低。學生們被教以小資階級等「階級敵人」是「吸血鬼」、「寄生蟲」。文化大革命時代，這股熱誠最為熾烈，軍方為了鏟除軍階，做過了頭，以至於在戰場發生紊亂，士兵們必須由制服的口袋數來辨認彼此（軍官口袋比兵多兩個）。任何想改善個人命運的努力，不僅毫無意義，而且很是危險。黨禁止競賽運動，而且，以前奪牌的運動員發現：自己被追溯指控為「奪牌狂」——犯了追逐勝利，不顧大眾健康的罪。人們最後說，「蓋火箭的賺得比賣雞蛋來得少」。

但是現今各地方報紙最常見的主題之一，便是夢想「白手起家」。吃午餐時，我喜歡把報紙攤開在餐桌，閱讀街頭小吃攤販變成速食大亨等第一代企業鉅子的故事。中國人對窮人變富翁的故事，態度沒什麼與眾不同，只是它們已變成自我定位中最為重要的事。中國人現在談論脫貧致富，跟美國人把矽谷創業家由車庫起家說得天花亂墜，方式一模一樣。第一批實踐鄧小平宣言的人，被稱為「先富群體」。儘管最近大家尊敬白手起家的財富，但中國花了好幾十年在反地主、反「走資派」，以至於大多數先富群體寧可隱姓埋名。中國人愛講，「人怕出名豬怕肥」，所以《富比世》（Forbes）雜誌二〇〇二年開始出版其中國富豪榜時，刊出來的男女富豪照片，都戴著紙袋，突顯他們寧可保密。樂透得主如此擔憂外界的矚目，中國報紙刊出贏家拿著超大尺寸支票時，他們都戴了頭套及太陽眼鏡。

對共產黨來說，階級的重現反而是一個機會：黨最後相信，吸收這些有財產的人可以壯大自己，對抗爭取民主的鼓噪。黨官援引孟子的名言，「有恆產者有恆心，無恆產者無恆心」。但仰仗經濟繁榮來確保「恆心」卻造成麻煩，在中國共產黨的本質悖論裡衍生。黨是馬克思、列寧的傳人，是共和國的統治者，能掌權是靠著指責資產階級與貧富不均，怎能堂而皇之擁抱新有錢階級？它該如何維繫治國的意識形態正當性？

然而，這是個自我創造的時代，對共產黨亦然。任務落在國家主席兼黨總書記江澤民身上。二〇〇二年開完黨最重要會議之後，他大搞一個修辭學的新解：他承擔不起使用「中產階級」一詞，但是他宣稱，自此以後，黨將致力於「新中等收入階層」的成功。「新中等收入階層」無所不在，黨官稱頌，新口號奉其為神聖。中國的人民警察學院有位作者描述，新中等收入階層是「支撐文明禮貌的道德力量。要鏟除特權、根治貧窮，必須有這股力量。它是一切的一切。」

同一個會議上，黨還對憲法進行重大修改：不再自稱「革命政黨」，而是「執政黨」——領導們已然改動其存在的理由。藉著成為執政黨，這批前反抗軍，花了幾十年痛斥政敵為「反革命分子」的人搖身一變，成為十分熱心於保衛現狀，以至於「革命」這個詞彙現在都有問題。位於天安門廣場一側的革命歷史博物館名字被整合為「中國國家博物館」。二〇〇四年，中共國務院總理溫家寶說：「團結與穩定真的高出其他一切」。

就算這項變化在中國百姓聽來很偽善，他們也沒什麼選擇，只能接受。尤有甚者，人們被剝削了那麼久，以至於他們對舊教條也殊無好感。黨與人民此時面朝相反方向：中國社會愈來愈多元、喧鬧、無拘無束，黨則變得愈形一元、正經八百與保守。

二〇〇七年十月，我向人民大會堂提出申請，想採訪「中國共產黨第十七次全國代表大會」開幕——政治行事曆上最神聖的事件，每五年召開一次，一整個星期辦演講、典禮。官方形式上，人民共和國的領導班子是由黨代表大會決定的（事實上，那些決定私下早已做好了）。國家主席兼黨總書記胡錦濤登台，走到講壇。他跟許多位在黨層峰的同儕很像，是專業訓練出身的工程師，也是一位接受「發展是硬道理」的技術官僚。時年六十五歲，他十分沉默寡言，喜怒不形於色，以至於中國民眾替他取綽號叫「胡面癱」。這有部分要歸咎他自己：文革大恐怖之後，黨竭力防止其領袖搞個人崇拜。他做得很成功。胡年輕的時候，官方傳記臚列一個事實，說他愛跳社交舞；可一等他攀登黨的層峰，談及他喜惡的唯一亮點，就被隱諱不談了。

胡放眼看去，台下是兩千名忠誠黨代表組成的人海。這個場面是演出團結一致的活戲：壁壁相連的紅毯、紅簾幔，還有巨大的紅星由天花板射光下來。胡錦濤身後，有幾排貴賓官員依階級高低就座，很多人跟他一樣，打紅領帶。整齣戲編排完美無瑕。每隔幾分鐘，就有一群年輕姑娘帶著保溫瓶，經過貴賓席，倒茶之精準有如水上芭蕾舞者。胡用老百姓不會用到的詞彙講了兩個半小時。他談到「社會主義和諧社會」及「發展的科學展望」，還有一如往常的「馬克思列寧主義」，他矢言只進行加值式的政治改革。他說，黨必須保持「核心」地位，以「協調各界努力」。

• • •

人民大會堂外，中國擁抱階級之回歸。一九九八年，當地一家出版社翻譯了福塞爾（Paul Fussell）的文化諷刺著作《格調：社會等級與生活品味》（Class: A Guide Through the American Status System），書中有這樣的觀察，如「你觀賞的運動賽事肢體接觸愈暴力，階層就愈低」。但換成中文版後，諷刺意味大大褪色，而書卻大賣，因為是被當成新世界的「戰場指南」。譯者在前言寫道：「僅擁有金錢並不能使你獲得普遍的認可、尊重和賞識。你的消費揭示了什麼，才更為要緊。」

布魯克斯（David Brooks）的書《BOBO族：新社會菁英的崛起》（Bobos in Paradise: The New Upper Class and How They Got There）二〇〇二年譯成中文版，也成為暢銷書。書中描寫一個深遠的世界，一個由美國資產階級波希米亞人占居的國度，混合六〇年代的反文化以及雷根時代經濟學，只是在中國，它俘虜了奮鬥上進者的自我感知，而「BOBO」一詞中文譯成「布波族」◉，成為中國網際網路當年搜尋最熱門的詞彙之一。布波族酒吧、布波族讀書俱樂部很快出現，還有一款筆電，廣告保證讓布波族得到「爵士情調的浪漫」。接下來中國媒體用膩了布波族，改向「DINK」，北京官話說成「頂客族」，雙薪、不生小孩，一系列新標籤、新認同隨之出現：網民、房地產大王、屋奴。有位匿名作者寫了篇大受歡迎的文章，刻劃出年輕白領階級男男女女的標準典範：

「啜飲卡布奇諾咖啡，上網約會，組織頂客家庭，搭地鐵及出租車，坐經濟艙，住

◉——注：BOBO，布波族，是bourgeois bohemian（中產階級式的波希米亞人）的縮寫，為一九八〇年代「雅痞」一詞的衍生詞。布波族的崛起，帶動了文化產業及美學經濟的蓬勃發展，這是他們對社會最顯著的貢獻。

好旅館，上酒吧，打長途電話，聽藍調，加班工作，晚上出門，過聖誕節，搞一夜情……床頭櫃擺《大亨小傳》及《傲慢與偏見》（*Pride and Prejudice*）。為愛情、禮儀、文化、藝術及經驗而生。」

野心時代裡，生活加速了。在社會主義底下，叫人匆匆忙忙的理由少之又少。除開毛時代的大躍進幻想以外，人們依官僚制度及四季節奏工作。動作快一些，更有效率些或者冒更大危險，餐桌食物也所添無幾。就好比帝制時代的宮廷鼓樓，社會主義中央計畫官員決定，秋天何時打開中央供熱系統，春天又何時關閉。可是，突然之間，中國被一種感受咬住，那就是國家運行得太慢了。任教於中山大學的社會學家何肇發出版一份宣言，支持快速，他說在日本，行人平均每秒走一點六公尺。他批評中國同胞說，「即使穿高跟鞋的美國女人走路都比中國小夥子來得快。」他呼籲國人要緊急領略到每一秒鐘的可貴。他寫道：「浪費時間的國家會被時間拋棄。」

有些賣命工作的人，在還不甚懂得如何花錢時，就已經取得非比尋常的財富。二〇一〇年，中國經歷「海外首次公開募款熱」，翌年五月，約會網站創業家龔海燕把她的公司弄到那斯達克（NASDAQ）指數上市，交易首日結束，她的持股價值超過七千七百萬美元。她的丈夫為了公司，辭去果蠅研究工作。

龔海燕邀我去吃晚餐。他們在北京的北郊買了房，我們車停靠路邊時，太陽正在西下。經過一處寵物水療浴及名叫「清錦源」（Chateau de la Vie）的豪宅群，我們轉彎進入林木青翠、有大門的社區，這令人聯想到美國紐澤西，而非中國湖南。她的家外面塗灰棕色，裝飾濃郁的義大利風情。龔兩歲大的女兒穿著睡衣，由大門蹦出來抱住媽媽的腿。她丈夫帶我們進入餐廳，而跟她住在一起的父母及奶奶已經坐在餐桌旁。

一家四代女性同住一屋，讓我印象深刻。龔的奶奶九十四歲，文革時被歸類為富農，受了很多折磨。她出生時，中國剛廢除纏足陋習；我們吃飯時，我心中盤點了她這一生所歷經的中國二十世紀大戲，直到她住進孫女位在北京郊區的豪宅。龔一邊用筷子扒飯，一邊說：「以前女人慣常講：『嫁漢嫁漢，穿衣吃飯』。只要你能滿足最基本的生活需求，我就嫁給你。但現在不一樣了。我可以擁有好的生活、獨立的生活。我可以挑剔。若你有什麼讓我不喜歡的，嗯，你就倒楣了。」

好些年來，龔家一直輾轉於出租公寓之間，那時候他們六個人睡在兩間臥房內。現在，他們住進獨立房屋，左鄰右舍是歐洲外交官及阿拉伯商人。他們搬進來才九個月，四壁猶然空白，還沒買書畫或藝術裝飾品，但遲早會買。有台機器腳踏車停在前門，按鄉村傳統，是用來擋想偷腳踏車的小賊的，只是我想，龔的鄰居並不會帶來那種威脅。看來好像龔家就是把湖南農舍細軟打包運來，然後在北京一間執行長住得起的別墅中全給卸下。

• • •

野心時代要的是新技術、新知識。在中國創業，得會拚酒，為了協助菜鳥度過此一煎熬，哈爾濱市開了一家夜校叫「偉良人際關係學校」，傳授「飲酒策略」課程（小竅門之一：飲一杯之後，偷偷把酒吐進茶裡）。學不到的就用買的：電子產品大亨張大中就聘請三名「閱讀幹部」，把他想讀卻沒讀的書總結起來。

中國「虎媽」有很多吹毛求疵的習慣，西方人近來才讀到；在此之前很久，最暢銷的中國父母教養指南是《哈佛女孩劉亦婷：素質培養紀實》，一位名叫劉衛華的媽媽記錄下她如何把女兒弄進該常春藤名校。教養方法在孩子還沒出生就開始了：劉衛華強迫自己吃高營養餐，儘管她感到噁心。到十八個月大，她教女兒背唐詩。小學時代，她帶著女兒到喧鬧場合讀書，以磨練她的專注力，而且照表操課：每讀二十分鐘，跑樓梯五分鐘。為了培養韌性，叫女兒雙手握冰，每次十五分鐘。這乍看起來很荒謬，但是對還在奮力脫貧的中國人來說，任何犧牲聽來都合理。

垂涎於菁英教育之文化資本的，其勤勉程度莫過於先富群體。他們當中很多人出身一文不名，也曉得：都市知識分子當他們是土包子。中國人口這麼多，使上大學的競爭激烈得如此殘酷，人們把它比擬成「千軍萬馬走獨木橋」。為了創造更多入學機會，政府十年間把大學、學院的數目加倍，成為二千四百零九家。即使如此，有心讀大學的學生，每四人才有一人能考進去。

受過美國教育會格外有公信力，先富爸媽把自己的焦慮灌注到子女身上。二〇〇八年秋天，我與一位名叫張茵的女士吃午飯，她以「垃圾皇后」之名而眾所周知。上海雜誌《胡潤報告》（*Hurun Report*）每年都會公布中國最有錢人的排行榜。二〇〇六年，張茵成為中國第一位女首富。她是中國最大紙廠玖龍紙業的創辦人，她會有「垃圾皇后」的綽號，是因為她征服原不起眼的利基（Niche）行業，以最高效率迎合全球貿易：她買進堆積如山的美國廢紙，以低廉價格運到中國，回收做成紙箱，用來包裝印上「中國製造」的商品，再把貨賣回美國。二〇〇六年《胡潤報告》估計她的財富有三十四億美元。翌年，張茵的財富倍增到超過一百億美元，而雜誌認定，她是全世界靠自己發跡最有錢的女人，排行在歐普拉（Oprah Winfrey）及J・K・羅琳（J. K. Rowling）之前。

張茵與她的前牙醫丈夫、現任公司執行長劉名中，在這家全球最大紙廠的經理專用咖啡室接見我，而這裡只是張茵在華南東莞市幾家廠房之一。她時年五十二，是守舊派的工廠老闆，不會說英語，而她的中國話帶著濃重的東北腔調。她身高幾乎不到五英尺；談話之間，有幾波滔滔不絕的力量及不耐煩推促著她，彷彿她在傳遞中國工業界的認同。她說：「市場不等人。若是我今天不開發，等一年或兩三年再開發，那我對市場而言就無足輕重，錯失機會了。我們都只是普通人，跟別的公司沒兩樣。」

當我們吃飯時，她不想談生意了；這對夫婦想談自己兩個兒子。老大人在紐約，正在哥倫比亞大學攻讀電機碩士。老二人在加州，讀大學預校。用餐到一半，她的助理把一張老師替她兒子寫的大學推薦函遞交給她。張看了看，還給助理。

她對我說：「他的GPA在四點〇到四點三。」帶著自修有成的人特有的自豪，她說：「他腦裡都是美式教育，有必要也接受一些中式教育。不然就會失去平衡。」

二〇〇五年我抵達中國時，據美國國土安全部資料，讀美國私立高中的中國學生只有六十五人。五年後，人數已近七千。共產黨的達官顯要跟我講他們的子嗣就讀於塔夫特（Taft）或安多佛（Andover）時，我已見怪不怪了。後來，有一群中國菁英父母把來往奔波的費用省下來，把子女送去北京一家新開的奢華預備學校就讀，該校聘請了喬特（Choate）及霍奇基斯（Hotchkiss）的前校長來經營。

・・・

一切自修自習管道中，讓人最感刺激、影響最廣的，莫若學習英語。「英語熱」感染餐廳侍應生、公司執行長及大學教授，把這種語言抬高為界定人生潛力的手段——這股力道強到足以改換你履歷表的形貌、吸引配偶，或者在村子裡取得很高地位。襲海燕的約會網站上，男男女女在自我描述時，除了提到汽車房子，經常還含括英語流利程度。每位大學新鮮人英語理解力，至少要符合最低限度，而且唯一會考的外語就是英語。一位鄉下學校老師王剛寫了本小說《英格力士》（*English*），他說：「若是我能重整（英語）字典的字眼，整個世界就會向我敞開。」

這一點與過去相比，真是極大扭轉。在十九世紀的中國，英語被蔑視為跟外國貿易商打交道的掮客所操語言。一八六一年，改革派學者馮桂芬寫道：「今之習於夷者曰通事。其人率皆市井佻達遊閑，不齒鄉里，無所得衣食者，始為之。」但馮曉得，為達外交目的，中國需要英語，於是呼籲創設特殊語言學校。他寫道：「中國多秀民，必有出於夷而轉勝於夷者。」毛喜愛中國學俄語，因而驅逐了大量英語教師，以至於到六〇年代，全國中學英語老師不到一千位。鄧向世界開啟中國大門後，英語熱潮席捲全國。二〇〇八年受訪者當中，百分之八十二認為學英語很重要（在美國，百分之十一認為學中文很重要）。在二〇〇八年，中國估計有二億到三億五千萬人在學習英語。中國最大的英語學校系統「新東方」在紐約證交所掛牌上市。

我想見一位名叫李陽的男子，他是中國最受歡迎的英語教師，而且，或許是全球唯一一位能讓學生激動到哭的語言教師。李是自己公司「李陽瘋狂英語」的頭牌老師兼總編輯。他的學生背誦他的傳記時，其一致程度有如唸咒：他是黨政治宣傳家的兒子，父母的嚴格紀律讓他變得太羞怯，甚至不敢答電話；他讀大學差點被當掉，只是後來準備英語考試時大聲朗讀，發現讀得愈大聲，膽子就變大起來，而且講得更好；後來他成為校園名流，再發展出事業帝國。他教書二十年來，曾面對數百萬成人及孩童。

二〇〇八年春天，他來北京市郊一所規模不大的學院，監督一整天的密集研討會，我去造訪他。他抵達時，有專用攝影師及個人助理在側。他踏入一間教室，大喊：「Hello, everyone!」學生們鼓掌歡迎。李穿了紫灰色高領衣及深灰色短大衣。他當時三十八歲，黑髮已襲上一縷淡淡銀白色。

李凝視學生，請他們站起來；學生都是醫生，三十多或四十多歲，是從北京各醫院挑選出來，為當年夏季奧運服務的。但是跟其他中國幾百萬名學英語的人一樣，他們花了很多年由教科書學習而來，卻幾乎沒有自信說出口。「李陽英語」闖出名氣，靠的是一種英語作為第二語言技巧，香港有家報紙把英語稱為「喊出來的語言」。李陽主張，喊叫才能釋放他稱為「國際肌肉」的東西。李站在學生之前，以傳教者的態度抬起右手，請他們用盡力氣大喊。他轟轟如雷地喊：「I（我）」，學生們回喊：「I（我）」。

「would like（想）！」
「would like（想）！」
「to take（量）！」
「to take（量）！」
「your（你的）！」
「your（你的）！」
「temperature（體溫）！」
「temperature（體溫）！」

醫生們一個接一個嘗試。一位戴時尚黑眼鏡的女士說著英語：「我想量你的體溫。」李很誇張地搖一下頭，叫她再說一次。她臉頰紅起來，突然大喊：「我想量你的體溫！」接下來是一位穿軍服的粗壯男士，他不必李陽鼓勵便說出英語：「我想量你的體溫。」再來是位纖小女子，她發出一聲大概油漆也剝得掉的尖叫。我們繞教室而走，每一個講得都比前一個來得更自信。我很好奇病人會怎麼回應，但在我能開口詢問之前，李陽已走出門，前往鄰近教室，會見另一群學生。

李陽固定在大運動場授課，每班人數有一萬人或更多。最熱心的粉絲付出「鑽石級」票價，能額外與這位偉人上小組課程。牌價是一天二百五十美元——超過一般中國工人一整個月的薪水。學生們圍著他要簽名。偶爾還有人寄上用內衣包起來的情書。

李的成就，還有另一種流傳廣泛的看法。香港教育學院英語專家亞當森（Bob Adamson）告訴我：「評審團對他是否真的有幫人們學習到英語，依然見解不一。」李陽註冊商標式的叫喊盤踞在特定的聲域：我聽起來，跟專門警告有卡車開過來的嘶喊並不相像，但緊急意味又比叫人吃晚飯強。他愛用花俏的愛國口號如「征服英語，讓中國更強！」他在網站上宣稱：「美國、英國、日本——他們都不想讓中國強大！他們最想要的，是中國年輕人留長頭髮，穿奇裝異服，喝汽水，聽西方音樂，沒有戰鬥精神，喜愛享樂貪圖舒服！中國年輕人愈沉淪，他們愈快樂！」中國最具影響力小說家之一的王朔對李陽民族主義式的修辭感到很遲疑。他寫道：「我見過這種煽動。這是種老巫術：召喚一大群人，花言巧語讓人們激動，造出一種強到足以移山填海的力量。」王朔繼續說：「我相信李陽熱愛這個國家，但我擔心這種愛國情操會變成種族主義般的狗屎。」

我開始花時間研究他的學生，發現他們看待他，與其說是一位語言教師，不如說是自我轉化的見證。李在紫禁城內、在長城上開班授課。他的名字出現在一百種書籍、光碟、有聲書及軟體的包裝袋外。李陽的產品大多有他的肖像：戴著無框眼鏡，笑得威風，堪稱二十一世紀中國人的典範。與他談話時，李陽滿誇張，自詡名聲堪比歐普拉，而且說自己的書賣出「數十億本」（事實上不需要那麼錦上添花，有位他的出版商對我說，估計他的書銷量是幾百萬本）。有位專欄作家在國營《中國日報》宣稱李陽是個「煽動家」。《南華早報》則詢問說，李陽的「瘋狂英語」是不是會演變成「某種教派，其領袖堅稱他們應被奉若神明。」（「教派」在中國是個危險詞彙；宗教團體「法輪功」一九九九年被貼上這個標籤，此後政府便圍捕其信眾。）

我問李陽對《南華早報》那篇文章的看法，他說：「我被惹毛了。」他說，自己對被人膜拜並無興趣，動機不過是賺錢。他說：「成功的祕訣便是讓顧客一直掏錢出來。我的結論就是如此。」對於學生的奉獻，他的目標很單純：「我們該怎麼讓他們花錢、花錢再花錢？」

李陽的宇宙論是把說英語能力跟個人力量綁在一起，而個人力量又綁上國家實力。

這種組合能產出強烈、有時甚至極端的崇拜。有位叫馮濤的學生對我說，當他曉得自己的現金足以去上李陽的一堂課，但缺少趕去當地的火車票錢，「我去賣血」。網羅一批這樣的粉絲，上課氣氛堪稱排山倒海。李陽的妻子是美國人，叫李金（Kim Lee），她對我說：「有好多次我得跑進去或者請一位塊頭較大的人，去把我女兒由群眾裡拉出來，他們推擠得好厲害，我很害怕。那些時刻，可不只『哇，他好有名』，而是『喔，天哪，這種出名已經失控了』。」

李金在「瘋狂英語」這個世界裡宛如一塊正常綠洲，令我驚訝。她笑著說：「我只是一個很偶然進入奇怪生活的母親。」她原是佛羅里達州一名教師，一九九九年隨邁阿密教師工會來中國旅遊，遇見李陽。四年後她嫁給李陽，生了兩個孩子，開始在台上擔任他的教學助手。她道地的美國人長相，說笑時一本正經，完美襯托了她丈夫的風格：如同美國電影《新婚夢想家》（The Honeymooners）中的夫妻角色，一個美國的愛麗絲・克蘭登（Alice Kramden）跟她中國丈夫雷爾夫。一開始，她也因李陽的譁眾取寵、滿嘴民族主義激情而困惑，但是當她注意到學生反應之熱烈，她為他能跟他們溝通的能力而折服。她說：「此人對自己做的事激情萬分，身為一名教師，你怎能不被感動？」

•
•
•

北京課程結束幾星期之後，我參加李陽每年最受期待的活動，「瘋狂英語冬令營」。大風雪剛好碰上了中國人最重要的團圓日農曆新年，場面之混亂史無前例；在廣州，數十萬旅人被困在火車站周遭道路。但是，很神奇地，有七百名成人、小孩仍設法抵達廣州市南從化區的大學校園。有位十歲男孩跟我講，他已坐了四天車，開車的人是他哥哥。

那場英語訓練營裡，督學穿著迷彩服，用擴音器講話；他們帶領學生在校園列隊。李的面孔無所不在，連同英語詞彙印在超大海報上。在通往咖啡廳的樓梯上，海報寫著：「你想過自己夠格吃這頓飯嗎？」（HAVE YOU THOUGHT ABOUT WHETHER YOU DESERVE THE MEAL?）沿著學生們排隊等上課的廣場，海報寫著：「絕不讓你的國家失望！」（NEVER LET YOUR COUNTRY DOWN!）通往大會場的出入口上方貼著：「一生至少一次，你應該體驗完全瘋狂。」（AT LEAST ONCE IN YOUR LIFE, YOU SHOULD EXPERIENCE TOTAL CRAZINESS.）

開課當天上午九點前，學生們魚貫進入會場。沒有暖氣，十分寒冷，就跟他們住的宿舍一樣（前一個晚上，我穿著全套衣服，還戴帽子才能入睡）。李陽把說英語能力與體格堅韌連結起來，是基於他的基本信念：說英語世界與非英語世界，兩者間落差如此寬廣，以至於任何努力或丟臉的舉動，都值得一試。他下令要學生「愛上丟臉」。在一支給中、高年級生的影片裡，他說：「你必須犯很多錯。你必須被很多人嘲笑。但是沒關係，因為你的未來跟他們的完全不一樣。」

一條長而鋪上紅毯的伸展台從群眾中心切過，一陣鞭炮聲過後，李陽蹦上舞台。他戴了無線麥克風，來回踱步於伸展台上，腳的高度，剛好與坐著仰望他的群眾肩膀等齊。

他問道：「世界人口六分之一說中文。那為什麼我們要讀英語？」他轉身向一排悶坐在他身後的外籍教師揚手說：「因為我們可憐他們不會說中文！」群眾采聲如雷。

接下來四個小時，在凍得麻木的寒氣中，李陽由盛氣凌人轉為激勵振作；他在攝影鏡頭前神采飛揚，他揶揄一流大學畢業但只會講中文的人，聽眾如癡如醉。接下來幾天，學生們破曉時一起跑步，高喊英語。最後一晚，他們踏在煤床上走過去。每節上課之間，校園裡散布著喃喃自語的英語學習者，像煞攻讀猶太教法的學生。他們臉貼著李的著作，雙唇飛快讀著。

• • •

一天下午，我逛去外頭，呼吸一下新鮮空氣。在門口碰到張濟民，他很瘦，愛發問，今年二十三歲，留著捲狀頭髮讓人想到卡通人物丁丁。他較愛用英文名字麥可，跟我講他研習「瘋狂英語」已有五年。張的爸爸是退休礦工，他沒錢買票參加冬令營，於是前一年他來當營隊活動的保全，盡可能豎起耳朵旁聽。今年，他獲拔擢為營區助教，還有小小津貼。

我們往外走到太陽下，麥可對我說：「我見到李陽時，通常會緊張。他是超人。」

麥可的熱情很能感染他人。他說：「我還不懂『瘋狂英語』時，我是個很害羞的中國人，什麼也說不出口，太羞怯。現在我很有自信。我可以在大眾場合對任何人說話，也可以鼓舞大家說話。」

麥可的哥哥曾擔任李陽的助手。哥哥英語學得不多，但麥可開始一天花約八小時學英語，反覆地聽李陽錄音帶，他說聽起來「像是音樂」。他最愛的書是《李陽標準美語發音寶典》，有益於他磨練母音、打造子音。最後，他在一家英語學校取得教職，希望有朝一日自己也可以開一家。

那年冬天，我遇見幾十名李陽的學生，總是問他們，英語能滿足他們人生的什麼需求。有位養豬場主希望能迎接他的美國客戶；有位金融工作者是趁假期來進修的，他想取得職場優勢。英語能帶給他什麼，麥可毫不懷疑。幾年前，他哥哥參加直銷網路，販賣健康飲料及口服補充品。這類銷售組織在北京叫「老鼠會」，在財富飆升的中國很盛行，推波助瀾的還有迅速致富的夢，人們漂浮於意識形態信仰之間。

麥可繼續說：「他一直要我加入。」我腦中試著想像：他以目前敘述英語的熱情，誇讚某健康滋補品的益處，會是什麼光景。「我花了半年做那個生意，半無所獲。」麥可的哥哥最後去了美國，想賺些錢來償還他的債主。麥可說，他到紐約當餐廳侍應生，在他回國之前，麥可都要賺錢養活爸媽。

麥可邊說著，聲音裡的熱情消褪了。他哥哥要他也去美國。他說：「他的夢想很大。但我真的不想去那兒，我要有自己的生意。工字不出頭，發不了財的。你會買不起房，買不起車，無法養家。」

麥可瞪著自己雙腳說：「我別無選擇。這就是人生。我應該一直微笑，但事實我覺得壓力很大。有時我想哭，可我是男人。」

他停了下來。四周空盪盪地很安靜，除開一陣夾帶李陽語音的暖風，在我們身後的體育場迴盪著。

・・・

幾個星期後，麥可邀我去他與父母合住的廣州公寓吃午飯。公寓位在淘金路高聳的現代公寓大廈。麥可在大門接我時，心情很好。他說：「我晉升為教學督導了，還有加薪。」一家人的公寓由客廳、兩間小臥室及廚房組成。他的父母正在做飯，空氣中瀰漫薑的味道。麥可與他父親睡一間臥室的上下鋪，他母親與姐姐合住另一間。麥可的房間堆滿英語學習書籍，書桌也堆滿了。感覺上，英語像是摸得到、很凌亂的另一個室友。他在一個箱子裡摸索隨身攜帶的自製字彙卡，就像李陽往常做的那樣。他抽出一張卡，上面標記著：「職業：太空人、麵包師、理髮師、酒店老闆、生物學家、藍領工人、老闆／經理人、植物學家……」

麥可還小時，一家住在叫「五號礦」的採煤鎮。他的父母度過貧困及政治動盪的最艱辛歲月，麥可說：「生活只有一個目標：正常過日子。」但麥可很渴望離開五號礦。他在一個用做語言練習的段落裡寫道：

「我再也無法忍受每天吃饅頭、剩下來的菜還有番薯。再也受不了年復一年穿同樣補丁的衣服，被同班同學嘲笑，還有走路一小時，去上那間破爛的舊學校。」

在煤礦老闆等人借錢幫助之下，麥可去讀大學，而英文變成他最迷的東西。他在日記寫道：「有些夜裡我甚至睡不著，好想起床練英語。」他看美國電影，學習動畫《獅子王》裡老獅王木法沙雄壯的聲音。替木法沙配音的人是瓊斯（James Earl Jones）。在校園裡，這位聲音聽來有點像黑武士（Darth Vader）（黑武士的配音演員也是瓊斯）的中國年輕人令人側目。他的朋友霍布森跟我講：「他就像株小草。」

讀大學時，麥可到當地電台、肯德基洗碗打工，但即使有煤礦老闆借的錢，學費還是很貴，麥可讀了兩年便輟學，正職時間用在讀「瘋狂英語」。他比我遇見的任何人，都要徹底吸收自我創造所帶來的希望；最後他自稱「重生說英語的人」。在日記裡，他不再膠著於自己的挫折。他寫道：「樹的成長要靠氣候，但我創造了自己的天候，控制了自己命運。你無法改變生命的起點，但靠著學習及努力工作，你可以改變終點！」他的書架上有好多商業竅門的書，以及自助指南。他染上業務員的習慣，就是在評論時加上奉承式的問題如「你能相信嗎？」

我們坐在他臥室裡，他決定播放一些他替學生製作、當成發音範本的錄音。他點擊一段叫做「英語是什麼？」，加上海浪及海鷗的聲音做背景；錄音時請一位名叫伊莎貝爾的女孩幫腔，你一句我一句地展開：「英語十分簡單。我完全可以征服英語。我不再是英語的奴隸。我是它的主人。我相信，英語將成為我忠心的僕人、一生的朋友……」

錄音又播了一分鐘，麥可專心地聽著，此時我的眼光落在一張手寫的中文小標語，貼在他的床腳，上頭寫著：「過去不等於未來。相信你自己。大奇蹟。」

第6章 割喉

Cutthroat

野心時代由中國海岸拂向內陸，由城市往工業鎮，再由工業鎮往鄉村，與移民的路線剛好顛倒。當這樣的時代抵達那些長久以來，一直盼望有機會由草根本源逃脫的人，他們對財富的追求變得十分強烈，甚至出現奇思怪想。有些偏遠村落的農民從事大膽的發明，博得「農民達芬奇（達文西）」的綽號。有些點子極為務實，如有位罹患腎臟病的男子自造洗腎機，材料是廚具及醫療器材，包括衣夾及二手血泵。這些發明家之所以興起，是因為他們被無所不在的可能性所激勵：他們建造跑車與機器人，有位叫吳書仔的老爺爺用木料造了一架直升機。他的鄰居說他的直升機看來像雞籠，但吳堅持不懈，盼望「可以乘這輛飛機飛出大山去見見世面」。

然而，儘管有這麼多農民達文西，還有白手致富的傳言，但形勢愈來愈清楚，就是先富群體超前的速度，遠非他人能夠趕上。到二〇〇七年，城市中收入最高的百分之十的人的所得，高於收入最低的百分之十的九點二倍，比前一年的八點九倍變得更高。民眾示威經常是由領不到工資的憤怒工人，或者田地為了開發而被抄沒的農民所發動，抗議人數到二〇〇五年已暴增為八萬七千人，而十年前只有一萬一千人。人們愈是了解到貧富差距之大，就變得更為鋌而走險。前文提到的英語老師麥可，他認為自己每天工作時數必須增多，於是決定每晚睡眠時數限制在四小時。他對我說：「錢，我可以賺。但是時間，我造不出來。」

奮力想趕上先富群體的人雖然被激發出創造力，下場卻可能很悲慘。有位叫王桂平的裁縫，住長江三角洲的江蘇省泰興，他加入鄰居搞生產化學品的新生意；他跟另一位村民講，做這行可以「讓我兒子上好學校，我們變成都市人」。夜裡，全家人都入睡了，受過九年級教育的王裁縫借助一本化學書進行實驗；他發現自己能把某溶劑偽裝成另一種，而後者更貴，故從中可賺取差價。他後來回憶說：「在賣之前，我喝了一些。胃有點燒灼，但沒什麼太嚴重。」他找到其他化學成分的代替品，以廉價充高級，獲利固然上升了，但他調製的東西最後變成毒藥，在二〇〇六年被拿來做感冒糖漿，在廣東一家醫院造成十四人死亡，裁縫則鋃鐺入獄。那一年，中國關掉四百多家小型製藥工廠。總計起來，他們那些含毒的製品已造成數百人死亡，有些受害者甚至遠在巴拿馬。

想趕上致富，幾乎影響到每個人，只是方式不一而已。有位五十歲的前理髮師蕭潤平發現，自己冒險致富的胃口大增。二〇〇七年夏天開始，他頻頻由自己住的鄉下前往澳門，中國唯一合法到賭場賭博的轄地。澳門坐落在珠江注入南海入海口岩岸的一隅，面積約為紐約市曼哈頓區的三分之一，涵蓋一處熱帶半島及兩個小島，在中國地圖看來像大陸剝離的碎屑而已。

很久以前，毛便禁止在中國賭博，但賭博卻在澳門存留下來，原因在於歷史留下的難題：有將近五百年，澳門曾是葡萄牙人的殖民地，一九九九年回歸時，當地獲准保留一些昔日公子哥兒的享樂傳統，作家奧登（W. H. Auden）稱當地為「天主教歐洲來的雜草」。中國新富的錢財注入澳門，導致當地建築營造空前大勃興；到二〇〇七年，也就是蕭潤平開始去澳門時，澳門賭場的總營收已超越美國拉斯維加斯，把它從世界最大賭城擠下去。再過幾年，流經澳門的賭場金額便已超過拉斯維加斯六倍以上。

蕭潤平以前運氣並不好。他成長於香港鄉下的淤泥灘，新屯民區的一處鐵皮小屋。他出生那一年，要命的大洪水淹過他家那一區，接下來的幾年則發生旱災，然後又颱風肆虐。有位當地官員在自己的回憶錄中談到那段時候，寫道：「神明彷彿要把我們逼瘋毀掉。」蕭有五個兄弟姐妹，他只念到國小畢業。當理髮師之前，蕭曾去當裁縫、工地工人。照理來說，賭博在香港並不合法，但是跟許多中國人的社會一樣，大家低調地把它視為一種生活中必備的活動；到了九歲，蕭已經鑽進人群，去看當地人鬥紙牌。十三歲時，他就開始小賭，有家地下賭場僱他四處巡邏，監視賭客的手。他對我說：「我很擅長觀察人的舉動。每當我看到人出老千，我就跟莊家講。」

成年後，他繼續賭牌，只是輸多贏少。他的模樣並不起眼——身材瘦長結實，兩頰豐滿，頭髮蓬鬆，眼神敏捷警戒，是個習於保護自己的男子。他十九歲結婚，生了三個小孩，離婚，再娶。在他福興老家村落，他以綽號「爛賭平」聞名，他倒不怎麼在乎。

當理髮師的時候，蕭結識一位瘦削的當地小夥子王鑑明。王成長的區域跟蕭一樣，是香港最窮的地區之一，也一樣輟學找工作。他們偶爾會到王為他母親工作的咖啡廳碰面吃晚餐。當時，蕭想當小鎮開發商，在村子附近的稻田建售房屋，而王想開餐館。當王鑑明開始到澳門工作，當「疊碼仔（博弈仲介）」，就是招賭客組團，給他們信用頭寸，然後依他們下賭的金額抽佣時，兩人交情更好。他招的人當中，蕭也居其一。

每星期一到兩次，蕭會到碼頭搭船，橫渡珠江入海口的洶湧水域。每天來澳門賭運氣的有七萬人，其中半數以上來自中國大陸。蕭對自己的賭癮能否帶來好運並未心存幻想。他說：「每十個來賭的人當中，可能只有三個會贏；那三個人繼續賭下去，只有一個會贏。」他玩百家樂，中國賭徒的最愛。它的贏率比別種賭法高一些，同時容易精通。玩百家樂並不需要技巧，結果為何，在牌發下來時已經注定好了。

二〇〇七年八月，蕭按例去賭，這次則一開始就交好運，而且連贏幾個星期，旺到不行。有些天，他贏幾千美元，其他日子裡，他則把幾十萬美元贏回家。在王的推薦下，他獲邀到最奢豪，只對下注最大玩家開放的貴賓廳，而且成為揮金如土，搭直升機來回的豪客。蕭賭得越大，王的抽佣、小費就越多。隨著冬日接近，蕭的大贏引發出一連串事件，足以顯示出何以在中國新的金權地貌中，澳門是很容易沾上是非的所在——不管你以前是香港理髮師，還是美國最有錢的人，都是如此。

・・・

賭城是能自我翻新的聖地。拉斯維加斯原來位在沙漠邊緣，沙暴及突發的洪水肆虐之地，也是十九世紀摩門教傳教士眼中「上帝遺忘的」土地，他們拋棄了它——但接下來，當地變為每年吸引人數比伊斯蘭聖地麥加還多的城市。已過世的美國大西部歷史學家羅斯曼（Hal Rothman）寫道，拉斯維加斯向每個來玩的人提出同樣問題：「你想成為怎樣的人，而你打算付出多少代價？」

渡輪抵達澳門，迎上來的是一群兜售的人。我是在一個秋天下午到達的，有位年輕小姐把一張中文廣告遞給我，寫著「直通美國」，上頭有免費電話，給講中文而想以折扣價格買美國房地產的人。我的手機響了。是家賭場發來的自動簡訊：

「新濠天地慶祝『一元致富、富、富』的幸運得主。贈品為大獎一千一百五十三萬二千八百一十二元港幣！登上致富快車。下一個百萬富翁就是你。」

澳門人口只有五十萬，感覺起來，像是既放大又縮小的中國。驅動澳門的，是相同的野心、冒險與自我創造的結合，只是透過這裡的錢跟人數量之大，把這個結合品蒸餾成萃取液，效力如此之強，讓它既可以是澳門最強的力量，也可以成為最大的負債。澳門以前生產爆竹、玩具及塑膠花，但是一等賭場降臨，工廠就消失了。一般民眾的收入，要比一般歐洲人來得多。建築工程沒完沒了。我入住飯店時，窗戶外面的景象讓我回想起剛到中國的頭幾個月，銲槍的光芒一天二十四小時照映在窗戶。

即使以中國標準來看，澳門的成長速度也令人咋舌。二〇一〇年，揮金如土者在澳門丟擲的賭資，大約有六千億美元，大約等於全美國自動提款機一年提取的現金。但是，就算賭桌上易手的現金那麼多，也只是全貌的一隅而已。二〇一一年美國國會中國關係執行委員會（U. S. Congressional-Executive Commission on China）的年度報告指出，「澳門博彩業的成長，是中國大陸賭客的資金及美國控營的賭場之成長所推波助瀾，伴隨而起的還有廣泛的貪腐、組織犯罪及洗錢。」二〇〇九年美國外交官在內部電訊中形容，該地已成為「澳門洗錢服務中心」。布希政府國務院亞洲暨太平洋事務高級顧問亞瑟（David Asher）對我說，澳門「《〇〇七》電影的風味已一去不返，而愈來愈像《神鬼認證》（The Bourne Identity）的場景。」

二〇〇五年，美國聯邦調查局滲透進一個走私團伙，其中一人為澳門籍男子洪濟明（音），幹員們扮作哥倫比亞「革命武裝力量」（Frerzas Armadas Revolucionarias de Colombia）游擊隊的代表。賈西亞（Jack Garcia）幹員要求買武器，洪給他一本型錄；賈西亞訂購反坦克火箭、榴彈發射器、衝鋒槍及AK-47。為了引誘洪等人前往美國，以便逮捕，聯邦調查局還舉辦一場假婚禮，由一名男幹員及一名女幹員擔綱演出。洪等一干客人收到香味撲鼻的邀請函，去停泊在新澤西州梅伊角的遊艇上參加慶祝典禮。賈西亞對我說：「我當伴郎。我們在單身最後一夜的派對上接到他們，開車直送聯邦調查局辦公室。」共有九十一人被捕。依據本案，加上其他資訊，美國財政部把澳門匯業銀行列入黑名單，罪名為從事洗錢勾當，與北韓政權掛鉤；對此，該行的予以否認。

・・・

自夏朝（西元前二千到一千六百年）以來，賭運氣向來是中國歷史的一部分。澳門大學博彩研究所藍誌雄教授對我說：「政府經常千方百計禁賭，但賭最大的人，正是官員自己。他們可能會丟官、杖責、下獄、流放，只是我們依然見到這股趨勢橫亙歷朝歷代。」藍研究中國人對冒險的態度。他跟我走路前往新濠天地：那是一家賭場建築群，使用的促銷口號寫著：「來玩，改變你一生！」經過六年研究調查，藍把每個賭桌看待成「微型戰場」，科學與信仰兩方在其中對峙。賭場（莊家）是一方，他們可以穩妥地算出自己的優勢到小數點第二位。對家一方，是一堆有關命運及迷信的中國人信仰之大集合，對此藍說：「人們曉得它是不理性的，但它依然是文化的一部分。」他點出一些眾所公認的迷信：要改善勝率，就要穿紅色的內衣褲；離家時，所有燈光要點亮；要預防連輸不已，去賭場的路上絕不要碰見尼姑和尚；別走大門，總之走側門。

自澳門建城以來，就跟陰謀牽扯上關係。其建城故事敘述了一件高明的騙行，一五六四年左右，當地漁民請求來訪的葡萄牙艦隊幫忙與海盜打仗；葡萄牙人遂把自己的大砲偽裝起來，放進中國船隻，在海上伏擊海盜。為表報答，中方同意葡人居留在那個半島上。澳門成為來往印度與日本的重要停靠站，只是最後，離此不遠的香港建起更好的港口，使澳門不得不找尋別的特長：鴉片、娼妓及賭博。荷蘭裔作家德．利奧（Hendrik de Leeuw）一九三〇年代為了寫《罪惡之城》（Cities of Sin）而造訪澳門，他感喟說本地「聚集了世界上所有的社會渣滓、醉醺醺的船老大，是四海漂泊的流浪漢、失意者的居所，美麗而野性的浪女數量比世界上任何港口都要多。這裡就是地獄。」

澳門有史以來的大部分時間，其地中海情調跟中國風味一樣多，有著巴洛克建築風的教堂，棕櫚樹下咖啡座一排又一排，移居海外的老者早晨喝咖啡，閱讀《澳門論壇報》。只是我來的時候，澳門已有幾許波斯灣風情：中央空調的豪華飯店、高樓大廈、豪華跑車閒擱在大太陽下。澳門政府的稅收經常比預算多一倍，跟科威特一樣，澳門發支票給居民，依據的是「現金分享計劃」的施政。失業率在百分之三以下。《澳門商業》等雜誌的發行人阿齊維多（Paulo Azevedo）跟我見面小酌時說：「拉斯維加斯花七十五年的成就，我們十五年就達成了。」這種速度讓澳門欠缺很多東西，如計程車、道路、住屋、醫療服務。阿齊維多說：「要找牙醫，我得到泰國去。」有一個月，澳門面臨沒硬幣可用。賭場重組了澳門人工作與生活的節奏，而其方式並非普世稱譽。「澳門特別行政區立法會」議員區錦新也是中學教師，他碰到學生對他說：「我可以現在就去賭場找個工作，賺得比我老師還多。」

拉斯維加斯大亨永利（Steve Wynn）在車程離碼頭不遠處，蓋了涵蓋兩座飯店的建築群，其中的路易威登店，據說每平方尺的銷售量，要比全球其他分店來得多。公關處人員帶我四處看，我們走經一個螢光水母的水族箱，它在夜間要用特殊設計的隔簾遮起來；公關人員對我說，中國客戶要求的豪華等級要提高，原因是來的人「不是董事長就是集團主席」。我們駐留在建築群最新、有米其林星級評等的餐廳，他們聘請一位駐店詩人，替每位貴賓量身裁製一首詩。我向一位女服務生請教，為什麼每桌旁邊都放了一個小型的白色皮凳，她回答說：「那是讓你放手提包用的。」

一個世代以前，中國人還得把珠寶等值錢物埋在後院裡，以躲避政治迫害。到二〇一二年，中國已超越美國，成為世界上奢侈品的最大消費國。雖說中國人一點也不懷念被剝奪、匱乏的年代，但這種一心一意逐名求利，能把中國人改變到多大地步，對此人們還是很好奇的。有個廣經傳頌的笑話描述有名男子在北京街角被一輛跑車撞到，扯掉他一隻手臂。他驚恐地瞪著傷口大叫：「我的錶！」

澳門總是令我回想到美國的「鍍金時代」。《強盜貴族》（*The Robber Barons*）一書的作者約瑟夫森（Matthew Josephson）描寫了一八七〇年代美國人的暴發行為。他寫道，有一男子「叫人在他牙上鑽小孔，然後讓齒科專家植入兩排鑽石；他走在外頭時，咧嘴微笑，牙齒就燦然生輝。」當時美國政治系統挨到的批評，跟今日中國政治體系面臨的差不多：貪腐、欠缺法治，面對企業壟斷時軟弱無力。一八七〇及八〇年代，罷工及示威肆虐全美時，也遭武力相向。賓夕法尼亞鐵路（the Pennsylvania Railroad）的史考特（Thomas Scott）放言，讓罷工者「嘗幾天來福槍當三餐，看看他們還會不會喜歡這種麵包」。歐洲人老愛說，美國是由野蠻直接到腐化，中間沒有通常該有的文明。

澳門讓中國新的有錢階級享有放縱的機會。設計賭場時，永利尊重中國有關致富之道的一切迷信：飯店設計者意識到水療中心的私人房間數目為「四」——不吉祥的數字，在中文裡聽來像「死」——於是他們就在大廳裡裝一排假門，暗示總數是八，「八」這個字在中文裡聽來像「發」。在拉斯維加斯，永利聲名顯赫，推崇奢華多於媚俗，但在澳門的賭場還是使用賭場設計家稱為「驚奇特色」的東西。每小時一次，遊客們會聚集在大廳，觀看地板洞開，一條動畫巨龍會爬出來，蜷曲在空中，眼放紅光，鼻孔噴煙。

• • •

新濠天地充滿著香水、香菸、地毯除汙劑的味道。事關輸贏，中國賭客很少喝酒，而低沉、歡樂的賭場聲音，不時被捶桌子的聲音打斷；捶桌的原因有贏錢很高興、輸錢很不爽，還有想改改運。有一晚我湊到一桌百家樂附近，只見一名濃眉而瘦削的男子臉泛紅光，流著汗在表演「瞇牌」：就是慢慢地瞥到他的牌邊緣，他周遭的人則吼著「小！小！」想喊走會叫他輸的大牌。男子瞇牌到足以瞧見他的牌數時，臉氣得扭曲起來，把牌扔到對桌去。

藍教授說：「美國人往往認為自己是命運的主宰，中國人則視命運為非由自主之物。為了改運，中國人覺得有必要做點什麼，來取得好運。」調查顯示，來賭場的中國人往往把下注當成投資，而投資當成下注。在中國人看來，投入股市及房地產跟賭場幾無不同。韋伯（Elke Weber）及奚愷元兩位行為科學家比對了中國人及美國人對金融風險的處理態度。他們做一系列實驗，發現絕大多數的中國人自認比美國人要謹慎得多。只是當他們接受測驗，要求做一連串金融決策時，此一刻板印象即被證實是錯誤的：同等財富階級的中國人，要比美國人更愛冒險，而且是常態。

日積月累下來，我已能料出我的中國朋友會冒著我認為很不安全的風險，拿著他們的儲蓄創業，在沒有職業保障的情況下，就搬到全國各地。有一種說法——韋伯及奚愷元稱為「緩衝墊假說」——指出傳統的中國大家族網絡讓人們有信心，就算自己冒險沒成功，也能轉向其他親戚求助。另一種理論則跟經濟起飛年代關係較密切。澳門大學商學教授蕭志成對我說：「鄧小平進行的經濟改革本身就是一大賭博。所以人們才會有此想法，即冒險不僅可行，還很有用。」他說，對那些脫貧成為中產階級的人，「他們的思維很可能是如此：假如輸掉半數錢財，嗯，我還撐得下去。我又不會變窮。幾年後我就會賺回來。但若是贏呢？我就大大發財了。」

中國對敢於冒險的流行，讓我想到林毅夫，這位台灣叛逃的軍官，他押寶在新中國。雖然他的歷程比大多數人激烈得多，但是他的決定，與任何動身尋找更好前途的移民，實有雷同之處——龔海燕與她的線上約會生意，或是「瘋狂英語」的學生；或是以此類推，在美國鍍金時代由歐洲來的移民。你想成為怎樣的人，而你打算付出什麼代價？

以「爛賭平」蕭潤平的案例，成功與冒險招來注意。蕭連贏四個月後，香港暢銷的《蘋果日報》八卦專欄注意到有位神祕人物在澳門大殺四方，據說斂聚的財富高達一億五千萬美元。「他到底是太幸運，還是真有點石成金之術？」該報二〇〇八年元月問道。翌日，香港立法會議員、大賭徒詹培忠跟該報說，他有聽人說，新來的豪客是「賭神」，這一名詞是借用香港電影明星周潤發主演的一部電影。職業賭徒有個說法，叫蕭這樣的人為「流星」，憑空而來，通常也消失得一樣快。

連贏這麼久，金額這麼大，肯定會招致懷疑。賭場深知自己在百家樂的優勢（大約百分之一點一五）是已事先注定的：賭客想贏的機率，在玩三萬手之後，就化為泡影。一個很著迷的玩家可能週末賭上一千手，最後大有斬獲，但玩上七個月，應該幾乎沒人能抱著錢回家。把蕭潤平封為賭神的報導刊出沒多久，他二十一歲的兒子就接到一連串恐嚇電話。接下來有一晚，某人潛入福興村，放火把他家一部分燒毀。最後，蕭的朋友王鑑明，當初介紹他進貴賓廳的疊碼仔，接獲一通憤怒的電話，電話另一端的男子下令開會，討論「爛賭平」有沒有出老千的問題。

• • •

多年以來，一直沒人比何鴻燊更能印證澳門精神的了；這位大亨身材高大，專跟小明星、舞女約會，直到八十幾歲探戈舞藝都還超絕群倫，經常坐在車牌HK-1的勞斯萊斯豪華車裡遊車河。他父親把家產在股市敗個精光以後，何在二次大戰期間在澳門開了一家貿易公司。他後來說：「到戰爭結束，我賺了一百萬元以上，而我起家時只有十元。」他擴張營業，進入航空、房地產及船運業，在一九六二年，他跟合夥人接管澳門的賭場，取得獨家經營權，為期四十年，這讓他成為亞洲最富有的人之一。外國政府懷疑他對中國犯罪組織太寬容。何鴻燊否認這項指控，但各國官方阻止何氏家族想在美國、澳洲經營賭場的野心。為了保持澳門精神，何鴻燊挑選經商夥伴時來者不拒；他托庇伊朗國王來經營賭馬、豪華賭輪則靠菲律賓馬可士，另與北韓金正日經營一座小島上的賭場。因為他的人脈，情報界幹員皆費盡心力想結交何鴻燊，但任職於香港的聯邦調查局退休幹員、現已逝世的葛羅夫（Dan Grove）對我說：「沒人過得了第一關。」

何鴻燊的澳門賭業壟斷權在二〇〇二年期滿，外國公司蜂擁而入，競奪經營執照。第一家新開張的賭場是「澳門金沙」，撐腰的是拉斯維加斯的阿德爾森（Sheldon Adelson），此君在《富比世》雜誌的排行是美國第九大有錢人。阿德爾森與何鴻燊的外貌適成相反，他矮而結實，一頭艷紅頭髮。他父親來自立陶宛，開計程車為業。他在波士頓市的多徹斯特區長大，經營的生意很廣，既替飯店打理化妝室用品，也賣化學噴霧劑為汽車擋風罩除冰；直到一九七九年，他推出「電腦經銷商博覽會」（COMDEX），才出現事業的重大突破。後來他買下拉斯維加斯的舊沙飯店，創造出美國最大的民營國際會議中心，把賭場與展覽中心搭配起來而致富。

阿德爾森早就垂涎澳門，視之為接觸十三億中國人的入口，而他向北京中國領導人「求愛」成功，方法是強調自己對共和黨政界的影響力（二〇一二年總統選舉，他是唯一最大的個人戶金主）。二〇〇四年五月，他開張自己第一家賭場，接下來著手進行他說是在夢中閃現的點子：在澳門兩座島之間的開闊海水之上，重現拉斯維加斯長廊。他的公司用了三百萬立方公尺的砂石填埋入海，建造了造價二十四億美元的「澳門威尼斯人度假村酒店」，以超大比例複製拉斯維加斯的威尼斯人酒店，賭場大廳面積為全球最大。他對大家說，希望有朝一日，澳門能讓他超越比爾．蓋茲及華倫．巴菲特的財富。

拉斯維加斯的盈利大多來自餵進吃角子老虎機的硬幣，澳門則有所不同，四分之三的營收得自貴賓廳投下的巨額賭注，豪客們一天二十四小時在那兒賭。賭場仰仗通稱為

「疊碼仔」的博弈仲介；它們的存在是為了解決在澳門經營賭場的某些實際問題——比如說，中華人民共和國法律禁止它們到境內收賭債。透過疊碼仔便合法地繞彎路解決這個麻煩，原因是疊碼仔能夠從全中國招來有錢客人，給他們額度，再來處理收帳的棘手事情。這套系統對有必要把大筆現金弄出中國境內的顧客，特別有吸引力。若是某貪腐官員或公司的執行長想藏匿贓款，疊碼仔是條好管道，可以在邊境一邊交現金，到另一邊再取回，用籌碼的形式，可以賭，也可以兌成乾淨的外國貨幣。另一種做法是攜帶現金通過管制鬆散的澳門邊境，這麼做在洗錢圈子裡稱為「藍精靈」（smurfing），典故是來自漫畫中的藍色小精靈，指的是由不起眼的信差組成的大軍。

疊碼仔業當然有很多奉公守法的人，但幾十年來，它一直容易受犯罪組織介入。在中國，出名的犯罪組織有「三合會」等；三合會脫胎於十九世紀的政治會社，咸信「三合」一詞便是源自三個團體合併成一個強大組織。他們插手高利貸及娼妓業，澳門的賭場界感受得到它們的存在，只是近些年，三合會變得愈來愈生意取向。他們把販毒等微罪擱到一旁，以便追求伴同因人民共和國更加繁榮而衍生的犯法商機，如洗錢、金融詐欺及賭博。誠如犯罪學家所述，幫派分子變成「灰色創業家」，到底是三合會從商，還是生意人的做法變得像三合會，兩者愈發難以區分。以往在地方報紙以綽號知名、有三合會聲譽的男子，現在搖身一變，成為經營博彩業的人士。

事實證明，澳門對貪腐的中國官員格外有吸引力。黨的核心幹部落馬，背後澳門的角色頻頻出現；他們帶著公帑來澳門，再兩手空空而回。有一對來自重慶的張姓黨官，二〇〇四年在賭場輸掉一千二百萬美元以上。有位前江蘇黨委書記輸了一千八百萬美元。另一位來自重慶的官僚之被突顯，不在他輸的金額，而是他輸的速度：他竟能在四十八小時內輸掉二十五萬美元。這麼多官員因在澳門揮霍公帑而被捕，以致二〇〇九年，學者們計算出平均每個官員在被捕前賭博台上輸錢的平均數字：三百三十萬美元。

為了找出沒被幸過的百萬富豪，疊碼仔會細心爬梳商業報導，找尋新人。有位三十九歲的疊碼仔跟我講，「今天在澳門，一個人若沒賭上幾十萬美元，那麼他根本不算真的客戶。」客戶要是不付帳怎麼辦？「我們會去他容身的城市，打電話給他。接下來，若是有必要，我們會在當地等個兩天，向他施壓一下。」

• • •

蕭家被放火幾星期後，一群小夥子被叫到香港郊外某停車場開會，召集人是中國三合會最惡名昭彰之一「和合圖」的中階幹部施華倫。

施華倫年紀三十，身材魁梧。他對屬下說，計劃勒索蕭潤平。其中一人後來在庭上描述說：「老闆要某人吐些錢出來。」老闆指的是張治太，他是和合圖的首領，香港警方及美國檢警都曉得他。香港高院法官波克哈利（Verina Bokhary）形容，張治太在澳門金沙的貴賓廳是「他說了才算」的人物；而蕭在百家樂發財，澳門金沙也失血不少。一旦他被懷疑出老千，張的人馬就打算把他贏的錢奪回來。

施華倫提出很直接了當的計畫：伏擊蕭的朋友王鑑明，用兩台車把王的車夾停下來，然後迅速送到鄰近村落，他們在村裡一棟破敗孤絕的房子準備了手套、頭套、鉤子、刀，還有可伸長的警棍。計畫中，是想打斷王的兩手兩腳。只是接著施把他的人馬叫回來：計畫升級成謀殺，以便讓蕭明白：他們是認真的，肯定要把他贏的錢吐出來。

只是施華倫向手下交付這種差使，反而讓他們退縮了。其中一人問道：「有必要這麼認真嗎？」

施很吃驚。他說：「老闆叫你們去做，你們敢不做嗎？」

另一被挑選來做案子的人發牢騷說，當天晚上他本來要去吃喜酒的。第三個人劉明義對沒給酬勞去做這種差使十分不滿。他後來說：「你不付錢還想指望人家幫你？」

劉特別感到不安的原因，在他認識被盯上的被害人；劉當時二十幾歲，是農人之子，曾替茶樓當外送，開自己塗成金色的豐田車穿梭於那個行政區，偶爾還會送外賣去王鑑明住的村子。劉說：「想到要殺人，誰都會吃驚，更何況是你所認識的人。」

施華倫指出劉在這樁謀殺案該扮演的角色時，劉很猶豫。頭頭火大了，罵說：「屌你老母，你在考慮什麼？」

碰到壓力，劉不再反抗，他對頭目說，這件案子他會出力去做。但其實他心中不這麼想。他十來歲便加入和合圖，只在施的手下當小卒，且生活捉襟見肘。這些年來，他在報攤及網咖工作。當時他已有懷了孕的女友，而且他開豐田車撞壞一台卡車，要五百多元來修理，已經叫他夠煩心的了。

對擔任打手的劉明義來講，這件差使只有吃力不討好，預定做案日拂曉前幾個鐘頭，他打電話給認識的警察，提供線索。兩人在當地叫大樹公廟的小廟附近碰頭，劉把一切都對警察講了——有關謀殺的計畫，賭神，關被害人的房子，刀鉤等等。後來在法庭上，劉解釋說：「我是孩子的爸，想當負責任的人。」他決定脫身。認罪協商或許意味著得坐牢，但他計算過，在他最關切的事到來前——「在我小孩懂得一切之前」，他就能出獄。

警方在幾個小時內逮捕五名男子。那年秋天，他們出庭受審，劉作證指控。五人堅稱無罪，但因他們是合謀蓄意致人傷殘的三合會成員，因而被判有罪。首謀的施華倫還因其他指控，即策劃謀殺，召人犯案而被定罪。五人都被判有罪入獄，最高刑期為十四年（劉因其合作而獲免刑）。調查期間，警方另拘留和合圖首領張治太，但他沒被羈押多久就放了出來。根據施的辯護律師海恩茲（John Haynes）所述，張打電話給他的律師，拒絕回答任何問題，結果便是他沒被指控任何罪名，安全脫身。庭上宣判時，海恩茲感嘆說，小魚小蝦坐牢了，「大老闆卻安然無事，在澳門逍遙自在。」

審案時，蕭潤平及王鑑明也出庭作證，他們被詢問在那五個月大贏期間，蕭攢聚了多少錢。這個問題很複雜，原因在澳門豪客經常「超注下賭」（side bet），實際賭金比檯面上的籌碼要高出許多倍（超注下賭時，賭客及疊碼仔私下同意，每百元籌碼實則等值一千或一萬，接下來私下擺平輸贏）。蕭潤平理髮師估計，他贏了約莫一千三百萬美元。王供稱的數字則大得多，是七千七百萬美元。

一想到一位前理髮師贏了多達七千七百萬美元，而且比負責把錢弄回來的匪徒命還大，這讓香港媒體從業人員大感興趣。有一陣子，他們追逐這位賭神，當他是較小咖的奇人，話雖如此，他拒絕任何採訪。審判一年之後，香港《壹週刊》刊出一篇報導，指稱蕭有作弊，找到操控全局的方法。文章宣稱，他花錢買內線，專門記錄賭客的輸贏，以便把他的贏放到最大，而輸呢，則減到最小。雜誌臆測，賭場沒察覺此一詐欺的原因在蕭下注時，很多都是超額下注，帳面上沒紀錄，除此之外，疊碼仔做夢也沒想到一個沒沒無聞的賭客敢冒這種不凡的風險，試著買通賭場職員。蕭從未回應這篇報導。總之，當地媒體發現他已經消失了。

・・・

賭神由當地社會版面消失。接下來，在二〇一〇年秋天，澳門金沙前行政總裁翟國成（Steve Jacobs）提出不當解職之訴，多般指控阿德爾森。翟國成說，他與阿德爾森討論過賭神案件，還有不顧阿德爾森的反對，談及傳說三合會涉足金沙各賭場；他說，阿德爾森依然試著「積極栽培疊碼仔生意」。翟國成訴狀裡也指控金沙賭場雇用一名澳門議員，如此該賭場有違反《反海外腐敗法》之嫌。該法禁止各公司賄賂外國官員。賭場經營公司否認一切指控，另外表示，翟國成才是未能阻止三合會首腦接近公司的元凶。

但美國政府注意到本案。司法部及證券交易委員會對金沙展開調查，了解是否有違反《反海外腐敗法》。阿德爾森強烈否認有任何不法。他說：「當這些謠言之煙霧散去時，我絕對——不只百分之百，而是百分之千——敢打包票，一切都是無的放矢。他們要取得我所有的電子郵件。我可沒有電腦。而且我不用電子郵件。我不是用電郵那種人。」

阿德爾森跟他的同儕這才發現，要在中國經濟大繁榮的邊界做生意，要冒各形各色、始料未及的風險。他們慢慢了解：自己的財富，此時有多少跟他人的行為掛鉤起來——共產黨幹部、三合會，甚至是一個做夢想打敗賭場的理髮師。賭神一案，可以解讀成一連串意外事件：蕭潤平在百家樂賭桌大行其道；王鑑明太幸運，因為暗殺他的差事，居然交給一個有良心的殺手；阿德爾森很倒楣，記者們大肆報導這件晦澀的殺人陰謀，而殃及到他的賭場。但換種方法來看，這件奇事跟賭場的運氣關連甚少。相形之下，比較跟各方利益的激烈碰撞有關，是中國在其鍍金時代的寓言。

在這樣的一種放縱踰越、陰謀，充滿道德彈性之中，澳門為中華人民共和國焦慮的新紀元開啟了一扇窗。在中國往昔幾乎均貧的時代當中，幾乎沒什麼東西可偷，也沒有什麼理由考慮到因有可能驟然得到財富而產生的道德壓力。但現在，中國新得財富，政府管理又晦澀，經證明這幾乎是製造濫權的完美溫床。

二〇〇七年，蕭潤平在澳門交到好運時，華裔經濟學家裴敏欣指出，中國各省分裡，幾乎有半數把當地的運輸部門主管關進牢裡。裴計算過，千奇百怪的貪腐，耗費掉中國國內生產毛額的百分之三——比全國教育經費還多。

對中國政府來說，澳門橫氣十足的成功，造成一種兩難處境：該放任它繼續下去到什麼程度？中國只消使用簽證許可，就能扼殺澳門的繁榮——因為中國公民要取得特別許可才能去澳門，而中國可以隨心所欲地開放或關閉人潮，只是掃蕩澳門也會造成政治麻煩。中國的贏家，那些白手起家的人、新中等收入階層的成員，想去享受一下自己發財的成果，澳門是個好地方。只要他們不去關心政權內部到底是怎麼運作的，那麼統治班子也不好公然地管他們怎麼做。由澳門飛北京的航班上，我身旁坐著一位前軍方官員，現在他擁有房地產及一系列工廠。他對我說，每個月去澳門一次，「透透氣」；那趟航程的大多數時間裡，他都在仔細檢查他新買的珍品：一支價格一萬二千美元的「威圖」(Vertu) 手機；手機用鱷魚皮包覆，配備一個按鈕，讓他可以連上一名全職的管家。

在此時，澳門領導跟他們北京同道們一樣，瞧不出任何應該改變的理由。我接洽澳門博彩監察協調局局長雪萬龍 (Manuel Joaquim das Neves) 時，他說，「澳門又不是拉斯維加斯。」我過了半晌才了解，他之援引拉斯維加斯，是指拘謹的道德標準。他繼續說：「澳門單是博彩業，就吸引了二百億美元的外國投資。簡而言之，很符合公共利益。」

這個觀點，與黨談論自己在中國的成功吻合一致。鄧小平說：「發展是硬道理。」對很多人而言，此一觀點正確無誤。

・・・

蕭大贏過了四年，我由香港一位朋友聽說他可能已回到老家元朗，住在離他成長而已被拆除的貧民區不遠之處。據說他已經跟另一個三合會叫「和勝和」的敲定了保護協議。我坐火車去郊外找他。他住的區域坐落在植物繁茂的河口三角洲，遠處地平線有青翠的小山環繞。夏季炎威已退，建築工程似乎到處都在進行，舊村落被改建為很多棟此巷不通的別墅，有著諸如尊爵、天藍及全銀花園之類的名稱。

我在一處廢鐵場附近的建築工地找到蕭，四周是阡陌縱橫的菱角田及水仙田。他在做房地產生意，得償夙志，正在蓋十四間大宅，宅子乃現代設計，不銹鋼及黑色花崗石的風味極濃，蓋好之後看來會像加州沙加緬度或亞特蘭大的住屋，名稱叫「登峰造極」。蕭穿著鬆鬆的黃色高球衫、牛仔褲及髒髒的球鞋。他似乎謙遜起來，語音很粗，身形幾乎跟他的工人難以分辨——都是來自中國鄉間而曬得很黑的瘦削中年男子。我抵達時，大約是在放工，我發現一名男子赤身露體，由一桶肥皂水草草沖洗。我自我介紹時，蕭看來不怎麼高興。但我解釋說，自己對他感興趣很久了，而且曾追尋他的路線，總之，我很好奇他當初為何要冒那種風險。他同意跟我聊天。我們坐在晾衣繩旁的折疊椅上，往外瞧著還沒蓋好的房子。

我問他，那段銷聲匿跡的時間裡他到哪兒去了，他微笑了。「全中國。我自己開車。有時我住五星級飯店，有時我住在沒沒無聞的小地方。我最喜歡內蒙古了。過了一陣子，我搬去江西的山裡，待了八個月。開始降雪時，我差點凍死了，於是便下山回家。」

我問他，玩百家樂時是否有耍詐。他說：「那些記者，只聽那些想把錢要回來的人所放的謠言。人人都說我在賭桌上出老千，但我沒有。我賭的時候，一直都有十個人眼睛瞪著我。你說我怎麼出老千？」

他的否認，倒是打開了一種可能，即賭博本是被操控的遊戲。有位被告聘請的律師對我暗示說，蕭很可能是受僱的小玩家，參與一樁更大的詐欺陰謀，只是接下來他發現，可以把這項犯罪計畫轉化為對自己有利。我突然想到，假如此說為真，那麼意味著蕭潤平允許大家把野心押寶在他身上，只是後來他自己發財的欲望壓倒一切。但律師也說：「這世上虛偽太多，誰曉得真相是什麼？」

我問蕭潤平，他是否認為三合會還在找他，他回答說：「我今年五十幾了，能活到幾歲，七十嗎？那麼我只有十來年可活了。我有什麼好損失的？沒什麼好害怕的。」他沉默片刻，臉上浮現一絲詭異的微笑。「再說，他們若是來找我，我也可以去找他們。」

因為他的小孩，他已不再去澳門；他說：「我不要他們去賭博。有兩個孩子都大學畢業了，一個還讀到碩士。他們不罵髒話，是好孩子。」他接著說：「你想賭得好，警覺性要很高。我不建議別人這麼做。大家叫我爛賭平，我可不喜歡這個稱呼，因為我從未上癮。我賭，是因為曉得我會贏。」

夜幕降臨時，蕭提議開他黑色的凌志（Lexus）休旅車，載我去火車站，車就停在我們身後，蠟打得如此之亮，以至於它在街燈下微射光芒——這是他有錢的唯一跡象。天空深紫，光線熹微。「以前只要我想去威尼斯人賭場，就會有直升機來接我。」蕭潤平說：「現在我變成泥腿子。房地產更有油水，比賭博、賣毒等等都賺。」他對還在蓋的房子頷首說：「這些房一間成本幾百萬元，賣出去要價則是一千萬。」

第7章

任重而道遠

Acquired Taste

先富群體一有了財富的裝飾品，如孩子在常春藤名校讀書、閱讀團隊替他跟進新書速度，他們就想要心靈與氣質了。已奮力攀到中國工業革命頂層的男男女女渴望能有機會，在更廣大的世界、在品味、藝術及美好生命等事務上，擴大自己的選擇範圍——至少了解他們錯失了什麼。

一九四二年五月，毛在談及藝術與文學的未來時說：「為藝術的藝術，超階級的藝術，和政治並行或互相獨立的藝術，實際上是不存在的。」對毛來說，藝術是「作為團結人民、教育人民、打擊敵人、消滅敵人的有力的武器」◉。黨應該確保藝術、文學和其

◉——注：毛澤東《在延安文藝座談會上的講話》。

他品味表現，緊緊附著在後來被稱為中國社會「主旋律」的東西上，也就是黨對價值、優先順序及欲望加以提煉之後的解釋。

中華人民共和國以繪畫表現臉蛋紅通通的農民、電影塑造堅毅的戰士、詩歌謳詠著崇高的英雄主義而聞名，這種風格被稱為「革命的現實主義與革命的浪漫主義相結合」，是由黨的信仰所形塑而成。正如「中共文藝沙皇」周揚曾說：「今天的理想，就是明天的現實。」在某些案例中，藝術家太專注於直言不諱地表現當今事實，會被譴責為「寫實主義創作」，因而獲罪。

一九七六年毛死掉以後，第一批站出來的前衛藝術家自稱「星星畫會」，這個名稱是畫會成員馬德升對以往「單調一致」所發出的駁斥，也是「強調我們個性」的一種方式。一九七九年，他們的首次展覽被國家博物館拒絕，他們就把作品掛到外邊的圍牆上，在「我們要求政治民主及藝術自由」的標語旗下發動遊行。九〇年代的大部分時間，當局逮捕赤身裸體表演的藝術家，關閉實驗性的表演，用推土機鏟平地下藝術家的村落。

但是金錢的注入，讓藝術家與政府之間的關係改頭換貌。張曉剛之類的中國畫家賣出的畫作，叫價接近一百萬美元；年輕一代的藝術家成長於經濟起飛年代，擺明了他們不耐煩於替威權及政治服務。跟其他各國藝術家一樣，他們的視線專注在消費主義、文化和性，而他們碰到的，是新一輩的投機者與收藏家。

一位北京策展人兼收藏家李蘇橋對我說：「我跟朋友們講：『與其賭四千元在一輪

高爾夫球上，不如買幅藝術作品。』」當時我們在一家名叫「新千禧年」的畫廊，李把一件黃毛衣綁在脖子上。他當時四十四歲，先在汽油產業發財，之後從事藝術品蒐集已有五年。他估計，自己每年花在購買年輕藝術家作品的金額，大約二十萬元。「我有些朋友住在北京市北的別墅群，談到居家裝潢時，他們會花十萬人民幣買張沙發，再買張一百元人民幣的複製畫，掛在沙發上面的牆壁。有時候，他們不在乎價格，在乎的是大小。」就李蘇橋所知，前衛「跟政治無關」。他說：「中國收藏家更感興趣的，是當前的東西，而非記憶與悲劇。」

共產黨發現，要剝奪中國藝術的反叛能量，最好的方式便是擁抱它；北京市政府多年來威脅要拆除「七九八藝術區」（以前是軍方在北京的電子產品工廠，後來被轉化為畫廊及工作室聚集之處），在二〇〇六年把它設計成「創意產業園區」，觀光巴士塞滿附近街道。

藝術商業市場吹氣般膨脹變大。整個中國蓋起了數百間當代藝術館。以往僅能餬口的藝術家，現在作品賣到全世界，並在長城畔蓋起別墅。藝術家艾未未自己開餐廳，以便朋友們、批評家及跟班者能長宴通宵。他製作了一系列巨型水晶吊燈，藉以揶揄中國的新美學；他把一具燈台掛在銹痕斑斑的鷹架上，讓中國新近的不協調變得漫畫化。

從事藝術的前二十年，艾未未創作了一系列豐富的作品，甚至極具影響力，同時買賣古玩，他創作了裝置藝術、攝影作品、家具、繪畫、書本及電影。他曾是早期前衛團體「星星畫會」的成員，現在則幫忙在首都的邊緣建立實驗藝術家社區。雖然他沒受過建築師的訓練，卻創建了中國最受追捧的建築機構之一，接下來才轉而執迷於其他藝術形式。

二〇〇四年，藝評家卡特（Holland Cotter）在《紐約時報》稱，艾未未是「善於挑釁的、打破模式的、滑稽學者型的藝術家」。目前他五十出頭，已經在中國願景裡發現了豐富的新脈動。二〇〇七年他提交給卡塞爾第十二屆文獻展（Documenta 12）的作品，是把一千零一名尋常中國公民，送到該展覽的主辦地德國卡塞爾市的一場探險。他把這項專案稱為「童話」，指的既是卡塞爾是格林兄弟的故鄉，也是指這種外在世界的魅力，中國有好幾世代的人均無緣窺見。

為了招募赴德國的遊客，艾未未更熾烈地轉向網際網路，而那揭開了一個他以前並不曉得的廣大世界。現在他意識到了，他對我說：「網際網路是力量很強的工具。」他從各基金會及其他機構籌錢，以備航資，其辦公室為「童話」設計每一細節，乃至手提箱、手環，以及配備了一千零一張復古清代木椅的宿舍式生活空間。

「童話」猶如中國規模的社會雕塑品，其大量的後勤作業會令波伊斯（Joseph Beuys）都感到瞠目結舌，他是曾參加該展覽的德國觀念藝術家，曾提出「人人都是藝術家」的宣言。只是，對畫家兼社會批評家陳丹青而言，這項專案在中國具有特別的迴響；在中國，來自西方的肯定，包括簽證，一度具有近乎神話的價值。「過去百年，我們總是等候美國人或歐洲人或任何人來點我們的名字。喂，你過來。」

・・・

中國人對西方文化的態度，總是揉合了憐憫、嫉妒及憎恨：憐憫那些蠻夷不是住在中原王國，嫉妒他們的實力，憎恨他們入侵中國。魯迅寫道：「中國人對於異族，歷來只有兩樣稱呼：一樣是禽獸，一樣是聖上。從沒有稱他朋友，說他也同我們一樣的。」◉

一八七七年，清朝正在衰敗，而西方列強崛起，中國改革志士送一位年輕學子叫嚴復到英格蘭，研究英國海軍力量的來源。嚴復結論說，英人力量的根柢不在其武器，而在其思想，他返國時，帶了一箱書，作者有史賓賽（H. Spencer）、亞當．史密斯（Adam Smith）、彌爾（John Stuart Mill）、達爾文（Charles Darwin）等西方思想家。他的翻譯不算盡善盡美，「天擇」一詞較偏自然淘汰，顯示出更嚴酷的那一面，但這些人對中國的思想衝擊很大。對嚴復等人，演化論不光是生物學，還是政治科學。中國改革派翹楚之一的梁啟超歸結說，中國必須「成其為最適者之一」。太虔誠地崇拜西方也變成負債；二十世紀早期擁抱歐洲觀念的活躍人士被譏笑為「假洋鬼子」。崇拜西方是可以懲處的

◉——注：魯迅《隨想錄四十八》。

罪行，一直到毛統治的最後幾年，直至他與美國建交為止。

到了八〇年代，西方在中國人眼中，愈來愈是機會與創造自我的寶地。有部極受歡迎的中國電視劇《走入歐洲》，講的就是一名身無分文的福建男子，穿著破爛T恤抵達巴黎，幾個月內，他就變成房地產開發商。在高潮的一幕中，他面對一群歐洲聽眾問道：「距今兩年之後，什麼會成為巴黎新地標？」他拉開蓋在建築模型上的布，然後宣布：「美麗的塞納河畔會充滿遠東的光輝：中國城投資貿易中心！」劇集中，法國群眾爆出歡呼讚美聲。

中國人看待西方的矛盾情結非但沒消失，反而深化了。中國年輕人成長時，看的是NBA與好萊塢電影，書店架上擺的卻是《中國可以說不》之類的書，它是我第一次造訪中國時最暢銷、最爭議的書。這種結合會叫人不知所措。二〇〇七年，有三名學者詢問中國中學生：想到美國時，心中最先浮現的五個詞彙是什麼，學生們的回答意味著萬花筒般的繪像：

「比爾・蓋茲、微軟、NBA、小布希總統、總統選舉、民主、伊拉克戰爭、阿富汗戰爭、九一一事件、賓拉登、哈佛、耶魯、麥當勞、夏威夷、世界警察、傲慢、霸權、台灣。」

我抵達中國時，大多數中國人可涉足到的、最接近西方的地方，叫「世界公園」，一座位在首都邊緣、迪士尼風格的景點。旅客們可以爬上迷你的埃及金字塔、觀看按比例做成的艾菲爾鐵塔、徜徉在仿製的紐約曼哈頓區。只是，隨著人們愈有錢可花，他們便探索出更多種花錢的方式。中國旅遊業探詢民眾，最想去哪裡玩，得分最高的莫過歐洲。再問他們喜歡歐洲的什麼，中國人把「文化」置於榜首（在負面排行榜上，遊客們抱怨的是「傲慢」及「中國菜做得很爛」）。

中國報紙上，異國旅遊的廣告變得密密麻麻，感覺好像每個人都準備出國，於是我決定加入他們。競爭的中國旅遊業界設定出各式旅遊行程，其遵循的原則與其說是西方豪華旅程的觀念，毋寧說是依顧客的喜惡。我在線上瀏覽某些安排：「住豪華酒店，看壯觀風車，賞峽谷美景」的四天巴士行程，強調荷蘭、盧森堡宜於拍照的鄉間；「回首舊大陸，探訪新東歐」雖有一定的冷戰魅力，但確實很冷，我可不想在二月去那裡。

我選擇了「經典歐洲」，一趟很受歡迎的巴士行程，十天內巡遊五個國家。旅費要提前付款。機票錢、旅館、三餐、保險等五花八門的費用，以人民幣付費，相當於二千二百美元。此外，旅行團的每位中國籍成員都被要求提出相當七千六百美元的押金，超過一般工人兩年的工資，以防止任何人搭機回國前跳團離隊。我是第三十八位入團的人，也是最後一個，翌日凌晨出發。

我接獲通知，依時間到上海浦東國際機場二號航站第二十五號登機門集合，在那兒，我看到一位身材瘦削的四十三歲男子，頭髮中分下垂。他穿灰色花呢大衣，戴方框眼鏡，自我介紹名叫李興順（音）。為了易於辨識，我們都收到一個亮黃色的領章，上面的圖案是一條鼻孔噴煙的卡通龍，龍爪上穿著健行鞋，下面印著本團的口號：龍騰萬里。

我們登機，在中國航空直飛法蘭克福班機的客艙坐好。我翻開一本中文版《境外旅遊需知》，要求我們細細閱讀。冊子羅列出曾經發生過的不愉快意外：「旅遊途中嚴禁攜帶任何仿冒歐洲的商品，因為海關檢查人員會抄沒並懲以重罰。」另諄諄告誡在歐洲旅遊要密切注意安全：「若有吉普賽人沿街乞討，勿施捨；若他們多人圍堵，索看錢包，向導遊大喊求救。」隨意與陌生人交談也必須小心：「若有陌生人要你幫其拍照，提高警覺，那是行竊的絕佳時機。」

我來往歐洲多年，但這本小冊子卻讓我大開眼界，對與這三十六名遊客及一位導遊一起旅行，竟產生一種奇異的安全感。小冊子還以一句孔子風格的名言結尾，把這次旅行描繪成一次對人性的考驗：「任重而道遠。」

• • •

我們在大霧中降落於法蘭克福機場，並在航站內全團集合。團員年齡不一，下至六歲的陸可怡（音），上至他七十歲的外祖父劉功生（音）。劉是一位退休的礦業工程師，他的老伴黃雪晴（音）坐在輪椅上。所有遊客大概都屬新中產階層，有高中理科教師、室內設計師、房地產主管、電視台布景師，還有幾位大學生。他們沒人出身農村，翌日他們看見法國牧場上馬兒吃草，覺得極為罕見，人人搶著拍照—但他們來到更廣的世界，還沒感到舒適自在。除少數幾個人以外，這是他們頭一次到亞洲以外旅遊。李導遊向全團介紹唯一非中國人的我，大家都衷心歡迎我。十歲的劉一峰（音）理了小平頭，穿著一件滿是星星的黑色長袖衫，笑著問我說：「你們外國人的鼻子都這麼大啊？」

我們登上一輛金色大巴。我挑了一個靠窗的座位，旁邊坐著一個健壯的年輕人，十八歲，穿著黑色羽絨服，戴了一副細框眼鏡，額頭上的頭髮留得很長，垂到鏡框邊緣，上髭淡淡的。他自我介紹說叫許諾，在英文剛好是 Promise（許諾、承諾）的意思，他非常喜歡，就把 Promise 用做他的英文名字。

許諾是上海師範大學的大一新生，主修經濟學。他的父母坐在走道對面，我問為什麼他們一家過年的時候不去走親訪友，而是選擇出國旅遊，他說：「過年走親訪友是中國傳統，但大家現在愈來愈富有了，此外我們太忙，這一年再騰不出時間旅遊了。」我們用中文對話，但他在表示驚奇的時候會冒出一句「Oh, my Lady Gaga!」（天啊，我的卡卡女神！）這句話是他上學時學到的。

在大巴的第一排，李興順拿著一個微型麥克風面對我們，在接下來幾天，我們白天沒睡覺的時候，他大致都是這個姿勢。對於中國遊客來說，導遊扮演了非常重要的角色，身兼口譯員，嚮導和「戰地指揮官」，誠如一本中文導遊書籍形容，導遊的職責不僅在傳遞事實，還要「表示贊不贊成、誇獎或反對、高興或嗤笑」。李興順給人沉穩的感覺，他常用第三人稱的「李導遊」來稱呼自己，另外他最引以為豪的就是辦事效率。「各位團員，我們的手錶必須調為同一時間，現在是晚上七點十六分。」他要求我們每次出發都要提前五分鐘集合；「我們不遠千里而來，總要玩得淋漓盡致。」

李導遊大致描述這次行程計畫：我們很多時間會花在路上，所以，他會在坐車時講解歐洲國家的歷史與文化，如此，我們到各景點遊覽時，便不致於浪費寶貴時間，可以從容拍照。他告訴我們，法國科學家研究指出，一個導遊講解的最佳時間長度是七十五分鐘左右。他說：「你們知道嗎？在你們李導遊知道這件事之前，我在大巴上最長一次是講了四個小時！」

李導遊建議我們每天睡前用熱水泡腳——這可以緩解時差疲勞，他說。此外，他還建議我們多吃水果，這有助於平衡歐遊期間吃太多麵包和乳酪。因為時逢中國新年假期，有很多其他中國遊客，因此我們得注意，在休息站別上錯其他大巴。接下來，李導遊向我們介紹大巴司機派查。派查有點冷漠，來自捷克，以前是曲棍球員，也做過卡車司機，由駕駛員座位上向我們懶懶地揮揮手（後來他對我說：「有六、七年，我車上載的都是日本遊客，現在全是中國遊客了」）。李導遊另提到行程之外的事情，「在中國，咱們都把大巴司機當超人，一天二十四小時都能開車，無論我們要他開到多晚。只是在歐洲，除非有天氣、交通等特別狀況，法律有規定，司機一天最多只能開車十二個小時！」

他解釋說，每位司機都得帶一張卡，必須塞進儀表板，駕駛時數超限要受罰。李說：

「我們或許會認為，你可以弄張偽卡，或在紀錄上做弊，這沒什麼大不了的。但一旦你被逮到，罰金是由八萬八千歐元起跳，還會沒收你的駕照！歐洲人就是這樣辦事：表面上似乎靠大家的自律，但事實上背後有嚴峻的法律。」

我們快抵達飯店了——盧森堡一家叫「最佳西方」的酒店，但李導遊對我們簡介的卻是早點。中國人的早餐標準是吃一碗米粥、油條，或許有幾個豬肉包子。但是在歐洲，他以最有技巧的聲音警告說：「我們整趟旅程，早餐除了麵包、冷漢堡、牛奶、咖啡，大概不會有別的了。」全車為之靜默片刻。

．．．

我們沒機會瞧見白天的盧森堡；拂曉時我們便離開了酒店，回到高速公路。李要我們確定沒把任何東西留在酒店，因有些較年長的團員習慣把現金放在馬桶蓄水槽或通風管。他跟我們講：「我碰過最糟的一次，是有位客人把錢縫進窗簾邊緣。」

我們前往的第一站是德國小城特里爾（Trier）。對大多數第一次遊歐洲的人，特里爾並非很熟悉的地名，但是對中國旅客而言，它卻是異常熱門的景點。因此自幾十年前，中國共產黨就開始組團來拜訪這個馬克思的誕生地。我買的一本中文旅遊指南，作者是位退休外交官，他說，特里爾是「中國人民的麥加」。

我們在一條整潔的街道旁下車，街道兩旁都是尖頂的、色彩柔和的建築。沾著雨滴的鵝卵石泛著銀白光。李導遊戴上一頂墨綠色帽子，快步領著我們往前走。我們直接抵達了布呂根史特拉斯街（Bruckenstrasse）十號，一棟漂亮的白色三層樓房，有多扇綠色百葉窗。李說：「這兒就是馬克思住的地方，現在是博物館。」我們試著開門，但鎖上了。冬天作息不同，博物館要再過一個半小時才開門，因此李說，我們只能由外貌品味馬克思之宅。「這裡我們愈早結束，就愈快去巴黎玩。」大門旁邊有一塊匾，上面有馬克思的側面頭像。博物館隔壁是一家叫做「甜蜜生活」（Dolce Vita）的速食店。

李導遊嘴上雖說我們可以在這兒隨意待多久都可以，不過他不忘建議我們去街角的超市買水果，以備接下來的旅程。我們在馬克思宅邸前亂逛，拍照兼躲車，直到有個孩子哀求著說，「我想去超市」並拉著他媽媽往亮晶晶的店門走。我站在一位很高的五十多歲男子旁，一起端詳馬克思的頭像。男子叫王正宇（音），他問道：「在美國知道他的人不多，對吧？」

我回答：「比你想像的多。」我提到，我本以為在這裡會見到更多中國遊客。

王笑了，他說：「那些東西，年輕人都不再曉得了。」

王正宇瘦瘦高高，有那種自力更生派男子的氣質。他生長於華東商業都市無錫，早期被分配做木匠，直到改革浪潮席捲中國後，他毅然從商，現在經營一家小型成衣廠，專製易洗免燙的男士長褲。他不會講英語，但當初他創業時認為自己需要一個容易上口的國際企業名稱，所以他取名為「格—瑞—特」，雖由中國字組成，但他認為，讀起來最像英文「great」。

王很愛旅遊。他說：「以往我太忙，只是現在我想遊山玩水了。以前買地、蓋廠、整屋都得由我來。但現在我女兒長大了，已經能主持工廠工作。我該做的只是存存錢辦她的嫁妝而已，那倒是很容易的事。」我問他們夫妻為什麼挑歐洲旅遊。他說：「我們是想，趁還有精力，先去最遠的地方。」我跟王是最晚去超市的人。也就是說，我們這個團在中國人的麥加逗留了十一分鐘。

・・・

直到最近，中國人才有很充裕的理由把這個世界看待成尋歡作樂的地方。在古代中國，出遊是件危險的事。有句俗諺：「在家千日好，出外一時難。」孔子還認為旅遊有虧德行，加油添醋說：「父母在，不遠遊。」只是，古代中國玄奘和尚還是去了印度，十五世紀的鄭和還率領帝國艦隊遠達非洲，「以觀夷域」，威名遠播。

千百年來，中國人移民到全世界，但因貧窮作梗，移民踏上的不是休閒旅遊之途，毛澤東認為觀光業不合社會主義。毛去世之後，直到一九七八年，中國人除了工作或求學，否則是不准前往海外的。首先，他們獲准到香港尋親，後來，到泰國、新加坡及馬來西亞旅遊。政府對外在世界還是很不放心。一九九六年，我來北京的第一年，政府修改移民法，中國人想出國變容易了，話雖如此，法規還是要求人們必須「政治可靠」，而且露骨地不讓那些被認為「太個人主義、腐敗、墮落或不道德」的人出國。翌年，政府以「有計畫、組織及控制的態度」，放行旅客前往其他國家，以地緣政治來考量批准被旅遊的國家。大洋洲國家萬那杜同意斷絕與台灣的外交關係，才獲准成為旅遊地點。

政府各部門開始派人出國，並試圖為這些先遣人員考量任何可能發生的事情。二〇〇二年有本導覽手冊叫《赴外人員最新必讀》，警告說，在中國邊境以外的「外國情報單位及其他敵對力量」會發動「心理戰和思想戰」，用「反動的政治宣傳推翻中國共產黨領導人」。因公出差的人要是碰上西方記者，該怎麼辦？手冊作者們提供策略說，「簡單回答，避實就虛」。

八成中國遊客首次出國旅遊，是以組團的方式，而他們也博得了愛國旅客的名聲，即使有時過了頭。二〇〇五年，在馬來西亞一家賭場飯店，大約三百名中國遊客拿到印有卡通豬臉孔的餐券。飯店方面解釋，這個圖案純粹只是區別吃豬肉的中國客人與不吃豬肉的穆斯林，但中國遊客覺得被冒犯了，他們靜坐抗議，還唱起國歌。有些案例當中，首度出國的中國遊客在下榻酒店留下的印象毀譽兼有，發生過幾起事件後，北京政府出版一本叫《中國公民海外文明舉止指南》的手冊，羅列多條規則，包括：

三、保護自然環境。別踏草坪，勿摘花採果，勿追逐、捕捉、餵食或向動物丟擲東西。

六、敬重他人權利。勿強迫外國人與你合影，勿朝著他人方向打噴嚏。

我們團裡，並沒人有朝動物丟東西的心思。我愈是閱讀，便愈懷疑《中國公民海外文明舉止指南》的作者，其水準是不是跟不上中國公民了。大多數國家要在一般公民可支配收入在五千美元時，才會讓大批遊客到海外去玩。但當時中國城市居民收入水準僅約其半，旅遊業者要讓行程負擔得起，只有靠大量訂機票與郊區飯店的無情殺價。李對我解釋說：「每條路線，幾乎都是由機票決定的。」只要在某個日子出現最廉價航班，中國團就嗅到商機。正因為如此，我們的旅遊路線很像是走北斗七星：由德國開始，繞彎經盧森堡到巴黎，接下來突然急轉往南，經過法國，攀越阿爾卑斯山，直抵義大利，遠達羅馬。這趟行程本可以在羅馬結束了，但我們向後轉，沿原路回到米蘭。

一開始，歐洲並非首選目的地。二〇〇〇年，去彈丸之地澳門玩的中國遊客，總數比去歐洲各國的加總起來還多。但外界已經注意到了中國商機。法國飯店集團「雅高」(Accor)開始增加中國電視頻道，聘請會說普通話的工作人員。其他飯店遵循風水觀念，把床鋪搬離窗戶。愈多中國人前往歐洲，旅遊行程變得愈是便宜。二〇〇九年，英國旅遊業報告指出，「歐洲」對中國是如此成功的「單一、聯合」品牌，以至於個別國家應該明智地擱下自尊，不要急著主打「次品牌」如法國、義大利，這樣會更好。歐洲，與其說是地圖上的一個區域，不如說是一種心靈狀態，把盡可能多的國家塞進一個七天行程，對較少有旅遊機會的工薪族而言，更有吸引力。李導遊說：「在中國，若是你能用一百元買十樣東西，不管品質，都比一百元買一樣來得好。」

•••

我與一對來自上海的年輕夫妻由馬克思宅邸踱回大巴。太太叫郭彥瑾（音），人很隨和，年紀二十九歲，自取英文名字叫凱倫（Karen），在一家汽車零件廠的財務部工作；她的先生顧曉杰（音）是某環境清潔部門的職員，英文名字叫漢迪（Handy）。他身材如美式足球員，胸膛厚實，身高一米八以上，個性很平和。他的栗色毛衣有個高爾夫球袋圖案，可我問他打不打高爾夫球，他笑著說：「高爾夫是有錢人的玩意兒。」

漢迪與凱倫為這趟旅行，存錢九個月，他們的雙親還資助了一些。李導遊要我們別太操心身上帶的錢，而掃了度假的興致──他的建議是：把物價標示當成人民幣而非歐元。但漢迪與凱倫每一分錢都看得很緊。幾天之內，我們在五個國家內買的每一瓶罐裝水，他倆還能絲毫不差地告訴我確切價格是多少。

回到金色大巴，往西開過法國香檳─阿登（Champagne-Ardenne）區冬日的樹林區，李導遊為自己講求高效率破了例。他說：「我們得習慣歐洲人有時慢條斯理。」他接著說，在中國買東西，「我們很習慣三個人把要買的物品同時放在櫃台上，收銀的老太太算帳兼找零，絲毫不差。歐洲人做法不一樣。我意思不是他們很笨。若他們很笨，就不會發展出這些科技了；他們只是計算時跟我們不一樣而已。」

最後，他給我們建議說：「讓他們用自己的方式辦事，若是我們催人家，他們會覺得煩，然後心情變壞，接下來我們會認為，他們在歧視我們，其實不盡然是那麼回事。」

有時候，李導遊對歐洲的高水準生活很是驚異，他會用一堆統計數據轟炸我們，像波多葡萄酒的價格、荷蘭男子的平均身高，但要叫中國遊客豔羨歐洲經濟，此非其時。李很誇張地表演地中海式生活風格，「慢慢起床，刷牙，泡杯濃縮咖啡，品味香氣。」全團都笑起來。他再說：「像這樣的地方，他們的經濟怎能保持成長？那是不可能的事。這個世界上，只有人民勤奮、工作努力的國家，其經濟才會成長。」

我睡著了，醒來時已在巴黎郊外。我們的巴士沿著塞納河往西而行，經過「奧塞美術館」（Musée d'Orsay）時，陽光正好射透雲層。李大叫：「感受到巴黎的開闊沒有？」大家鏡頭颼颼猛拍，他另外指出，巴黎市中心是沒有摩天大樓的。我們在阿爾瑪橋畔的碼頭登上雙層遊艇，船嘎嘎地往上游開去，此時我與四十六歲的會計師朱忠明（音）聊起來，他帶太太、女兒來玩。朱成長於上海，當地的房地產上漲時，進軍房地產業。他說：「無論你何時購進，都賺一大堆錢。」他頗有領袖魅力，開玩笑而笑起來時，臉頰上綻放出大大的酒渦。他自二〇〇四年起便出國，所以團體其他人都很聽他的。此時，遊艇開到蘇利橋，靠著塞納河的白色石頂河堤慢慢轉身，往回開。

朱表示，中國人對歐洲感興趣，部分原因出自想了解自身的歷史。他說：「歐洲開始統治世界之際，中國也很強。所以，為什麼我們會落後？從那時起，我們一直在思索。」的確，一個強大文明如中國，為什麼在十九世紀會衰落，這個問題好比中樞神經，貫穿中國對自己過去的分析，以及對未來的展望。朱提出一種解釋，「當初我們被入侵時，反應不夠快。」這種因被害而衰落的說辭，我在中國經常聽見（另外，歷史學家也經常責備中國官僚體系與威權制度的僵化效應，再加上其他因素）。但是朱並未把中國的麻煩全歸咎給外國侵略。「我們把自己三大核心思想——儒釋道——丟棄了，那真是一大錯誤。自一九四九到一九七八年，我們被教導馬克思的革命思想。」他停了下來，看著妻女在船側拍照，橙紅的太陽正在西沉，隱沒於建築物之後。他說：「我們花了三十年，現在知道那真是一大災難。」

船靠岸，我們去吃晚餐。我們經過一對在門口親熱的男女。凱倫挽著漢迪的臂膀，兩人把頭別開了去。我們隨著李導遊走進一家中國店面，走下一排階梯，再進入一個很熱的封閉門廳，左右兩旁都是沒窗戶的包廂，裡面擠滿了中國食客。這份熙熙攘攘在街道上是看不到的，是與巴黎並行的另一面。那兒已無空桌，因此李導遊帶領我們走出後門，左轉，進入第二家餐廳，也是中菜館。再走下另一道階梯，進入另一間無窗的包廂。飯終於送來了，菜色是紅燒肉、炒小白菜、蛋花湯、辣子雞。

二十分鐘以後，我們爬上階梯，來到夜空下，又趕忙跟著李導遊走進「老佛爺百貨公司」（Galeries Lafayette Haussmann），這家位在奧斯曼大道的十層樓百貨公司顯然很高興東方客人之來訪，已布置好中國紅的彩旗及卡通兔，慶祝兔年。我們收到中文寫的歡迎卡，祝福快樂、長壽及消費打九折。

翌日，在羅浮宮（The Louvre），接我們的是另一位說中國話的女性導遊，身形像隻蜂鳥，她大聲說：「我們在九十分鐘內有好多東西要看，所以得加快腳步！」她快跑到一支捲起來的紫色旗子下，那是她用來集合大家的標誌。然後一邊開步走，一邊用中文發音教大家一些法國話：「bonjour」（日安）讀起來大約像是「奔逐」。這很符合我們當下的狀態，我們跟著她匆匆走過十字轉門；而褲廠老闆王正宇，則試著對警衛講他新學的法國字眼：「奔逐，奔逐！」

導遊給我們的忠告是注意力要放在「三寶」上：勝利女神像、斷臂的維納斯及蒙娜麗莎。我們依次圍聚在每一樣寶貝旁，左右則是其他中國旅遊團，好像敵軍一樣可以分辨：戴紅別針的是「U-Tour」旅行社的團，戴黃色帽子的是深圳學生團。我們破曉之前便馬不停蹄，但氣氛似乎因勤勉與好奇而充飽了電。我們發現，依我們的動線，坐電梯要繞遠路，我很好奇坐輪椅的黃雪晴該怎麼觀看館藏。接下來我發現，她的親戚扛起她的輪椅，而她則很費力地上下大理石階，大家再推著她到各項珍品之前。

夜色降臨時，又是一天引燃大家稱賞的歐洲景點之旅，但中國遊客的心裡難免還有一絲較勁。我們在一家中國餐館等桌位時，朱忠明提到了周朝（西元前一〇五九年到二五五年），即孔子、老子等中國思想巨擘雲集的年代，他對我們一群人說：「當時，中國真是他媽的好！」他太太王建欣翻白眼說：「你又來這一套了。」朱戴著一頂剛買的艾菲爾鐵塔棒球帽，上頭有電池燈而一閃一閃。他轉身朝我講話，想找新聽眾：「真的，在周朝，事實上我們跟古羅馬或古埃及一樣好。」

• • •

由巴黎驅車往阿爾卑斯山脈要七小時，途中，坐我旁邊的許諾在他背包摸索著，掏出一份皺巴巴的《華爾街日報》，那是他在盧森堡旅館拿的。他安安靜靜地讀完每頁，只有讀到有關中國的一則報導《歐盟發現華為有國家資助》，才手肘推推我請教意見。報導中說，歐洲貿易官員發現，中國科技大廠「華為」由國營銀行取得利率低到不公平的貸款。許諾問道：「美國憲法禁止各公司收受政府補助嗎？」我問許諾有沒有用「臉書」——臉書在中國，官方是封鎖的，但稍動手腳還是連得上。他說：「上臉書太麻煩了。」因此他改用中國版臉書，叫「人人網」；人人網跟其他國內網站一樣，任何敏感的政治討論都會刪檢。我問他知不知道臉書被封。他說：「那好像跟政治有關。」然後停頓一下，說：「但事實是我不是真的了解。」

城市學生有這種脫線，是司空見慣的。他們生活在一個科技、資訊的管道前所未有地方便取得的時代，但「防火長城」也矗立著，政府設立的這個龐大數位過濾基礎設施，再加上人工刪檢，便足以攔住黨反對的政治內容進入中國人的電腦。很多中國年輕人視防火長城為一種汙辱，但這些障礙如此大，以致讓很多人不想花心思去規避。外在世界的資訊能滲透進去的零零星星：許諾對蘇菲瑪索（Sophie Marceau）的最新電影、許多瑞士賽車手的優點，如數家珍，但中國領導人私人斂聚大筆財富的新聞，他就不知道了。

外國思想同時在中國泛濫著，以至於人們要了解它們，只能靠把它們分門別類為可管理的碎片。在北京，一本美食導覽叫《點評》，把中國菜分為十八種不同門類，但亞洲以外（義大利、摩洛哥、巴西）則只歸類為「西方食品」。

當天晚上，我們留宿在瑞士小鎮因特拉肯（Interlaken），李導遊向我們保證，這裡「空氣清新無比」，對任何居住在中國大城市的人，都算是享受。我跟鄭道（音）與她主修藝術的十九歲女兒李澄（音）到鎮上閒逛，漫步經過精品錶店、賭場及「荷黑馬特」（Höhematte），就是那片遼闊綠地，當地人在那兒舉辦唱山歌及瑞士角力比賽。我們這趟行程走到一半時，這位十九歲的女孩還是無動於衷，她說：「除了建築物不同，塞納河看來與黃埔江沒什麼大的差別。地鐵？有啊，你說什麼我們都有。」她笑了。

當李澄與她的朋友們走在前頭時，她母親跟我說，她想讓女兒了解中國與西方之間比「硬體」更深的差異。李導遊嘲笑歐洲人過得悠悠哉哉，而鄭則說，中國人變得相信「凡事不爭先，你就墊底。」在十字路口，一輛汽車停下來等我們過馬路，鄭指出其間差異。她說：「國內駕駛者會認為，『我才不停，不然哪兒都別想去了。』」

• • •

旅程的最後幾天，李導遊原本令人安心的忠告及效率開始不那麼講究了。在巴士上，大家開始問說能不能去西餐廳；我們來歐洲一星期了，還沒在不是中餐館的地方吃過飯（有份旅遊調查說，近半中國遊客到西方去玩，吃過的「歐式」餐點不超過一頓）。但李導遊警告說，西餐上菜很慢，若是我們吃太快，下一道菜還沒上就消化完了。「留著你們下一次來玩再吃吧。」大家沒有異議。在米蘭，他再次提醒我們留心小偷，只是衛生專家漢迪表示懷疑。他說：「義大利沒他們形容的那麼亂，只是聽來嚇人。」

我開始好奇了：這樣的旅行團還可以再撐多久呢？年輕人當中，自助旅行開始變得流行，而我的團友們也因為如此奔波的行程而勞累不堪。在米蘭，我們有三十分鐘自由時間，所以凱倫、漢迪與我走進涼爽的「米蘭主教座堂」內部。漢迪仰望著教堂高拔的彩色玻璃窗傑作說：「那樣看好累，但真是漂亮。」

義大利當地報紙裡，充斥著總理貝魯斯柯尼（Silvio Berlusconi）因與未成年人上床而即將被起訴的新聞。李導遊一派外交官口吻，說：「這麼老了，他真夠爺們！」橫跨義大利當天的車程讓他陷入反思的情懷，想到中國國內的生活。他說：「你不時會好奇，提倡民主是好事還是壞事。當然，民主益處很多；人民有言論自由、選舉自由。但一黨專政就沒有好處嗎？」他指著窗外的公路說，義大利花了幾十年才蓋好這條路，原因是地方的反對。「要是在中國，六個月就蓋好了！要讓經濟持續成長，那是唯一之道。」

李是如此擁護政府，以至於我差點把他當成官方發言人，只是他的言論，我每天在北京跟人交談都聽得到，已經熟悉到耳朵生繭。他說：「海外專家永遠無法了解，何以中國經濟成長得如此快速。沒錯，我們是一黨專政的國家，但主政者是由菁英中選任的，而菁英又是從十三億人當中挑出來的，所以領導們堪稱超級菁英。」

但李導遊在形容西方時，至少有一點，他的仰慕是真誠而不攙雜質的。談到有位西方朋友辭職，去旅行以找尋人生意義時，他說：「中國父母會接受嗎？當然不會！他們會伸出手指罵說：『你這個廢物！』但是在歐洲，年輕人想追求什麼，可以隨心所欲。」

他繼續說：「我們中國，老祖宗留下那麼多東西給我們，但是，何以我們會感覺要找到新東西，是那麼困難？原因就在我們的教育系統限制太多。」我們全團聽得更認真了。就在美國父母懷疑，自己是不是能從嚴厲的中國「虎媽」身上學到些什麼時，中國父母則試著讓國家僵固的教育體系恢復創造力。有一天早上，曾麗萍（音）對我說，學校老師對她帶自己六年級孩子來歐洲玩，十分不以為然。「每次學校放假之前，老師都跟學生講：『別出門。留在家溫習，因為很快你們就要參加中學聯考了。』」但曾麗萍自己就曾做過不尋常的事。她辭掉美術老師的穩定工作，把存款全投入創辦自己的時尚品牌。「我的上司們都說：『這麼好的工作環境，妳不做多可惜呀。』但是我證明給自己看，我的選擇才是對的。」

• • •

翌日來到羅馬，我們造訪許願噴泉，踱步在遼闊壯觀的聖伯多祿廣場（St. Peter's Square）。朱忠明說，廣場的派頭讓他回想到北京。「就好像以前，很多中國老百姓來北京，就只為看一眼天安門廣場。」他笑了。

我們往那區建築走下去，坐在一處窗台休息。朱點了根菸。他一直在思索大國命運這類千奇百怪的問題。我問他，你相信美國政客說他們不反對中國崛起嗎？他搖頭說：「不可能。他們會讓我們成長，但也會限制我們。我認識的人都這麼想。」最後，他以自己能找到的最客氣的方式，說：「美國人有必要適應自己世界地位變弱的現實，一如當初的中國。你很習慣當世界老大，但總會掉到老二。雖然不會那麼快發生——大概要二十或三十年吧，但我們的國內生產毛額總之會超越你們的。」儘管朱遊歷甚廣，他卻認為中國與西方哲學的差異會持久不變，誠如他所述，這是「兩種不同的思考方式」，這一點令我驚訝。他說：「我們會用他們的工具，學他們的方法。但基本上，中國會始終維持自己的道路。」

他的感悟，令人對中國未來是否會跟隨西方發展並不樂觀。就一定程度上很難跟他爭辯什麼，中國變富有後，自然而然就會變得更西方、更民主自由，這種看法令我信服的程度，早就大大不如了。這已不是我學生時代，天安門學生運動的那個北京。我今天定居的中國，既令人振奮又令人瘋狂，這是白手致富的地方，也是黑獄依舊存在的國家；它對世界極為好奇，但是對中國的世界新地位，又自豪地想來捍衛。我的同車團友受西方吸引而來，但若是他們對眼前所見感到百思不得其解，我倒是能會心；就像我對這個「無拘無束」的國度，卻甘心服從掌權的共產黨，也同樣百思不得其解。

如果說，想像中國向世界開放就會讓它更靠近西方，實在是太天真，那麼，蔑視微妙變化中的力量，或許也是同樣天真。中國旅行團就像現代的中國，建基於一個脆弱的承諾，那就是在紊亂的世界裡造出一種秩序，透過管理好他們的人民，讓他們免於威脅以保障安全，如避開西方小偷，也要避開西方飲食及西方文化一樣。外表看來，我們團友所碰到的西方，的確比歐洲更「歐洲」——很多方面既不光鮮也不整齊，令他們始料未及。只是，在中國一黨專政的繁榮福音宣傳背後，我的團友也捕捉到歐洲一些細微內涵的點點滴滴，窺見了人性、開放，以及一個曾被禁止的世界。事實上現在，執政黨宣稱它不再革命，希望人民能就此駐足在政治之外過生活，但事情絕不如此簡單。

許諾終於放下他那份皺巴巴的《華爾街日報》，此時他不再高談闊論。他言簡意賅地說：「我讀外國報紙，才知道很多以往不了解的事情。」這是他們第一次出國，看到了一些以往沒見過的東西，而路走多了，他們會找到一覽全貌的方法。

第二部

真相

PART III

TRUTH

第8章

戴銬而舞

Dancing in Shackles

北京有一座最微妙的建築物，它聞名的原因不在其建築的式樣風格，而是它的神祕性：它面朝長安街，隔壁便是類似美國白宮的中國權力中樞；它的建築物是三層樓的現代式綠色辦公大樓，屋頂呈涼亭狀，也像是一頂男士的假髮。最讓我印象深刻的，是它沒有地址、沒有匾額招牌，而且沒出現在任何一張公開的黨結構圖表上——至少在書面上並不存在。我第一次問人，這是什麼單位，警衛說：「我不能跟你講。這兒是政府機關。」後來在北京住久了，我只知道它被叫做「該部」（The Department）。

各國首都都有自己的祕密部門，但北京這個部最古怪的地方之一、便是它明明身為「中國共產黨中央委員會宣傳部」，卻極為低調不願張揚。英譯名稱裡的「宣傳」用了「publicity」，有其目的；但中文名稱則是中央宣傳部，是中華人民共和國最有權力、最神祕組織之一——這個政府部門有權力解僱總編輯，下令教授噤聲，查禁書籍，重剪電影。我住在中國的時候，該部及其全國分部，控制超過二千家報社、八千份雜誌，每部電影、電視節目、教科書、遊樂園、電玩、保齡球俱樂部，連選美比賽都在其管轄範圍內。從喜馬拉雅山到黃海，哪則廣告可登上看板，都由中宣部的人決定。他們掌握最大筆的社會科學經費，因此有權否決某些學術研究；例如，用到某些描述中國政制忌諱的詞彙（如「極權主義」）。中宣部對中國思想領域管理權限之廣，令鑽研此道的學者布雷迪（Anne-Marie Brady）將其比擬為擁有類似「梵蒂岡對天主教世界的影響力」。

喬治．歐威爾寫道：「一切政治文章，不管在哪個國家，目的都是『捕風捉影讓無形的風變成堅固的實體』。」杜魯門時代，國務卿艾奇遜（Dean Acheson）把各項事實刪修揉捏，最後人們說，他的話「比真理還清晰」。但沒有一個國家比中國更多地把時間、心力用在政治宣傳之上；西元前三世紀，秦始皇治理天下時便奉行「廢先王之道，焚百家之言，以愚黔首」的政策。毛澤東把政治宣傳及查禁刪檢權力神聖化，並奉為「思想工作」極重要的部分，而且靠著此行動，他把長征重塑為戰略勝利，而非潰敗。毛死後五年，其繼位人替毛動盪狂暴的統治期間下了正式判決；他們說毛「功過七三開」——此一難以理解的算法，往後幾十年的學生研習甚久。

中宣部曾經差點被廢。一九八九年天安門廣場示威，讓黨的某些領導認為，來到現代，政治宣傳的效果已漸漸喪失。但鄧小平卻不以為然，他甚至做了決定命運的決策——

他宣稱，黨未來的存亡，仰仗兩大支柱的程度更甚以往，即「繁榮」與「政治宣傳」。他說，那些湧到廣場的中國年輕人，「要改變他們的思想，得花好些年的教育，不是一兩個月就能達成」。只是，蘇維埃式的宣傳手法導致失敗，鄧與他的人馬亟需新的招數，而他們在公關聖地美國找到了。

這個不可思議的、新的模範人物是二十世紀知名的美國專欄作家李普曼（Walter Lippmann）。鄧一干人避而不談李普曼早年的反共言論，而稱許他百般努力，預防多數統治，並左右了美國民眾對參加第一次世界大戰的觀感。他們研究並採用李普曼的信念，認為照片具有不凡力量，套用李氏的說法，可以「放大情感的力量而削弱批判思想」；鄧等人也採納李氏觀點，認為好的公關可以為統治菁英創造「群體心靈」，「炮製共識」。

為了替崛起的中產階級形塑恰當的政治宣傳，他們效法另一位美國公關教父、已逝政治學家哈羅德·拉斯威爾（Harold Lasswell），此君一九二七年寫道：「假如要大眾掙脫鐵鍊，那麼要給他們銀鍊才行。」黨的形象塑造者，生涯之初用在譴責資本主義走狗，此時則研究起可口可樂的成功，誠如一本中國政治宣傳教科書所說，可口可樂證明了「只要是形象夠好，任何問題都可解決」。為了學習其中竅門，共產黨向形象大師們鑽研：中宣部高層要開五天研討會並提出個案研究心得，比如英相布萊爾（Tong Blair）對狂牛病爆發的反應，還有「九一一事件」爆發後，小布希政府對美國媒體的操控等。

二〇〇四年，中宣部創設輿情局，專職調查研究，評估民眾意向，以省卻投票的麻煩。中國「思想工作管控」非但沒有凋亡，其規模反更大更複雜，根據一項估計，甚至發展到每一百名中國人民就有一位中宣官員的地步。拿著傳聲筒震耳欲聾發聲、靠油印的小冊子發送宣令的時代一去不返。此時，中宣部跟其他要搞競爭的企業一樣，以網路點擊率及黃金時段收視率來衡量自己的績效。它創設預算龐大的廣告攻勢，取得知名電影導演如張藝謀等人的協助，讓人民沉浸在輕羅薄紗般的情緒訊息裡。至於目標呢？誠如一位宣傳人員所述，要「進入他們的耳，他們的腦，他們的心」。黨的學者指出，要讓人民的思想遵從主要意識形態，因此讓大家行為標準化，此時比以往更顯重要。

• • •

最讓中宣部殫精竭慮的莫過於媒體。天安門事件後，國家主席江澤民說：「我們的報刊、廣播、電視，今後絕不允許再為資產階級自由化提供陣地。」江說，中國在「所謂透明度」上絕不會屈服。按要求，記者們要「齊聲同調」，中宣部將協助他們，方法是頒布廣大且不斷變動的詞彙表，條列必須與絕不容出現在新聞中的字眼。有些原則絕不改變：任何提及台灣法律的新聞，必須稱其為「所謂法律」；中國政體是如此獨一無二，記者絕不能「據國際做法」來比照北京當局。談到經濟時，若逢假期，不能報導壞消息或被政府歸類為「無解」的東西，如中國銀行的脆弱性、有錢人的政治影響力。最禁忌的主題便是天安門，中國教科書裡沒有任何提到一九八九年的示威抗議；那一年所發生的事件，政府已定論為「暴亂」或「動亂」，是由一小撮「幕後黑手」所組織的。

記者們能選擇的空間太少，只能遵從那些指示，千依百順的程度到了即使中國社會已變得較多元、能有不一樣的聲音了，但新聞界還是寧靜的綠洲——單一得叫人透不過氣來。中國天南地北的報紙，經常刊登相同的標題，用一模一樣的字型。二〇〇八年五月，強烈地震襲擊四川省，翌日早晨，我買遍當地報紙，全國報紙有默契地異口同聲說地震「牽動中國共產黨的心弦」，其一致程度令我驚訝。

少數中國新聞網站報導有所不同的內容，其中一個是《財經》雜誌網站。國營新聞通訊社「新華社」稱頌人民解放軍的救災努力，《財經》卻在努力挖掘死傷人數的估算，另報導「很多受災民眾根本沒收到任何紓困救助」。我很好奇，《財經》寫的東西為何能有所不同？我想，這一定跟刊物掌舵者很有關係。此人是女性，名叫胡舒立，以探索中國言論自由的邊界而聞名。我向她提出前去拜訪的邀約，想知道像中宣部這樣一家連建築物地址都不存在的機關，她是怎麼跟它打交道的。

・・・

在還未見到胡舒立之前，我便聽過她的大名了。我坐在財經編輯台外，她的辦公室非常時尚，空間寬敞，裝潢呈灰色系，地點在北京市中心「泛利大廈」九樓。我聽到她穿著高跟鞋喀啦喀啦急急走來，但是接近門口時，她又繼續走下去，先到編輯台滔滔不絕地說了一大串指示與想法，再轉身朝我走來。在我來訪之前，一位認識她多年的編輯錢鋼便警告我說，胡行動的步調「如疾風驟雨」。

胡舒立五十五、六歲左右，高約五尺，很苗條，髮型剪得俏皮，身上行頭很多，色彩繽紛，但很協調。她口若懸河，好勝爭強，以至於她看起來像個「女教父」（有位記者初次見她的感想就是如此）。另一位她的同事把跟她聊天的經驗，比擬為飽受機關槍火力洗禮。國營報紙《經濟日報》總編王朗（音）是胡舒立的老朋友，頻頻拒絕她邀約共事的提議，原因何在？他對我說：「保持距離對我們的友誼較好。」有人說跟她在一起很刺激，有人說提心吊膽，因人而異。她的上司王波明是「財訊傳媒」集團的主席，《財經》是集團的子公司，但王波明半開玩笑地對我說：「我怕她。」

黨的用語裡，記者是「新聞工作者」，胡舒立卻特立獨行。她愛揭弊到無可救藥，但她姓胡，跟好些中國最有權力的黨領導關係培養得很好。一九九八年，胡創辦《財經》時，只有兩台電腦跟一間借來的會議室，自此之後，她帶領該雜誌，對中宣部能容忍多少真實、多大挑釁，分寸拿捏得幾近完美。這意味著她要決定什麼可以報（猖獗的企業詐欺、層出不窮的政治貪腐），但什麼又不能報（法輪功、天安門廣場事件週年……不一而足）。許多固執的中國記者不是被捉拿下獄就是被噤聲，胡舒立這位老總卻還屹立不倒。中國及外國媒體界經常描述她是「中國最危險的女人」，只是她淡化這個角色，說自己只是「一隻啄木鳥」，不斷敲打樹木，倒不是想把樹推倒，而是讓它長得更直。

《財經》光潔的觸感及設計有如美國《財富》雜誌；每一期都有厚厚的廣告，如卡地亞（Cartier）手錶、中國各信用卡發卡銀行、賓士多功能休旅車；文章也可能因此故意排得緊密。中國政治宣傳官員較可能強行取締閱聽人數以百萬計的電視及大眾市場報刊，而不會來管每期只賣二十萬本的雜誌——即使該雜誌會寄送到中國最重要的政府辦公單位、金融公司及學術界，因而擁有超凡的影響力。《財經》也有中、英雙語網站，每個月吸引三百二十萬的獨立訪客。胡在紙本雜誌與網站中都撰寫專欄，廣獲引用。每一年她都舉辦大會，吸引黨的經濟領導高層前來參加。

中國新聞產業裡，真相經常得屈從於政治考量，因此胡舒立的生氣勃勃相形之下極為突出。如二〇〇八年汶川大地震過後不久，國營通訊社「新華社」在它的網站刊了篇報導，詳細描述中國神舟七號如何進行第三十次地球繞軌，裡頭有大量扣人心弦的細節，像是「調度員堅定的聲音打破太空船上的安靜」這樣的描述；然而，很不幸地，神舟火箭根本還沒發射——新華社後來道歉，說刊了篇草稿。

只是，不把政治擺在真相之前卻可能會有危險。二〇〇八年，就是汶川大地震那年，「無國界記者」組織公布新聞自由度排行，在一百七十三國當中，中國名列第一百六十七名——落後於伊朗，但領先越南。中華人民共和國憲法第三十五條是「保障言論、新聞自由」，但法規讓政府有廣大權力，可以依照「損害國家利益」等罪名，把編輯與記者關入大牢。當時中國有二十八名記者坐牢，數目居全球之冠（直到二〇〇九年，伊朗才超過中國，為十年來頭一次）。

在這麼多風險面前，胡舒立與她所領導的中國第一的《財經》雜誌，因懷有此雄心壯志而被我視為世界級的新聞組織。經濟學家謝國忠（Andy Xie）對我說：「它跟你在中國瞧見的一切都不一樣。就此而言，它的存在就是一個奇蹟。」

• • •

我第一次到胡舒立家拜訪時，很確定地說，自己有些茫然若失。她跟手下許多記者、編輯們不一樣，沒住在新蓋的北京公寓大廈，而是與先生住在老式的混凝土住宅區，一間有三個臥房、放眼可看到雜草叢生的花園的公寓。這一區是中國舊式媒體的據點，國營廣播公司、電影電視刪檢機構的總部都在這兒。一九五〇年代，這兒的建築物還是黨核心幹部才有權居住的地方，政府把這塊空間分配給胡舒立的父親。

胡舒立根正苗紅。她的外祖父胡仲持是知名的翻譯家兼編輯，而且胡仲持的哥哥經營大型出版公司；她的母親胡令升是北京《工人日報》高階編輯；父親胡績偉早年是地下共產黨員，後來在全國總工會任職。只是從年紀還小開始，胡舒立的天性讓她母親很憂心。她解釋說：「我總是想到什麼就說什麼。」

文化大革命在她十三歲時吞噬全中國，班上停課了，她家也遭殃：母親身為報社高管，受到檢討，被軟禁在家；她父親被調去做後勤工作；胡舒立跟她同齡的人一樣，變成紅衛兵，遊歷全國宣揚對「最紅太陽」毛澤東的熱愛。隨著運動急轉直下漸趨暴力，胡舒立轉到書本中避難，勉力維持還有受到教育的樣子。她說：「那個時代非常困惑，我們失去了一切價值。」她在十六歲生日的前一個月被派到鄉下，體會農村革命。在當地的所見，令她大為震驚。
她回憶說：「太荒謬了。」農民找不到工作的理由。她接著說：「他們只想躺在田裡，有時一躺兩個小時。我說：『我們該開始工作了吧？』他們答說：『妳怎麼會那麼想？』十年後，我才了解一切都出錯了。」

對很多與她同世代的人來說，下鄉勞動啟示極大。另一位被派到鄉間的年輕信徒吳錫（音），回憶他到鑄鐵廠的第一天，他對我說：「我們一直被教育『無產階級是最無私的階級』，對此我們完全相信。」他到工廠幾個小時之後，有位工人同事靠近他說：「夠了。你可以停（工）了。」

吳很迷惘。「我沒別的事，還是繼續做吧。」那位同事跟他耳語：「那樣子大家會不高興的。」

吳若是工作一整天，人人的工作配額都得提高。於是他放下工具。很快地，他學懂在國營工廠生存下去的其他祕密——怎麼從倉庫扒零件，又怎麼做檯燈拿到黑市去賣。對後來變成著名作家及編輯的吳錫來說，下鄉讓他見識到兩個並行不悖的現實世界。他對我說：「某些話是檯面話，而另一種則是真話。」

一九七八年大學復課時，胡舒立順利進入北京人民大學。新聞系根本不是她的第一志願，但那是學校能提供的最好學科。畢業後她進入《工人日報》，一九八五年被分派到廈門市分社，當時廈門被指定為自由市場經濟成長的實驗城市。她擅長營造人脈——固定與市長打橋牌，接受她採訪的人當中有位市政府的青年才俊，對自由市場的開放態度讓他博得「財神」的綽號。此君名叫習近平，多年之後當上中國的國家主席。

一九八七年，胡舒立取得美國「世界新聞研究所」的邀請，到美國訪問五個月。這個經驗讓她對什麼叫「可能」的看法大為改觀。她任職的《工人日報》總版面為四頁，但她在美國拜訪的每個城鎮，似乎都有份報紙，版面多達十到二十倍。她說，在明尼蘇達州有一天晚上，「我花一整晚閱讀《聖路易先鋒報》。」她返回中國，一九八九年春天，天安門廣場運動讓北京媒體像打了雞血一般，胡舒立與許多記者都參加了示威。胡回憶說，六月三日夜裡，解放軍掃蕩示威，「我上街，再回到報社說：『這件事，我們應該報導。』」但高層命令已經下達，「我們連一個字都不能報。」許多直言不諱的記者，不是被解職，就是被流放到各省。胡的丈夫苗棣是位電影學教授，本以為她會被抓，不過最後她只被停職十八個月。

停職結束後，胡出任《中華工商時報》國際部主任，該報是中國率先專門報導經濟新領域的全國性報紙之一。一九九二年，她巧遇一小群海外取得專業，回中國成立股票市場的金融專家。其中很多人是官二代，這群人自稱「中國證券市場研究設計中心」。一九九二年，該機構在崇文門飯店租了房間，成員把床挪走，設立辦公室。中心的其中一人叫高西慶，他在杜克大學取得法學學位，回中國之前在尼克森的法律事務所工作。另一人是王波明，其父是中國前大使，當過副外交部長；王波明在哥倫比亞攻讀金融，而且在紐約證券交易所研究部門擔任經濟學家。高西慶和王波明取得黨內新星如王岐山的支持，王的岳父是國務院副總理，另外支持的人還有改革派政治新秀周小川。

胡舒立開始交結建立人脈，成果則是取得一連串獨家新聞，還有結識了一群後來登上中國最高官位的人，她這一點，別人望塵莫及——王岐山後來成為政治局常委、高西慶主宰中國主權基金，周小川則是中國人民銀行行長。後來，北京有很多人竊竊私語，說是這些人庇護了胡舒立，但她堅稱，外人太高估她與權貴人士的關係。她說：「那些高層官員的生日我都不知道。我是記者，他們只是以對待記者的方式來對待我。」

一九九八年，胡舒立接到那批飯店金融人士之一的王波明的電話。王打算辦一份雜誌，想找她來掌舵。她提出兩個條件：王不能用雜誌去推銷他別的業務，另外給她二十五萬美元（當時算很可觀）的經費，給付記者薪水，高到足以防止記者收賄。王波明同意了。那可不是慈善事業，王波明與他政府裡改革派的盟友都相信：隨著中國經濟現代化，不能再仰仗步伐緩慢的國營媒體，人民再也不能因資訊匱乏而被蒙在鼓裡了。

王波明的辦公室大而凌亂，就在《財經》大編輯台的樓下。有一天早晨他對我說：「大家需要媒體來發揮功能，向民眾揭露事實，也是幫政府查出惡事。」他是個大菸槍，戴著 Ferragamo 牌眼鏡，濃厚的黑髮夾帶灰白，幽默感源源不絕。儘管出身共產黨世家，但多年的海外經驗已改變他對真相價值的理解。他說：「我在美國求學時，必須賺錢貼補學費，所以我替中國城一家報社《中國每日新聞報》工作。」儘管是個菜鳥記者，但他珍惜追尋線索的機會。他笑了。當記者讓他覺得像「無冕王」。

胡舒立上路毫不浪費時間，她的發刊號便是一篇爆炸性的封面報導，揭露一家叫「瓊民源」的房地產公司股價崩盤時，散戶被坑殺數百萬元，只是有內線的人才事先得到消息，及時倒貨。金融管理官員火冒三丈，譴責胡藐視中宣部頒布的限制，以至於她的老闆們必須寫自我檢討，來讓刪檢人員息怒。但《財經》崛起的關鍵時刻，是旗下一名叫曹海麗的記者於二〇〇三年春天來到香港，發現似乎車站人人都戴著外科手術用的口罩。她想，這到底是怎麼回事？於是她通知了胡舒立。當時中國媒體一直在報導的是，衛生官員已控制一種叫做「嚴重急性呼吸道症候群非典型肺炎」（SARS）的神祕病毒，不再散播。但事實上疫情卻在擴大。廣東省各報的總編輯都已接獲命令，有關此非典型肺炎，除了安撫人心的消息以外，其他都不准報導。

但胡舒立了解到那些禁令並未擴大到廣東省以外，於是她利用了這道缺口。她說：「我買了一堆有關呼吸道疾病、感染及病毒的書。」她的手下開始指出官方聲明的錯誤。在一個月中，《財經》發表了一系列極其重要的相關報導，而且還著手籌劃另一個，只是中宣部出面叫停。

中宣部從長安街的總部，每天均向各媒體總編輯發布川流不息的指示，關於最新的「可以報」與「不可以報」的內容。照理來講，這些報告是祕密進行的——不容民眾得知他們不該知道的——我二〇〇五年抵達時，距離記者師濤因向外媒描述政治宣傳指令內容而被判刑十年，還不到三個月。為了防止更多機密被洩漏，此時刪檢人員偏好以口頭下指示。國營電視台總部裡的領導們都有特殊的紅色電話，以備如此用途。其他新聞機構則在記者們稱為「上課」的會議中接收指令。

幾十年來，刪檢人員很有技巧地壓制不樂見的新聞（地方疫病、天災、民間騷動），但科技及旅遊的普及讓這項箝制變得愈發困難。疫情從被掩飾變成眾人皆知後，北京大學新聞學教授焦國標無視中宣部無形的權威，提筆寫道：「中宣部是中國唯一死穴，不依法規運作；它是個黑暗帝國，使法治之光無法發亮。」為此，北京大學開除了他。

・・・

有一天下午，我與胡舒立會合時，她正為一項不尋常的約會忙到很晚：她決定，頂尖的編輯群要穿新裝，她已叫裁縫師前來。隨著胡及她手下記者聲譽日隆，現身群眾之前或前往海外的次數是愈來愈多了。她很討厭看到編輯同仁們穿著普通西服和沾了汙漬的短袖襯衫。她提供編務人員一個方案：自買一套新西裝，雜誌社出錢再買一套。一位矮胖而眼皮很厚的裁縫一手抱著許多西服，來到會議室，胡的員工們魚貫進來試穿。

裁縫配了件灰色直條紋夾克給胡舒立三十七歲的執行主編王爍，胡揪著王的夾克腋下說：「這兒是不是太鬆了？」被老闆戳著身體的王爍露出一種莞爾但寬容的表情——這表情我曾在狗兒被按進浴缸洗澡時見過幾次。

王爍抗議說：「已經很緊了。」裁縫說：「他覺得很緊了。」胡舒立說：「等一下！想想看《〇〇七》裡詹姆士．龐德穿的西裝，照那樣做！」

胡舒立所做的改變，暗示了她心中炫耀式的國際主義：比美觀好看來得深層。有位用意良好的美國教授一度勸告她，「妳若留在中國當記者，是永遠無法加入國際主流的。」她決心證明他錯了，哪怕這意味著她得克服中國官場的鉤心鬥角。

假如一本雜誌如《財經》壞了規矩，中宣部會給它一張有如足球的黃牌警告。一年內收三張黃牌，就可能得關門。中宣部並不在出版前先審閱文章，相反，猜測報導能多深入，計算能超越界定極限的任務，是交給編輯自己去做的。那反倒成為一種很特殊的壓力，漢學家林培瑞一度把它比擬為：生活在「巨蟒盤繞於頭頂吊燈架」底下。林培瑞寫道：「巨蟒通常不必有動作，沒這個必要。它覺得不需昭告自己的禁令。它悶不吭聲但永遠存在的訊息是『你自己決定』，接下來，活在其陰影下的男女老少通常都會做出大大小小的調整——一切相當『自然』。」

這麼多年來，胡舒立學會要在巨蟒底下過活，方法是把中國政府看待成活生生、會呼吸的有機體；她不時揣摩它的情緒、敏感度。胡舒立助手之一的記者王芳對我說：「你可以感受到她在做調整。舉例說，週一的編務會議上，她可能會針對某件事，而編輯與記者們便著手辦事；但到了週三的編務會議，她會說：『大家可能不知道，那個我取得更多資料了，而且我們不能報。或許我們的目標該低一點兒。』」

二〇〇七年一月，胡舒立第一次嘗到太過火的教訓。有一期封面焦點〈誰的魯能？〉描寫一群投資人集資想買魯能集團九成二的股份；魯能市值一百億美元，資產由發電廠到足球俱樂部都有。盤根交錯的董事會與股東都隱匿新老闆的身分，而且併購的資金半數來自不可追查的源頭。當《財經》想刊一則很短的後續報導時，當局禁止該期雜誌上架，胡的員工們被留下來，用手撕掉已印好的成品。有位前《財經》編輯說：「人人都覺得被羞辱了。」胡舒立把這件事稱為自己「最大災難」。一旦報導太接近影射官二代——這個禁忌，即使最想改革，追求更開放媒體的人，都不能碰。

有一天下午我到胡舒立的辦公室，問她：「別的刊物都受罰了，而《財經》卻沒有，原因何在？」她說：「我們從不用很情緒化或很隨意的方式說任何字眼，我們試圖分析整個體制，說出何以一個好想法或者良好的願望卻無法落實。」我對前《南方都市報》前總編輯程益中提出相同的問題時，他的看法卻不相同。《南方都市報》是中國最活躍的報紙之一，而程益中曾因觸怒當局而被關了五個月。程益中說，他的心力放在限制政府的警察權，而胡舒立重點在提升政府表現，兩者間有所區別。程益中說：「《財經》的主題不會影響到統治體制的根本，因此它相對安全。我不是在批評胡舒立，但是以某方面來看，《財經》只是在服務一個力量更強，或相對較好的利益團體而已。」

儘管胡舒立滿腔懷疑論，性情火熱，但她使用的是忠誠反對派的語言。她在二〇〇七年一篇專欄寫道：「有人主張，推動政治改革會破壞穩定。但是，事實上維持現狀，不思改革，會製造社會動盪的溫床。」換言之，政治改革是鞏固權力之路，而非喪權。

胡舒立的手法很吸引政府的改革派人士，他們真心想解決問題，但不想因此而放棄權力。有些中國記者說，胡舒立最強的技巧，就是讓利益團體互鬥，要不是大聲廣播中央政府出力打擊貪腐市長，便是讓政府一派人馬阻擋另一派的施政。理論推演下去說，胡是讓最強的一派撐持下去，那麼就可以做真的，甚至有油水可撈的新聞報導。胡舒立把刪檢看待成妥協事項；政宣官員震怒，她並不打算爭辯。她會保證改進，更小心，未來避免犯相同過錯。她的朋友錢鋼對我說：「中文裡有成語說，『日積月累，滴水穿石』。」其他記者偏愛一個更誇張的比喻，稱做「戴銬而舞」。

我請胡舒立談談二〇〇八年汶川大地震，當時我們在她辦公室裡，時值黃昏，斜陽由窗戶照入。由於主題是天災，死亡人數極多，讓她一時無語。當時她正在北京西山地區主持典禮頒發獎學金，從手機簡訊收到這項新聞。她俯身問錢鋼粗估損害有多大。錢鋼報導過以往的地震，他看了看手錶，當時是上課時間，學生的死傷人數應該很多。

要報導規模這麼大的災難會有政治風險。一九七六年唐山大地震時，中國政府隱匿死亡人數長達三年。但時值二〇〇八年，胡舒立趕往北京城，由車內打電話，發電子郵件，要她的手下去租一部衛星電話，更派一批人去四川。一個小時內，《財經》的第一位記者便搭機前往震災區，接下來再去九個。他們抵達後，發現許多政府建築沒倒塌，但數百座學校建築物垮成一堆又一堆鋼筋水泥廢墟。那些校舍是在一九九〇年代大灑經費下蓋的，當時學齡人口大增，需要新的教學空間。只是太多錢被貪掉了，設計圖上注明要用鋼筋，結果有些竟然用竹子取代。

數千個孩子陷身或死在斷瓦殘垣底下，死傷人數多少，沒人敢確定。中宣部很快便禁止報導學校施工問題。然而有幾份報紙還是報了，並且受到處分。但胡以不同方式解讀中宣部的情緒，她估摸，《財經》的地位是商業刊物，這讓它有藉口只糾舉公帑的使用。這報導取得的成功與喝采，等於火上添油；《財經》已經如此過火，以至於政府的保守機構不再能確定，有哪些部門的官員敢罩它。

此外，胡舒立得自負盈虧，必須考慮到對手競爭；網路世界不斷膨脹，她得跟上時代。她認為只要一篇報導披露的調性、事實都正確，就可以發表。她說：「若不是絕對禁止，我們就做。」六月九日，《財經》刊載長達十二頁對地震的調查採訪，學校倒塌的事也在內。文章冷靜，極為可靠。報導說，盲目追求經濟成長，浪費公帑及普遍忽視建築標準的原因，導致了這場災難發生。《財經》以一種以往沒清晰說出的方式，報導剝除掉一層通常黏附在中國追求財富之上的神話外衣：經濟勃興的這些年，為鄉間的貧窮地區導入新紀元，但經濟崛起的代價卻愈來愈清晰。報導細述當地黨幹如何抄捷徑，但沒點名負責。胡舒立被叫去挨批，但沒被處罰。

胡舒立位居高處，腳踩內外界線，她只能自行判斷；若是她膠著於點名貪腐官員，公信力方面是可以得分沒錯，但那種獨家新聞會讓她有遭受報復之虞。她對我說：「不想挨批的黨幹部，我們努力不給任何藉口。」她說，歸根究柢，最重要的問題不在「十五年前，誰偷工減料，沒用品質最好的磚」，而是更深沉的東西。她說，「我們必須進一步改革，查核及平衡有其必要，透明度亦然。我們這麼說。不喊口號，不說空話。」這種賭博很明確而微妙，而那一輪，她贏了。但接下來的，她則沒贏。

第9章 自由引導著人們

Liberty Leading the People

那年春天，中國官方正以迎接宗教慶典般的熱情，倒數計時北京夏季奧運的到來。黨在天安門廣場邊組了一個巨大時鐘，細數時間分秒逼近，直到奧運展開；整個首都，以呼籲團結至上的口號來裝點門面：「同一個世界，同一個夢想」。

一天早晨，我踏出前門，發現兩名市府工人正在我寢室的紅磚外牆厚塗水泥。老北京市許多地區正在拆除或重新整修，為奧運營造乾淨、現代的背景。工人把一板光滑的水泥放下來，正在用尺及鉛垂線來雕鑿直線及交角。我看了半晌，才了解他們正在老舊真磚的上頭，重新畫上新磚的模樣。正對我前門的巷弄牆上，還有一點已褪色的文化大革命時代塗鴉，用肥短字體寫著「毛主席萬歲！」，被水泥抹子刷兩下，「偉大舵手」就消失在水泥之後了。

追求完美的衝動擴展到競逐獎牌。體育部官員矢言要摘下比以往更多的金牌，依據《2001-2010奧運爭光計畫綱要》，計畫涵蓋一百一十九個項目，要在競爭激烈的奧運，奮力贏得更多金牌。根據列表，中國總獎牌數估計應為一百一十九面，絕不容許變數發生：奧運籌辦人員想找個小女生在開幕典禮獨唱，但找不到聲音與容貌的最佳結合，所以他們創造一個合成體，訓練一個小女生在舞台上表演，同步與幕後的另一個小女生對嘴唱歌。中國一家豬肉供應商則表示，正在特別飼養「嬌貴」的豬隻，確保摻有生長激素的肉，不會影響中國運動員無法通過藥檢——但是，這反而使得一般老百姓開始懷疑自己吃的肉，以至於北京奧委會必須頒布《奧運豬相關澄清報告》，譴責有關豬肉的報導「誇大不實」。

京奧籌組人員愈是眾志成城，就愈容易碰到控制範圍以外的事。奧運火炬傳遞，中國稱其為「和諧之旅」，將掃遍六大洲，登上聖母峰，由二萬一千八百八十八名運動員參與，規模空前。中國媒體把火炬稱為聖火，而且說一等它在希臘奧林匹亞點燃後，將長達五個月不滅，直至抵達北京。在夜裡或上飛機，不能擎火炬時，火焰將保存在一組燈籠裡，維持光明。

三月十日，和諧之旅展開不久，西藏拉薩市有幾百位喇嘛發動遊行，要求當局釋放因慶祝美國政府頒國會金質勳章給達賴喇嘛而被關的西藏人，結果數十名藏僧被捕。到了三月十四日，示威惡化，變成八〇年代以來最嚴重的暴動。政府表示，有十一名漢人、一名藏人躲在暴動者縱火的建築物裡，因此被燒死，另有一名警察、六名百姓因毆打等原因致死。達賴呼籲冷靜，但中國政府把這次暴動形容為「達賴團夥預謀、主使及煽動」。西安全部隊坐著裝甲車輛進駐拉薩，控制該市，軍警開始圍捕嫌犯，導致數百人被捕。西藏流亡團體指稱掃蕩行動中有八十人喪生，然而，中國官方卻對此斷然否認。

當火炬通過倫敦、巴黎及舊金山時，抗議鎮壓西藏的聲音沸沸揚揚，以至於主辦單位不得不熄滅聖火，或者改道避開憤怒的群眾。中國民眾——尤其是海外留學生，對這些批評，以罕見的怒火回應；火炬抵達南韓時，親中與反中示威者在街上打架；中國境內，數千人到法國連鎖超市家樂福示威，只因為他們認定法國支持西藏活躍人士；甚至中國入口網站龍頭之一的搜狐，其首席執行官、擁有麻省理工學院博士學位的張朝陽，還呼籲杯葛法國產品，「讓完全充滿偏見的法國媒體與民眾覺得失落、痛苦。」

國營媒體則使用不合時宜的語言。當美國眾議院議長裴洛西（Nancy Patricia D'Alesandro Pelosi）譴責中國對西藏的管理方式，新華社說她「令人憎惡」。《瞭望》週刊警告說：「國內外敵對勢力已經把北京奧運，當成滲透及破壞的焦點。」西藏自治區書記把達賴稱為「披著僧袍的狼，有人臉的怪獸，禽獸其心」。在匿名的網路討論版上，不堪入目的汙言穢語更是難以計數。一家國營報紙的論壇上，有人發言說：「嘴巴噴屎的人，我就用大便塞到他喉嚨去！」另一人寫道：「有誰來給我一把槍！對敵人不必憐憫。」這些發言讓許多中國人感到難為情，同時不能忽視的是，外國記者開始收到言語恐嚇。有人匿名發函到我在北京的傳真機，警告說：「如實報導中國的事實……不然你或你的家人會生不如死。」

• • •

抗議不斷滋長，我開始快速搜尋中國網路最具創意的愛國言論。四月十五日早晨，有支標題為「二〇〇八，中國站起來！」的影片出現在中國入口網站新浪網，它的起源沒人知道；沒有上傳者，沒有旁白，而且除了英文縮寫CTGZ以外，沒注明作者。

那是支自製的影片，一開頭是鮮明色彩繪製的毛澤東，他的頭部發射出陽光。萬籟俱寂中傳來合奏，眾鼓咆哮如雷，黑屏不斷閃爍，用中、英文寫了毛最著名的箴言：「帝國主義從不放棄摧毀我們的意圖。」接下來跳到最近的圖片與新聞剪影，快轉穿越種種陰謀、背叛——今天與中國對峙的「法西斯、騙局及災難」：中國股市下跌（此乃外國投機客的傑作，他們「瘋狂操作」中國股價，誘使菜鳥投資人血本無歸）；全球「貨幣戰爭」初露曙光，西方打算「叫中國人為美國的金融災難買單」。

接下來再跳畫面到另個戰線：暴徒在拉薩洗劫店面、鬥毆。「所謂的和平示威！」這句話閃爍在這些場景。紀錄片以蒙太奇手法處理外國媒體批評中國的新聞剪貼——它們都「不顧事實」、「用扭曲的聲音說話」。螢幕塞滿CNN、BBC等外國新聞機構的商標，最後全讓位給納粹宣傳部部長戈培爾（Joseph Goebbels）的肖像。影音交響及修辭敘述攀往最後文句：「顯然，這些光景背後有個陰謀，想包圍中國。新的『冷戰』！」再來跳到巴黎場面，示威者想從官方聖火跑者手中奪走火炬，迫使警衛不得不保衛他們。影片末尾是五星旗照片，陽光下閃閃生輝，還有個嚴肅的許諾：「我們永遠會屹立、團結，和諧如一家人。」

CTGZ的影片長度雖然只有六分鐘，但卻捕捉到當時四處瀰漫的民族主義情緒，上網第一週便吸引百餘萬點擊、數萬好評，成為該影音網站最受歡迎的第四名（第一名則是新聞主播打哈欠而出糗的畫面）。平均每秒鐘就有兩人點擊，它變成一群自命保衛中國榮譽急先鋒的代表宣言，而那群人則被稱為「憤青」。

天安門示威發生十九年後，中國青年菁英再度奮起，但不為追求自由民主，而是為保護中國名譽，令我驚訝。麻省理工學院媒體實驗室創辦人兼網路早期意識學家尼葛洛龐帝（Nicholas Negroponte）曾預言，網路延伸到全球，將改變人們認定自己國家的觀念。他預測：「國家之消失有如樟腦丸，由固體直接變成氣體」，此外「民族主義的發展空間，比天花來得小」。在中國，事態發展卻大不相同。我對CTGZ很是好奇。這個使用者名稱連結到一個電子郵件網址，擁有人是一位上海二十八歲大學畢業生，名叫唐杰。

中國頂尖學府之一的復旦大學，其校園中心為兩座高三十層樓的鋼質玻璃大樓（很容易被誤以為是企業總部），再往外輻射。我與唐約在大門。他穿一件粉藍細條紋襯衫、卡其褲及黑色正裝鞋。他眼睛呈明亮的淡褐色，臉圓而擁有稚嫩的五官，頰邊有一抹山羊鬚及上髭。我踏出計程車，他立刻蹦出來歡迎我，還搶著想幫我付車資。

我們走過校園，唐說自己很高興能趁論文寫作的空檔休息一下；論文主題是論西方哲學。他專攻現象學——尤其是觀念的「相互主觀性」，此說是德國哲學家胡塞爾（Edmund Husserl）提出，他亦影響了薩特等人。除了中文以外，唐的英文、德文閱讀流利，但不常講，所以有時候，他會不好意思地在三種語言裡換來換去。他另外還鑽研拉丁文及古希臘文。他是如此謙虛，輕聲細語，以至於有時候聲音聽來低到像在喃喃自語。他頗為嚴肅，不常笑，彷彿是為了節省力氣。娛樂休閒方面，他聽中國古典音樂，話雖如此，他也愛香港影星周星馳的無厘頭喜劇電影。唐對自己的不嬉皮引以為榮，跟「瘋狂英語」的張濟民不一樣，唐不用英文名字。CTGZ這個使用者名稱，是採自中國古詩的兩個晦澀詞彙「長亭」與「公子」，意思是「長亭裡的貴族子弟」。跟其他中國菁英學生不同的是，唐從未加入共產黨，唯恐黨員身分會讓他的學者客觀性受到責難。

唐邀請幾位朋友作陪，我們一起到「胖兄弟四川餐廳」吃午飯，過後我們到唐的房間。他自己住在只能步行上樓的六樓，室內面積不到七十五平方英尺，很容易被誤會成是一個愛挑剔的老學究所住的圖書館藏書間。房間四壁都是書，而且從他書桌書架開始疊起，愈疊愈高。他豐富的藏書包羅了各領域的人類思想：柏拉圖斜靠著老子、維根斯坦、培根、古藍吉（Fustee de Coulanges）、海德格以及《古蘭經》。唐打算把自己的床弄寬個幾寸，他便橫過床框鋪上三合板，邊緣部分用書堆支撐。事實上房間裡書本泛濫成災，而且還用紙箱裝著，堆疊如牆，擱到他前門以外。

唐一屁股坐到他的椅上。我問他是否想過自己的視頻會如此受歡迎。他笑了，說：「顯然我表達出人們共同的情感，共有的觀點。」

坐在他旁邊的是劉晨光，一位寬臉、充滿笑意的政治學博士生，最近才把哈佛保守派教授曼斯菲爾德（Harvey Mansfield）論「男性氣概」（Manliness）的演講譯成中文。趴在床上穿一件灰運動衫的是熊文馳，他取得政治學博士後擔任教職。坐在唐左側的是曾可為，身材瘦削而時尚，他攻讀完西方哲學碩士後轉向金融，目前是銀行家。他們都二十多歲，也是家族裡第一個上大學的人，都曾受西方思想吸引而研讀過不少相關著作。劉晨光說：「中國整個現代史落後於西方，因此我們從西方學習，總是在找出西方何以變強大的原因。我們受教育的人都有這個夢：學自西方而變強。」

跟我認識的中國遊客及艾未未「童話」的參與者一樣，我身邊這幾位年輕人看待西方的誘惑時，混雜著尊敬與焦慮。當時滿令人錯亂的，他們在抗議「美國有線電視新聞網」（CNN）報導不實，但同時又有個英語研讀計畫，在中國猛打廣告，口號是「一個月後，你就能聽懂CNN」。

唐跟他的朋友們是如此親切有禮，以至於到最後變成我在傾聽他們講話，也開始好奇，中國那一年春天的怒火，是否該視為一時偏差。然而，他們請求我別犯那種錯誤。曾可為說：「我們研讀西方歷史很久，知之甚詳。我們想，自己愛中國，支持政府，謀求國家福祉，倒不是自動自發的反應，而是考慮周詳之後，才發展成型的。」

事實上他們對中國走向的看法，只要免除尖刻，倒是與中國主流吻合一致。中國人支持國家運作的比例幾達十分之九——在那年春天「皮尤研究中心」（the Pew Research Center）調查的二十四個國家裡，比任何國家都高（在美國，相形之下，出聲支持的只有十分之二）。實在很難斷定中國的愛國主義正向的改變有多普遍，但學者們指出，一份中國反對日本取得聯合國安全理事會會員權的請願書，到最後竟取得四千多萬人的簽名，這約略等於全西班牙人口。

我請唐示範他怎麼做那支影片，他掉頭看著桌上型電腦的螢幕，問道：「你曉得Movie Maker嗎？」指的是一種影片剪輯軟體。我回答說一竅不通，問他怎麼從書上學懂。他憐憫地瞧著我，說逐頁看「說明欄」就學會了。他說：「我們得感謝比爾．蓋茲。」

• • •

唐推出自己的影片處女作一個月前，中國超越美國，變成世界第一大網路使用國。

上網民眾達二億三千八百萬人，雖只是總人口的百分之十六，但換算下來，將近二十五萬中國公民每天第一件事便是上網，而且正在改變思想傳播的方式。最熱絡的線上社群註冊會員成長到幾百萬，名列中國共產黨以外最大的組織。

在一個因方言、地理及階級而分割的國家，網路能讓人們以前所未有的方式發現彼此。一群中國志工聚起來，開始每週逐字翻譯《經濟學人》（The Economist）雜誌，而且免費提供給讀者。譯者解釋他們的目標時寫道：「網路時代，最強大的力量不是貪婪、愛或者暴力，而是獻身於一種興趣。」他們年紀輕，對科技烏托邦的信仰不計毀譽。他們寫道：「網路讓你連結到志同道合的人，釋放不可思議的能量。」為了避開刪檢官員，他們先行公開自我審查，告訴新會員：「文章若是涉及敏感話題，你不確定是否獲准的話，請別冒險。」那種自我審查就是一種自我管理。有些網站會招募志工，移除可能令網站陷入麻煩的題材。他們以「版主」的身分而知名，但是，若用戶認為版主太嚴或太寬，還可以換掉他們，此一過程通稱為「舉報」。

中國最早期的網路使用者是一批熱心的愛國志士。一九九九年春天，北大西洋公約組織戰機使用美國情報，誤將三枚炸彈投入中國駐貝爾格勒（Belgrade）使館，中國網路界發揮出他們的力量；愛國駭客把美國駐北京大使館的首頁用「形同野蠻人！」這樣的口號蓋起來，而且用洪水般憤怒的電子郵件淹沒並癱瘓了白宮網站。有位評論家說道：「網路是西方發明的沒錯，但……我們可以用它對全世界說，中國不能被侮辱！」對很多人來說，民族主義提供一位愛國青年形容的「初嘗言論自由的神聖權利。」

跟其他許多同齡者一樣，唐杰把大部分時間花在網上。二〇〇八年三月拉薩發生暴動時，除了中國官方媒體以外，他密切觀察歐、美新聞網站報導。在政府防火長城下挖地道，他可毫不猶豫。他使用代理伺服器——一個海外的數位小站，可以讓網民連上被封鎖的網站。他只在網上看電視，因為網路電視有更多選擇。他還從中國的海外留學生那裡接收了外國新聞剪報：過去十年，中國留學生人數成長近三分之二，達到約六萬七千人。外國不少人認為，與唐杰同世代的中國人，由於刪檢的扭曲，似乎不那麼有智慧。這一點令唐感到困惑。他說：「因為我們生活在這種體制之下，總是捫心自問，是不是被洗腦了；我們熱衷於從不同管道取得其他資訊。只是，當你生活在所謂自由體制中，你根本不會思索自己是否被洗腦的問題。」

那年整個春天，有關西藏的新聞及輿論不停在復旦的電子布告欄（簡稱ＢＢＳ）打轉。以科技來看，ＢＢＳ是老古董了，很簡單的論壇，有多條談話貼文，只是當時推特還有它的中國同類還沒生根，對許多中國人來說，ＢＢＳ首度讓他們體驗進入滿是陌生人，而且敢放聲直言的數位空間。在復旦ＢＢＳ上，唐杰讀到很多外國新聞剪報，那些剪報在中國網友讀來，是充滿誤導又不公平的東西。例如在ＣＮＮ網站上突顯一張照片，內容是軍方卡車鎮壓住手無寸鐵的示威者。但另外搜尋到的照片沒經突顯的版本則是：一群包圍卡車的示威者，其中有人高舉武器，向卡車丟擲物體。在唐杰的眼中，那張突顯的照片看來的確是蓄意扭曲了。

他毫不留情地說：「這真是笑話。」那張真實照片及其他照片被電子郵件在全中國傳開，大家寫上批評，其他人則加上更多取自倫敦《泰晤士報》、福斯新聞、德國電視及法國廣播的案例。這麼多新聞機構報導不實，在有成見的人眼中，就有幾分陰謀的意味了。很多人，包括唐杰，本來都很相信西方媒體的，卻因此震驚了，但更重要的是：他們被觸怒了。唐杰認為，他生活在自己國家現代史上最繁榮開放的時刻，而這個世界似乎依然以狐疑的態度來看待中國。CNN評論員卡弗蒂（Jack Cafferty）似乎想譁眾取寵，竟稱中國「還是蛇鼠一窩，過去五十年來沒變」。這句話登上全中國媒體的首頁，惹得後來CNN也為此道歉。唐杰跟許多同儕一樣，無法理解外國人何以會對西藏如此激動——依他看來，那兒是凋敝的內陸地區，中國竟窮數十年光陰想教以文明。因西藏之故而杯葛北京奧運，這種邏輯對他來說，好比抗議美國虐待切羅基族（Cherokee），而不參加二〇〇二年的鹽湖城冬季奧運一樣。

他搜遍YouTube，想找到反駁的影片來澄清中國人的觀點，但在英文發音的短片中，除了支持西藏者，別無其他。唐杰本來就很忙——他跟出版商簽約，把萊布尼茲（Gottfried Wilhelm Leibniz）的《形上學序論》（*Discourse on Metaphysics*）等著作譯成中文——但他想替中國人發聲的念頭揮之不散。

他說：「我當時想，好，我會做點東西出來的。」

然而，在唐杰可以動工前，他被迫回家幾天。當時是收穫季了，他母親要他回去田裡幫忙，還有刨竹筍。

• • •

唐家在華東城市杭州附近務農，家中四個小孩，唐杰是老么。他父母都不識字。直到讀國小四年級時，唐杰都沒有正式名字，只依家中排行而叫「小四」。後來小四不能再用下去了，他父親才叫他唐杰，是個簡稱，向他最愛的相聲演員唐杰忠致敬。

唐杰是書呆子，在吵吵鬧鬧的大家庭裡，他沉默寡言。他愛讀科幻作品。他對我說：「科幻電影，我全部倒背如流，如《星際大戰》。」唐杰學業不錯，但還不到令人矚目的程度，只是他很早便對思想產生興趣。他的姐姐唐小玲（音）跟我講：「他跟其他小孩不一樣，別人零用錢都買吃的，他則存下來全買書。」他的兄姐都沒讀到國中以上，所以都認為他是家中奇葩。他姐姐說：「假如他有搞不懂的問題，就睡不著覺。而我們呢，若是不懂，乾脆就放棄了。」

上了中學，唐杰成績變好，甚至以發明家身分參加科學展，得了一些獎，但他發現，科學與他日常關心的差距太大。碰巧他讀到挪威幻想小說、哲學教師賈德（Jostein Gaarder）所著的《蘇菲的世界》（*Sophie's World*）中譯本，故事內容是十來歲少女遇見史上偉大思想家。唐說：「就在當時，我發現了哲學。」

唐家看起來並不那麼擁抱愛國主義，但愛國思想包圍著唐杰。為了預防天安門事件重演，黨加倍努力於中國青年的思想教育。唐杰讀小學時，國家主席江澤民寫信給教育部，呼籲要以新的手法來解釋中國歷史，文中寫道：「甚至要灌輸到幼稚園學童。」此一新手法強調百年國恥——這道弧線的組成事件，始於十九世紀中國在鴉片戰爭敗北，一直到二次世界大戰，日本占據中國國土。

黨解釋，藉著專注於「愛國教育」，有助於「提升民族精神」，「強化凝聚力」。學生們學到「毋忘國恥」，全國人民代表大會還批准一個假日叫「國恥日」，教科書都重寫。《愛國主義教育實用大典》有多達三百五十五頁的篇幅，細細陳述中國的恥辱。民族主義有助黨理順社會主義急先鋒經營自由市場的悖論。新教科書轉化對中國苦難的解釋，不再那麼強調「階級敵人」的角色，改而強調外國侵略者。毛澤東時代，中國曾粉飾自己多次失敗的事實，可是現在，學生們走訪中國人曾遭受外國人暴行屠殺的場所。為了吸引年輕人，共產黨青年團還投資開發愛國電玩如《抗戰 Online》，讓玩家扮演紅軍士兵的角色，與日本侵略者以機槍互射。

情緒與政策變得更難捨難分。中國外交官譴責別國政府舉動時，經常說它「傷害中國人民的感情」，而且引用這種說法愈來愈頻繁。有位名叫方可成的記者計算那種場合，發現中國人情感受傷，在一九四九到一九七八年代只有三次，但是到了八〇年代及九〇年代，平均一年發生五次。

・・・

唐杰來復旦讀書時，他遇見個性文雅、研習中國文學及文字學的博士生萬曼璐。他倆跟朋友並肩坐在餐桌上，但沒有交談。後來，唐杰在復旦BBS找到她的網名「gracelittle」，發私訊給她。兩人開始第一次約會，那樣的情節，就像以中國故事《傷逝》為本的實驗歌劇一般，在現實裡發生了。

他倆關係能發展開來，部分是基於對中國毫無節制西化，都感到沮喪。我遇見萬曼璐時，她對我說：「中國傳統有很多好東西，但已被揚棄。我覺得應該有人傳承下去。」她出身中產階級家庭，唐杰寒微的出身，舊式價值觀，讓她印象深刻。她說：「我們這個世代大多人，包括我，日子都過得平順、快樂。我覺得我們性格裡好像缺少了什麼。例如說，熱愛國家，或者由克服困難而得到的堅毅。那些美德——在我自己，還有許多同齡人身上都看不到。」談到唐杰，她說：「從那樣的背景，家中沒人受過教育，沒人幫他做功課，家計擔子重，他能有今天的成就，實在很不容易。」

見面之後，我開始來回於上海，找唐杰消磨時光。唐杰跟他那一群同學，都追隨時年三十九歲、富有魅力的復旦哲學教授丁耘。丁教授是施特勞斯（Leo Strauss）著作的中譯者：施特勞斯的追隨者包括曼斯菲德（Harvey Mansfield）等新保守派大將。在當時的美國，施特勞斯能重獲矚目，是因其反暴政的主張，在新保守派擘劃伊拉克戰爭的人士當中大受歡迎之故。施特勞斯在芝加哥大學的前學生之一，夏爾斯基（Abram Shulsky），在入侵伊拉克之前，一直主掌五角大廈的特殊計畫署；施特勞斯另一位前高徒便是伍夫維茲（Paul Wolfowitz），時任助理國務部長。

丁耘教授剪小平頭，戴時尚的方框眼鏡，愛穿唐代文人長袖寬鬆的衣衫。他對我說：「八〇與九〇年代，大多數知識分子對中國傳統文化有負面觀感。」改革早年，「保守」一詞還等同「反動」，但時代變了；他傳授施特勞斯對經典普世性的領略，另鼓勵他的學生們重振古代中國思想。挾著一股新保守思潮，丁耘等一干學者聲名大振，即便所持的信念與中國奮力想融入全球背道而馳。看到唐杰等學生愛上閱讀古代經典，遏止住西方文化的進襲，丁教授十分欣慰。

唐杰對我說：「事實上我們已經十分西化了。現在我們開始閱讀中國古書，重新發現古代中國。」曼斯菲德途經上海時，上海的年輕新保守派人士邀請他吃晚餐。造訪上海之後，曼斯菲德寫封電子郵件給我，信中寫道，他們「深切地感受到，自己的國家雖能感受到正在復興，也為此自豪，但卻沒有指導的準則。其中有些人發現……西方的自由主義對自己都失去信仰，於是他們轉向施特勞斯，學習基於原則、基於『自然權利』的保守思想。這一派保守思想與安於現況的保守派截然不同，原因在於前者對一個國家只安於現狀而沒有原則，並不滿意。」

如此重拾自豪，也影響唐杰與同伴看待經濟的方式。他們認為世界從中國獲利，但中國想投資海外卻受到阻撓。曾可為歷數中國公司想投資美國的例子，他說：「華為想購買3Com遭到拒絕；中海油想買優尼科（Unocal），聯想收購IBM部分業務，都引起政治反彈。不是因為經濟論調，就是政治論調。我們還以為這世界是自由市場——」

他話還沒講完，唐杰便插嘴對我說：「這是你們美國人教我們的。我們開放中國市場，但是當我們想買你們的公司，卻碰到政治障礙，很不公平。」

他們的觀點，在全中國不分意識形態的界線中，十分流行，也有幾分道理：美國政治人物援引種種國家安全考量，來反對中國直接投資，但可信度不一。只是，唐杰的觀點，既已注入被害人的感受，所以也模糊了某些相反的例證：中國在其他海外交易案取得了成功——其主權財富基金買下黑石集團（Blackstone Group）及摩根士丹利（Morgan Stanley）不少股份；而且，儘管中國邁開步伐，向外國人開放市場，但它也跟唐杰口中的外國一樣，當美國人有意購買敏感資產如中國的石油公司時，仍同樣傾向拒絕。

唐杰相信，美國試圖阻擋中國之崛起——「新冷戰」——延伸超越經濟領域，進入更廣的美國政策。其他五花八門的議題，對美國相形重要性較小，比如支持台灣，還有華府呼籲人民幣升值，中國人感覺起來，都移轉成戰略圍堵。

• • •

唐杰在老家田裡待了五天之後，再回到上海完成他的影片。他瀏覽網路找相片，挑選能喚醒人心的——比如有個男子在中國國旗的旗海裡振臂，讓他想到德拉克羅瓦（Eugène Delacroix）的名畫《自由引導人民》（Liberty Leading the People），有其他印證當時政治情勢的照片：有位因截肢而坐輪椅的帕奧運動員在巴黎擎著奧運火炬，示威者想奪走聖火，她則努力保衛。

至於配樂方面，他在中國搜尋引擎百度上鍵入「莊嚴音樂」，瀏覽呈現的結果。他中意希臘作曲家范吉利斯（Vangelis）有雅尼風格的一段曲子；范吉利斯之出名，是因為他替電影《火戰車》配樂。唐杰最愛的范吉利斯曲子，是描寫哥倫布的電影《一四九二：征服天堂》（1492: Conquest of Paradise）裡的一段配樂。傑哈．德巴狄厄（Gérard Xavier Marcel Depardieu，飾哥倫布）雄糾氣昂地站在高桅大船甲板上，要橫渡大西洋。唐杰看了幾秒鐘，心想，完美極了，「真是全球化的時代。」

他搜集外國媒體所犯的錯誤，如尼泊爾警方在圖說裡被描述為中國公安；有西藏人在印度被捕，而不是在西藏，然後他輸入訊息：「站起來，向全世界發出我們中國人的聲音！」有些開幕畫面的英文錯誤百出，原因是他太匆忙，急著想公布這段影片。他把影片貼上新浪網，另通知復旦ＢＢＳ。影片傳播開始在網路世界蔓延，它成功了，讓他士氣大振。他發現，在追求投射自己的真理觀念時，並非孤單一人。全中國人都在看那支影片，將它轉發，而且向他致敬。

丁教授為自己學生的成就雀躍不已。他說：「我們以前認為，這個世代的人已經後現代、西方化。當然，我認為自己認識的學生都很優秀，但其他世代呢？我不敢樂觀。所以看到唐杰的影片，還有它在年輕人之間受歡迎的程度，讓我非常、非常高興。」

但不是皆大歡喜。愛國青年在中國是如此走極端，以至於有些人故意取諧音字，說「憤青」是「糞青」。這批志士若認為自己是在保衛中國的海外形象，那實則是建樹無多。愛國聲浪由中國吶喊出來幾個星期後，《金融時報》進行民調，結果歐洲人把中國視為威脅全球穩定的禍首，甚至超越美國。但是，憤青的爆發，最感不安的是那些志在促進民主的人。按年齡及教育來看，唐杰與他的同儕，繼承了激進的歷史遺緒，始自一九一九年「五四運動」，愛國示威者呼喚「德先生」與「賽先生」，下至一九八九年，學生們蜂擁到天安門廣場，豎起受自由女神像激發的「民主女神」雕像。當時是二〇〇八年，還有一年，天安門廣場事件就要滿二十週年，但從我與唐杰等人相處的經驗來看，讓我明白經濟繁榮、電腦及西化，並沒有一如外人在天安門事件之後所盼望的，促使中國菁英往民主邁進。相形之下，經濟繁榮及黨的力量，已經說服了不止一些人，只要他們的生活能不斷改善，理想主義倒可以慢慢來。

一九八九年學運，學生們反抗的是貪腐及濫權。一天下午，隨著抗議擴大，自由派的報紙總編李大同沮喪地對我說：「今日，那些問題非但沒消失，反而更惡化。只是，目前年輕世代對此裝聾作啞，我從未瞧見他們對這些重大國內事務有何反應。相比起來，他們採取的是功利、投機的舉措。」

有幅漫畫顯示中國年青人對天安門廣場的鎮壓一無所悉（中國人將其稱為「六四事件」），原因在當局從官方歷史中把它清除掉。然而這說法也並不完整。任何人只要採取一些步驟，連上伺服器，就能隨心所欲找到有關「六四事件」的訊息。然而，很多中國青年採納官方說法，認為一九八九年運動遭到誤導，而且行動太天真。唐杰對我說：「我們接受一切人權、民主價值。那點我們接受。問題是如何落實。」

・・・

那年春天，我遇見幾十名城裡的學生、年輕教授，最後經常會談到天安門廣場事件。一次很經典的談話裡，一位大四女生問我，若是把一九七〇年肯特州立大學發生國民兵射殺抗議學生，當做衡量美國自由的尺度，公平不公平？一位環境工程學研究生劉洋（音）說：「在當時，『六四』是無法也不應該成功的。若是『六四』成功了，中國只會變得更糟，而非更好。」

時年二十六的劉洋一度自認為自由派。十來歲的時候，他跟朋友們批評共產黨政府還很爽。他對我說：「九〇年代，我認為中國政府不夠好，或許我們該成立更好的政府。問題是我們不曉得一個好的政府該是如何。所以，我們讓中國共產黨留在其位。另個問題是我們沒有力量把他們搞下來。他們有軍隊！」

劉洋大學畢業後，在石油業公司找到好工作，擔任工程師，一個月賺的錢，要比他退休、靠年金過日子的父母一年還要多。後來，他存夠了錢，再加上獎學金，他能申請攻讀美國史丹佛大學的博士學位。他對中國擺出華麗而愛國的奧運火炬全球接力，本來沒什麼興趣，直到瞧見在巴黎發生的騷亂事件。他說：「我們火大了。」聖火來到舊金山時，他與其他中國學生湧到傳遞路線，聲援支持。

那年春天稍晚，我也來到舊金山，與劉洋安排在他帕羅奧圖市學校宿舍附近的星巴克見面。他騎登山腳踏車，穿著 Nautica 牌子的套頭衫及牛仔褲出現。當天湊巧是六月四日，我倆都知道十九年前，人民解放軍撲滅了天安門示威。海外中國學生的 BBS 版上，整個下午都很熱鬧，討論「六四」十九週年。劉洋提到最出名的那張照片，一位手無寸鐵的男子站在一列坦克之前，阻止其前進——這是現代中國史上，最具煽動性的影像。

劉對我說：「我們真的很佩服他，真心認為他很勇敢。他們為中國而戰，想讓國家變得更好。政府犯了一些錯誤。但是到最後，我們必須承認，中國政府必須動用一切手段，把事件鎮壓下來。」

加州夜晚清爽恬靜，劉洋坐著啜飲自己的咖啡，說自己無意犧牲同一世代人在國內所享受到的一切，只為了加快達成他來美國之後所體驗到的自由。他問我：「你們靠民主過日子嗎？你們吃麵包，喝咖啡。凡此種種都不是民主帶來的。印度人有民主，某些非洲國家也有，但他們連自己的人民都餵不飽。」

劉洋繼續說：「中國人必須開始思索了，『一邊是好日子，另一邊是民主』。若是民主真能讓你過上好日子，那就好。但是，假如沒有民主，我們依然過著好日子，那憑什麼我們該選擇民主？」

・・・

奧運火炬在五月終於返抵中國，進行前往北京的最後一站，中國人民似乎決心彌補聖火在海外所受到的災厄。群眾沿著火炬路線圍成人潮。一天下午，唐杰與我出發去看聖火繞行上海的郊區。

當時，全國還處在汶川大地震後的驚嚇狀態。地震是三十年來最嚴重天災，但也是促成舉國團結的時機。捐款捐物資，源源而入，顯示出幾星期爆發的民族主義有其正向的一面。但那年春天民族主義的爆發，還有一股暴力精神，讓年紀夠大的人都聯想到紅衛兵或歐洲光頭黨的興起——不能掉以輕心。在杜克大學，一位叫王千源的大一女生想調停校園裡親中與親藏兩派示威者，但是在網路上她被打上「叛國者」的罪名。人們搜出她母親位在濱海城市青島的地址，還破壞了她們家。至於對外國人的立場，他們對外國記者的威脅所幸並未成真，沒人流血傷亡；巴黎包圍火炬的亂象結束之後，中國人抵制法國零售連鎖店家樂福的行動也消解了。中國領導人醒悟到，自己的海外形象正在惡化，最後呼籲只進行「理性的愛國主義」而約束了學生。

坐計程車去看聖火途中，我感受到唐杰對衝突如此激烈而產生的不安。他對我說：「我們不要有任何暴力。」他想說服中國同儕：要從周遭世界找出真相不再是簡單的事，不能光接受媒體告訴他們的，中外皆然。「我們不再受限於只有兩種選擇。我們自己也有媒體了。現在我們當中有人有攝影機、錄影設備。他們掌握了真相。」他相信，那年春天這世代的人都學會了重要的事情。「現在他們曉得，得用自己的大腦。」

由遠處眺望，很容易把中國愛國青年平凡化，當成政府的卒子，但就近端詳，會發現這說法不那麼有說服力。政府對待網路上的愛國志士也很謹慎小心，因為政府感受到：他們的自豪是針對國家民族，而不一定是專指共產黨。換言之，他們的熱情是可能以無法預測的方式轉變方向的。

二〇〇四年，一間愛國網站被刪檢人員關掉以後，有位評論家寫道：「我們政府軟弱如綿羊！」有些時候，政府允許民族主義滋長，另些時候則緊張地想加以控制。來年春天，日本批准一部新教科書，批評者指稱書中粉飾日本二戰所犯下的屠殺罪行，北京的愛國志士草擬抗議計畫，透過聊天室、ＢＢＳ及手機簡訊放送出去，多達一萬人上街，向日本大使館丟顏料及瓶罐。儘管政府警告，叫大家住手，但接下來一星期，數千人在上海遊行，還破壞日本參事館——此事為多年來，中國規模最大的示威之一。有一度，上海警方還切斷市中心的手機服務，以防群眾集結起來。

亞利桑納大學教授蘇吳（音）研究線上民族主義的崛起。他對我說：「直到現在，中國政府還能控制住它，但我把它稱為『虛擬天安門廣場』。人們不必再去廣場，他們在線上就能做同樣的事，有時甚至破壞力更強。」

唐杰與我接近聖火傳遞路線時，他眺望群眾說：「瞧瞧大家。人人都認為這是他們自己的奧運。」小販在賣T恤、頭巾及國旗。唐杰跟我講，等火炬通過了再買，屆時小販會降到半價。他帶了一個小塑膠袋，手伸進袋裡摸索著，拿出一條鮮紅色的領巾，是中國兒童的飾品，象徵自己是「少年先鋒隊」隊員——某種社會主義版的童子軍。他自己繫一條在脖子上，露齒而笑；還拿一條給路過的青少年，但對方婉拒了。

天空一層霧霾，底下空氣停滯且沉重，但大家情緒很高昂。倒數時間一到，聖火來臨，全城都出來一看：有位男子身著深色西裝，出了一身汗，在整理自己頭髮；有位工地工人戴著橙色安全帽，腳穿農人的高統膠鞋；還有個飯店服務生身穿制服，衣上有好多顆金色釦子及飾章，讓他看來像元帥一樣；有些較年輕的觀眾穿著反映中國近來麻煩的T恤，上頭用英文字寫著「反暴動、求真相」。有位女士爬上路燈杆，還有個綁紅頭帶的年輕男子爬上樹，周遭的人都爭著找視線更好的地方。

群眾的熱情感染到唐杰，讓他想到中國的未來屬於他，還有身邊的人們。他說：「我站在這兒，真能深切感受到中國青年共同的情感。我們有自信。」

警方封鎖了道路。人群一陣騷動。人們湧向路邊，引頸翹首。但唐杰反而沒跟上去，他是個冷靜的人。

第10章 奇蹟與魔法引擎

Miracles and Magic Engines

由金門泳渡，叛逃大陸的林毅夫一九八〇年在北京大學讀書，當時芝加哥大學經濟學家舒爾茨（Theodore William Schultz）應邀來北京發表演講。林奉派擔任翻譯，原因是他在台灣時，就能說一口流利的英語。當時剛得諾貝爾獎不久的舒爾茨對他印象深刻，返回芝加哥後，出力安排了一份獎學金。林毅夫再度奪得「第一」：文化大革命以來，第一位赴美攻讀經濟學博士學位的中國學生。更叫人矚目的是：他選擇到自由市場思想大鎔爐的芝加哥。

一九八二年，林抵達美國，他的妻兒也來到美國，一家團圓。自從他叛逃後，他與妻子陳雲英祕密維持連繫。她甚至送一首詩給他，其中有「我了解你，了解你做什麼」這樣的詞句。來到美國之後，陳雲英到喬治華盛頓大學攻讀博士。

在芝加哥的求學時代，林毅夫著手研究念茲在茲數十年，關於中國的浴火重生，而他的結論經證實有所爭議。取得博士學位後，一九八七年林毅夫偕妻子陳雲英返回北京。返國之後，他碰到一個微妙的問題：他是美國歸國學人，該怎麼設法把傅利曼（Milton Friedman）的自由經濟理論，傳授給社會主義信徒呢？

他告訴我：「我一切會議都參加，但不發一語。」最後，他得到發聲的機會。他說：「他們都很驚訝，因我的用語跟他們類似，用他們能懂的語言。」舉例來說，一九九○年代末期，中國倉庫塞滿沒賣出去的電視、冰箱等消費品，許多經濟學家歸咎於低收入所造成，林毅夫則不同意。他說：「人們沒有基礎建設，何以消費這些產品？」他變成最敢出聲、倡議大力投資於鄉村電力、自來水、道路的人。此一提議獲得共產黨接受，納入依「社會主義新農村」此一口號推出的配套改革之中。

冷戰結束以及天安門廣場鎮壓，這兩件大事撼動中國政治、經濟建制。鄧小平最早的經濟智囊團成員之一，曾任黨總書記而具改革思想的趙紫陽因未能及早鎮壓示威而獲罪；他創建的智庫遭解散，好幾位經濟學家因支持抗議而坐牢。趙則被軟禁在家十四年，以打高爾夫球進院中網子，以及祕密錄製回憶錄，以度完殘生。中國政府則把趙紫陽由國家成功的官方歷史中抹殺掉。

就經濟來看，當時是總的結算點：天安門事件後兩年，經濟成長之遲緩，為一九七六年來之最；鄧瞧見自己的改革成功在消褪，於是把中國的經濟學家都叫回來上工。改革繼續下去，但為防「天安門事件」重演，黨向人民提出交換條件：經濟活動方面可以有更大自由，但政治生活的自由度則減縮。交易有弔詭的成分：黨在人們生活的其中一半，點燃了個人的野心與自我創造，但是在另一半則壓抑那些傾向。若作為經濟戰略，這種手法讓中國與當時西方主流經濟學家意見齟齬；西方學者建議已崩解的蘇維埃集團採行「震撼療法」：削減政府開支，國營公司民營化，開放外國貿易與投資，這些方案後來通稱為「華盛頓共識」（the Washington Consensus）。

一九九四年，在一間向北大地理系借來的小小辦公室裡，林毅夫與另四位經濟學家創辦「中國經濟研究中心」，這個智庫旨在吸引海外留學的中國學者前來。他著迷般地投入工作，經常埋首書桌直到凌晨一、兩點，翌日早上八點再回公司奮戰。在同事當中，他以火熱幹勁出名，某種程度上甚至是難以企及的。這些年間，他寫了十八本書，數十篇論文，他對學生們講，「我的野心，是死在書桌上。」他的研究中心擴張，而且在過程中，林毅夫講話的影響力也愈來愈有分量，成為政府五年計畫之類專案的顧問。他不是黨內決策最核心成員——永遠當不上，但是對一個一度被懷疑是台灣間諜的外來者來說，這樣的崛起還是很了不起。

•

•

•

年復一年，林毅夫對西方主流觀點變得愈來愈批判——那種觀點提倡前蘇聯的「震撼療法」——而林毅夫則愈發認定，中國崛起的關鍵，是讓市場與強力政府融合起來。蘇維埃崩解前十年，很多東歐地區爭著走向自由市場，都遇到失業率升高，經濟停滯及政治動盪的問題，使得大家對「震撼療法」這種經濟手法，支持的力道大為減弱。而在同一時期，即九〇年代，混雜而不走經濟光譜任何極端的中國經濟，卻開始勃興。某些領域，資本流通無阻，但在某些領域，政府則強力管制。焦點放在經濟成長，則始終不懈。不管什麼時候，黨碰到要在經濟成長或環保做抉擇時，經濟成長一定勝出；社會安全若對上經濟成長，也是經濟成長勝出。轉型的代價很嚴峻：健保及退休金蒸發掉了；土地上的環境汙染嚴重；房地產開發者鏟平城市大塊地區，只為蓋起新的公寓大廈。民眾的不滿滋生起來，但黨動用武力，同時穩定地邁向繁榮，使得不滿的情緒不致爆發。

然而，有關衡量數據很明確：一九四九年的人均壽命為三十六歲，識字率僅二成。到了二〇一二年，人均壽命已達七十五歲，識字率高出九成。哥倫比亞大學經濟學家薩克斯（Jeffrey David Sachs）寫道：「中國很可能在二十一世紀率先成為終結貧窮的二十世紀貧窮大國。」二〇〇八年全球金融危機爆發時，中國想以計畫經濟刺激方案對抗其影響，但在此之前已蓋了那麼多新機場、公路，以至官員無法立刻決定，還有什麼能蓋。

林毅夫則在形塑輿論，思索政治改革對經濟成功能扮演何種角色，他的觀點與立場，並不討好呼籲民主化的中國自由派人士。他出版與蔡昉、李周合著的《中國的奇蹟》，書中聚焦在蘇聯崩潰後產生的混亂現象，然後下結論說：「改革愈激進，摧毀社會的衝突，其力道會更強烈，反改革力量亦然。」林毅夫推崇中國「笨手笨腳、循序漸進的手法」。二〇〇七年秋天，他在劍橋大學發表演講，指出「『華盛頓共識』的改革失敗」。他揶揄由國際貨幣基金制定的「震撼療法」政策，似乎更像「徒有震撼，沒有治療」，注定會導致「經濟大紊亂」。他請聽眾回憶，當初「華盛頓共識」的擁護者都警告，中國慢吞吞的改革手法，用林的話來說，「可能是最糟糕的轉型策略」，注定「導致無法避免的經濟崩潰」。林毅夫成為中國最顯赫的布道家，講述中國的繁榮故事。

二〇〇七年十一月，林毅夫接到專門提供貸款與專業以對抗貧窮的世界銀行來電。世銀總裁佐立克（Robert Zoelick）要來北京，想一聽林對中國經濟的見解。兩人在佐立克的飯店房間見面，兩個月後，世銀再度來電，提議林毅夫出任首席經濟學家此一職位。此舉又是空前未有：他將成為第一位以中國公民身分，同時也是開發中國家第一人，出任一個以往只由西方達官顯要盤踞的職位——其中哥倫比亞大學教授兼諾貝爾獎得主史迪格里茲（Joseph Eugene Stiglitz）及美國前財政部長、歐巴馬總統「國家經濟委員會」主席的薩默斯（Lawrence H. Summers）都曾出任。

毛主席曾認為，世界銀行是帝國主義的侵略工具，可現在，中國是世銀的第三大股東，而且公開表示，決心在國際經濟機構擁有更大發言權。二〇〇八年六月，林毅夫及其妻子搬到華府。他隨身帶的一切東西，兩個手提箱就裝完了。他們在喬治城邊緣租了間房子，有露台供林毅夫在室外寫作，廚房裡放了台跑步機。因公出訪時，同儕都外出交際，林則在飯店房間裡，工作直到深夜。

• • •

我在熱得汗流浹背的八月下午，去華府訪問林毅夫，發現他人在世銀總部四樓一間寬敞的轉角辦公室。世界大廈有十三層樓，離白宮只有幾區的距離。他離開書桌（他本來一如往常在寫論文）問道：「開發中國家如何才能趕上已開發國家？」這個兩極化的問題一直是他畢生志業的中心，只是此時他已做好準備，提出自己的答案。他說：「失敗案例很多，成功的只有一些。」林有大約三百位經濟學家及其他研究員作幕僚，他們的工作，在幫助世銀及貧窮國家政府制定種種策略，以提高國民收入；這項主題數十年來因意識形態大辯論而紛擾撕裂。

林毅夫抵達華府幾星期內，全球便碰到經濟大蕭條以來，最嚴重的金融危機。金融危機對林毅夫造成難題：美國、歐洲及國際貨幣基金的官員都呼籲中國調升其貨幣價值，以提高中國消費者的購買力，此舉可讓其他國家的產品售價相形便宜一些。紐約的民主黨參議員舒默（Charles Schumer）對記者們說：「中國對人民幣的操控，美國經濟復甦的影響，彷彿扼住我們的咽喉。」但是，林毅夫看待本課題的方式大不相同。他在香港面對一群聽眾表示，強迫中國升值人民幣，「不會改善失衡，而且會讓全球復甦為之延緩。」他主張，升值人民幣只會讓美國消費者需求低靡，原因在人民幣升值，中國出口品會變得更昂貴，這對美國經濟無益，因為美國人並不製造那些由中國購買的東西。

金融危機從根本上改變了中國經濟勃興的核心模式：美、歐對中國出口品的需求大幅下跌，因此，為了防止經濟疲軟，北京政府把歲出入大舉轉向投資；公帑大筆挹注到鐵路、公路、港口及房地產。政府調降房地產稅，另敦促銀行放款；貸款的增幅在二〇〇九年比印度全年國內生產毛額還高。政府官員裡，營建狂熱釋放出巨大的雄心：武漢市打算在七年內建造一百四十英里長的新地鐵，而同一時間的美國，紐約市撥出的錢，只夠在地鐵第二大道線興建二英里。

這次全球衰退也讓林毅夫有機會落實他的願景。在此之前不久，中國知識分子及官員還很不想把中國經驗，形容成西方做事方法的替代選項，原因在害怕激起敵意，或者讓大家岔開心思，沒注意到大多數中國人民依然十分貧窮。西方各國在掙扎奮鬥，而中國受到的損害卻小得多。有位西方駐北京外交官員對我說：「這次危機的一大教訓，在於我們的經濟學家應該學會謙卑。我想，我們必須接受，中國可能變成類似完全開發的經濟國度，而不必傷筋動骨地進行政治改革，這種可能性很高。」中國重返世銀成為會員屆滿三十年之時，世界銀行官員造訪北京參加慶祝，世銀總裁佐立克讚美中國減少貧窮的成就，說：「世銀，還有整個世界，可以從中國受益良多。」

任職世銀時，林毅夫寫出一系列論文，用意在「重新檢查」大家對窮國如何致富的見解，彷彿想宣告九〇年代大為流行的「華盛頓共識」無效。他與喀麥隆經濟學者蒙加（Célestin Monga）掛名合撰，主張政府必須「重回中心舞台」。他說，產業政策，也就是政府試圖尋找並支持某些產業，批評者叫這做「挑選贏家」，這在西方有不好的名聲，因為失敗的機率總是大於成功。但林毅夫主張，更糟糕的是沒有產業政策。他指出最近對十三個成長快速經濟體所做的研究，「在所有成功的國家裡，政府都扮演很積極主動的角色。」他對我說。他主張一種「軟性」產業政策，在其間，喧鬧的自由市場會產出新的產業、公司，然後政府再相中其中最有希望的，協助它們成長，給它們賦稅優惠；建設基礎設施，如遍及全中國大陸的港口、公路。這個想法，是芝加哥與北京結合的產物：他與蒙加寫道，要由貧窮中崛起，市場「不可或缺」，但政府「同樣不可或缺」。

他利用自己在世銀的地位發聲，主張中國的手法有其基本強項，而其他國家可資效法。他造訪開發中國家時，都意有所指地說，當地讓他回想到三十年前的中國。在一場他命名為「中國奇蹟解密」的演講上，他問道：「其他開發中國家能達成類似中國過去三十年的成就嗎？答案很清楚，可以！」他給貧窮國家忠告，若是它們想致富，必須延遲政治改革，不然就會落得跟後蘇聯的俄羅斯一樣，紊亂而苦惱。他支持說，美德不是源自免受壓迫，而是「源自害怕貧窮與飢餓，對此我兒時回憶依然鮮明。」他用自己姓名而非世銀名義寫作時，講得更刺耳：「某些學者提出樂觀、有時天真的說法，認為民主……較可能推動經濟改革。」他援引鄧小平的話：「美國把它的制度吹得那麼好，可是總統競選時一個說法，剛上任一個說法，中期選舉一個說法，臨近下一屆大選時又是另一個說法。」

・・・

兩個月後，林毅夫回北京幾天，一天晚上溫暖舒適，他坐著一台司機駕駛的奧迪黑色大轎車到北京另一頭，參加一場聚會，表彰他共同創設的ＭＢＡ深造課程十週年紀念。會場設在一間中國傳統四合院，紫藤與山楂樹蔭影扶疏，那裡一度是慈禧太后的家；只是為了當晚盛會，四合院被鋪上紅地毯，聚光燈之耀眼有如一場時裝秀。

現場杯觥交錯，約一百名賓客——大多是中年夫婦、前學生及同事，帶著過節的快樂，歡迎林毅夫偕妻子走進會場；陳雲英此時是中國首屆一指的特殊教育專家兼全國人民代表大會一員。林氏夫婦抵達，這群有錢的賓客歡呼起來，簇擁著兩人，輪流擺姿勢與林毅夫合照，閃光燈叫人眼花撩亂。一組電視記者進來採訪。有個青少年要求簽名。林毅夫來到較安靜的桌畔，只是一名來賓拉著他，跟他講蓋高爾夫球場大有商機，令人興奮。林毅夫的表情雖還客氣，但難免不耐，主辦方趕快擁著林氏夫婦到隱密的一區略事休息，林也準備發表演講。

林毅夫登上講台，往外一瞥來賓。他一開始就指出過去十年，中國經濟發生「天搖地動的轉型」，然後宣布，「未來十到十五年，將更為可觀」。群眾報以喝采。他指出，二〇〇〇年北大國際MBA開始之際，中國登上《財富》世界五百強的公司，還不到一打，而美國有將近二百家。他說：「我相信到二〇二五年，中國經濟已成為世界最大，與美國共享舞台，屆時中國經濟將占全球經濟的兩成。中國登上《財富》五百強的公司，可能會有一百家。」他以一句規勸作收尾：「我希望各位在建設中國經濟時，不忘幫助建造更好、更和諧的中國社會。」

「和諧社會」這個詞彙，並非所有中國知識分子很快就能採用。它是國家主席胡錦濤所青睞的口號，象徵目標在建立廉明而穩定的社會，但批評胡的人則歪用它，指稱鎮壓、消音異議人士，像是一個網站被關掉，就說「被和諧」了。林毅夫是以正面的意義來使用這個詞，與他長久以來信仰政府權力兩相吻合。

一九九九年，著名自由派經濟學家楊小凱發表演講，主張「沒有政治改革，就沒有廉明，將導致民眾的不滿」。楊很好奇，中國沒有民主制度，能否變成強大國家。但是，在一項回應之中，林毅夫指出中國經濟領先印度，他寫道：「不論在經濟成長的速度或品質，中國表現要比印度優秀。」他認為中國已經成為沒有民主的強大國家，而且瞧不出有什麼要改變的理由。我訪問林毅夫，談那場辯論，他說自己與楊小凱是好朋友（楊於二〇〇四年去世），但意見不一：「他認為中國若想成功，首先必須採納英式或美式憲法。但我的觀點不同，我認為我們並不曉得，哪種治理結構才是世上最優。」

林毅夫雖然聲名鵲起，他的生命仍被極不尋常的事實包圍著：他泳渡大陸已超過三十年，依然面臨逮捕令，是台灣國防部頒布，罪名是「叛逃敵方」。經過這麼多年，許多台灣民眾已經把林毅夫的成就視為光榮，台灣重量級政治人物也要求國防部撤銷此案，但國防部重申，林要是敢踏上台灣土地就將被逮捕，並依叛國罪軍法起訴。

林毅夫的兄長林旺松對記者們說：「我不了解為什麼很多人把他當壞人，我弟弟只是想追求他的志向而已。」林父於二〇〇二年去世，林家要求准林毅夫返鄉奔喪，但軍方拒絕這項要求，聲稱林將「終生蒙羞」。林別無選擇，只能由北京透過網路視訊直播，看喪禮進行。他在辦公室搭了祭壇，跪倒在前。在頌讀祭父文時，林毅夫這樣寫道：「阿母病危，未能侍奉左右，阿爸抱病臥床，仍無返鄉之途，黃泉路口，不得執手扶送……不孝之罪大矣！蒼天可罰，蒼天可誅吾矣！」

・・・

林毅夫靠著當人民共和國最熱心的經濟發言人而飛黃騰達，但在意見不合者的眼中，中國的麻煩、困難卻是愈來愈重。聽完林談經濟光明未來的演講，幾天之後，我去拜訪吳敬璉；改革開放展開十年之間，吳敬璉崛起為中國首席經濟顧問之一。當時他已將近八十歲，身形矮小，濃密的白髮下眼神湛然晶亮。他的工作地點在北京市邊緣，雖然還是國務院官方顧問，但他的發言並不十分討喜。吳對我說：「中國此刻遭逢的最大麻煩，便是貪腐，這實在十分明顯。貧富差距的原因，就是貪腐。貪汙腐化哪兒來？事實上來自政府持續掌控太多資源。」

吳敬璉寫出一連串的相關文章及書籍，指出裙帶資本主義，還有貧富差距，都是證據，指出中國經濟模式已達到極限，政府再不允許政治更為開放來斡旋彼此競爭的需求，便將無以為繼。近幾年，他激烈地主張，中國必須採行西方民主制度，因此民族主義者抨擊他已變節。曾有一次，雙方的爭論惡化到攻擊個人：《人民日報》刊載網路謠言，說吳敬璉當美國間諜，正被調查。這種說法實為荒謬——國務院最後出馬挺吳，駁斥該指控；但那次口誅筆伐那麼醒目，顯見態勢很清楚，他的批評已叫有權勢，能透過《人民日報》發言的人冒火。

我問吳敬璉事情擺平了沒有。他嘆息了，說：「一個月前左右，網路上有貼文說，某人持磚砸傷了我，但我僥倖活了下來。」該貼文全非事實，我問他打算如何處理。他說：「文章在暗示，叫人動粗。」撰文的人署名「中國鏟除叛徒協會」。誰躲在幕後想妖魔化他？吳敬璉茫無頭緒；嫌犯五花八門，數量激增：是右翼民族主義邊緣人？反改革的掌權要角？

在中國，注入金融的資金成長得如此之大，以致於神祕晦澀的經濟學辯論，都沾惹上一抹強烈的反對色彩。吳敬璉最近主張，支持中國貨幣升值，接下來就在網路上讀到了群眾的反應。他說：「文章底下有個發表評論的人透露我住的地址，並說住處的治安很鬆散。」他微弱地笑一下說：「那樣子寫在美國是違法的，在中國卻沒人在乎。」

隨著辯論擴大，原本平和的言詞開始出現政治的尖銳。林毅夫愛把經濟的勃興描述為「中國奇蹟」，但自由派作家兼批評家劉曉波卻是這樣看待此事的，他寫道，自己只看到制度貪腐的「奇蹟」，社會不公平的「奇蹟」，道德傾頹的「奇蹟」與揮霍未來的「奇蹟」。劉又說：「經濟繁榮正變成『貴族強盜』的樂園。只有靠著錢，黨才能維繫對中國主要城市的控制，指派從政官員，滿足許多人想一夜致富的貪婪，鎮壓任何新生反對團體。只有靠著錢，黨與西方各國打交道才能獨斷獨行；只有靠著錢，它才能收買流氓國家，買到外交支持。」

• • •

五十一歲的劉曉波瘦骨嶙峋，有如灰狗，頭髮剪得很短，而且髮尖收束在額頭呈V字型。他是個大菸槍，博學而幽默。劉曉波生長於東北。十一歲那年，學校因文化大革命而關閉——他形容為「暫時地解放」，因而嘗到獨立的滋味，自此他一生的思想都很不傳統。他在北京師範大學取得文學博士學位，但想在中國學術界吃香得哈腰屈膝，他卻不擅長。他相信，中國作家「無法有創意地寫作，因為他們唯一的生命，根本不屬於自己。」他對西方漢學家也沒客氣多少，抨擊說「九成八是廢柴」。他的出發點不是想冒犯人，但就算是要觸怒人，他也絲毫不畏懼。他寫信給漢學家白杰明說：「或許我的人格意味著無論往哪邊走，都會碰壁。對此我可以接受，哪怕最後我撞破頭。」

劉曉波寫了十七本書，幾百首詩、論文及散文，大多與政治強烈相關，因此也付出代價：二〇〇八年春天之前，他已入獄服刑過三次：第一次是因他參與天安門廣場示威，角色重要，故以「反革命宣傳及煽動罪」而判刑定讞。他拒絕那些指控罪名，但欣然接受「黑手」這個標籤，認為那是「榮譽勳章」，鐵窗之後，他能保存的東西不多，勳章卻是其中之一。一首獄中詩裡，他寫道：「除了臥處，我別無所有。」

這麼多年來，劉曉波已懶得區分監獄、羈押中心及勞改營。有段期間，他被軟禁在家，與我通電話時說：「入獄時，我被關在較小而有牆的豬圈；出獄，我只是被關在較大但沒牆的豬圈。」一九九六年他因「擾亂社會秩序」罪名去勞改營時，他娶了自己長期伴侶、藝術家劉霞。勞改營守衛一問再問劉霞，知不知道自己在幹嘛。她回答說：「對！那個『國家敵人』！我要嫁給他！」

勞改三年，劉曉波於一九九九年獲釋，回到兩人公寓後，發現家中多了部電腦。他在一篇文章裡回憶道：「一位朋友送給我太太的，她已經能用來打字、上網。她教我如何使用，實際上接下來幾天來看我們的朋友不停告訴我，要學會使用電腦。我試了幾次，但要在一部機器前組句成篇，感覺就是不對勁。我避而不用，繼續用鋼筆寫作。」

只有在他用電子郵件投出第一篇文章之後，他才領悟到科技帶來的可能性。「幾個小時內，我就從編輯得到回應——網路神奇的力量突然讓我如夢初醒。」劉霞再也拿不回自己的電腦了。劉曉波經歷異議人士的舊日儀式，他稱其為「腳踏車加電話時代」；當時的知識分子必須等候舉行葬禮，或某事件週年紀念，才能集會而不至於引起政府懷疑。全球資訊網把方言、階級與地理限制一揮而斷，以至於中國第一份線上雜誌《隧道》（Tunnel）編輯群一九九七年寫道：「獨裁者之能塞耳閉目、箝制吾人思想的原因，在他們專擅散布資訊的科技；而網路已改變這道公式。」

那種理想幾乎談不上普世皆然。全世界「網路烏托邦」的批評者主張說，網路只提供開放的幻相，微弱的合群感；而且，藉著造出安全閥，化解了更深層改革的壓力，這反而強化了威權政府。但對劉曉波而言，那些因素並沒有壓垮在數位時代從事民權活動的現實好處。多年來，他想把自己手稿寄往海外，郵局總能攔截；若是他準備發表抗議公開信，可能要花一個月逡巡於北京城，才找得到足夠的志同道合者簽名。他寫道：「為了完成一封『六四』的公開信，提前一個月就要開始準備。先要尋找發起人並把人湊齊，就需要一段時間；之後討論信的內容、措辭、發表時機，起碼要花費幾天時間才能達成共識；接著要找地方把手寫的公開信變成鉛字，還要打印和付印數份。」劉曉波變成網路烏托邦「怙惡不悛」的支持者。他寫道：「只要輕輕按幾下滑鼠，幾封往來的郵件就能基本解決問題……所以，網路像一台超級發動機，使我的寫作如井噴般爆發。」

在二〇〇八年秋天，閉關於北京無電梯的五樓公寓，劉曉波寫著自認為很重要的東西。他想，這文件產生的衝擊會大於以往他做的任何事情。沒錯，他在寫的東西必須保密，只待時機就緒就會公開，這要拜他稱為「上帝賜給中國人的大禮」之科技所賜。

• • •

前一年冬天某個午後，我與劉曉波在他家附近的品茗屋見面。他看來異常削瘦，腰帶圍腰近兩圈；冬季外套鬆垮垮垂下肩膀，彷彿是掛在吊衣架上。他口吃很重，很難不令人注意。喝茶時，他咳嗽著；當時的他，算中國最著名的異議人士，意味他在中國知識分子中是名流，但在更廣大的中國人海裡，幾乎沒沒無聞。多年來，中國官方查禁他的作品，線上刪檢人員拿掉他寫的文章。他的書在海外出版，但他不說英語，而且拒絕許多移居海外的邀請。不管政府喜怒，中國是他家鄉。

當天他平靜得很意外，令我吃驚。長年坐牢，已讓他火氣大減，而且他引領我了解新公開信裡的論述時，不疾不徐，扼要精準——信中警告中國領導人，說他們再不注意與日高漲的政治改革呼聲，便會有「適法性危機」。

他對我說：「西方國家一直在要求中國政府履行承諾，改善人權處境，但假如國內沒發出聲音，那麼政府會說：『那只是來自海外的要求，國內民眾並沒要求。』我想表達的是，這不只是國際社會的希望，中國人民也盼望改善他們的人權處境。」

劉曉波的樂觀讓我錯愕。隨著中國自我整合進全世界，他猜想「當今政權或許會變得較有自信」。他邊說著，後仰坐進自己椅子，享受自己預言的聲音。「它或許會變得較溫和、有彈性、更開放。」而他的任務呢，按他認為，便是繼續寫作、為民喉舌。「不管有無功效，我會繼續要求政府履行其承諾。」

他也這麼做了，幾個月下來，野心變得越大。秋去冬來，他與一小群志同道合者已接近完成他們的祕密計畫——發表詳細宣言，要求人權及政治改革。他們寫道：「有法律而無法治，有憲法而無憲政，仍然是有目共睹的政治現實。執政集團繼續堅持維繫威權統治，排拒政治變革。」

他們的異議宣言迥異於尋常的地方，在於並非自我設限於主張單一事件或模糊條款，而是呼籲進行十九項基本政治改革，包括定期選舉、司法獨立、禁止政治控制軍隊，而且終結他們形容的「以言治罪」行為。激勵他們的源頭，是《七七憲章》（*Charta 77*），捷克的哈維爾（Vaclav Havel）與其政治同袍三十多年前所發表的宣言。哈維爾等人當時寫道，他們能團結起來，是因「個人與集體有此意志，願為我國及全世界尊重人類及文明權利而奮鬥」。在劉曉波等中國共同起草人一案之中，他們在導言的結尾以鬧鐘倒數的緊迫寫道：「現行體制的落伍已經到了非改革不可的地步。」

他們內部討論之後，決心在二〇〇八年十二月十日那個冬日，向大眾公布該宣言——當天也是聯合國《世界人權宣言》公布六十週年。宣言定名為《零八憲章》。早初簽名者共有三百零三人，但需要一個主要掛名支持者，而劉曉波同意擔當該角色。對大多數人來說，那份文件前景黯淡。有句中國人愛說的俗諺這麼講：「槍打出頭鳥。」

第11章 獨唱團

A Chorus of Soloists

房地產業大勃興由東到西、由新到舊，橫掃北京城——經過世貿國際公寓，直達鼓樓。二〇〇八年秋天，我拿到補貼金，搬離居住地區。我在更往西一英里，一條還沒重新開發，名喚「棉花巷」的街上，找到更便宜的住所。巷子兩旁各有一排白楊樹及老舊的四合院；來自山東、安徽等地的流浪民工很喜歡住那裡；那些人因為較矮小、皮膚較黑、警戒心比城裡人要高，所以令人側目。他們一般在租來的斗室裡睡行軍床，只有在最悶熱的夜晚，才扯著床墊來到街上，盼望有風吹可睡。

人不必離開胡同，對經濟如何就能略知一二。從花枝巷轉角找白天臨時工的人數，我就能瞧出失業率。那些人都是中年男子，穿著灰撲撲、打補丁的運動外套與人造皮革平底鞋，不時左、右腳交換支撐體重。金融危機加深時，他們人數爆增三倍。望著他們，我終能了解為何「家得寶」這間家飾建材零售商即使如何把自己動手做家居修繕說得多浪漫，仍煞費力氣而成效不大。這些人拿著牌子，列舉自己的技能；他們條列、推銷自己的方式，與約會網站上年輕人列舉自己需求的方式，恰好相反；「能蓋小房子、搭石牆、瓷磚地板、防水防漏、隔間牆、油漆、通水管、鑄模、裝潢、水電」。

生活無常形，而且大家都一樣，似乎離成功或失敗都不會太遙遠。離我住屋幾扇門，二月時有間賣芝麻餅的小攤開張了。店裡有個熟食櫃朝向街道，食物香氣由開口直噴到寒冷的空間。有位中年婦女戴紙帽穿藍圍裙，殷勤地向過往行人吆喝著免費試吃。人家叫她郭太太，她湖南口音很濃；她站櫃台，而她的先生，一個高大沉默的漢子，則在她身後搗麵糰，麵粉及蒸氣飄浮如雲。小攤算是二十四小時營業，假如你把夜裡那七小時扣掉的話；夜裡，他們把一張布掛在店口，就睡在餐桌上。

只是，幾個星期後我下來吃早餐，發現他們已貼上「出租」告示。郭太太說：「我們賺不到任何錢。」租金每月一百五十美元，太貴了。她另說：「人潮繞路而過，這地點不便。」我不知怎麼接口。對街賣胸罩的，生意不錯，還有店內擺一元熱狗在電烤器上滾的便利商店也生意興隆。「我們要搬去復興門」——北京另一個老市區，往南約一英里。她說：「再看著辦吧。」過幾天我回家時，他們已經人去樓空了。我透過窗子往內瞧，除了最後幾個有麵粉的腳印以外，別無他物。他們從開張到關門，一共七個星期。

沒多久，蟻先生搬來了。他二十五歲，緊張兮兮，來自福建省，學會製作北京油煎餅的基本技巧，想在競爭激烈的市場占有一席之地。然而，這條街有太多煎餅店，那年春天還沒過完，他就走了。過沒多久，那家小店掛上醒目的新招牌「神祕大鳥建築供應店」——我打算去光顧，買些五金用品。但店開張後，才發現是家妓院。店員只有一名，她小心翼翼地坐在郭太太以前坐的櫥窗前——但妓院也只撐了兩個星期。到了秋天，那地方暗無燈火，只有花俏的招牌還在屋頂沒拆。生意不好的原因很難判定：或許是金融危機、地點，也可能只是現代胡同生活太無情，留不住客人。

・・・

棉花巷夜裡最忙碌的地方是網咖，天花板不高，面積廣闊，擺著一排排會搖晃的個人電腦，戴眼鏡的青年男子一坐就是幾小時，抽菸兼打電玩。我去過的任何城市，無論多偏遠，都能找到類似的場所。窗戶幾乎總是遮黑，彷彿賭場，給我的印象是：在中國，網咖是唯一人們能遺忘時間的地方。

網路賦予劉曉波這類知識分子的一切能量，並且在唐杰等民族主義者之中翻攪狂熱，但中國網民的生活跟任何別的國家一樣，並不那麼關心嚴肅的事務。網路研究者注意到，二〇一〇年四月，中國網民想方設法、規避網管的人數突然爆增，原以為是大家的政治意識突然升高，但事實上是日本AV女優蒼井空在推特開了帳號，中國男屌絲不惜一切想去看看。要在中國網上搏眼球的方法很多，博客主開始揪出黨宣人員動手腳——只為了使群眾看來更多、官員更崇高的照片。中宣部耍弄幾十年的伎倆，目前卻公開遭到嘲笑：有位博客主留意到，國營媒體播報中國最新型噴射戰鬥機的畫面，居然有些摘自電影《捍衛戰士》。湊近一看，還有湯姆．克魯斯把蘇聯米格機打下來的畫面。

在網上，民眾逐漸擺脫歐威爾稱為「顛倒黑白」（blackwhite）的習慣——「黨紀要求時，為了以示忠誠，願意把黑說成白」。行之已久的例行儀式，效力漸失。國營電視台播出國家主席胡錦濤新年訪問政府補貼住屋低收入家庭，那戶人家的老母親對他說：「真感謝黨與政府把國家建設得這麼偉大。」但網民很快就發現，那名老母親根本是城裡交警局的公僕；而且，她身為一名低收入戶的形象，也因大家發現她帶女兒到上海及度假勝地海南島去玩的照片，信用大打折扣。

有了網路，官媒效用大大減弱。博客主冉雲飛把這種現象稱為「平行語言系統」，而且兩種語言系統間的緊張，讓原本在中國凋萎幾十年的玩世不恭基因復活起來。獨裁者對諷刺大多不解風情，對開玩笑則敵意更深。一九四九年革命之後不久，共產黨設立一個委員會，專門審查中國喜劇；委員會正式結論說，單口喜劇演員應該用「讚美」來取代諷刺。在網上，人們較不吃讚美那一套。中國中央電視台新總部正式啟用時，因為建築物是由兩座高聳、傾斜而在頂部連結的大樓組成，人們開始稱它為「大褲衩」。大感狼狽的黨把它稱為「知窗」，即知識之窗，人們樂於採用，但略略歪讀，變成「痔瘡」。

在網上，中國青少年觀賞免費而且有字幕的美劇《六人行》（Friends），同一時間，國營電視台的鐵桿老黨員，名叫秦明新的，則冒煙地向記者們表示，在親自看過以前，他本來考慮讓《六人行》在中國電視頻道播出的。「我本以為，該劇的焦點在友情。但仔細預覽後，我發現每一集都跟性扯上關係。」儘管黨能掌控播什麼給觀眾瞧，但人民反應的方式，還是叫黨氣餒。共產黨斥鉅資拍攝《建黨偉業》，自我謳歌，還招募一大堆電影明星志願參與演出。但是民眾在流行文化網站「豆瓣」為該電影評分時，負評鋪天蓋地，惹得豆瓣網只得趕緊關閉其評分系統。

基本上，網路文化恰與共產黨文化針鋒相對：中國領導人喜愛嚴肅、一致與神祕；網路則奉行不羈、新奇，而且最高原則在公開。記者師濤因公開一條刪檢令而下獄四年之後，目前那些命令，中宣部、國務院新聞辦公室還有其他官署一簽署，幾小時內就會洩露到網上。雖然網管會盡快拉下來，但其他網民則在搜集後將其轉貼到防火長城以外，讓網管鞭長莫及。海外新聞網站《中國數字時代》特地為其成立檔案庫，取名為「真理部指令」，以紀念歐威爾。指令通常簡短有力如推特訊息，彷彿中國政府已隨著讓它抓狂的那種科技之節奏而起舞。每一條讀起來，恰成國營媒體新聞標題的相反鏡像：

「所有網站應立即刪除標題為『許多大貪官都獲死緩』的文章，不容遲疑。」

我註冊取得了用電子郵件寄來的「真理部指令」，透過我手機傳來時，提示音跟收到簡訊一樣。

嗶嗶！

「所有網站立即刪除『百分之九十四中國人不快樂，貧富不均居首』的文章。」

嗶嗶！

「公告：陽光榆林高爾夫俱樂部正提供前所未有的優惠：商業會員卡，買一送二。」

嗶嗶！

「所有媒體不得渲染人民解放軍調薪的新聞。」

嗶嗶！

「各類收據大優惠。別在網上受騙。凡有需要，請撥 13181902313。」

・・・

網路可供新聲浪喧囂，而我最先注意到的人之一是韓寒，一個住上海的二十六歲青年。他的博客布景走少女風格，有粉藍的背景，角落裡的照片，內容是隻實驗室小狗。但隨著日子過去，他寫文章批評官場的自命不凡與偽善。相形老一輩人用委婉詞語及比喻來暗諷真相，韓寒則直接詢問，為什麼政府在高官去世降半旗，而災難降臨，大量平民死亡時，卻沒那麼做？他寫道：「我有個中國特色的解決方案，旗杆高度加一倍。這樣各方都滿意了。」傳言說，高級領導斥鉅資包養情婦，韓寒打擦邊球挖苦說：「你若是花一百元，購買女性的親密服務，那算淫猥；但若花一百萬，那就是風雅了。」他揶揄黨的策略，在網上用一大堆支持政府的訊息粉飾太平。他說：「你瞧見一群人站在街角吃屎，並不意味著你也想推擠而上，去吃一口。」

韓寒不是異議人士。在中國政治光譜中，他的地位極為曖昧。有時候，他是中國最敢放言批評的人。「中央電視台幹過多少壞事？用謊話代替真相，操縱公共輿論，褻瀆文化，亂用事實，隱藏惡行，掩飾問題，製造和諧的假象。」韓寒的這篇貼文，跟其他很多篇一樣，都被網管刪掉，話雖如此，神通廣大的讀者已先讀過，而且廣為散播。他批評時政，不時與「憤青」們處於交戰狀態。二〇〇八年春天，唐杰等人散播愛國視頻之際，韓寒寫道：「我們的民族自尊，怎麼會如此脆弱淺薄？……有人說你是暴徒，你就詛咒他、攻擊他，然後自已說，『我們不是暴徒』。這好比有人說你是笨蛋，你就站到他女朋友哥哥的狗前面，拿個大牌子寫道，『我不是笨蛋』。他是會讀到這個消息沒錯，但還是認為你是笨蛋。」有個親政府網站一度把韓寒列為「西方的奴隸」，在他相片上掛了個絞索。但他一樣能精心計算而隱晦：當他必須使用敏感字眼，肯定會引發網路自動過濾時，他就寫上「敏感字眼」，讓讀者自已去琢磨。

二〇〇八年九月，京奧結束不久，韓寒超越電影明星，成為中國最有人氣的博客主，累積的讀者總數，自開始寫博客以來，超過二億五千萬人；只有中國股市小道消息的博客，人氣比他旺。我打算去上海，問了韓寒能不能去拜訪他。他提議我在路上跟他會合。

每星期他會離開上海城一兩次，回到自己成長的小村，老家農舍現只有祖父母居住。

・・・

韓寒用一輛有著深色車窗的黑色GMC廂型車來接我，駕駛人是他的朋友孫強。韓寒買這部廂型車是為了長途旅行，原因在於他不敢搭飛機。他身高五尺八寸，體重不超過一百三十磅。他的顴骨高如韓劇偶像明星，前劉海如牧羊犬的優雅長毛般掠過黑色眼睛。他愛穿多層灰白色、質料為丹尼布的服裝——符合中國當時流行文化的美學。他的造型整潔而有時尚感，與劉曉波之類不修邊幅的典型中國知識分子，真是天差地別。韓寒的外表看來既像美國垮世代作家凱魯亞克（Jack Kerouac），又像美國偶像歌手賈斯汀（Justin Randall Timberlake）。在個性方面，他給人溫暖的感覺，講話簡明，說話時帶著微笑，往往能掩飾他說話辛辣的鋒芒。

網路已改變韓寒一生的軌道。一九九八年，他還在讀高一，七科目被當而退學。翌年，他把手寫的稿件寄給出版商；那是一部小說，書名叫《三重門》，描寫一名中國高一學生步履艱難地走過「以鐘點計數的無垠空虛」，複製課程，「由黑板到筆記簿再到考試卷」，而他的母親則餵他吃藥，期望增加他的智商。韓寒把中國的學校制度比擬成製造蠟筆——本系統的宗旨，在取得「長度完全相同」的產品。另位出版商宣稱，這部小說太陰鬱，不合時代腳步；中國年輕人成功的故事，經常類似《哈佛女孩劉亦婷：素質培養紀實》，雄心萬丈的常春藤學生握冰來鍛鍊堅忍。但有位總編對韓寒的小說很是欣賞，印了三萬本，三天內就銷售一空；加印三萬本，一樣賣光光。

若以全球青少年文學的準則來看，《三重門》算很溫和，但是在中國，它可是史無前例，嚴厲而現實地諷刺教育與權威，作者則是當時名不見經傳的學生。國營電視台在節目裡，花一小時討論《三重門》引發的狂熱，想把它搗下去，但效果適得其反。電視上，韓寒散發出傲慢的魅力。教育者穿西裝打領帶大聲斥責「反叛可能助長社會不安」，韓寒微笑了，打斷他們說：「由聲音聽來，您的生活經驗甚至比我還淺薄。」他立時成名——成為年輕人嶄新叛逆且深具魅力的代言人。中國媒體稱此為「韓寒熱」。

《三重門》接下來賣到二百萬冊以上，名列過去二十年中國最暢銷小說。接下來幾年，韓寒再出版四部小說，幾冊散文合集，忠實探討他最了解的主題：青少年、女孩及汽車。書又賣了幾百萬冊，雖然成績如此卓越，他的出版商，果麥文化傳媒公司董事長路金波並不把它們稱頌為文學。路金波對我說：「他的小說通常有頭無尾。」二〇〇六年，韓寒開始寫博客，其焦點出現確然無誤的轉折，探討某些中國最敏感的事務：政黨貪腐，箝制言論，剝削年輕勞工，環境汙染，貧富差距。這就好像以寫青少年吸血鬼小說成名的作家梅爾（Stephenie Morgan Meyer），繼《暮光之城》系列之後，開始引領讀者去注意濫用公帑的問題。韓寒成為年輕抗爭者的庇護聖人，他們說他身上瞧出一條路，如何在剛萌芽的懷疑主義，以及甚為垂涎的物質滿足兩者之間，取得妥協。在韓寒的世界裡，搞政治不再意味著貧窮。

我們在交通尖峰時刻蝸步前行時，韓寒對我說：「我一從寫作賺到錢，就開始買跑車參加比賽，其他車手瞧不起我，他們認為，『你是個作家，開車要撞牆吧。』」

近十年，韓寒還兼做上海福斯車隊場地賽，速霸陸車隊越野賽車手，成績不錯。那個世界滿是贊助金與香檳浴，與他的寫作生涯突兀得令人不知所措。大致來說，他的讀者不在乎賽車，但作家兼賽車手的雙重身分，造就一位獨特的名流：他登上時尚雜誌封面，同時獨立網站如韓寒文摘（Han Han Digest）、單位（Danwei）、中國科技狂（ChinaGeeks），都把他的言論譯成英文，加以分析。有次電視訪問，他起頭便說：「假如你講中文，就曉得我是誰。」這句充滿自信的言論，聽來並不荒唐。

他是唯一一個有企業贊助的政府批評人士，也是投合 BOBO 族品味的熱誠代言人。有個平價服飾連鎖店「凡客」（Vancl）把他的臉孔印上廣告，旁白說，「我是凡客」。Johnnie Walker 把他的照片配上這樣的廣告詞，「夢想便是實現每個閃過腦海的點子」。他把名字供瑞士豪華錶宇舶（Hublot）使用，只此一支，供慈善拍賣，用英文鐫上「獻給自由」（For Freedom）。

• • •

接近他的家鄉亭林鎮時，我們離開幹道，走較小道路，直到我們碰到一條溪流，跨溪水泥橋只比廂型車寬個幾寸。掌駕駛盤的孫強猶豫要不要過。韓寒由前座的空隙探頭看去，用半開玩笑的嚴肅說：「這道橋是最佳測試。」我們安然過橋。韓寒說：「我在那兒失誤過很多次。」

上海市的邊緣是一環小農田、工廠，距擁有驚人財富的市區僅一小段車程，故不斷受到侵蝕進逼。霧氣籠罩在休耕而人跡雜沓的田地上。我們抵達一座兩層樓高的磚質農舍，門口有狹窄空地。韓寒身形矮小的祖父母，穿著寬鬆打補釘的棉衣，緩步出來迎接我們。一隻黃金獵犬看見我這陌生人來訪便開始暴躁。我們穿過猶有鄉間濕冷氣息的客廳，再來到一座小四合院，韓寒微笑著指點我爬過一道窗戶，進入他的廂房。他說：「設計時有小瑕疵。這一邊我們無法裝上門。」

裡面可就是中國青少年幻想的神祕巢穴了。一台報廢的山葉機車倚牆而靠，對面的牆則裝點著巨大的電視螢幕。還有另一面巨大螢幕，配上駕駛盤及腳蹬，以備玩賽車遊戲。房間中央則是撞球枱，韓寒把球收好，開球。他立馬進入躁動狀態。為了顯示他罕見的全面投入，他把兩支手機面朝下放，不管它們出聲抗議。在撞球枱上，我進第一顆，第二顆失誤，就被韓寒清枱了。

故鄉的改頭換貌，在韓寒對中國的觀感上占了很重要的地位。他指著遠處的工業建築群，那是一家化工廠，指責工廠汙染他兒時常釣小龍蝦的溪流。他在博客裡寫道：

「我的祖父可以由溪水顏色認出當天是星期幾。到處都是髒臭。環保局說水質正常，話雖如此，河裡滿是死魚……在不同時間點，我的故鄉總被說打算蓋亞洲最大工業港、亞洲最大戶外雕塑公園、亞洲最大電子購物中心。但目前為止，一切只生產出數千畝瓦礫，沒完工就廢棄。」

韓寒經常被描述為中國年輕人的象徵，這麼說不完全是讚美。他出身自毛澤東死後，即一胎化政策開始後的第一代人——也就是八〇後，這是個參照點，供中國人討論價值與民族性格時使用，猶如美國的嬰兒潮世代：這個世代，他們成年時正逢社會激烈轉型，讓他們與父母一輩的成員產生疏離，這使得他們要不是有新的自覺，就是自我陷溺，一切端賴評價的人怎麼說。

韓寒在他的著作裡戳刺官方版本的中國崛起，敦促工人別為新繁榮的表象歡呼，原因在他們「勞工低薪的總和，只抵得上老闆勞斯萊斯豪華轎車的一根螺絲釘」。有位四十七歲婦女自焚而死，以阻擋建築工人拆毀她家。他寫道：「若是妳還沒自焚成灰……若是你家人都還健在，就達到幸福生活的標準了。」

我們往外走，進入寒冷的空間，我提到他的批評，似乎低估了中國有史以來最繁榮時期的好處。他眄著眼，狐疑地看我一下，說中國經濟成長的規模，讓果實分配的細節變模糊了。「為了參加拉力賽，我們旅遊甚廣，因為比賽於泥路上進行，經常在小而貧窮的地方。那裡的年輕人不在乎文學、藝術、電影、自由或民主，但他們曉得自己在乎一件事：公平。他們游目四周，看到的都是不公平。」

為佐證自己觀點，他提到最近看到的新聞剪影，一名十七歲移民工，站在火車車廂的中間走道達六十二小時，才能返回故鄉。那種煎熬，中國報紙一向將之描寫為剛毅的人物形象。但韓寒看待該男子站兩天半火車的角度與眾不同。他驚駭地說：「那個人得包成人紙尿褲才行。」於是這成為韓寒下一篇博客貼文的基礎。他寫道，中國年青人漸漸「在都市化過程中被消耗掉」。他勾勒經濟繁榮提供給他同世代人的是：「工作一整年，排隊一整天，買張全票，穿紙尿褲，一路站回家——多麼有尊嚴！」

・・・

韓寒寫作的日子，會睡到中午方起，獨自一人寫作，動作迅速，通常寫到拂曉時刻。他娶了中學時代的朋友金麗華，金擔任他的助理兼把關人。她對我說：「韓寒太容易相信人，幾乎是輕信。過去他曾被出版商騙過，因此破財。」他倆生下女兒時，中國八卦雜誌報導時，還用上了對待名流貴族的鋪張排場：韓寒當爸爸了，第一次談女兒。

韓寒自豪地自稱為「鄉下土包子」。他與其他著名的批評者不同的地方，在於他與西方關係不深。他去過歐洲，但沒去過美國，而且不怎麼在乎西方文學。很久以來，他便認定大家把他貼上「叛逆」標籤是陳腔濫調——他愛這麼說：「我若是叛逆，就不會開奧迪或寶馬了。」而且，他生活低調：不抽菸，很少喝酒，對夜店也沒興趣。

韓寒的父母退休以前都是公務員：母親周巧蓉在地區福利辦公室分發福利品；父親韓仁均一度打算寫小說，但終老於地方黨報，而且拒走升官之途。韓寒跟我說：「他不喜歡那種生活，每天得喝酒，拍領導的馬屁。」他爸媽還不曉得胎兒性別時，便同意把嬰兒取名為韓寒，這是韓仁均私藏的筆名。當韓寒的成就開始獲得肯定時，父母二人因其激烈質問當前建制的關係，而影響到在政府的工作；他提議在經濟方面支援爸媽，他倆便提前退休了。

韓寒小時候，父親便把文學書放在書架低的地方，而把正統教義的政治小冊子放得很高。韓寒自己形容，書讀得愈多，愈是發現教科書與真理之間有鴻溝。他對我說：「我不相信真正喜愛文學的人，也能愛上毛澤東。這兩樣東西是水火不容的。就算不論他的政治表現，或他幹過多少壞事，多少人因他而餓死，或者他殺過多少人；有件事是可以確定的：毛澤東是作家的敵人。」

韓寒還就讀松江二中時，是偶爾才寫作，當他十六歲時，上海一家雜誌社在尋找青年作家，去參加「新概念作文大賽」。韓寒以前便參加過比賽。「比賽會要求你寫些以往做過的好事——比如幫忙老奶奶過馬路，或是歸還別人丟失的錢包。不管其實更符合真實的場景可能是，你把錢包放進自己口袋。」但「新概念」不一樣，韓寒在決賽那輪要解決的任務很抽象：有名裁判把一張白紙投入空玻璃杯——主題便是如此。他對我說：「我隨即想到，紙掉到杯底的過程，講的是人生。都是狗屎。」他奪得一等獎。

接下來他因太多科不及格而留級，瀕臨再次不及格之際，他退學了，因此更急著想出版自己的手稿，他說，「來證明我自己。我曾對同班同學跟老師們說，我是個好作家，寫作就能謀生，但他們說，我發瘋了。」再早個二十年，因對時政的批評，可能他早就鋃鐺入獄，但是，《三重門》出版後使年輕人深受感動，不僅因為書中坦誠批評中國教育系統。依上海作家陳村所述，韓寒的存在，讓他們「有權利自擇偶像」。

出版家路金波相信，韓寒的粉絲會圍繞著他，原因很簡單：他們從他的生活及著作中，瞧到很罕見的真理。「在中國，我們的文化常強迫我們說些違心之論。比如我說：『晚上來我家吃飯吧。』但事實上我並非真的想請你來。而你會說：『您太客氣了，只是我已經跟人約好了。』人們習慣以這種方式打交道，不論是報社領導或是尋常人。中國人都知道，你說的與你想的經常心口不一。但韓寒可不這樣。他不考慮別人的感受，只講心中所想，不然他就不說。」簡而言之，路說：「假如韓寒講，『這是真的』，那麼一億粉絲就說，『這是真的』。若他說，『這是假的』，那麼就是假的。」

真誠，或至少外表真誠，在中國變成最難能可貴的東西。自從龔海燕的相親網站碰到假單身漢以來，五年內，詐欺猶如疫病一樣蔓延，侵襲到生活的每個角落，最劇烈者，在乳製品業一案。二〇〇八年，有家牛奶業者三鹿發現，酪農一直添加三聚氰胺，以提升蛋白質比例，但三鹿並未下令回收，反而是說服地方政府，禁止媒體報導此事。等到衛生部向大眾發布警告時，已有三千嬰兒致病，其中六名嬰兒死亡。有能力到外地旅遊的中國父母開始到香港大買特買嬰兒奶粉，以致港府下令，每人最多買兩罐。

・・・

在知識分子當中，韓寒是個極端化的角色。香港作家兼電視名嘴梁文道極力誇獎說，韓寒有「另一個魯迅」的資質，意即中國最受推崇的社會批評家。藝術家艾未未更進一步，對一位記者說：「韓寒比魯迅更有影響力，原因在他的著作能讓更多人接觸到。」但其他人則對如此比擬感到遲疑。我採訪哥倫比亞大學文學及媒體學者劉禾，詢及韓寒時，她說：「韓寒只是一個喜歡他的人的鏡像。所以，那種倒影怎麼會轉變他們？辦不到的。你在他博客看到的第一個東西，不是他的文章，而是速霸陸（Subaru）廣告。」

但充當他粉絲的鏡像，或許正是韓寒的最強項。他清晰說出別人只想而沒說的東西。中國最大膽的知識分子與異議人士，其突出之處在於非典型的特質，韓寒則因他的典型而受歡迎，讓粉絲產生共鳴，使他提倡的原則觸手可及。他的傳記記載了所有微小的勝利及屈辱，他的渴望及失意的種種理由，伴隨著他的年輕氣勢，使得韓寒的言論更有分量。天安門事件發生二十年以來，中國年輕人一向不碰政治，不僅因基本生活條件改善，還因為碰政治使人驚心，毫無希望。韓寒的著作並未重組中國年輕人的政治生活，也沒逼決策人物做什麼，但他是強力代言人，宣揚懷疑主義的樂趣。

儘管他與憤青有許多衝突，但韓寒與唐杰也有共通點：兩人都在找尋管道宣洩不滿，表達對中國的想法。中國正要爆發新興的文化戰爭，他們自視為占據兩極；只是兩人都沉溺於自我創造的新嗜好，還有培育出政治品味這種不確定的機會。而且兩人都在網上做，不像早一世代的志士要擠滿天安門廣場。韓寒與唐杰都成長於富有及有理想的時代，儘管兩人有所不同，但他倆都無法想像放棄發聲的決心。

韓寒的影響力超出博客局限時，他創辦一本叫做《獨唱團》的雜誌。他的出版商擔心會有政治反彈，強迫他把第一期的一半內容拿掉，只是內容還是頗多有趣的亮點。最狡猾的專欄叫「所有人問所有人」，滑稽地反映在中國資訊遭箝制的方式；讀者們出問題——給男朋友，給政府機關，而編輯們則努力找答案，不論有多困難。上市後十小時內，《獨唱團》已登上中國亞馬遜書店排行榜第一名。書店決定開放更多櫃台販售，以應付龐大的購書人潮。幾天之後，我手機響了。是由中宣部上海辦公室發給各新聞主編的指示：「一切有關韓寒的活動及評論，除了賽車，不准報導。」

韓寒二〇一〇年十二月準備發行第二期，但出版商接獲命令暫停一切，堆積如山的雜誌當成資源回收。後來韓寒告訴我：「大家很擔心。」我們在他租來的辦公室，人員已走了一半。「他們或許是想，『喲，你出道是在我們一手掌控的雜誌。現在你想把控制權拿走？』」他很好奇這次被壓制對中國文化的未來會有什麼影響。他說：「我們不能老是依靠熊貓跟茶。我們還有什麼？絲綢？長城？那不足以代表真實的中國。」

二〇一〇年，《時代》雜誌選出世界最有影響力人物年度排行時，韓寒名列其間。中國官方不高興了。中國的搜尋引擎上，「韓寒」加「時代」被封鎖，《人民日報》還發新聞問道：「《時代》是否嚴重近視？」韓寒不覺得被《時代》列名有什麼光彩；他對個人當時在中國的遭遇已無幻想，他寫道：「或許我的寫作能幫大家釋放些許怒氣、怨氣，但除此之外有什麼用？這種『影響力』是幻象。在中國，影響力只屬有權力的人，可以翻雲覆雨的人，決定你生死的人，讓你半生不死的人。他們才是真有影響力的人……剩下來的我們只是舞台上的小角色。劇場歸他們所有，隨時可以放下布幕，關掉燈，閉上門，把狗放進來。」

・・・

他貼出這則短文後，收到了超過二萬五千條回應，有些釋出極度的忠誠，例如「我願付出生命保衛韓寒——有勇氣及尊嚴的真男人」。《時代》的名單仰賴大眾投票，最後統計時，韓寒名列世界第二，僅次於伊朗反對派領袖墨沙維（Mir Hossein Mousavi）。

一天下午，看韓寒比完一場賽車後，我發現一小群很熱情的粉絲等著看他一眼。其中一人名叫魏斐然，他十九歲，瘦而結實，頭髮短而尖，來自安徽省，似乎因為期待而快要飄浮起來。他高一時便讀過《三重門》，深受其影響。韓寒打算出版雜誌，令他鼓舞，此時魏斐然跟幾個朋友也打算在長沙市辦一本。魏說：「我真的想把它辦好。我算是理想主義者。我們打算靠自己來，沒有任何公司或人物在我們背後撐腰。」為了創刊號，他們打算採訪韓寒，所以魏斐然搭十四個小時的火車來找他。

無論何時，韓寒的粉絲跟我談論他的作品時，總是形容為啟示般神聖——一位博客主形容為：「一劑腎上腺素，讓我們從冷漠中甦醒。」有一陣子，魏斐然出力經營一個粉絲網站，專門搜集並評論韓寒的博客貼文。魏說：「寧夏網管逼我們關閉。我們網站有每一則韓寒寫過的貼文，他們說那太敏感了。」有位穿橙色毛衣的害羞女孩一直在聽我們談話，接口說：「韓寒代表了我們想要成為的那種人，還有我們想做但沒勇氣嘗試的事。」

與韓寒的年輕粉絲在一塊兒，經常讓我想到「李陽瘋狂英語」的學生麥可。麥可也是韓粉，接下來一次我遇見他，他掏出手機，秀了他下載的app給我看，韓寒的書全收在一塊兒。

・・・

我遇見麥可不久，他開始脫離「瘋狂英語」系統授課。為了招徠學生，他買了小型擴音機，在廣州某公園教授免費課程，懸了一幅長二十五英尺的布旗，布旗上他的措詞意味某種官方立場：歡迎奧運，展開亞運，英語志工戶外活動。麥可不顧父母反對，由鄰居互助會借了五萬元。他對我說：「我們全家都反對。」但是，兩個月後，他招到付費學生。他另哄勸當地奧運宣傳單位與他簽個小合約，錄下一百條範例句子，供志工們背誦。他在日誌寫道：「我很自豪。我賺到足以買新西裝、領帶的錢。」

二〇〇九年一月，他離開「瘋狂英語」，與另一位教師合夥，組成一家他們稱為「美音英語」的公司。麥可負責業務，而他的夥伴則是首席教師。麥可開始在其他城市安排講演，生意走上軌道。

麥可的英語品質一直叫我吃驚。對從未離開中國的麥可來講，他的英語說得很清晰流利，談話與寫作犯的錯誤不多，只要能有所改進，他幾乎不遺餘力。有位音樂老師建議他端著鏡子，口部做誇張的動作來改善發音，麥可就算搭車也在練習。另一位老師告訴他，要叫喊得比李陽建議的還大聲，麥可也試著做。他在日誌寫道：「我沒達成目標。我得到的，只是慢性喉炎。」醫生必須開立吸入型藥物，以治療其受損的喉嚨。

基本上，麥可是上網搜索吸引他的英語錄音，然後一再複誦以改進他的口音。他把自己最愛的其中一句讀給我聽：「在『威訊無線』正發生不可思議的事，會改變全美國談話的方式。一些重要的事情，大膽、新穎的事情。」(Something amazing is happening at Verizon Wireless that will change the way America talks. Something big. Something bold. Something new.) 我聽他唸著，意識到業務行銷的聲音都有一種普遍的品質，即使你不在乎自己在賣的是什麼。他繼續唸道：「向全國介紹『威訊無線』推出毫無限制的談話。現在比以往便宜三十元，由美國最大、最可靠無線網路提供。威訊。」麥可露齒而笑。

他特別喜愛廣告及廣播電台主持人的聲音；他切換語音，流暢地說出一條新聞快報：「今晨芮氏規模六點二地震侵襲台灣，五人受到輕傷……記者彭福瑞特（James Pomfret）報導。」他正在努力模仿一種獨特的美國南方口音。「哈囉，我是強森（Vic Johnson）。我接觸到普拉克特（Bob Proctor）的傳授之前一年，只賺一萬零七十七美元。」麥可記不得他是從哪找到這段錄音的，但他愛此人的鼻音方言。「在短短幾年之內，我一週便賺到那個數目，現在，我只花幾分鐘就賺到，而且還多得更多——我不敢想像假如沒遇見普拉克特，我的人生會是怎樣。」

麥可生活沒改善的一方面，便是異性關係。讀大學以來，他認真談過兩次戀愛，但都因他太沉迷於英語學習而告吹。他寫道：「她們通常認定，一個男人會半夜起來聽英語錄音，實在有點荒謬。」他心中實在是個浪漫主義者，他對我說：「假如你老婆真的愛你，她除了你的靈魂以外，是不會在乎別的。」而且，他對財務的關心程度，跟不上同一輩人。他把自己寫的，供學生練習的一組句子給我看，他的觀點正體現其中：

A：妳今天看來真漂亮。（You look good today.）

B：多謝。（Thanks.）

A：妳愛我嗎？（Do you love me?）

B：不愛，我只愛錢。（No, I only love money.）

麥可不時會要我看一下他用中文寫的東西，或者修飾一下他寫來當教材的英文段落文法。他把自己擺在敘事中心，十分自在，令我驚訝。中國老一輩人要那麼做，會感到不安。我請他爸爸談談在煤礦工作那三十年。他說：「所有礦坑都很危險。那時日子很辛苦。我們每個月掙約六十元。」他對這個主題講的，就只有這一點點。相形之下，麥可視自己人生宛如長篇挫折與勝利的寓言。他寫道：「二〇〇二到二〇〇七年，我極為孤單、困惑。我想成為偉大的人。我不想平凡過一生……我真的注定要成為輸家嗎？我該怎麼做？或許，命中注定我只是個尋常人。」但是，認命的觀點讓他憤怒起來。他再寫道：「為什麼只因我出生在貧窮家庭，就得跟別人一樣？」

他把學習英語奉為道德權利一般的大事情。他對學生們說：「你們是自己命運的主宰。你們理應快樂。在這世上，你們有權與眾不同。」

第12章 抵抗的藝術

The Art of Resistance

黨愈是努力想與中國網路不羈的文化對抗，網路文化就變得更是不羈。二〇〇九年，當局宣布有意除掉網路的「線上流氓行為」，人們以一隻微笑的卡通符號回應，那是一隻學名羊駝的生物，他們暱稱「草泥馬」，這詞在中國，發音與「操你媽」類似。一夜之間，草泥馬奔馳於整個網路，在音樂視頻裡歌唱，還出現在動畫短片裡——經常跟另一個卡通生物「河蟹」一起歡欣雀躍。河蟹是嘲弄黨鍾愛的「和諧」概念，林毅夫向其聽眾謳歌的東西。每一個新諷刺及雙關語一呈現出來，就等於當面向政府比中指。

刪檢人員發出緊急指示：「任何有關『草泥馬』的內容不准提倡或渲染（本原則適用於任何神祕生物或者河蟹）。」

• • •

然而指示無濟於事。沒多久，草泥馬就出現在T恤上，還有化成供孩子們玩的實體填充布偶。對於此一象徵行為最感到狂喜的人，莫過藝術家艾未未。艾未未貼了一張自己裸身躍向空中的圖，攫著一隻草泥馬布偶遮住生殖器。他把該照片題為「草泥馬擋中央」——與「操你媽黨中央」同音到幾乎完美。

自從艾未未製作燈台諷刺中國新興起的富饒，派人到德國以探索與西方關係，這些年來他吸引到很多人的認同，視他為藝術家兼建築師。他所接下的公共工程項目，讓他以幾乎前所未有的方式，接觸到政治。當時他說，自己開始見識到「它如何運作，怎麼工作」，另添上一句說：「那麼你對它的工作就可以作出批評。」隨著他的批評增長，艾未未變成中國最有決心的「挑釁創新專家」。等到他受聘於瑞士建築事務所「赫爾佐格和德梅隆」（Herzog & de Meuron），擔任藝術顧問，設計北京奧運國家體育場館時，他的觀點開始劇烈轉折。體育場竣工前，他宣布自己與奧運會斷絕關係，把它視為是用來掩飾中國諸多問題的「虛偽的笑容」。

艾未未是莎翁筆下「吹牛騎士」法斯塔夫（Falstaff）式的人物：大腹便便、肉臉擅長表達，黑白夾雜的鬍子延伸到胸前；整個畫面氣勢懾人，直到他開口說出異想天開的世界觀。他的哥哥艾軒對我說：「艾未未的鬍子是裝飾品。」艾未未居住並工作於北京的東北邊緣，自己設計的藝術工作室建築群，像是以離經叛道的創作力所蓋的蜂巢，被一位朋友形容成「修道院與黑幫家族的交叉點」。一扇漆成藍綠色的金屬大門之後，有個天井種了綠草及竹子，周遭繞著磚與水泥蓋的建築，透風頗佳。艾未未與妻子路青住院子一邊，數十名助手則住另一邊。訪客可以四處逛，不受阻擋；養了一隻又老又病、名叫丹尼的可卡犬，還有一窩半是野生的貓，牠們偶爾會破壞艾未未的建築模型。

艾未未夫婦膝下無子。他倒是搞婚外情，與一位在他電影中工作的女性生下一名男嬰。母子倆住在附近，艾未未每天會花一些時間陪他們。他從來不想生小孩。艾未未對我說：「她說：『對，我想生孩子。』我說：『我不認為自己該生小孩，但若是妳堅持，當然，那是妳的權利，我會擔當起父親的全責。』」他很高興自己當初不想生小孩是錯了。他說：「所謂的人類智商，我們真不該高估它。有時候發生意外反而是件好事。」

艾未未花很多時間奔波各處；他在曼哈頓、在切爾西，都有公寓。但身處中國時，他的生活軌道緊緊繞著工作室打轉；該工作室在北京文化生活裡所扮演的角色，很像安迪・沃荷的「工廠」（The Factory）。他日夜梭巡於建築群之中，因此很難分辨他有沒有在工作。近些年，這項分別益發模糊，他的藝術與生活界線愈來愈難以區分。自從發現推特，他變成中國最勤於使用的人之一，經常一天花八小時在上面。我問他，推特會不會耗掉他的藝術創作，他說：「我想，我的地位及生活方式，便是我最重要的藝術。有些作品可以用以收藏，有些可以掛在牆上，這只是一般看法。我們不該按既定路子做事，只因林布蘭也曾那麼做。莎士比亞若還在世，也會在推特上寫作。」他總是真情流露，同時也瞧出這對中國人民有更深層意義；他認定，推特是中國人「二千年來首度有機會，行使個人言論表達自由」，而公權力無法介入他們的話語及大眾之間。

•　•　•

汶川大地震發生後十個月，同時也是胡舒立展開校舍倒塌調查後九個月，艾未未發現自己特別關心一項細節：政府拒絕計算或公布罹難學生的姓名。儘管要求頻頻，當局依然沒製作表列，沒統計死傷，沒對出錯相關單位進行報告，有些太堅持要求資訊的父母還被拘留起來。這些事情激怒艾未未的程度，是任何抽象議題都難比擬的。他對我說：「我們開始問非常簡單的問題：誰喪生了？死者叫什麼名字？」在一篇博客貼文中，艾未未以罕見的嚴厲立場談及災區主事官員，「他們以維持穩定之名，隱匿事實。他們恫嚇、關押、迫害要求真相的父母。他們無恥地踐踏憲法與基本人權。」

那年十二月，他發起一項「汶川大地震死難學生調查」的活動，打算記錄為何有這麼多學校倒塌、又因何倒塌——盡可能搜集最多的名字。他簽下志工，派他們到四川去調查。他們搜集到五千二百一十二個姓名，與父母、保險公司等消息來源交叉比對。這次調查的成果填滿八十張紙，貼在他辦公室的牆上——清單中包含數千人的姓名及生日。

艾未未的工作室每天在推特貼出當日出生而死於地震的學生名單。有個冬日，艾未未在他工作室對我說：「今天有十七人，迄今最多的一個日子。」

當時我們坐在他辦公室裡，他一如往常，在鍵盤上發推文。我們邊聊著，他看了下時鐘，說去法院的時間到了。過去一年，他的辦公室送了一百五十幾封函件到政府各官署，依《中華人民共和國政府信息公開條例》，詢問地震受災者及營建問題。迄今他還沒收到實質的回應。今天他打算控告民政部，訴訟理由是不回應他的要求。

他坐進一輛黑色小轎車的乘客座，車上有司機及一位名叫劉艷萍的女子。她膝上放了一疊紙說：「按政策，他們必須在十五個工作日回應。」我問劉是不是律師，她笑了，說：「我在家帶小孩好長一段時間。艾未未在他博客上徵求志工，所以我寫了封電郵給他。這工作看來很有趣，而且我很好奇。」如此發展成一項全職工作及其他新經驗；劉加入艾的幕僚後不久，她便在四川被捕；因她在當地公開報導一名地震受災活躍人士的審判；警方以「擾亂社會秩序」拘留她兩天。

我們抵達北京第二中級人民法院，這棟現代建築物很高，穹門入口大器堂皇，後側有個寒酸辦公室，受理新案件。我們通過金屬檢測器，兩名年輕男子穿著警衛制服，沉浸於一本漫畫書之中。一排看起來像是銀行辦事窗口的櫃台，最靠近我們的窗裡，有個瘦小的、穿著粉紅色夾克的老女士，對著她面前的長方形玻璃窗口大吼：「另一造沒有證據，怎麼就勝訴？他們是收買了院長嗎？」兩名穿制服的女性坐在玻璃隔罩另一側，臉上掛著認命的表情傾聽著，這意味老婦人追蹤該案已有一段時日。

艾與劉來到一號窗口前排隊，輪到他們的時候，他們把狀紙塞給一位身穿皮製運動上衣的中年男子。他看來眼神呆滯，意興闌珊。他細細閱讀狀紙，找出一個疑問：「你們說，要求民政部公開這項資訊，但你們為什麼對此有興趣呢？」

艾未未俯身過去，朝窗口說：「事實上，根據政策，人人有權要求這種資訊——並非必須經過你同意。」幾番你來我往之後，艾與劉同意寫文件描述訴訟目標，他們在等待區找到椅子，身旁滿是拿著類似紙頁的人。艾未未說：「他們不願受理此案，因為當它排上訴訟過程，法院就必須為此做出某種裁判。」艾與劉過了一個小時，才又抵達窗口。此時他們才曉得，他們書寫的筆墨顏色有誤。書面文件必須用黑色，而他們用了藍色。他們再坐回去重寫，寫好再排隊。

艾未未喃喃地說：「卡夫卡的城堡。」兩小時延長為三小時，我問他，若是他根本不指望會有回應，幹嘛這麼費事。他說：「我要證明這個系統根本不管用。要指責系統不管用，不能光用嘴說。你必須走完整個流程。」在辦公時間結束前二十分鐘，玻璃罩後的男子終於接受訴訟狀紙，艾與劉滿意了，轉身離去。老女士依然在喊叫。

• • •

艾未未一直覺得自己生錯了家庭——不然，至少是一個不吉利的人。他的父親是艾青，名列中國第一流文學要角，年輕時便加入共產黨，以詩作平易近人、洋溢革命精神而聞名。他對毛主席格外印象深刻，為毛寫了首讚美詩，起頭寫道：「毛澤東在哪兒出現／哪兒就沸騰著掌聲」。

一九五七年，艾青四十七歲，與作家協會年輕成員的妻子高瑛生下兒子。當時，毛澤東整肅知識分子的「反右運動」正風起雲湧，艾青對黨的忠誠受到質疑。他寫了一則寓言《養花人的夢》，文中突顯有必要容許更廣的創造性輿論。在文中，只種中國月季的養花人曉得，他「激起了所有花的不滿」。一位詩人同儕憑至攻擊艾青，說他已淪入「反動形式主義的泥淖」。

艾青被剝奪一切頭銜，且被逐出作家協會。在夜裡，他曾頭撞牆，呼喊著：「你們認為我在反黨？」那幾個悲慘的星期裡，艾青夫婦得替嬰兒取名。老爸打開字典，隨手指亂點一個字，結果是「威」，有力量的意思。鑑於當時處境，這個反諷未免太大了，所以他略微更改音調，化成另一個字「未」，意思是「還沒」，最後取名「未未」。

艾家被勒令搬去新疆偏遠西陲；艾青奉派做的工作是打掃公廁，每天十三間。為了找額外食物，艾家去收屠夫丟棄的羊蹄，還有凍死的小豬。文化大革命開始，事態更為惡化。折磨艾青的人當他的面潑墨水，小孩向他丟石頭。艾家被分配住到地下洞，那是原本田裡牲口生產的地方。在那兒，他們住了五年。艾未未對我說：「那段時期絕對是父親人生的谷底，最痛苦的時光。他試圖自殺好幾次。」

艾未未兒時靠著做手工的冰鞋及火藥來分神。艾青夫婦無法保護兩個兒子免於艾丹稱為「壓力、羞辱與無望」的傷害。談到艾未未時，弟弟艾丹說：「他是個敏感、脆弱的孩子，所以他看的、聽的，都比其他人多。」艾未未十多歲時，寫信給他弟弟，回憶他倆的童年。「家具砸碎的聲音，人們求饒的聲音；貓被吊起來直到吊死……當著大家面前被欺凌、咒罵。那時我們年紀那麼小，卻得忍受這些罪過。」他下定決心，絕對不當國家注定的命運囚犯。「我要過好的生活，控制我的命運。」

艾家獲准回北京那年，艾未未中學畢業。他的藝術靈智已開，而且艾家一位翻譯家朋友送給他有關竇加（Edgar Degas）與梵谷的禁書，他還收到一本有關瓊斯（Jasper Johns）的書，但地圖與旗幟組成的意象讓他感到困惑，那本書便「直接進入垃圾堆」去了。他受到前衛藝術家團體「星星畫會」的吸引，但他們的活躍程度受到限制。一九七九年，鄧小平終結剛萌芽的「民主牆」政治運動；其中心人物魏京生被判徒刑十五年，罪名是洩露國家機密。艾未未回憶說，此後「我覺得不能再活在這個國家」。他當時的女友正打算搬去美國求學，一九八一年二月，他隨她而去。

• • •

艾未未在紐約學英語，在東七街與第二大道附近找到一間便宜的地下室公寓住下來。每逢週末就在各畫廊出沒，閒逛於紐約市，一如他弟弟形容，好比「一隻泥鰍，有泥巴可鑽的地方就去」。他沉醉於東村的生猛活力，對他來說，當地「好比活火山，煙始終由山頂噴出來」。中國藝術史學家柯珠恩（Joan Lebold Cohen）結識許多當時住在紐約的中國藝術家，她回憶拜訪艾未未公寓的光景：「整個地方散發尿味。他的公寓就只一房間，沒有傢俱，地板上一張床，還有一台電視。而他牢牢盯著電視。」她繼續說：「我記得，當時在播『伊朗門事件』（Iran-Contra Affair）的新聞吧。雷根政府經歷這樣的洗禮，這樣的掙扎，自身儼然分崩離析，想到這裡，他就非常興奮。因為他簡直無法相信，這一切都是公開進行的。」

艾未未打零工——看家、園藝工、照顧嬰兒、建築工，但絕大多數時間，他去亞特蘭大賭「二十一點」。他太常賭，以至於多年後，賭業媒體報導說，認識他的賭徒發現他也在從事藝術，都震驚不已。他在人行道替人畫肖像，也賺了些錢。像他一般的移民顧客，因為會殺價，他盡量避開。沒多久，艾未未放棄繪畫開始探索「移花接木」的各種可能性。他由朋友處拿了把小提琴，拆下琴頸及琴弦，安上一把鏟子的把手（這使得朋友很不高興）。

艾未未在累積影響力。在聖馬克大教堂（St. Mark's Church-in-the-Bowery）的一場詩歌朗誦會上，他遇見了詩人金斯堡（Allen Ginsberg），並不可思議地結交為友。但影響艾未未最深的人，莫過於杜象（Marcel Duchamp），他把正統給顛覆掉，讓受訓於學院寫實主義的中國藝術家狂喜不已。艾未未也嘗試攝影，而且把突發新聞照片賣給《時代》雜誌。他記錄湯普金斯廣場公園舉辦的各項抗議，開始與警察吵架爭論。「當握有權力的人被你搞得暈頭轉向，你會覺得很有價值。」他說。

然而，當時中國當代藝術的市場低迷。柯珠恩（Joan Cohen）回憶說：「我接洽一位策展人，他回答說：『我們不展出第三世界藝術。』」柯珠恩接洽古根漢時，她說：「不僅策展人不見我，連他的祕書也一樣。」一九九三年四月，艾未未接到訊息，說父親艾青生病，於是他返回北京。他發現「天安門事件」後這些年，許多中國年輕知識分子已脫離公共生活。有件流行T恤印有三隻猴子遮耳、遮眼及遮口，還有諺語「避禍免災」。

一九九九年，艾未未在北京市邊陲的草場地租了幾畦菜地，一個下午就勾勒出工作室建築群設計圖。他沒受過建築師訓練，但他的設計太獨特，以至於吸引一大堆建築及公共藝術裝置的委託案。過沒多久，他便成立中國最具影響力建築事務所之一的「發課設計」（FAKE Design）公司（他老是愛講：「我一點也不懂建築。」——這肯定了他的意外成功，還有他對質問真實性的熱衷）。

歲月流逝，艾未未的時間愈來愈多用在政治、表達自由及科技的交界處。中國入口網站新浪網邀他主持一個博客，起初他經營的方式很奇怪——每天貼上數十張、有時甚至數百張快照，內容是他的訪客、貓以及四處遊蕩，把自已生活公開，受人檢驗。博客讓他取得的觀眾之多，大於他以往所見。他開始評論遠超過藝術之外的主題。他寫一個叫做「C」的國家，由「矮胖又愚笨的貪吃鬼」所統治，此輩「每年花二千億元來吃吃喝喝，還有同等金額在軍事預算」。一般記者得奉行中宣部指令，但艾未未跟他們不一樣，他與眾不同；他又沒工作，無法因發言肆無忌憚的理由而炒他鱿魚。

他全神貫注於一個又一個敏感議題。擔任艾未未助手的年輕藝術家趙趙對我說：「他會讀新聞，然後說：『怎麼可以這樣？』然後到隔天、第三天，都還講同樣的事。」到二〇〇九年五月，他成為中國最敢發聲的喉舌之一，公安便去「走訪」艾未未與他母親，問他搞什麼鬼。他在網上公開貼文回應：「竊聽我的電話，我可以忍受；監視我的住處，我可以容忍。但衝進我家，當著我七十六歲老母親面前威脅我，我無法接受。你們不懂人權，但你們一點兒也不知道憲法嗎？」翌日，他的博客就被關閉了。

・・・

財富與威權交雜，讓中國新冒起的創意階層人士感到兩難。一個社會，既支持藝術卻又鎮壓自由表達，藝術家被迫在其中摸索。然而，中國藝術家並非第一批遇到類似狀況的人：凡德羅（Ludwig Mies van der Rohe）替納粹工作，因此受到批評。中國文化大革命期間，藝術家不准演出巴哈、貝多芬等作曲家的作品，只能表演「革命樣板戲」。當前的壓力更微妙，中國藝術能賺到的錢，為史上之最，但要收受那些好處，必須接受表達有所局限。作家、畫家及電影出品人必須決定，他們的作品裡，有多少屬自發活力，又有多少屬商品性質。他們必須設法平衡過熱的商品市場，外國對掙扎求存的中國藝術家的期許，還有來自共產黨的壓力。

為了了解那種感受，我去拜訪徐冰。徐冰因在一九八〇年代創作好些高度爭議的作品而聲名鵲起，其中包括《天書》（又稱《析世鑒》），一套完全自創而無人能懂的假象形文字組成的手印書籍與卷軸——用以批評中國迂腐的文學文化。徐冰搬去美國發展得更好，贏得麥克阿瑟「天才獎」，藝術作品價值很高。只是在二〇〇八年，他拋開外界地位返回北京，出任官方最高藝術學府「中央美術學院」副院長，震驚中國藝術界。

我在一家北京的博物館遇見徐冰，他正在指揮吊車安裝一套鋼製鳳凰。我們小酌一會，我問他何以用那種方式返回中國。「這地方還有很多問題，如貧富不均、移民工課題等；但中國也的確解決了很多問題，經濟發展如此迅速。何以如此？我很有興趣。」

他繼續說：「我們學校經常開會。」開會事實上是國營組織過日子的方式。「你會發現，那些開會真的很無聊又沒有用。有時在開會時，我會寫文章，大家還以為我在做筆記，說我格外投入。」他笑了，接著說：「但接下來我會想到，事實上中國人每天都在開會，而且，就算這些會毫無意義，中國依然發展得如此快速。怎麼會這樣？其中必有道理。這是吸引我的地方。」

艾未未在中國當代藝術圈的位置其實很尷尬：在海外，他的聲名與作品價值與日俱增——他收到令人垂涎的委託案，如替英國泰德現代藝術館（Tate Modern）巨大得像大教堂的「渦輪大廳」（Turbine Hall）創作展品；但是在中國，他從未受邀進行大型展覽，而且他與藝術家同儕的關係也不慍不火。趙趙告訴我：「畫廊及雜誌社寄很多東西給他，但他甚至連拆開都沒有。」

策展人兼藝評家馮博一這些年來曾與艾未未合作過，我請他描述其他知識分子對艾的看法。馮說：「有人真的很尊敬他，尤其是藝術圈外的年輕人。」但某些藝術家卻有另種觀點。馮說：「他們攻擊他，說他只想小題大作，他們不認同他的手法。」

許多中國藝術家，跟其他菁英人士一樣，都探索過西方自由主義，或曾住在海外，但像是唐杰或我在帕羅奧圖遇見的史丹佛工程師，他們愈是接觸西方，愛國心愈是升高，看待西方對中國的批評愈是狐疑。依貶低艾未未的人看來，他就是急忙想滿足西方對「異議人士」的期許，很樂於把今日中國複雜現狀，化約為非黑即白的絕對值，以投合外國人的同情。他們譴責艾未未批評他人面對不公義時麻木不仁是一種偽善，因為他出生於有名的艾家，還有在西方的名聲與地位似乎讓他擁有一定程度的保護，而那是別人無法享有的。事實上艾未未大多在國外展出，引發批評聲浪，說他較樂於讓外國人把道德渴望投射到他身上，而非致力解決中國晦澀難解的問題。甚至一度太多批評家在網上揣測，說艾未未已放棄中國籍，使得他被迫貼出自己中國護照的照片。

艾未未與徐冰曾是密友，但後來分道揚鑣。我問徐冰對艾未未的政治活動有何感想。徐說：「艾信守某些理想，比如民主自由，讓他感受深刻的東西，這些都是承自冷戰時代的遺緒。這些東西並非沒有價值，它們有其價值，而且在今日中國，艾未未有他的功用，是有必要且有意義的。但我返國後認為現今中國與艾未未返國時已大不相同。」徐冰再說：「我們不能抱持冷戰態度不放，尤其今天的中國與冷戰時已有天壤之別。」

徐冰說：「不是人人都能成為艾未未，那樣子中國就無法發展了，對吧？但中國要是連一個像艾未未那樣的人都不容許，那這個國家就大有毛病了。」

• • •

艾未未博客被關閉兩個月後，他去四川省會成都，參與調查汶川地震活躍人士、被控涉嫌煽動顛覆國家罪的譚作人的審判。八月十二日凌晨三點，艾未未在飯店房裡睡覺，公安來敲門，叫他開門。他回答說，無法確定對方公安身分，拿起話筒撥電話給警方。同時他開啟錄音機，記錄當時狀況。在他電話還沒打通以前，公安破門而入，接下來發生打鬥，艾未未臉上、右頰骨上方挨了一拳。他對我說：「對方有三到四人，他們拖著我走，打我的頭，襯衫都撕破了。」

公安把他還有他的十一名志工、助理帶去另一家旅館羈押起來，看守到譚作人審判結束。四星期之後，艾未未來到德國慕尼黑布展，覺得頭一直發疼，左臂無力。醫生發現他有硬腦膜下出血——腦右側積了一灘血，肇因為鈍器或外力所傷。醫生認為那有致命之虞，當晚便替他做手術。在醫院等候復元期間，艾未未把他腦部掃描複本、醫生診斷，還有他在醫院時頭蓋骨插了根排管的照片，全傳到推特網站去。接下來他進行自己藝術生涯最大的一次展覽，在慕尼黑「藝術之家」美術館（Haus der Kunst）一堵外牆設置巨型裝置藝術，由九千個色彩鮮豔的特製學生背包組成。背包組成巨大漢字，拼出一名女兒死於汶川大地震的母親的一句話：「她在這個地球上快樂生活了七年。」

手術後幾個月，艾未未完全康復，話雖如此，他仍容易疲倦，有些字眼要想起來很困難。同一時間，他開始從種種跡象發現，政府對他的監視愈來愈嚴密了。他的 Gmail 帳戶被駭，設定被更改，訊息會發送到他不熟悉的郵址。他的銀行被官方查帳，審核他的財務。他家正門外的電杆、電話杆出現一對監視鏡頭，焦點放在進出艾家的人和車輛——這對一個已經把生活瑣事都公開在推特的人來說，誠為多餘，但官方不管。艾未未想把他的紀錄片做成 DVD，壓片廠都擔心跟他扯上關係會受罰。在艾未未媒體製作公司工作的搖滾音樂家左小祖咒跟我講，「連色情片壓片廠都不敢接」。

在中國搞異議得拐彎抹角，這種模式令艾未未憎恨。傳統上，知識分子對政府的批評，至少還得保持表面上的一致，誠如成語「指桑罵槐」。艾未未對這一點已失去耐性。有一群較不出名的藝術家打算抗議打著開發名義而拆毀他們工作室的建設計畫，他們來找艾未未提供建議，艾告訴他們：「假如你們抗議，卻未能產出任何有關抗議的東西，那你們不如在家裡抗議。」艾未未與藝術家們發動遊行，走到北京市中心的長安街——這個舉動有無限的象徵意義，因長安街就在天安門廣場附近。走了數百米以後，警方和平地擋下他們，只是他們的壯舉受到的矚目，遠超過藝術界的關注。著名的維權律師浦志強對我說：「二十年來，我以為要在長安街抗議是絕對不可能的事。他卻做到了。他們能拿他怎麼辦？」

在中國，網路時代的顛覆動力——諷刺的重生，尋找社群，抗議的勇氣——已攪動大家對新型態批判聲音的飢渴。胡舒立總編與她的記者們無法滿足這種渴求，他們既不夠超然，也沒有欲望來疏導大眾的憤怒；傳統式的異議人士如劉曉波等人太正經八百，太菁英路線，無法擔任更廣大民眾的喉舌；唐杰等愛國人士因過於凶猛，疏離了民眾；而韓寒通常太侃侃而談，無法與長輩共享舞台；但艾未未結合了鐵桿的根正苗紅與民粹派的風格，他的日常用語揉合了諷刺、想像及狂烈。

中國畫家兼社會批評家陳丹青對我說：「有人說艾未未搞的是某種表演藝術。但我認為，很久以前他便已超越了那種定義。他做的事更有趣，更具有多義性。他想看看，憑個人的能耐能達到什麼程度。」

第13章 七項判決

Seven Sentences

劉曉波稱為「上帝賜給中國人的大禮」之科技，終於引得警方找上門來。幾個月來，當局一直在監視他的電郵及線上通訊狀況。到了二〇〇八年十二月，他與他的共同起草人已搜集到第一批三百個簽名，以便公布他們所稱的《零八憲章》，當時正打算公布。在他們公布之前兩天，一隊警察便集合在劉曉波公寓的門口。

公安帶他離開時，他並沒有抗拒。他的妻子劉霞未獲告知他的去向，以及被帶走的原因。過了好些天，劉的律師莫少平試著尋找究竟是哪個政府部門羈押了他的客戶，但當地與異議人士打交道的單位，北京市公安局一般事務辦公室跟中宣部一樣，是棟「不存在」的建築。它沒有地址，電話號碼也沒公布。即便律師本人現身於門口，辦公人員仍會拒絕承認這兒就是他要找的辦公室。莫少平不知所措，所以只好以舊方法尋求解套：

他印出資訊查詢請求書，寫上該神祕辦公室的地址，再把信塞進郵箱。

劉曉波被捕後幾天，《零八憲章》終於公布，這才證實這篇聲明是呼籲漸進，而非突然的改革。作者們刻意緩和措詞，想跨越知識分子的限制，以吸引普羅大眾；大眾在面臨全面動盪時會打退堂鼓，但是在改革呼籲當中，或許能瞧見自己奮力追求的東西。劉曉波與合撰人寫道：「現行體制的落伍已經到了非改不可的地步。」他們提出十九項改革，比如司法獨立、公職選舉。書面上，他們對人權、民主及法治的呼籲，其實很像政府自己所說所寫：中國憲法有諸多保證，比如第三十五條便寫道：「中華人民共和國公民有言論、出版、集會、結社、遊行、示威的自由。」但在實際上，憲法並沒有高於黨的法律權威，所以大致上，它是無意義的。黨讚美「民主」時，指的是「民主集中制」，想到的是黨員內部自己辯論，然後無異議遵守最後決定。

過了四個月，劉曉波仍然音訊全無。接下來，在二〇〇九年六月二十三日，當局通知他的妻子劉霞，說她丈夫將被起訴以「煽動顛覆國家罪」，審判將在聖誕節前兩天開始。「煽動顛覆國家罪」是個中國特有的罪名。其他威權國家，政府一般要把異議人士關起來，都有更具體的理由；在前蘇聯，夏朗斯基（Natan Sharansky）是因當間諜而下獄（他可沒有當間諜），在緬甸，前軍政府要把翁山蘇姬（Aung San Suu Kyi）軟禁在家多年，依他們的說法，是為了「她自身安全」起見。但是中國政府認為，這些都太囉嗦，於是就以劉曉波著作裡的七項罪名起訴他，指控他遣詞用字含括「謠言及誹謗」，攻擊「人民民主專政」。以他一篇違規的文章來說，光是標題就成為起訴書的罪名之一，該篇文章名為〈透過改變社會來改變政權〉。黨沒說出口的是，他們認為劉曉波造成的威脅很是特別。他有海外人脈，又擁抱網路，二者結合起來變成黨最頭痛的課題：隱隱然有發生外國撐腰的「顏色革命」之虞，還用網路組織起來。上一年，國家主席胡錦濤才對政治局說，「我們能否應付網路」將決定「國家的穩定」。

那年十二月，劉曉波受審時，控方只花十四分鐘便完成提案說明。輪到劉講話時，他否認一切罪嫌。另外，他宣讀一篇聲明，文中他預測，不利他的判決將無法「禁得起歷史的考驗」：

「我期待我的國家是一片可以自由表達的土地，在這裡，每一位國民的發言都會得到同等的善待；在這裡，不同的價值、思想、信仰、政見……既相互競爭又和平共處；在這裡，多數的意見和少數的意見都會得到平等的保障，特別是那些不同於當權者的政見將得到充分的尊重和保護；在這裡，所有的政見都將攤在陽光下接受民眾的選擇，每個國民都能毫無恐懼地發表政見，絕不會因發表不同政見而遭受政治迫害；我期待，我將是中國綿綿不絕的文字獄的最後一個受害者，從此之後不再有人因言獲罪。」

劉曉波陳詞到一半，法官突然打斷他，說控方只用十四分鐘，因此辯方必須比照辦理（中國律師以往沒遇過這種「原則」）。兩天之後，二〇〇九年十二月二十五日聖誕節這天，法院判處劉曉波有期徒刑十一年。依中國標準，刑期也算很長；當地民權人士將此判決解讀為有嚇阻其他人之目的，依古諺來說，就是「殺雞儆猴」。

判決刑期之重令人驚訝，部分原因在於《零八憲章》其實並未引起民眾多大反應。它一貼上網，就被網管給刪掉了；而且，它發表的時機很糟：中國人民還在享受奧運餘韻；早在那年春天，哲學博士生唐杰的影片已挑起中國人對西方批評的敏感；此外，金融海嘯在蔓延，中國領導人在經濟方面的表現，相形許多西方領袖，要有技巧得多。作家兼翻譯家宋以朗寫道：「因為美國總統小布希，《零八憲章》一出生就夭折了。」他預測，中產階級新成員「不會把他們的公寓、汽車、電視機、洗衣機及希望，押在一篇祈禱文上」。

一開始，政府似乎也認為如此；幾乎懶得公開表示知道有《零八憲章》。但是在接下來幾個月，《零八憲章》開始吸引到知識分子、農民、青少年及退休官員的簽名支持。最後，簽名數達到一萬二千人，這數字所占中國人口比例極少，但象徵意義卻很大：它是一九四九年以來，反對一黨專政最大規模的協同活動。這反映出有一個社群的普通人，不害怕簽署自己姓名；誠如一位署名者所寫，直到當時為止，人們一直生活在「某種疏離而孤獨的國度」。黨不能再裝聾作啞了。二〇一〇年十月，官方媒體譴責《零八憲章》為「完全過時」，寫出來「混淆民眾的思想」，想引發「暴力革命」。官媒呼籲國人回想起百年國恥：「採用這種憲章，將把中國削弱為西方的附屬品；讓中國社會的進步與人民的快樂，為之終結。」

・・・

劉曉波被定罪兩個月後，他提出上訴。上訴被駁回。外國記者向外交部發言人馬朝旭詢問判決的訊息時，他否認了，原因是「中國沒有異議人士」。接下來，馬試圖讓氣氛放鬆：中國農曆年要到了，記者會末尾，他祝大家虎年快樂，並舉起虎形填充娃娃。他敦促記者們「提問時要很小心」，不然「這個老虎對你可能會不高興」。

北京城的另一邊，艾未未讀到「中國沒有異議人士」這個句子，心中難以釋懷。愈來愈多人以「異議人士」來形容他，但這讓他覺得太簡化，不足以含括中國正在生根的異議範圍。在西方，這個詞彙面對鎮壓的暴力時，其不屈服的道德語氣十分清楚；但是在中國，成為一名「異議人士」會因很多因素變得複雜，而外人經常會低估這種複雜性。

姑舉一例。中國政府絕不讓自己變成單一標靶；它成功改善數億人的生活，儘管剝奪掉他們的政治自由。政府遇到批評者，經常以最實際的方式來作出論調：溫克堅既是人權倡議人士，也是成功的商人，他回憶警察找上門，想導引他遠離政治。警察說：「瞧你那爛車，已經開七、八年。你的朋友們已經都買賓士了。」溫聽他們說完，認為公安們的說法，並不像他們認定的那麼好笑。雙方都想說服對方，但所說的話根本就是平行線，就像中國俗諺形容的「雞同鴨講」。咯，咯，嘎，嘎。根本沒有溝通。除了來自軍警維安很明顯的壓力以外，變成異議人士有可能讓你與朋友、恩人的關係徹底完蛋。在中國，知識分子圈中的異議人士，凡有太多仰慕者，或者那種顯然無意於取得名聲財富，卻想挑起那種很露骨、傳統中國思維會迴避的政治衝突，那麼周遭的人對你會戒慎恐懼。艾未未著迷於這種對抗中。而今他身邊總是有便衣國安人員跟著他，他報警，引發一場公安機構重疊的混亂：誠如他形容：「一部走餿的荒謬小說。」他把藝術與政治的尋常邏輯反轉過來：不是動用藝術來佐助其抗議，反而是把威權機構徵召進來，化為他的藝術。

艾未未似乎天生就無法與人合作。有一次，艾瑞克森（Edvard Eriksen）著名的小美人魚雕像借展到上海，雕像在哥本哈根市原來擺設的地點空了出來，便委託艾未未製作一件作品來安置上去。艾未未沒在那個位置擺放另一個雕像，反而是在那裡放現場轉播影片，讓大家欣賞小美人魚暫時在中國的家。丹麥人認為，艾未未設計的超大鏡頭不怎麼吸引人。艾未未則說：「我們真實生活就是那樣，人人活在某種監視鏡頭下。並不美麗。」

每當中國民權人士衡量異議的利弊得失，他們都知道，若政府失去耐心會有什麼下場。只要回想到「高智晟」這個名字就行了。二〇〇五年，高智晟身為律師，又是耀眼新星（二〇〇一年，司法部把他排名為中國十佳律師之一）。他在法庭上愈是成功，就變得愈好戰，而且更有意願挑起法輪功人士的敏感案子。他因批評政府執法而下獄，但他拒絕收手，二〇〇七年九月，他在人行道上瞧見一群人逼近他，接下來覺得脖子挨了一記重擊。接下來他被兜頭罩住。

高被載往不知名的地方，然後除掉頭罩。他被扒個精光，再被警棍毆打及電擊。他在一篇偷送到海外的文章裡寫道：「接下來兩個人扯開我雙臂，把我釘在地上。他們用牙籤刺我生殖器。」這種酷刑持續了十四天之後，他再被羈押了五星期。最後他獲釋時，被警告說絕不許對外描述他怎麼被凌虐，不然，下一次「就會當著你妻兒面前進行」。兩年後，有記者去採訪他，高已宣布放棄民權人士的生涯。他簡單地說：「我沒那個能耐再堅持下去。」

艾未未再次端詳「中國沒有異議人士」這個句子。他鍵出一串訊息給自己數萬名追隨者，試圖了解政府的意思到底是什麼：

一、凡是異議人士都是罪犯。

二、只有罪犯才有異議。

三、罪犯與非罪犯之區別，在於他們是否有異議。

四、若是你認為中國有異議人士，你就是罪犯。

五、中國沒有異議人士，因為他們都是罪犯。

六、那麼，現在還有人反對此一意見嗎？

・
・
・

共產黨對於遏制傳統的異議人士相當有經驗，以至於很容易忽略資訊傳播的速度，一旦擴散起來會有多快。因為網路早已超越中宣部刪檢人員所能處理的量，於是網路警察的工作分屬幾個單位來處理，包括互聯網事務局。該局對此一挑戰的規模有多大，很是坦誠。副局長劉正榮愁慘地承認：「我們最大的挑戰，在於網路一直在成長。」

舊式媒體系統裡，刪檢人員仰賴「盤繞於頭頂吊燈下的巨蟒」的法則——知道胡舒立與一干編輯們會自我刪修，以保障他們能繼續印行雜誌；但是在網路上，你根本不知道誰打算寫些危險文章，直到它被刊出來為止。網管就算能盡快取下意見評論，但是要預防文章被轉發、保存及閱讀，還是太慢。語言文字正以中國史上前所未有的規模表達出來，而刪檢人員則跟在後面跑。

而且，這還造出另一種麻煩。刪檢，以往只是個抽象、看不見的過程，它只會出現在祕密指令或編輯台的討論中，現今則坦然可見。無論何時，當局拿掉韓寒一頁博客，在網路時代就不像在郵局攔截劉曉波一篇文稿那麼簡單。那種行為，會讓數百萬上網閒逛的用戶看到；他們本來只過著原本的日子，從未糾纏於刪檢機制的矯揉造作。誠如韓寒對我說的，刪一頁博客反而像是發出訊號：「有些東西你真的不想讓我知道。因此呢，現在我真的很想知道。」

韓寒說，他那一世代的讀者相信，「任何你試著想掩飾的東西，就變成真理。」有次演講時，他說：「我不能寫公安，不能談論領導們，無法寫關於政策的文章；我不能探討體制，無法寫司法；很多歷史片段，我不能寫作，無法寫西藏，不可寫新疆。群眾聚會不能寫，示威不能寫，色情不能寫，刪檢不能寫，藝術也不能寫。」

黨最期望的是網路談話未展開之前，便先被遏止掉——因此使用自動過濾敏感字眼。因為政治議題不斷冒出來，網管必須不時更新禁忌詞彙表，很像我由手機接到，宣傳部發到媒體的指示清單。互聯網事務局發出指令給全國網站，有時候一天好幾次。某個字眼今天可能准用，而明日就禁掉了。你在百度引擎——中國版「谷歌」上鍵入那個字，會出現如下訊息：「無法顯示搜尋結果，因為它們不符相關法律、法規及政策。」

但上有政策，下有對策。人們應變步調一樣快速。為了繞開詞彙過濾，他們用拼音來代替，造出一種密碼，一種影子語言，比如網管封鎖《零八憲章》（拼音為 ling ba xianzhang），人們就寫成「linba xiangzhang」，沒人在意這樣拼音會變成「淋巴縣長」。

政府跟民眾的想像力賽跑，永遠落後但仍想趕上。每年最艱困的時間莫過六月，當天安門廣場鎮壓週年逼近時，人們會設想各種隱而不顯的方法來談論。除了幾個永遠掛在黑名單的詞彙——民主抗議、一九八九年六月四日——網管煞費心機，一旦人們發明出來，就增加程式碼。我讀過最新的查禁字彙表，看來就像祭禱文：

火／

鎮壓／

革除／

毋忘

• • •

在「六四事件」上，這些網路篩檢潰敗如山倒，黨則在測試終極武器：「關閉全網路」。二〇〇九年七月五日，中國少數民族維吾爾穆斯林在遙遠的西部烏魯木齊市抗議警方處理漢人與維人打架事件不公。抗議轉趨暴力，近兩百人喪生，其中大多是漢人，他們被攻擊的原因就是因為「漢人」身分。漢人繼而對維吾爾區發動報仇式攻擊，為了阻止人們通訊和組織起來，政府突然切斷簡訊服務，切斷長途電話，幾乎關閉一切上網管道。這種「數位停電」持續了十個月，對經濟影響深遠：新疆地區的出口品暴跌百分之四十四以上。但黨願意承受巨大經濟損失，以弭平它認定的政治威脅。未來若面臨更大的危機，中國可能有極多內外管道，在全國層面實施全部停網。但，即便是有限的停網，都可能影響深遠。

新疆事件就很多方面來看，都是轉捩點。前一年，胡舒立與《財經》雜誌已證實，成功的調查採訪大受歡迎。中國民眾接收到的資訊愈多，就愈是渴求。胡舒立把編採人手增加三倍到超過兩百名記者。雜誌還聘請前投資銀行專家胡傳暉來擔任財務主管，而她兩年內就讓廣告銷售增加三倍，成為一億七千萬人民幣。她跟胡舒立的計畫，絕不只是一本實體的印刷雜誌；胡舒立在她俯瞰北京的辦公室裡對我說，她們展望的，是一個「整全媒體資訊及評論平台」。口氣聽來不像中國新聞工作，反而像矽谷的執行長。她說：「不論你用什麼閱讀裝置，我們都要送上高品質的東西。」

但隨著雜誌愈來愈賺，愈來愈有發展，胡舒立與她金主王波明的關係產生摩擦。她遊歷愈廣，研習外國的出版，她的抱負變得愈大。她要有自己的媒體企業，可以按國際準則運作。相形之下，王波明則認為做事有輕重緩急之分；他進入出版業，賺了些錢，很享受身為媒體大亨帶給生活的小確幸，但他沒意願去當政治烈士。他感到不安。我跟他談到胡舒立時，一抹遲疑橫過他臉龐，意味著他對現狀已感滿足，不想再要什麼了。他說：「我們不曉得那麼做會帶來怎樣的風險。」

二〇〇九年春天，政府警告《財經》不得調查國營電視系統裡的財務腐敗，還有一系列極其敏感的議題。王波明猛抽菸，說：「但他們還是幹了！」他表示，讀者愛扒糞，但廣告商不然。他說：「在某一頁是他們的廣告，但下一頁卻是篇報導，說他們公司在騙人。我們接到的電話，你無法想像。《財經》從不做正面報導。所有跟胡舒立談話的公司，都希望文章講好話，但一見刊，都是負面的！」

那年夏天，總編輯與發行人的關係急遽惡化。新疆發生暴動時，網路被切斷，宣傳部官員只准官方認可的記者上網。胡舒立派了三名記者到現場，然而當局給她的配額只有兩名。第三位記者是借朋友的記者證，偷溜進能上網路的媒體中心。他被逮到，官員想搜查他的筆記型電腦。他拒絕，還跟警衛扭打。當局把他弄上飛機送回北京。

這次吵架的消息傳到政府層峰。中宣部當局那年已申斥過《財經》，此時胡舒立的贊助人規畫一串措施，想讓她重返控制之下：從現在開始，雜誌每期的封面報導都得送請批准；《財經》將接受指示，「不容置疑」；而且最重要的是，它得放棄報導政治，「回歸正面報導金融與經濟」。

胡舒立很生氣。她質問王波明：「『政治新聞』的定義是什麼？還有『正面新聞』呢？由誰來當裁判？」接下來幾週，她試著配合新規則。但她的老闆一次又一次拒絕其封面故事。被拒三次之後，她害怕手下最棒的年輕編輯因此辭職。老闆們拒絕第四篇故事之後，她依然把它出刊。

・・・

北京城裡，胡舒立與她的靠山們發生衝突的消息傳得沸沸揚揚，她倒是瞧出一條路來。投資人來與她接洽，而她了解，他們的支持可以讓她奪得《財經》更大的控制權。她與王波明關係緊張，原因不光是編輯自主。她辦的是他旗下最賺錢的雜誌，而她要更多利潤撥進來擴大營運，不然，她害怕被網路新時代淘汰。

她帶著一份大膽的經營權買斷計畫，洽詢王波明，可以分享公司的控制權：四成給投資人，三成給她還有她手下的編輯，另三成給王的公司。最重要的，是她要編務決定的最終控制權。若是得有人去中宣部打交道，她打算自己來。她說：「我想，身為專業編輯，我應該是下最後決定的人。」

但是在王波明看來，這項提議根本是背叛。他幫助她掙得實際新聞自由的程度，勝過中國其他任何人。她非但不知感激，還敢要求更多；這好比中國統治階級，覺得已經給得夠多了，但老百姓還不知足！王波明想，她太天真了。要不然就更陰險，是在作秀，外披言論自由的大旗，偽裝她想爭奪公司控制權的欲望。王波明拒絕胡舒立的提議。

到了九月，管理層分崩離析：業務主管胡傳暉及她手下六十名職員辭職，同時在編輯台，編輯們也宣稱準備離開，一起重新開始。胡的副手王朔對一群年輕編輯、記者們說：「跟我們來。」但實情是他們該怎麼從頭再來，要做什麼，大家都沒頭緒，可大家都可以選擇。準備打包的編輯們盼望能鼓動全面出走，給同事們三天考慮，要不要加入他們。

對面臨此一抉擇的記者們呢，這倒是進退維谷：現在是誰提供政治庇護給胡舒立？投資人會再賭她一把嗎？此外，她的記者對她的管理也諸多抱怨：儘管她大談透明、查核與平衡，她也有獨裁的氣質；某些替她做調查採訪的記者認為，她對位高權重的朋友下手較輕；而且，《財經》初創時代她提供的高薪，已跟不上中國節節高漲的經濟了。

她的記者們若加入他們採訪的產業線，薪水可能會漲三倍。

然而，儘管有這麼多不確定性，胡舒立的特立獨行，強烈地影響她周遭的年輕記者。負責報導SARS病毒的記者曹海麗說：「我們總愛說，一百年才出一個胡舒立。她真的、真的獨一無二，在美國，那樣的人或許車載斗量，但是在中國真的很罕見。」

十一月九日，胡舒立離開《財經》，編輯台跟她走的有一百四十人。對胡來說，離職是項抉擇，儘管並非她的初衷。她對我說：「你可以說我們是被趕走的，也可以說我們自動離開的，真的很難講。」對此，她強顏歡笑，說：「或許我們可以做更大、更有趣的事。」但是中國知識分子當中，很少有人認為有什麼值得樂觀的。一名博客主和菜頭寫道：「她劍上染血，衣上有火藥味。要再找個胡舒立，只怕很難了。」

•　•　•

二〇一〇年十月，劉曉波被定罪十個月後，諾貝爾獎委員會把和平獎頒授給他，「表彰他長久以來，非暴力地為基本人權奮鬥」。若不計獲獎當年是無國籍身分、已流亡數十年的達賴喇嘛，劉曉波就是第一位獲此獎項的中國公民。劉的獲獎，讓中國領導人氣得要死；北京當局譴責此為對諾貝爾遺緒一大「褻瀆」。長年以來，中國一直垂涎諾貝爾獎，把它當成國家進步的肯定，並當成測量世界接受中國的程度。對獎的執迷是如此強烈，以至於學者們把它叫做「諾貝爾情結」，每年秋天都在爭辯中國獲獎的機率，好像運動粉絲在競逐錦旗。甚至曾有一場電視辯論，就叫「我們距諾貝爾獎有多遠？」。當得獎宣布時，大多數人聽都沒聽過劉曉波，所以國營媒體造出第一印象：以顯著欄位在全國版報導，說劉曉波是靠「說自己國家壞話」來謀生的人。人物概述很刻板，文章把劉描述為名酒及瓷器的收藏家，還說他對獄友說：「我跟你們不同。我不缺錢。外國人年年給我錢，就算我在牢中也一樣。」劉曉波「為西方反中國勢力工作，不遺餘力」，而且因為這樣做，「超越言論自由的界限，變成犯法」。

對維權人士來說，劉獲獎的消息令人震撼。有人後來說：「很多人淚流滿面，泣不成聲。」在北京，博客主、律師及學者們聚集在一家餐廳後廂慶祝，但警方趕到，拘留了其中二十人。當消息宣布時，韓寒在他博客上玩弄刪檢人員及讀者，只貼了一對上下引號，包住空虛的空間。這則貼文吸引了一百五十萬點擊、二萬八千則評論。

劉曉波得獎後兩天，他的妻子劉霞到遼寧省錦州監獄探望他。他對她說：「這獎是給六四冤魂的。」返回北京後，她就被軟禁在家。政府禁止她及任何人前往挪威首都奧斯陸領取獎項；在此之前，唯一前例發生在一九三五年，希特勒禁止德國作家兼和平人士奧西茨基(Carl von Ossietzky)的親戚代他去領獎；奧氏本人則在蹲過集中營後，被關在警衛看守的醫院病床上。劉霞的電話線及網路都被切斷了，而且除了她母親以外，不准接觸任何人。這只是開頭，政府的孤立攻勢持續了好幾年。

十二月，頒獎典禮逼近時，中國呼籲其他國家杯葛諾貝爾獎。國營媒體稱此為「選邊站」，而幹練的外交官，在約翰霍普金斯讀到碩士的副外交部長崔天凱質問同夥國家說：「他們是想參加政治遊戲而挑戰中國司法系統，還是想與中國政府、人民，發展真正友誼？」頒獎典禮上，四十五國代表現身，十九國沒來，缺席國家包括伊拉克、巴基斯坦、俄羅斯、沙烏地阿拉伯及越南。《中國日報》頭版宣稱：「大多數國家反對和平獎頒給劉」。劉曉波北京公寓外，工人們忙著立起藍色金屬工地圍牆，防止攝影記者拍到劉霞軟禁在家的照片。英國廣播公司轉播該典禮時，中國電視螢幕黑屏以待。

這麼些年來，我瞧過這招好多次了。幾十年前，黑屏很公平地反映中國的世界觀——目光褊狹，既落伍又與世隔絕。但現在，出於本能而不讓大眾看到當局不待見的事實，實在與中國生活其他部分的開放、世故衝突得很荒謬，而且，它似乎把尋常中國百姓努力想達成的東西，給廉價化了。中國並非希特勒的德國，但中國領導人情願讓自己在諾貝爾獎歷史上，與納粹分子擺在一塊兒。可能是中國政府裡最強大的勢力不夠聰明，無法了解這種代價，要不就是其最睿智的人勢力不夠強大，無法說服他人。

一般中國百姓對諾貝爾和平獎頒獎典禮所知不多。他們從未聽到主持人引用劉曉波的話，說政治改革應「漸進、和平、有序，有所控制」。他們沒看到獎牌及證書被擱在典禮台上，一張空空如也的藍色椅子上。中國境內，那個瞬間被記錄起來，充其量只如鬼魂。而在那年冬天的網路敏感詞名單，刪檢人員加了個新的忌諱搜索詞：「空椅子」。

第14章

雞舍裡的病菌

The Germ in the Henhouse

當大家戴起墨鏡的時候，一開始並未引起人們注意。二〇一一年剛出現在中國社群媒體網站時，只有數十名男女。沒多久，更多人戴起墨鏡了，包括小孩、外國人及卡通人物。博客主注意到了，開始奔走相告。到了人數超過五百，網管就把他們刪了，只是他們持續流通；對知情人士而言，那些圖片算是里程碑，或許是中國首次有政治活動如病毒般流行。那是向一個參與者不曾親自謀面的人致敬：失明貧雇農律師陳光誠。

六年前我曾試著到陳居住的東師古村拜訪他，當地政府始終沒放棄圍堵陳光誠思想散布的決心，即使那麼做，意味著把他像熱症帶原者般隔離起來。大約在我去造訪他的二〇〇五年秋天，陳光誠被召去，與當地副市長劉杰見面。劉杰要求了解，何以陳光誠會對外國記者談論一胎化政策的倒行逆施。「你何不透過正常的官方管道，解決此事，而要向海外國家的敵對勢力談？」

到那個節骨眼，態勢已經很清楚，陳光誠因為訴諸大眾，已然越界，而政府不能容忍。他並沒被任何罪名起訴，但被軟禁在家，電話被切斷。幾個月之後，有次例行性停電——在某些中國鄉間常見的麻煩，而且頻率愈來愈繁，叫他大感驚奇的是，停電居然使干擾他電話通訊的設備也失靈了。陳竟能打電話給在北京的律師，律師再撥給我，而我再去電陳光誠。這種狀況之詭異，令他好笑，接下來他收住笑聲，好像是想為當下的情境尋找某種合宜的語調。他鄭重地說：「我想告訴全世界，這個地方政府連自己的法律都不遵守。」對於他自己試著提醒政府，別踐踏法律，居然讓他被隔離起來，陳光誠十分困惑。我問他心中最大的問題是什麼。他說：「我只是好奇，中央政府是不想阻止這個，還是沒能力阻止。」

陳光誠被軟禁在家近六個月後，翌年三月，他的兄弟與同村人因陳光誠限居的條件，而與警方吵架。陳光誠被控以「損毀財產」及「聚眾妨礙交通」罪名，話雖如此，他的支持者認為，以他的身體條件，這些都是欲加之罪。他出庭前一晚，其律師被羈押了；代表他的是法院指派的律師，而該律師沒傳喚證人。他因損毀財產及聚眾妨礙交通而被判有罪，處刑四年又三個月。

• • •

在帝制時代，有種方法可以取得中國領導人的注意——上訴申冤或揭露濫權，到司衙門口鳴鼓申冤。假如這麼做無法引起反應，那麼人們還會在過往大官的轎子前攔轎申冤。申訴冤情成功的人，官方稱其為「冤民」，有權申冤，層層往上，一路到京師去。

共產黨掌權時，還保留了此一古老系統的某些特色：它成立「信訪局」，受理冤民，指導他們把案件送到正確的政府官署。但是到二十一世紀，信訪局變成過時古董，其案件數量不堪負荷，其運作如謎。有份研究發現，信訪局解決的案件量，約為受理量百分之一當中的五分之一。這些案件取得法院充分公開審理者，極其稀少，因此當冤民輸掉官司，或案情沒有絲毫進展，這會迫使某些案件深陷追求正義的征途中而纏訟多年。

現代版的冤民，人稱「上訪者」，我經常冷不及接到他們的電話。他們跟蹤我，希望外國記者注意到，或許能迫使政府解決他們的案子。他們來找我的時候，我能做的至少是聽他們說完，但我能幫忙的方式，通常不多。他們的案子很複雜，令人困惑，而且上訪的過程漫長而煎熬，致使數千人漂流在北京市邊緣的貧民窟，通稱為「上訪村」的地方，在堆積如山的發皺訴訟文件中極度不安。有時，我都不曉得他們在訴訟的迷宮中打輸，是因為他們健康欠佳，還是因為訴訟漫長而造成精神異常。

網路出現時，冤民是第一批對之最為擁戴的人。二〇〇二年九月，南京市爆發食品中毒，死了四十個人以上，但當晚新聞聯播忽略不提，不僅如此，新聞中有一則說工人們「深深感謝」黨領導的同情，還有當地服裝展的開幕。人們上網抱怨。有人問道：「老百姓就不是人？」另一人寫道：「防民之口，甚於防川。」

過沒多久，冤民們就用這種新科技來找到同類。當一位二十五歲男子張憲柱（音）發現，自己因為肝炎檢驗呈陽性，竟不得出任公職，他就去線上找尋有相同遭遇的人，他們一起迫使政策改變，杜絕這種歧視。很快地，為男女同性戀者、宗教信徒及糖尿病患者爭取更大權利的類似活動也出現了，這種本能更進一步進入主流社會。

二〇〇七年，有封簡訊傳遍廈門市，譴責擬議興建的化學工廠。簡訊的措辭很嚴峻：「一旦生產這個非常毒的化學物，代表一枚原子彈已經安置在廈門……為了子孫後代行動吧，參加六月一日上午八點的萬人遊行。把本簡訊傳給你全廈門的朋友。」但組織者沒辦喧囂的示威，而呼籲「散步抗議」，低調遊行，不會引起警方鎮壓。數千名男男女女現身了，他們多是「新中等收入層級」的人，有人還牽著小孩，大家以抗議之名安靜地走著。廈門市政府退縮了：它曾計算過，誠如孟子所述，「有恆產者有恆心」。但孟子可沒提到散步抗議。那麼做，是試圖保持安定，還是破壞？肯定不是暴動，但也不合法。市政府與群眾拉鋸來回幾天之後，同意延後化學廠計畫，留待「重新評估」。

・・・

這種新的抗議精神既協調又溫和，對當局而言造成新的麻煩。誠如紐約大學法學院中國問題專家孔傑榮（Jerome Alan Cohen）所述，「他們是打算擁有一套真能處理這些事情的司法系統，化解緊張，滿足各類需求，抑或這些只是噱頭，會導致人民上街進行抗議，失去穩定與和諧？」孔傑榮把陳光誠的抗爭，看成一道測試，看看威權體制能否包容竄升的野心。陳有次問孔：「他們要我做什麼？走上街頭？我要的是上法院。」孔傑榮說，依此觀之，陳光誠「不是異議人士，儘管最後他們可能逼他變成這樣」。

孔傑榮自二〇〇三年就認識了陳光誠，當時美國國務院所設的「國際訪問者領袖計劃」（International Visitor Leadership Program）邀請陳光誠赴美一遊，國務院詢問孔傑榮有沒有興趣接見一位中國律師，當時教授正在趕截稿，回問說：「他讀哪家法學院？」打電話的人說：「他沒讀過法學院。」孔傑榮問道：「那你來煩我幹嘛？」「這傢伙很不一樣。我想，你會有興趣認識他的。」

他倆見面了。孔傑榮對我說：「半小時後我很清楚，此人非比尋常。」這只是開頭，兩人結盟本來可能性很小。孔傑榮高大禿頭，白髭光潔，愛打領結；他曾替兩位美國最高法院法官當助理，後來成為第一位在中國開業的西方律師，被視為外國專家中鑽研中國法律的泰斗。他第二次與陳光誠在北京見面時，買了一套法學書籍給他，陳光誠則說：「你若是沒來東師古村，不會了解我起而反抗的是什麼，或者我打算做什麼。」

孔傑榮與其妻柯珠恩（就是那位在紐約結識艾未未的藝術史學者）由紐約往東師古村一旅。即使已在中國工作幾十年，他倆還是被當地的貧窮嚇到了。孔榮傑碰到陳光誠的客戶們。孔傑榮說：「我從未見過更悲慘的一群人。瘸子、流離失所的人、侏儒，各式各樣，他們若不行賄，就無法取得開店執照，不然就得繳不公平的稅，受警方欺凌。」孔傑榮發現自己買給陳光誠的書，頁角都有摺起，原來都是他太太及長兄讀給他聽。

孔傑榮離去之前，陳光誠已勾勒好計畫：他打算訓練兩百村民法院基本技巧，來口述散播法律，如此他們就可以跟他一樣接受法律案件。孔傑榮問道：「你真心認為，地方當局會准我們租個大廳來訓練打算搞倒他們，叫他們很慘的人？」陳說：「沒錯。」

• • •

到陳光誠入獄的時候，黨已認定，自己控制思想傳播的手法太軟弱了。二〇〇七年春天，國家主席胡錦濤對政治局同僚說，數位過濾器及人力網管已不敷使用。他說，黨必須「使用」網路。黨必須「取得線上輿論權的優勢」。

為此，黨擴大自稱「網路評論員」的編制，他們偽裝成一般的使用者，上網遊逛，試圖轉移辯論，而非消滅。他們每發一則評論便可收報酬人民幣五毛，因此人們叫他們「五毛黨」。他們很像中宣部職員，照理該無所不在卻又無影無蹤；另外，黨也禁止五毛自承為黨工作。但是艾未未放話出來，說任何網路評論員，願意談論五毛的工作內容者，他送一台 iPad。有位二十六歲、自稱「W.」的男生接受這項提議。他曾攻讀新聞學，在電視台兼差，但收入主要來源，是來自當網路評論員。

「W.」這麼解說：每樁都始於接到「影響民眾理解」或「穩定網民情緒」的命令。若讚美政府，大家就會無視或嘲笑他是五毛，所以得拐彎抹角：如群眾愈聚愈多，他會插個蠢笑話或無聊廣告，岔開人們心思。人們若是在批評黨，比如說調升油價，他可能會丟個爆炸性的想法，「若太窮開不起車不就剛好？」他說：「大家一看到這個評論就會開始攻擊我，慢慢的主題會從油價轉移到對我的評論。任務就完成了。」

「W.」對自己的工作並不佯作喜愛。他幹網路評論員只是為了賺錢，而且他沒跟親友講，因為如他所說，工作可能「有損名譽」。「人人都渴望探索真相，我也不例外……比起從前，我們有更多言論自由。但同一時間，一等你取得那種自由，你就開始注意到，某些人有更大的自由。接下來我們覺得不公平，因為有所比較，才叫人沮喪。」艾未未把這段網路評論員訪談貼上網，幾分鐘內網管就刪了它，但沒關係，文章已廣為流傳了。

懷疑與批評如同肌肉，愈練愈強。大眾的批評如風暴，通稱「網路事件」，一個接一個橫掃全國。曾有一次，草根工人組織者運用線上論壇及手機，策動一連串罷工，兩個月內在四十多個工廠發生——這種騷亂的上升，讓黨格外心驚，因為比起任何人，黨最知道勞工被動員後，可能有什麼力量。每個機構，無論多麼隱晦不明，此時都由大眾來評價。有一次我去拜訪四川省鄉下一家小型職業學校，幾年之後，我再搜尋該校的消息，第一條浮現的，便是學生向當地市長上訴，說學校「欺騙」學生，把他們的文憑歸類在「夜間部」。學生寫道：「我們付的是日間部的學費，真是欲哭無淚。」畢業生們抱怨了，地方當局召集他們，警告他們別小題大作。學生再寫道：「我們沒製造任何麻煩、暴動或做什麼事。我們沒違反法律或損害社會道德。我們要的，只是一個解釋。」

在上海，一對父母發現，因為他們戶籍在鄉下，學校不肯提供健康保險給他們小孩。所以他們貼了篇抱怨文章，標題叫〈我們活在僵化的階級制度國家〉，他們寫道：「這家學校如何能教育我們的孩子愛黨、愛祖國？」還有另個例子，沾染些許笨拙的象徵主義；有齣電視劇很叫座，名叫《奮鬥》，描寫年輕男女自力更生，這個戲的劇作家上網抱怨說：「我該取得多少收視戶，才能維持生計？」

黨也遭逢自作自受的難題：多年來它壓縮掉那麼多表達的管道，以至於人們別無選擇，只能從事黨最害怕的暴動。於是黨以進一步的箝制作回應，導致惡性循環。當富庶的沿海城市寧波屋主進行數日街頭示威，反對計劃興建化學工業區，市政府最後同意放棄建廠，但為了日後好做事，網管封鎖了示威者的口號：「我們要生存，要過活。」

• • •

人們行賄而沒達到想要的效果，也上網抱怨。有位湖南房地產大亨黃玉彪花錢想買人大代表，但給付五萬美元之後卻被說他出的錢太少。為了報仇，他貼出中間人收錢的影片。類似的還有位叫王茜的姑娘，她抱怨自己花了一萬五千美元，想買軍中一個肥缺職位（因為可以招徠其他贊助），但招募人員跟她講，其他軍校生出的錢更多。

人們抱怨的目標不僅止政府官員，消費者也控告約會網站「世紀佳緣」創辦人龔海燕，說碰到騙子而人財兩失。人們譴責她放任騙子躲在會員裡，裝沒看見。一名男子後來被逮，在北京某法院判刑兩年半，據稱他騙取了在「世紀佳緣」結識女子的財物。佳緣否認公司有任何責任，但股價還是蒸發近四成，用戶開始流失。為保護會員遠離詐騙，公司創設一套系統，讓會員貼正式文件來強化自己的檔案——如薪水條、政府身分證明、離婚文件，提供的文件越多，你的名字旁邊就增加更多星星。公司聘請文件專家團隊，清查偽造品及可疑舉動，比如有用戶經常改變其網名或者生日。

但更多批評接踵而至，有國營背景的新聞刊物《京華周刊》指責佳緣公司設置「VIP高端獵婚顧問」，便是特殊的婚配團隊，只與最有錢的會員，大多數是男性打交道，把他們與最多人追求的女性會員連線起來。這些客戶被稱為「鑽石王老五」，花費達五萬美元，進行六次配對，難免帶有高科技伴遊服務的味道。對此我問龔海燕，她毫無歉意，說那只是簡單的供需。她說：「鑽石王老五找年輕漂亮的姑娘。這些漂亮女郎當中，有些也指望嫁給那種男人。這樣實為絕配。」

這些媒體負面報導打擊下，佳緣的競爭對手大發利市，龔海燕創業時，網路婚配在中國幾乎不存在，此時已成長為總值十多億人民幣的產業，公司需要老手穩舵。二〇二〇一二年三月，佳緣營收及股價都告大跌，於是聘請科技業沙場老手吳琳光擔任共同執行長。戀愛產業在打割喉戰。吳在加入之前，經營的是線上射擊遊戲，叫「坦克世界」。

以前人們上網會頭暈眼花，現在則不然，期望值已然大升，而且對那些試圖限制他們網路自由的人，毫不掩飾自己的輕蔑。最受唾棄的人，莫過一位五十多歲、名叫方濱興的電腦科學教授。他在設計網路刪檢架構時，扮演中心角色，國營媒體寫到他時，都語帶尊敬地稱其為「防火長城之父」。只是，方到社群媒體開設自己帳號時，有位用戶聳恿他人，「快，大家去向方濱興『拍磚』！」另一人搭腔說：「人民公敵終於受審了。」網管盡速刪除這些辱罵，但跟不上速度，令方受傷的評論源源而至，人們把方稱為「太監」及「走狗」，還有人使用修圖軟體，把方的頭像繪成巫毒娃娃，額頭插針。毋須真正的肉體攻擊，僅用數位詞彙，方已落入狂熱暴徒之手。

網戶使用者酸他黑他不到三個小時，「防火長城之父」便關閉他的帳戶，不敢再踏入他大力創建的數位世界。幾個月之後，即二〇一一年五月，方到武漢大學演講，一名學生向他丟雞蛋，繼而丟鞋子，打到方教授的胸膛。老師們試圖把這位來自鄰近大學的理工學生拘留起來，但其他學生圍成人牆保護他，送他平安離開。該學生馬上在網上出名，人們送現金及香港、新加坡度假旅遊給他。有位女性博客主還主動提議獻身給他。

人們問那位學生幹嘛那麼做，他說自己是迫不得已，他對一位中國記者說：「我沒有平台可以與方濱興公平辯論，只有訴諸這種有點極端的方式，來表達我的不滿。」

• • •

二〇〇九年九月陳光誠服刑滿獲釋。官方沒再控告他。然而當他返回東師古村，卻發現當地政府已為他的返家「準備妥當」。他們已在他家安裝了鐵窗，泥院周遭都是探照燈，還有攝影鏡頭，二十四小時監控著他。他們還組成警衛隊，輪班看守。有一度，陳光誠與孔傑榮盡力估算，為了阻隔這位失明律師，不讓他與外界接觸，那些警衛、餐點等等開銷，要花多少錢？答案是七百萬美元。

但陳光誠最在意的是，這些懲罰大多是心理方面的：警衛三不五時便可以從他家拿出物件，擺在院子裡，等候他或他家人來拿回去；警衛沒收了他的電話、電腦，還把電視插座折彎，以至於不能使用。有一次，陳光誠設法偷送出一段描述自己處境的簡短影片，當警衛發現時，他們就用毯子把他包起來毆打，以示處罰。

隔絕戰術最令陳光誠擔心之處，不是只有針對他，警衛還不讓他六歲女兒去上學，使北京、上海等精通科技的公民激憤。二〇一一年十月二十三日，有三十人想去拜訪陳光誠，但警衛沒收他們的手機、攝影機，還用石頭砸壞，逼迫他們離開。這齣戲吸引不少人的興趣，其中有一人是南京市英文教師何培蓉。

那年秋天，一位朋友提起此案之前，何培蓉沒聽說過陳光誠。何對我說，「我首先做的事，便是查陳光誠所說的，有多少事實。」她對陳光誠被限制居住的事知道得愈多，就愈感憤怒。「就算他為人權工作過程中曾經犯法，我想，他已經付出代價了。他獲釋之後的遭遇，讓我震驚。我從沒想過，今天中國還有這麼殘忍的事發生。我的朋友們——甚至其中有些人是警察——聽到我所描述的，都不敢置信。」

何培蓉把自己戴墨鏡的照片貼出去，參加線上運動。她開始在博客談陳光誠的案子，並打算在陳生日那天，也就是十一月五日，去拜訪他。公安似乎有在讀博客。距離拜訪還有五天，公安開始跟蹤她，甚至載她去上班，建議她別試圖去東師古村。她說，有一次公安們提議，願出錢給她去度假，只要她打消拜訪念頭。但是她拒絕了，於是公安把她軟禁在家直到陳光誠生日過後。她並未退卻，連同其他陳光誠的支持者，她分發四千張有著肯德雞商標風格、顏色的汽車保險槓貼紙——臉孔是陳光誠，上頭的字卻是「Free CGC」，若公安盤問，他們就說那是免費雞塊的廣告。

這種模式足以顯示參與抗議的是怎樣的人物，何培蓉對我說：「與中國以往的人權志士相較，這種支持的類型完全不同。我想，陳光誠保險槓貼紙運動，代表的是中產階級的觀點，因為有車的人才會參與到。」

這項活動變成國際新聞，兩個星期後，山東地方政府退讓，准許陳光誠的女兒去上學，但陳光誠依然被關在房子裡。本案對政府來說，真是尷尬事，陳光誠與他的支持者愈是抱怨，政府愈不情願流露出自己對壓力有所反應。有位外國記者在全國人民代表大會詢及陳光誠的狀況，但這個提問最後還是從紀錄謄本被刪除了。

第15章 沙塵暴
Sandstorm

春天是北京沙塵暴季節。強風由蒙古高原吹下來，一路颳起細沙。沙塵暴侵襲前，用肉眼就能瞧見它的逼近：天空轉為異世界才有的黃色，接下來沙開始在窗台底部堆積，宛如小小的雪壩。二〇一一年，我與貝莎娜（當時她是我未婚妻，後來變我太太）合住的胡同房間，冬天過後灰撲撲，了無生氣。鄰居們則開始在春季首度外出，到首都邊緣的花市買花，為房子添些顏色。可最近北京花農收到不尋常的命令：別賣茉莉花。

茉莉是中國人最愛的花之一，配茶絕佳，小小的白色花瓣，讓詩人聯想到純潔。但是那一年，公安告訴花販，無論人家出多少錢，茉莉花都不能賣。若有人來問說要買茉莉，記下車牌號碼，撥電話過來。

在中國政治界，茉莉花已沾上顛覆的氣味。幾個星期前，即十二月十七日，一名二十六歲突尼西亞失業青年布阿齊齊（Mohammed Bouazizi）沒有賣水果的許可證，警方抄沒他的貨品，他抱怨，還被掌嘴。布阿齊齊是一家十一口唯一在賺錢的人。他到省政府求救，但沒人接見他。在絕望又被羞辱之下，他自淋油漆稀釋劑，引火自焚。

幾個星期後，因布阿齊齊去世而引發示威推翻班阿里（Zine El-Abidine Ben Ali）總統的極權統治。警方介入，手機拍下的影片傳到YouTube及臉書，示威擴大，對貪腐、失業、政治自由受限等不滿都包括進來。一個月內，這股運動已把突尼西亞總統趕下台，引發全阿拉伯世界的抗議。在海外，人們依突尼西亞國花，將此稱為「茉莉花革命」，但在突尼西亞境內，人民稱其為「尊嚴革命」（Dignity Revolution）。不管叫什麼名字，這項抗議立即引起中國的注意。當埃及總統穆巴拉克（Muhammad Husni Sayyid Mubarak）在開羅倒台時，艾未未在推特發文說：「今天，我們全是埃及人。」

中國領導人看來漠不關心。前國務院新聞辦公室主任趙啟正說：「認為中國會發生『茉莉花革命』的想法極其荒謬，不切實際。」《北京日報》宣稱：「人人都曉得，穩定是福氣，紊亂是災難。」在一篇報導裡，《中國日報》七次提到「穩定」的重要性。但私底下，黨的反應大不相同。我的手機響了，中宣部又有指示流出，是發給全國總編輯的，說：「不准拿中東及我國的政制來比較。當埃及、突尼西亞、利比亞等地領袖的名字出現在我國媒體時，中國領袖的名字不可出現在旁邊。」

「阿拉伯之春」令中國領導人焦躁的程度，超過近些年的任何事件。毛澤東曾說：

「星星之火可以燎原。」科技的力量很容易被誇大，但它顯然幫了反威權人士很大的忙。黨不悅的另一個原因，屬哲學層面：中國共產黨經常說，開發中世界的男男女女較有興趣於累積財富，而非追求民主、人權之流的「西方觀念」。這種論調，由於阿拉伯人都上街遊行，爭民主爭人權而變得較難有說服力。

有些君主如約旦國王對「阿拉伯之春」的回應，是允諾鬆綁，希望扭轉緊張局面。但中國領導人則反其道而行，他們由穆巴拉克倒台學到的教訓，跟蘇聯崩潰是一樣的：抗議不加節制，會導致公開造反。政治局派出最正統保守派之一的吳邦國，宣揚其「五不搞」理論：「從中國國情出發，鄭重表明我們不搞多黨輪流執政，不搞指導思想多元化，不搞『三權鼎立』和兩院制，不搞聯邦制，不搞私有化。」他在北京對人民代表大會三千名代表說：「我們若是遲疑，國家將淪入萬劫不復。」

• • •

二月十九日，海外華文網站出現一則匿名通知，呼籲人民翌日下午兩點，在中國十三個城市集合，「拿一朵茉莉花靜靜走路」。政府動員數萬公安及國安待命，以防滋事。軍方的《解放軍日報》警告說，有場「無硝煙戰爭」，存心想「西化和使國家解體」。

到了預定的抗議時刻，北京當局關閉市內大多數手機簡訊服務。現身的人大多是外國記者。王府井購物區麥當勞前，聚了大約兩百名中國人，但誰在抗議，誰是公安，而誰又是在打醬油，根本無法分辨。叫我吃驚的是：人群中有一個人，乃是來自上海的年輕民族主義者唐杰。他對我說：「我只想過來瞧瞧，本以為會有戲可看。除了記者，我不認為有誰會來。」他笑著說：「我們拍了很多記者。根本沒有革命。」

我認識唐杰三年以來，他完成哲學博士學位，而且把愛國心轉化為職業：他的影片在網上造成轟動，讓他與有類似想法的人連繫起來，比如反CNN網站的創設人饒謹，他的網站專批評西方對中國的報導。饒謹正在籌組一家製作公司，唐杰搬來北京加入。他們的公司取名「四月傳媒」，紀念他們起而捍衛奧運火炬的那個月。他們中英雙譯文章，大量生產影片及演講，盼望如他們形容的「提供真實而較客觀的世界畫面」。

計畫中的抗議過了幾小時之後，唐杰從兩位從麥當勞返回的同儕活躍人士聽到消息，他們拍到不尋常的光景：美國駐北京大使洪博培（Jon Meade Huntsman, Jr.）曾短暫出現在人群當中。大使堅稱只是巧合，說他剛吃過午飯，只是出來散步。但在中國愛國人士看來，這是證據，美國想搞「中國茉莉花革命」。影片中，有位男子質問洪博培：「你是想瞧見中國陷入混亂，對吧？」大使說「才沒有」，然後匆匆離去，但是唐杰瞧出賣點。他開始工作，增加字幕，把自己的主張覆以不斷爆炸的紅色泡沫：「當然，中國有各式各樣的問題。但我們不想變成另一個伊拉克！不想變成另一個突尼西亞！不想變成另一個埃及！國家若是陷入紊亂，美國及所謂的『改革派』會餵飽我們十三億人口嗎？他媽的這點別搞錯了！」

他完成影片時，已經是凌晨三點；貼出影片給大眾觀看之前，他躊躇了一下：當局曾警告，要他的網站別評論中東動亂或抗議。他對我說：「可接下來我琢磨一番，認為真該把它貼出去。任何媒體機構手中有這種素材的，都知道它是新聞。」他按鍵發出，到了那天結束，已變成外交事件。中國外交部抗議洪博培出現當地，唐杰忙著接各地記者的電話，最遠來自鹽湖城，洪博培的故鄉。

接下來那星期，我去唐杰北京新辦公室找他，辦公室在離北京奧運體育館不遠的辦公建築群。他看來精力充沛。他還在北京找住處，所以一直睡在辦公室一張紅色破沙發上，但新事業讓他興奮不已。辦公室跟我見過的許多中國新創公司一樣，走IKEA美學風格，牆上貼了許多振奮人心的照片：風中飄揚的旗幟、田裡的麥浪。公司的口號寫著：「我們的舞台。我們的希望。我們的報導。我們的信仰。」

我們下樓去咖啡館。吃午飯時，我提到認識韓寒，與唐杰年紀差不多的作家及創業家。唐杰嗤之以鼻，他說：「他太單純，有時可說是天真。他指出某些中國的問題，但都是膚淺的觀察。他只說好比『政府很爛』之流的東西。」我說唐杰的網站談的議題，很多也都一樣，貪腐、汙染、政治必須改革，但唐的看法不同。「我們跟韓寒之間的差異，在我們試著想有建設性。舉例來說，他談論貪腐及高房價，讓大家都憤怒起來。而我們說的則是，做事情要一步一步來，總得有個過程。」

儘管茉莉花抗議失敗，組織者呼籲下週再試。一則海外華人網站告示說：「中國人民的人權，是中國人民自己必須奮力爭取的東西。」它呼籲黨創設獨立的司法系統，打擊貧富不均及貪腐，如果做不到，就「退出歷史舞台」。在他們選擇的口號裡，組織者結合了實際（我們要工作，要住宅！）與抽象（我們要公平，要正義！）。

正如海外中國學生在幾年前民族主義大澎湃時就扮演重要角色一樣，目前那群人的另一面正在發聲。首爾、巴黎、波士頓等地的學生，以他們稱為「茉莉花運動」的名義寫作，設立博客、臉書專頁、谷歌群組及推特帳號。他們呼籲「下崗勞工、被迫拆遷受害人參與示威，喊口號，追求自由、民主及政治改革，終結『一黨專政』。」

然而廣泛來說，這種激進思想超越網路的跡象，實寥寥無幾。下一次抗議預定時間來臨之際，當局不敢賭運氣，派出百名便衣及制服公安，還有身著護甲的快速反應部隊，配備自動步槍及警犬。警方事先去電外國記者，警告他們遠離現場，但還是有幾十人現身，公安於是強勢驅離。彭博電視台的記者恩格爾（Stephen Engel）被按倒在地，一腳被拖住，挨打挨踢；一名攝影記者遭公安襲擊，臉上挨了拳打腳踢。後來，記者們要求外交部調查此事件，發言人用尋常的外交保證打發，而且乾脆地說，若是記者打算「製造中國的麻煩」，那麼「沒有法律可以保護他們」。抗議結束了。組織者最後一搏，呼籲人們在指定時間到麥當勞去，只點三號套餐。

過沒多久，政府展開報復。放話支持抗議的人開始消失，至少一段時間如此。有人應答門鈴之後，人就不見了；也有人走在人行道上，就被扯進候在一旁的車裡。二〇一一年四月三日，藝術家艾未未人在北京首都國際機場，準備搭機去香港，結果被人推擠出排隊線，弄進一間辦公室。在北京城另一頭他的工作室裡，有位助理往藍綠色大門外探頭，看到一群警察。公安們還來到艾未未非婚生的兒子家，他跟母親住在離工作室不遠的地方。在北京城別處，一位名叫文濤的記者經常記述艾未未的活動，他被扭進一輛黑色轎車。另有三名艾未未的合夥人在類似場景中被羈押起來。

在工作室，公安帶走幾十部電腦及硬碟，拘留八位艾未未的助理，而且把艾妻路青留在工作室裡盤問。黑夜降臨北京時，公安釋放工作室助理，但有關艾未未及其他人仍無隻字片語。隨著他們被捕的新聞開始傳開，網管把敏感字詞單更新，加入：

艾未未／
未未／
艾未／
艾胖子

•
•
•

有些更隱晦的參照詞逃脫網管，散播迅速，包括一段模仿德國神學家尼莫拉（Friedrich Gustav Emil Martin Niemöller）的文章：

「當一個胖子失去自由，你說：『這跟我無關，因為我很瘦。』有個留鬍子的人喪失自由，你說：『這跟我無關，因為我不留鬍子。』再來一個賣葵花籽的人沒了自由，你說：『這跟我無關，因為我不賣葵花籽。』等到他們追捕瘦子、沒留鬍子、不賣葵花籽的人時，已經沒人留下來替你說話了。」

到了四月中旬，人權團體把這次稱為二十年前天安門事件以來，規模最大的鎮壓。兩百人遭到審訊，或被軟禁，據估計另有三十五人遭到羈押。名單上不只有老派的異議人士，社群媒體名流與記者也在其內。有人獲釋以後，描述五花八門的遭遇。一位名叫金光鴻的律師說，他被綁在精神病院的床上挨打，被注射他無法辨認的針劑。有人說，公安刺激他們，叫他們回想高智晟——那位寫下自己被虐待經歷的律師的下場。人權律師李天天的遭遇則是：審訊人員要她對著一屋子警衛講述自己的性愛史。同樣，李天天也被威脅，不准說出自己的遭遇。但最後她在網路上發表一篇供述，寫道：「我內心是如此羞慚，彷彿我挨打還得微笑，說自己不痛。選擇權被剝奪。無助。」

鎮壓強化之際，美國國務卿希拉蕊．柯林頓（Hillary Diane Rodham Clinton）譴責中國領袖「試圖阻擋歷史，注定徒勞無功」。《人民日報》援引「皮尤研究中心」對二十國人民所做的民調指出，中國人民對國家表示滿意程度最高，達八成七。文筆口水戰之中，有則例行預算報告很容易被忽略，它揭示了一個驚人的里程碑：有史以來，中華人民共和國花在國內維安的經費，要多於對外的國防開銷；花在監視自己人民的錢，比起保護自己抵禦外來威脅的還多。但《人民日報》說，這些抗議行動會失敗，原因在於「原本落伍衰敗的國家，現已變成世界第二大經濟體……全世界對此致上高度敬意」。

・・・

過了很多天，艾未未的行蹤依然下落不明。最後，艾母與他的姐姐突發奇想，她們沿著四周滿是出租告示還有尋狗海報的社區貼手寫傳單，上邊寫著「尋人啟示」：

「艾未未，男性，五十三歲。二〇一一年四月三日早晨約八點三十分，在北京首都國際機場，於登上前往香港班機之前，被兩名男子帶走。五十多個小時過去了，沒人知道他的下落。」

當天下午稍晚，外交部宣布，艾未未因為「經濟犯罪」，正在接受調查，另強調與「人權或言論自由無關」。黨的八卦小報《環球時報》譴責艾未未是「中國社會的頑劣分子」，必須為他的頑抗「付出代價」。「中國整體上正在進步，沒人有權力叫國家調整，只為迎合他個人的愛或不愛。」

• • •

從機場開始，艾未未便被左右兩個公安架著臂膀，押上白色廂型車的後座，被黑色頭套罩著。廂型車停下來，艾未未被帶進室內，按坐在椅子上。被扯掉頭套後，有個肌肉魁梧、剪短髮的人站在他前面。艾未未以為會挨打，但沒有，警衛清光他的口袋，抽走腰帶，再用手銬把他右手扣在椅臂上。他坐在椅上等了八個小時，接下來，兩個詢問員抵達，一個打開筆記型電腦，另一個點了香菸。抽菸那人是個中年男子，穿直條紋運動外套，肘部有護墊，艾未未後來只知道他叫李先生。接下來兩個鐘頭，李先生問艾未未海外有哪些連絡人，收入的來源，還有藝術作品裡包含的政治訊息。他審核艾未未一整年博客貼文及推特短訊，逐字逐行。問艾是否知道誰是發動「茉莉花革命」的幕後黑手。艾要求見律師，李則告知，「法律幫不了你的忙。聽命令就好，你會比較好過。」

儘管十分焦慮，艾未未卻也深深著迷——在試著由那麼多角度來描寫共產黨之後，現在他與黨面對面了。詢問艾未未的人似乎奮力想了解艾未未生活的世界，李先生問他，怎麼安排畫裸體肖像的細節。他們問他收入來源時，艾說，一件雕塑可賣到八萬美元，訊問他的人一開始還不敢置信。

李先生告訴他，這次逮捕是經過完整策劃的。「這個決定滿困難的，要不要抓你。但最後決定必須抓。」他說：「你讓政府很尷尬，如此違反國家利益。」他繼續對艾未未說：「你變成外國『和平革命』戰略的棋子。」最後，政府必須「粉碎你」。他對艾說，很可能以「煽動顛覆政權」罪名起訴他，跟指控劉曉波的方式是一樣的。

接下來幾天，一直有人陪著艾未未。艾被轉送到軍方建築，留置在一間窄而無窗的房間，牆壁裝了防撞墊，好比精神病院。兩名穿橄欖綠制服的警衛始終守在他身邊三英尺的距離，有時候，他們甚至坐在離他臉龐只差四英寸的地方——不論上廁所或淋浴，都陪著他。他在囚室踱步，他們跟他一起走；他們命令他睡覺時，得讓他們看見他的雙手。一切已經到了連艾想摸自己的臉，都必須請求准許的地步。艾未未不時對他身旁的這些人感到好奇：他們真的自視為中國追求財富時的捍衛者嗎？他們自認為是在遏阻自私、破壞的個人行為，比如艾未未嗎？他們看待自己時，是否無法直視而眼光暗淡，好比身體的肌肉，因為怕死，所以會鼓脹起來？

盤詰進行下去，但艾未未從沒遭受肢體虐待。恐懼消失，繼之以疲倦。他的體重下降，他得吃藥治糖尿病、高血壓、心臟病及頭部舊傷。有位醫生不時為他檢查——有時每三小時一次。他開始失去時間感，忘了自己何以身處此地。他覺得，彷彿自己一人蹣跚而行，他形容為，「在沙塵暴裡」。

六星期之後，艾未未突然獲得一件乾淨的白襯衫，有人命令他去沖個澡，準備見他妻子。謠言紛傳，說艾未未遭到刑求，政府飽受壓力，必須駁斥。這些排場叫艾發怒，他說：「我不想見她，因為你們跟我講，我沒機會見到律師，那麼，過去一個半月我遭遇什麼，又該怎麼跟她說？」但是，他沒有討價還價的空間。有人跟他講，他可以這麼說：他會受調查是因為「經濟犯罪」，此外，他健康無虞，其他的就不能再多說了。

・・・

艾未未被捕，卻因此獲得了國際聲譽，這是他的藝術成績未曾得到的。一夕之間，他變成世界最著名的異議人士之一。支持者在各國的中國大使館外示威，他的肖像——鬍子、眼皮下垂的雙眼及肉肉的臉頰，被投射到建築物正面、絲質螢幕及歐美販售的T恤上。英國雕塑家卡普爾（Anish Kapoor）呼籲全世界展開抗議，另把他最新作品向艾未未致敬，取名為「利維坦」（Leviathan，巨大海獸）——一件龐大、紫色的裝置藝術，在巴黎的大皇宮美術館內充氣起來。在《紐約時報》，哲人魯西迪（Salman Rushdie）援引藝術與暴政之間的偉大戰役，像奧古斯都（Augustus）與歐威德（Ovid）、史達林（Stalin）與曼德爾施塔姆（Osip Mandelstam）——他寫道：「今天中國政府已變成世上對言論自由最大的威脅，因此我們需要艾未未。」

中國境內，大家反應較為複雜。艾未未消失幾天後，一位在北京扎根、發掘中國藝術的美國經紀人在晚餐時，責備我撰寫這次逮捕的新聞。她說：「現在該退讓了。」她援引中國法律條文，即允許警方拘留嫌犯三十天而不提出指控，而她預測艾未未將依法獲釋。她說：「別再令中國尷尬了。讓這三十天程序跑完吧。」請吃晚餐的女主人，是久居京城的外國人，她對中國法院可沒那個信心，女主人對她說：「我替中國辯護已有二十年，但這次怎麼也說不過去。妳真是他媽的錯了。」晚餐草草而散。

事實上，令我掙扎的問題是：該替艾未未寫多少新聞？或者，依此而論，又該替失明律師陳光誠、諾貝爾獎得主劉曉波寫多少？他們受到的煎熬，對我們訴說的中國真相有多少？假如一般西方新聞消費者讀到（或看到、聽到）的中國報導每星期不超過一則，那麼那則新聞該談的，是擁有戲劇性生活的人，還是普通生活的平常人？在中國寫報導，最困難的部分，倒不在指點威權官僚，或者警察局偶發事件，而是比例的問題：這齣戲有多少光明，多少黑暗？有多大程度跟機遇有關，而與鎮壓相關的部分，又有多大？局外人由遠處看很難判斷，但我發現，就算湊近端詳也沒容易多少，端賴你究竟注意的是什麼，結果將有所不同。

西方記者報導的刻板觀點，在於我們太關心異議人士。之所以如此，是因為我們同情他們對自由民主的渴求，因為他們能說英語，懂得如何發表政論。的確，個人扛起大旗對抗政府這種活戲，本質上顯然很吸引人，而且這有助於解釋何以過去三十年，中國最著名的形象不在其經濟崛起，而是一名男子在天安門廣場前以肉身阻擋坦克。無論何時，當我寫到人權遭欺凌，可預期的是，最批評我的反應，是來自其他中國流亡海外人士。原因我了解：外國人沒有刺探的理由，可以長年住在中國，而不曾訪問過任何曾被刑求，沒審判就被關的人；而且，對他們來說，我關注的東西不合時宜。在紐約或巴黎很出名的異議人士，中國尋常百姓根本不認識，這一點意味著討論民主及人權，其實與一般民眾日常關心的，有所牴觸。

但那些調論對我逐漸失去影響力。一個想法的流行程度，總以很奇怪的方式吸引我，原因是中國會刪檢想法。哈佛大學研究團隊後來發現，艾未未被捕的新聞，是當年查禁最凶的項目之一，因此若說「中國人民不在乎他被捕」，這種說法有失公信力。《環球時報》主張，艾未未的世界觀「在中國社會並非主流看法」。從某方面來看，報紙說得沒錯，艾未未的生活方式顯然絕非主流，但是談到他的思想，跟過去相比，就不那麼清晰了：地震倒塌的學校，吸引一般人民的注意，不光只是城市菁英；而且，想讓中國最弱勢人民之死亡變得有尊嚴，艾未未在落實許多其他人都支持的想法。雖然那只是少數人，但若是無視這一小群有熱情的人的影響力，在我看來那就是誤解了中國歷史——中國歷史當中，少數人經常發揮出極大的影響力。

理解艾未未何以被捕，或者高智晟為何被凌虐，劉曉波為什麼坐牢，這對理解中國至關重要。中國能接受一個人物如艾未未到什麼程度，就可以測量這個國家往現代、開放社會之路走了多遠，還是只是原地踏步。

• • •

隨著羈押一個月延長到兩個月，艾未未的被捕令中國創意界產生分裂：很多人都被他的被捕嚇到了，這表示不管再出名、關係再好，都無法倖免。但也有人憎恨艾對知識分子同儕的批評，認為他既虛榮又搞對立。在北京，人們對國際強烈抗議翻翻白眼，私底下竊竊私語，說「艾未未與劉曉波當真以救世主自居了」，口耳相傳，成為流行話題。

即使對那些感到驚駭的人，艾未未的被捕也有澄清作用；這讓他們標示出自己所能達至的極限。我去看作家韓寒時，他對我說：「艾未未的消失，我們愛莫能助。」我們算在一個很奇特的場合談政治：一個上海市郊的賽車場。身材高挑的模特兒穿著單薄，用塑膠布做的衣飾走來走去；迷你裙圖案是福斯汽車（Volkswagen），露肚短上衣是起亞汽車（Kia）。韓寒穿著泛銀光的賽車服，胸腹部位替福斯汽車打廣告，袖口緣是紅牛廣告（Red Bull），肩上則是Homark鋁合金輪框商標。我們在車隊帳篷裡，空氣瀰漫著汽油、橡膠的味道，賽車過彎的聲音好比生氣的蜜蜂嗡嗡聲。賽車手大搖大擺進進出出，掀開帳篷的手勢，好比老電影裡的中東蘇丹。

近幾年，韓寒與艾未未維持著彼此同情但頗有距離的關係。艾未未讚美韓寒的作品，韓寒則在他的雜誌裡，刊登艾未未頭部受傷後，顱部的輻射掃描圖。但此時，韓寒措詞謹慎，他說：「假如政府認為艾未未大有問題，就應該說出來；若想逮捕他，是有這個權力。假使知道發生什麼事就沒關係。他們給的理由是『經濟犯罪』，艾未未是藝術家，很出名，所以若打算說他『經濟犯罪』，得出示證據才行。」但韓寒不打算在博客提這件事。他對我說那麼做「沒有用」，「網管系統可以自動封鎖那個名字。」

我們聊天之際，我突然想到，中國個別人等之間，乍看之下似乎在分享想法，但有分際，很容易被忽略。幾天前，住倫敦的作家馬建才在一篇中國境外付梓的專欄裡揣測，隨著艾未未被捕，接下來的目標很可能是韓寒及另三位著名批評人士。馬寫道：「中共政權非到剩下來的只有其『御用』藝術家的聲音，是不會住手的。」但是，把韓寒與艾未未歸為一類，說他倆是追尋政治改革的自由派，則讓深層的差異變得模糊。韓寒對我說：「艾未未的批評較直接，而且堅持在單一議題。我批評一件事，若是惹毛了他們，他們要我停筆，那我就改而批評別的。畢竟我們可以談的事有上百種。」

要替任何人算一算能在中國創意界走多遠，這像是在深夜退潮的沙灘上劃線，全然不切實際；政治地貌不時變動，前一分鐘還牢固的土地，下一分鐘可能就塌陷。韓寒與政府維持緊張關係，只是時而有緩和空間，而且，他決心留在自己目光所及，安全界線那一邊，沒幾個人會對此產生妄想。他的民權活動從沒更進一步，由網路走向街頭，而且他反對多黨選舉的呼籲。他對我說：「黨總之會贏的，他們有的是錢，可以買票。除此之外，最重要的應當是讓文化更有生氣，媒體更為開放。」外人經常誤以為韓寒要求開放，跟赤裸裸要求民主是同一回事，但二者有根本上的不同。

• • •

六月二十二日，即羈押的第八十一天，艾未未獲告知，他將入獄十年——或者，若他同意接受「逃稅」的指控，當天下午就可獲釋。艾未未要求見律師，但遭拒絕。一個盤問他的人對他說：「你若是不簽，我們無法放你走，因工作無法完成。」那個瞬間讓他醒悟。他了解到：「你其實不是在跟整個體制對抗，只是在跟兩個職階很低的人打交道；他們不認為你是犯人，但所執行的任務若無法完成，他們也會很洩氣。」

要釋放他，最重要的條件是他一年內不得跟外國人交談，或者上網發文。他簽了那份聲明。接下來他被載去警察局，他太太在那兒等他。他很驚訝，他怎麼會被釋放？是外交壓力嗎？溫家寶總理正準備訪問英國、德國，兩國人民等著為逮捕艾未未而抗議，但官方唯一的解釋出現在國營新聞網，報導中說，艾未未的公司「逃漏巨額稅款，同時蓄意湮滅會計文件」，而艾未未能夠交保獲釋，則是因為他「認罪時態度良好，另有慢性疾病的緣故」。

他返抵工作室之際，一大堆電視攝影鏡頭在蒸熱的夏夜裡守候。他皮包骨的雙臂由破舊的藍色T恤露出來，另提著腰帶以免褲子掉下來。他瘦了二十八磅，而警方依然沒把腰帶還他。記者們靠近，他請大家見諒，因為不准對外談論。氣氛很怪異，搞不清楚這算勝利還是失敗。好比胡舒立之離開《財經》。艾未未的獲釋推使他進入一種代價昂貴的自由。自從黨致力於「和諧社會」——一種國家沒有各種差異的願景，這些年來，我目睹隨著國內的呼聲愈來愈高，黨也起而迎接挑戰。對真相的追求，始於各領域的代表性機構，如胡舒立的雜誌，這些年來已擴大到個人，比如艾未未及陳光誠，他們不代表任何機構，政府要想控制也更困難。接下來追蹤的範圍進一步擴大到包括街頭輿論，而拜科技之賜，這已被強化。

既有這麼多聲浪同時喧譁，黨的「主旋律」願景——也就是意識形態上的共識，也在分裂崩解之中。中國人民彼此相尋的，不光是資訊，還有信任。微型博客「微博」（Weibo）出現一年之後，有份研究發現：七成的中國社群媒體使用者把它當成新聞訊息的主要來源；而在美國，其使用比例只有百分之九。

當然，黨的終極權威具體可睹：有能力把批評的人關起來。看著變謙卑的艾未未悄悄走進青綠色大門回到家中——等候政府的下一步動作——我很好奇黨目前是否已重拾因言論而失去的權威。透過武力，黨似乎又建立了表達的條件。但不到一個月，我就了解自己大錯特錯。

第16章 風暴雷噴電閃

Lightning Storm

北京南站造型好比飛碟——泛銀穹頂天花板由天窗來照明。建材所用鋼量之多，一如紐約帝國大廈；北京南站一年可容乘客量達二億四千萬人，比美國最繁忙的紐約賓夕法尼亞車站多出三成。二〇〇八年，北京南站開幕使用時，它是亞洲最大車站，只是後來被上海奪走那頂冠冕。近些年，由中國鐵道部興建或翻新的車站約三百個，而該部雇員之多，跟美國政府文職員工總數一樣。

二〇一一年七月二十三日，車站最後廣播說，子彈列車D-301號即將出發，旅客匆匆跑過車站登車；該班車使用全世界最大、最快又最新的高鐵列車「和諧號」，出發前往一千二百英里外的福州。乘客抵達月台所看到的交通工具，與其說像火車，不如說像是無翼噴射機：車身由一長列鋁合金車廂組成，全長四分之一英里，車廂十六節，車身烤漆有高光澤白色加藍色的流線條紋。列車服務員戴著泛美航空風格小圓帽，穿直統長裙，引領乘客登車；按規定，她們身高至少要五英尺五英寸，微笑受過訓練，露出剛剛好八顆牙齒。一位二十歲大學生朱萍就座，捎簡訊給她室友說，她準備坐火車「飛」回家。她寫道：「車上的連線速度，甚至讓我的電腦跑得比平常都順。」

高亨利一家人在臥鋪車廂，搭時尚列車是成就的象徵。高家父母二十年前移民到紐約市皇后區，找到穩定工作，在拉瓜地亞機場擔任守衛。他倆讓兩個兒子讀完大學，變成美國公民，此時回中國一遊，戴高頂帽、在天安門毛像下站得筆直，拍攝照片，他們下一站是回福州跟親戚團聚，這是他們一輩子第一次放長假。他倆的兒子高亨利在科羅拉多州經營攝影電源生意，也是第一次回到一個他成長時一直記得很窮的國度。

曾經，中國火車一度是落伍的象徵。一百多年前，有人進貢一部迷你火車頭給慈禧太后，載著她繞紫禁城，她覺得「火輪車」有損自然秩序，棄而不用，堅持她的車廂仍由宦官來拉。毛主席全國鋪鐵路，部分是軍事用途，但尋常百姓要搭火車旅行，依然是悲慘的事，誤點、擠死人，班車以沾煤灰變色的車廂取綽號，「綠皮」是最慢的，「紅皮」勉強好一點。一九五〇年代，日本率先發明高速火車，歐洲跟進之後，中國還是瞠乎其後，國營媒體悲嘆說，中國鐵路總長度對中國人口數的比例來算，折合為每個中國人擁有兩英寸鐵路——比一根香菸還短。

二〇〇三年，中國鐵道部長劉志軍負責各項計畫，興建總長度七千五百英里的高速鐵路——比當時全球已有的高鐵總合都長。任何人，只要對中國鐵路有經驗者，都很難想像那是什麼光景。住香港的英籍運輸顧問迪・博那（Richard Di Bona）對我說：「回到一九九五年，你若是跟我講中國今天會有這樣的成就，我會認為你徹底瘋了。」總投資金額二千五百億美元，這項高鐵興建壯舉是自從美國艾森豪總統一九五〇年代「州際公路系統」以來，世界上斥資最高昂的公共工程計畫。

劉志軍的野心及浮誇博得「劉跨越」的綽號，為了在二〇〇八年完成第一條幹線，他驅使幕僚、工程師們二十四小時輪班工作，鋪鐵軌，修訂藍圖，鑽隧道。他愛掛在嘴邊的話是：「要犧牲一代鐵路人的利益換來中國鐵路的發展。」因此有些同僚稱他劉瘋子。國營媒體同時還把一位名叫李新（音）的工程師捧為名人，原因是他待在電腦前太久，以至於左眼半盲。他對一位記者說：「我即使沒了一眼也要繼續工作。」

第一條高鐵線初登場，二〇〇八年六月試車，工程超出預算百分之七十五，而且極其仰賴德國設計，只是開幕典禮上，沒人把心思放在這上頭。另一條高鐵線通車處女航時，劉志軍坐在司機旁說：「假如有任何人會死的話，我當第一個。」

那年秋天，為了防止全球經濟衰退，中國領導人把高鐵開支增加一倍以上，而且上調目標：到二〇二〇年建設一萬英里的鐵軌，長度是當年美國首條跨內陸鐵路的五倍不止。中國準備把高鐵科技出口到伊朗、委內瑞拉及土耳其，包租承建一條運輸航道，穿越哥倫比亞的崇山峻嶺，可以挑戰巴拿馬運河；還承包建築「朝聖特快」，載送伊斯蘭信徒來回聖地麥加與麥地那。二〇一一年一月，美國歐巴馬總統在國情咨文裡援引中國鐵道勃興來佐證，說：「我國（美國）基礎設施曾經是最好的，如今我們的領先優勢已下滑。」二月，佛州州長史考特（Rick Scott）因拒絕聯邦資金，而阻擋美國第一條高速鐵路的興建。美國國鐵（Amtrak）公布的計畫是：到了二〇四〇年，車速要媲美中國。

· · ·

D-301號列車由北京往東往南，穿越碧綠稻田，朝海岸行駛。高亨利坐在第二車廂最後包廂的窗戶旁，對他來說，列車似乎在飄浮，畫出長而優美的轉彎，時不時與對面而來的列車交錯，「轟」的風切聲讓車體抖一下。日落時刻，夏季暴雨正在集結，他瞧見閃電蜿蜒過烏雲。他在車廂的折疊床伸個懶腰。他的對面，其母坐得筆直，她頭髮剪短，呈波浪形狀，穿著藍白直條紋襯衫。她幾乎半輩子在美國度過，但還是有中國旅客的習慣，帶了一萬多美元的現金，以及珠玉首飾等禮物，裝在腰包裡；她先生坐在對面拿著iPhone手機，他搖搖晃晃地拍下車廂廂門上的數字時速計：以公里計數的速度來看，車速相當於每小時一百八十八英里。

晚上七點半，在溫州市郊，閃電擊中鐵軌旁的大金屬箱。該箱子大小如一具洗衣烘乾機，是一具讓司機及調車人員了解列車行駛定位的信號系統。因為隧道會阻擋雷達信號，列車大致仰賴此金屬箱的硬體連結設備，供司機與調車員交談，控制交通信號，並發出停車、開動等基本命令給司機。萬一雷電擊中箱子，會燒掉保險絲，導致兩項重大問題發生：切斷通訊，綠燈信號也將停止。

在鄰近車站，有位技師接收到鐵軌上紊亂的信號，他下令維修人員進入暴風雨中，調查並把問題回報給上海一位調車員張華（音）。載著包括高家一行人在內的列車還在很遠之處，但另一輛也開往福州的列車 D-3115 號則在 D-301 號前頭，車上有一千零七十二人。上海的張華去電 D-3115 號，警告司機說，因為信號故障，他的列車可能會自動停下來。依此狀況，司機應該不管信號，減速行駛，直到抵達正常區段。果然一如預測，電腦讓列車陷入停滯，司機試著開動列車，引擎卻無法啟動，試了多次依然如此。他五分鐘內去電上海六次，但撥不通。車上有位乘客拍下因停電而陷入漆黑的車廂內況，上傳到網路，問道：「發瘋的暴雨之後，列車是怎麼搞的？跑得比蝸牛還慢……希望不要出事才好。」

調車員張華此時有十部列車要調度，他沒接收到 D-3115 號進一步消息，推測可能列車已然重新啟動前行，而載著高家一行的 D-301 列車已經誤點半個鐘頭了，於是在夜裡八點二十四分，張華准它前行。五分鐘後，在前頭的 D-3115 號司機終於成功重啟列車引擎，開始慢速往前。當他抵達鐵軌正常區段，出現在全系統控制室的監測螢幕上，彷彿憑空出現一般。有位調車員注意到了！若不及時阻止，之後可能會發生重大事故：原本在後頭的D-301列車取得通行信號，全速衝過該段鐵軌，然而，前頭的D-3115列車卻正緩慢通過！調車員警告司機，「D-301，小心！你的區域有另一部列車。D-3115號在你前頭！小心，聽到沒？設備——」電話短路了。

D-301號的駕駛員潘一恒時年三十八歲，有著大鼻子大眼睛。撞車前最後幾秒，潘拉起手控緊急煞車。他的列車正行經一座橫跨平谷的狹窄高架橋上，前方赫然出現的是列車D-3115號，車行之緩慢，宛如空谷中矗然而立的一堵巨牆。

追撞的力道讓潘一恒被煞車把手刺穿身體，讓高亨利拋飛起來。因為撞擊力，高的身體都僵硬了，沒人來援，接著他往下掉——時間多久，他無法分辨。後來高告訴我，「我聽到我媽在叫，接下來一切燈光都熄滅了。」他坐的車廂與另兩節脫離鐵軌，跌落橋下六十五英尺深的田野裡。高亨利醒來時，人在醫院，已經摘除脾臟及一枚腎臟，另有一腳脛骨骨折，肋骨斷了，腦部也受傷。當他的意識恢復到終能思考時，才了解到他的父母已經死亡。在拯救及尋找的混亂過程中，他母親帶在身上腰包的一萬美元不翼而飛。

• • •

溫州車禍造成四十人死亡，一百九十二人受傷。出於實際交通需求與面子理由，政府拚命讓列車恢復通行，二十四小時內便宣布高鐵恢復通車。中宣部下令各媒體主管，車禍消息愈不引起矚目愈好。中宣部警告說：「別發問，也別詳細說明。」翌日早晨報紙出刊，中國第一件高鐵車禍並沒刊上頭版。

但民眾並沒遺忘，反而想知道發生了什麼事，原因為何。這可不是栽入某偏遠地區路旁的巴士事故，而是數十名乘客在國家最引以為榮的成就裡喪生。在網路時代，乘客有手機，目擊者與批評人士終於擁有工具，能夠羞辱中宣部官員。高鐵事故離汶川大地震僅三年，死亡人數更無法相比，但是它在全中國，以嶄新的方式激起迴響。

人們強烈要求了解，何以搜救人員結束尋找之後，才發現車禍現場還有一名兩歲幼兒還活著。鐵道部發言人說，那是「奇蹟」。但批評的人揶揄嘲笑，把他的解釋稱作「汙辱中國人民的智商」。車禍發生幾天內，追撞事故這個主題在微博上產出一千萬條訊息，全國各地都有人寫，有人感慨道：「一個國家如此腐敗，一記雷擊就可導致列車事故……我們無人能倖免。今天的中國就是奔馳過雷雨的列車……我們都是乘客。」

當局一度挖了個大洞，把部分列車殘骸埋進去，說如此土地堅實，才能進行搜救。記者們譴責官員是想阻撓調查，有位倒楣的發言人回答說：「不管你們信不信，我反正是信了。」這句話在網路上如脫韁野馬，被視為政府信用日衰的標誌。火車被掘出來，那位發言人被解職，最後人們發現他去波蘭工作了。

幾天之內，生產訊號箱的國營公司對設計出錯而致歉。但是對很多中國人來說，專注在單一零件受損，則是忽略一個潛藏在中國崛起底下更深沉的問題：貪腐橫行與道德敗壞，已導致賣到市場的牛奶可以摻雜化學物質，汶川地震的豆腐渣學校，還有結構不穩卻匆匆啟用的橋樑，只為符合政治目標。央視主播邱啟明變成當時最料想不到的民意代言人，他在新聞直播中脫稿發問：「我們還能喝杯安全的牛奶嗎？我們還能住在一間不崩壞的公寓嗎？我們在城市道路上開車，路能不倒塌嗎？」

溫家寶總理迫不得已，只有訪視車禍現場，矢言調查。他說：「溫州動車追尾事故若存腐敗，將一查到底，依照國家的法律法規，處理事故責任，絕無寬貸，唯有如此才對得起喪生乘客。」人們追問溫家寶為什麼等了五天才訪視現場，他回答說他病得很重，過去十一天一直在床上。網路上則有人挖出那些天的新聞標題及照片，證實他在接見達官顯要，主持各項會議。

溫家寶保證徹查的截止期限來了又過了，民眾並沒忘記，繼續強烈要求更充分的說明。最後，在十二月，當局公布一份史無前例的詳細報告，承認在投標、測試時，有「嚴重瑕疵」、「忽視安全管理」等各項問題。報告由劉志軍開始，歸咎給政府及鐵道產業五十四人。我訪問一位服務於高鐵的工程師，他告訴我：「我無法明確說出哪個步驟忽略，或是我們時間夠不夠，因為整個過程都壓縮起來，從開始到結束。」他另表示，「中國有個說法，跳躍太大，睪丸就會扯破。」

鐵道部長劉志軍一開始不像是大眾會激烈羞辱的對象。他是農人子弟，矮小瘦削，視力不好又牙齒咬合不正。他生長在武漢市外的一個農村，初中畢業便去趕鐵路招工，拿鎚子及量尺巡鐵軌。他天生愛追求權力，當時在各省字寫得好的人不多，劉志軍則寫得一手好字，成為教育有限的領導很信賴的文書。他與政治關係良好的家庭結親，二十一歲就當上黨員。他吹捧鐵道及自己不遺餘力，為官之路青雲直上，由省級鐵路局長爬到北京的權力寶座。到了二〇〇三年，身為鐵道部長，他統領的官僚帝國規模及獨立地位僅次於軍方，有自己的警力、法院及法官，還有數十億美元由他支配。他的部門是國中之國，在中國通稱為「鐵老大」。

劉志軍頭髮梳成黑色的大包頭，戴著方框牛角邊風格的眼鏡；其眼鏡在黨高層裡相當常見，以至於被稱「領導人眼鏡」。一位劉志軍的同仁、鐵道部幕僚在他身邊做事，他告訴我說，「自從革命以來，大多數中國官員看來都很像。臉孔相同，制服相同，甚至人格也一樣。他們按部就班工作，心滿意足坐等升遷。但劉志軍與眾不同。」若是能讓鐵路工作有更耀眼的可能，他就決心那麼做。他喜歡午夜之後才開會，愛賣弄自己的工作習慣。即使他已接近權力最高層，拍上司馬屁的這等事他也不會忘記，甚至做得更好。有一個夏日，胡錦濤主席搭火車回北京，劉志軍奔到月台迎接，跑得如此慌張，平底鞋差點丟掉。胡的幕僚回憶說：「我對他喊：『劉部長，你的鞋！別摔跤了！但他毫不在意，只咧嘴而笑，繼續跑。』」

劉志軍的成功也造福到他弟弟劉志祥。劉志祥也加入鐵道部，迅速由基層崛起。此人愛說俏皮話，個性善變。二〇〇五年一月，他因貪汙、收賄，還有指使他人殺害一位有意揭露他的承包商，而犯了蓄意傷害罪遭到羈押。當時他是武漢鐵路分局副局長，被害人當著妻子面前，遭人用彈簧刀捅死。據官方法律文件，死者在遺囑中預言，「假如我被人殺害，一定是貪官劉志祥下手的。」劉部長的弟弟侵吞龐大的車票收入，斂聚相當五千萬美元的現金、房地產、珠寶及藝術品。調查人員逮捕他時，他住在堆積如山、凌亂放置的鈔票當中，而那些未妥善保管的鈔票已開始發霉。收藏現金是中國貪官最熱中也最頭痛的挑戰之一，原因在鈔票面額最高為一百元，相當於十五美元。劉志祥被判死刑，緩刑二年執行，後來減刑為十六年。但他不像重犯一樣在監獄服刑，而是被轉到一家醫院，據說他由那兒繼續用電話操控鐵路業務。

• • •

回到北京，劉志軍部長周遭忠誠副手環繞，統率徒眾的人是副總工程師張曙光。張曙光曾穿貂皮大衣及白圍巾參加鐵路局大會，喜歡描述自己喬事的手段為「握拳」。他職務大多時候是掌管客車部門，能控制龐大的開支選項。中國鐵道科學院退休的一位人士臧其吉對我說，「就看他（張曙光）點不點頭了。」張對科學所知無多，但熱衷於文憑，曾聘請兩位教授撰書掛他的名，而加入菁英學會（他只差一票當選了）。

劉志軍把一切押在高鐵上。為了排除工資及物料價格的膨脹，他鼓吹快速動工至上。二〇〇九年鐵道大會上，他說：「我們必須把握住機會，蓋更多鐵道，而且速度要快。」劉的野心與中國威權體制是非常不穩定的結合。鐵道部自我監察，事實上是不受管制，部長與他的助手容不下異議聲浪。北京交通大學教授趙堅公開反對高鐵的興建速度，劉志軍召見他，勸他最好默不作聲。趙堅拒絕讓步，於是大學校長打電話給他。趙對我說，「他跟我講，別再表示意見了。」教授拒絕從命，只是他的顧慮被忽視——直到溫州車禍發生。他說：「當時已經太晚了。」

一股腦執迷於追求速度，整個系統成長得如此之快，以至於供應商生產出來的每項東西都有人買，卻沒人在乎品質。根據車禍調查人員所述，溫州車禍中失靈的訊號器自二〇〇七年六月開始，研發六個月，由國營的「中國鐵路通信信號集團公司」承製。該公司旗下有大約一千三百名工程師，但當時訂單工作量還應付不來；事故調查人員另發現，那些掌管訊號器的人只做「鬆散」的檢驗，「未能發現嚴重瑕疵及潛藏的重大危險」。負責的辦公室「一團紊亂」，「檔案還會不翼而飛」。然而，該訊號器依然在二〇〇八年通過檢驗，安裝於全國。那年業界頒獎給新科技，該訊號器還奪首獎。可是，公司內部一名工程師告訴我，訊號器被發現草率趕製，他一點也不驚訝。

其他可疑因素還很多。二〇一〇年四月，「東海旅客鐵道株式會社」會長葛西敬之表示，中國建造中的列車在很大程度上借鏡日本設計。川崎重工威脅要告中國，原因是中方把該公司的科技當成中國人的，任意傳授，北京的鐵道部則駁斥這指控是「脆弱心態、缺乏自信」的牢騷之語。葛西另指出，中國人操作高鐵列車時，速度比日本上限快上百分之二十五。他對倫敦《金融時報》說：「把車開到如此接近極限，是我們絕不會做的事。」

車禍發生前幾天，高鐵趕工潮還添加終極、致命因素。政府六月份推出當時最出名的鐵路路線京滬線，以配合中國共產黨建黨九十週年；這使得興建時程比預定縮短了一整年，而且試車前幾週還發生誤點、停電等狀況。據鐵道部一位經理人表示，高鐵員工接到警告，再誤點，他們獎金就會縮水。二〇一一年七月二十三日，列車班次開始重疊，調車員及維修員工拚命修理出錯的訊號，而不用最簡單的解決方案：停開列車，整理訊號。溫州車禍調查委員會副委員長、中國工程院院士王夢恕對我說：「維修人員對自己工作並不熟悉，而且他們不想停車。他們也不敢。」

• • •

溫州車禍發生時，劉志軍已不在鐵道部操盤了。二〇一〇年八月，國家審計署審核一家大型國營公司的帳冊，湊巧看到一筆一千六百萬美元的「佣金」，錢要給一位中間人，以換取高鐵鐵軌的合約。這位中間人被查出來，是位叫丁書苗的女代表。中國鐵道勃興，造出脫韁野馬式的財富，比起任何人，或許從丁書苗身上最能體現出來。

丁書苗原本是個目不識丁的山村蛋農——五英尺十英寸高，肩膀頗寬，講話聲音尖而響亮。一九八○年代，鄧小平推動中國走向自由市場之後，她由鄰居搜集雞蛋，到地方政府機關的人行道去賣。這種行為沒取得許可，是非法的。她的蛋被抄沒，多年之後，這件尷尬事她還一直在談。最後，她去開一家小餐館，生意興隆，有權有勢的客戶，她免費招待。丁總是不忘大肆渲染自己的成功，有位長期與她共事的人告訴我：「她若有一元，會說自己有十元。這讓她看來有影響力。慢慢地，人們開始相信，跟她當朋友，對自己有好處。」

她的餐館變成煤老闆及官員最愛去的地方之一，很快她就參與煤礦運輸，用鐵路業行話，當時她「倒車皮」：動用她的人脈，廉價取得大家垂涎的運煤路線；據王夢恕說，她以「自己所花的十倍價錢」轉售這些權利。丁書苗與劉志軍約在二○○三年攀上交情，動用她在鐵路業的人脈，她大發特發。她的公司博宥集團簽訂共同投資案，供應鐵道部列車車輪、噪音隔離牆等等。國營媒體報導，兩年之內，博宥的資產成長十倍，二○一○年相當於六億八千萬美元。

丁的名字「書苗」曝露自己來自草根鄉下，因此她依風水師建議，改名「羽心」。人家叫她「傻娘」，她對人家的諷刺泰然處之；但她在培養生意關係方面，才華過人。

長期共事的人告訴我：「當我想教她如何分析市場，如何經營公司，她回答說：『我不需要懂這些。』」中國媒體逐年記載她大無畏地攀上社會高層，為了取得外國人脈，她合資成立「英才會所」公司，招待「國際外交官員」，該公司二〇一〇年還吸引前英國首相布萊爾來訪。她舉辦奢豪的接待會，吸引政治局委員。她加入山西政協，做非常多慈善捐贈，以至於在二〇一〇年《富比世》雜誌中國慈善家名單之中，她排行第六。

二〇一一年一月，丁書苗被羈押起來，最後以行賄、非法商業活動等罪名起訴。她因給付一千五百萬美元給劉志軍等人，協助二十三家公司確定取得價值三百億美元的鐵路營造合約。她有效勞，分潤也極驚人，她由各承包商收取的回扣，總計超過三億美元。丁書苗跟其他許多人一樣，發現中國最著名的公共工程計畫，是個對貪腐友善到幾乎完美的生態系統——不透明、不受監督，現金浮濫。政府審計員直到後來才發現：在某些營建招標案，為期由五天切短成十三小時，而其他就只是在演戲，原因是已經開始動工了。大家都曉得，現金會不翼而飛，有個案例是這樣：七千八百萬美元撥出來，本來是要補償房屋因讓路給高鐵而拆除的人民，結果這筆錢卻消失了。仲介指望拿的回扣，在百分之一到百分之六之間。王夢恕說：「一項計畫若是金額在四十五億元，仲介可以拿兩億回家。而且，大家會心照不宣。」

最常見的非法勾當之一是轉包。單一承包案可以切割出售賺取佣金，然後一售再售，直到食物鏈最底層的勞工，廉價且沒有技術。鐵道部的工作可以買賣：隨車員行情價四千五百美元，稽查員一萬五千美元。二〇一一年，有人發現一名沒工程經驗的前廚夫在蓋高鐵橋樑，用的是一群沒技術的移民工，他們用碎石子取代水泥來打橋基。在鐵道圈裡，拿便宜貨來取代真材實料竟是這麼普遍，「偷樑換柱」這句成語說的一點也不假。

這麼多回扣在轉手，無怪乎部分高鐵瘋狂超出預算。廣州一處車站，建築預算為三億一千六百萬美元，最後開支多達七倍之譜。鐵道部如此龐大，官僚們會想方設法，造出虛構的處、室，來用光給他們的開支。一支長五分鐘而沒什麼人看過的影片，製作花費接近三百萬美元，最後這支影片讓調查人員找上鐵道部副宣傳主任，這位女性家中有一百五十萬美元現金及九間房子的權狀。

想揭露鐵道世界貪腐的記者都撞到死胡同。溫州車禍發生前兩年，有位叫陳杰人的記者貼出報導，披露鐵道部的問題，文章名叫〈劉志軍應引咎辭職的五大理由〉，但文章從每個主要入口網站被刪掉了。後來有人跟陳杰人講，劉志軍設有行賄基金，用來收買大型媒體、網站總編輯的忠誠。其他政府部門也有嚴重財務問題——五十個部會，稽查人員能找出問題的有四十九個——但鐵道世界可以得手的現金，其級數與眾不同。「透明國際」組織亞洲專家廖然對《國際先鋒論壇報》表示，中國的高鐵顯露出來的，是「最大的單一金融醜聞，不僅在中國，可能在全世界都排第一」。

二〇一一年二月，溫州列車事故發生前五個月，黨終於向劉志軍開刀。王夢恕表示，調查人員認定，劉志軍準備用不法所得，行賄打進黨的中央委員會，最後進入政治局。王夢恕告訴我：「他跟丁書苗講：『替我湊齊四億元。我有必要四處灑點錢。』」王說，四億元人民幣相當於六千四百萬美元。劉被擋下來以前，已設法籌到一千三百萬人民幣，「中央政府擔心，假如他行賄四億元成功，那他真的會買到政府要職。正因如此，他才被捕。」

接下來在五月，劉志軍被開除出黨，原因是「嚴重違反黨紀」與「鐵道系統貪腐問題嚴重，應負主要領導責任」。國營媒體計算後宣稱，鐵道交易案中，劉拿了百分之四的回扣；另一說他聚斂一億五千二百萬美元賄款。他是五年內落馬最高級別的官員，但令大家稱奇的是劉志軍私生活。鐵道部譴責他「性行為不檢」，香港《明報》說他有十八名情婦。他的朋友丁書苗據說幫他牽線，搞上她所投資電視節目的女星。中國官員被逮時，經常被發現沉溺於多重嗜欲之罪，以至於國家主席胡錦濤幾年前發表演講，警告同志們要「抗拒權力、財富及美女的多重誘惑」。但想到劉志軍流連花叢，還有包養十八情婦要有多大供應力，使他變成笑點。我問劉志軍的同事，情婦的故事是真是假，他回答說：「你對情婦的定義是什麼？」

等到性欲旺盛的劉志軍被罷黜時，至少另八名高級官員也被解職調查，包括劉最囂張的助手張曙光。地方媒體報導，年薪不到五千美元的張在洛杉磯附近買了一棟豪宅，不免讓人大為懷疑，他是否一直在籌劃，想加入日漸增多的官員出走潮，把他們的財產弄去海外。近些年，把自己家人送去國外的貪腐幹部在中國通稱「裸官」。二〇一一年，中國中央銀行在網上貼了一份內部報告，估計自一九九〇年起，一萬八千名貪官已逃離中國，偷走一千二百億美元——這個數字大到可買下迪士尼或亞馬遜公司（該報告沒多久就被移除了）。

我花幾個月訪問大家，談論劉志軍的崛起與隕落，他的事跡讓他的敵手與朋友同感困惑。就算是他的敵人，也承認他跟許多貪官不同，任職期間的確成就不凡東西；他造出來的鐵路系統，就算有問題，但基本上正改變全中國人民的時間空間感。但另一方面，替他辯護的人說，劉做的那些事，他的同儕也做過，只是無法說得理直氣壯。劉志軍有個曾任職軍方、相當和藹的同事，他對我說，在某一點上，劉志軍不想貪汙也很困難，「今天的體制內，你若不收賄，你就得滾蛋。你沒有容身之道。若是我們三人在同一部處，而你是唯一不收賄的人，我們另兩人能覺得安全嗎？」

溫州車禍過沒多久，我遇見一位鐵道再包商，問他自從劉志軍倒台以來，事情有沒有變乾淨了。他認真地笑一下，說：「他們只是做秀，還是老規矩。他們抓了丁書苗，可她只是一個人。還有好多、好多丁書苗。」

•••

溫州車禍幾星期之後，鐵道部以安全之名宣布一系列措施：召回五十四部子彈列車進行測試，停止興建新幹線，下令列車速限由每小時二百一十七英里降到一百八十六英里。但沒多久，鐵路大繁榮接續下去，而溫州車禍事故一週年則被嚴密處理。國營媒體接到命令，不得造訪出事地點；倖存者被警告，要他們閉嘴。其中一人是時年二十多歲男子，名叫鄧建（音），當天他想到事故地點，警方尾隨著他，側錄下他的一舉一動。他對我說：「他們發給我的訊息很清楚：現在我是他們的敵人，具有威脅。我想，他們會永遠盯著我們。」

高亨利因為骨折、神經受損、腎臟脾臟摘除，在中國醫院躺了五個月等待復元。他返回美國科羅拉多家中之後，把相機電源供應生意收起來，帶著弟弟李奧飛到中國，想領取雙親遺體。他們要求在福建的老祖先村子裡辦個告別式，但政府禁止，最後高家二老只能埋骨在美國長島的墓地裡。

劉志軍最後送去受審。判決一點也不令人意外——中國審判，九成八是以定罪告終——但決定劉志軍最終命運的前兆，是黨早已展開其最持之恆久的儀式：就像舊時代裡技術人員把檔案庫裡的政治受難人數資料用噴霧塗掉一樣，現在網管早已上網，開始把好多年推崇劉志軍耀眼成就的新聞報導、紀錄片統統除掉，剩下來的，只有對他被捕的冷嘲熱諷。過沒多久，號稱「劉跨越」的劉志軍已由中國成就史裡被清除，除得如此徹底，後人甚至可能永遠不知有這麼個人存在過。

就此一點，溫州車禍事件已然可以象徵中國共產黨遭逢的最根本危機。實行社會主義後，中國政治有個重大的交易、協商為中產階級男女接受：只要共產黨治國能力還說得過去，就讓它治理而不去挑戰權威；溫州車禍讓大家深受打擊，它違反了這個協議，而且對很多人來說，它的影響好比卡崔娜颶風（Hurricane Katrina）給美國人的破壞：代表政府功能的失敗。這個判決很無情。世界銀行駐北京高級基礎建設專家奧爾利維耶（Gerald Ollivier）指出，火車到目前為止，還是中國最安全的運輸方式之一。他說：「假如中國高鐵每年至少必須運輸四億人。過去四年，多少人死於中國高鐵？四十人。中國人死於道路事故者，每五到六小時就達到四十人這個數字。所以，就安全而論，火車還是迄今最安全的運輸方式之一。過去一年發生的溫州車禍，當然很悲慘，而且本不該發生。但相形之下，它安全的程度，比用汽車運送至少好上一百倍。」

只是在中國，人們更傾向引用截然不同的統計數據：日本高速列車服役四十七年，紀錄只有一死，這乘客的死因還是被關閉的車門夾死，而非列車的交通事故。事件發展已經很明顯了，新中國高鐵這部分，蓋得太快，恐怕不妙；而華北要建最長橋樑之一，預定時程為三年，卻在十八個月內就完工，九個月後，也就是在二〇一二年八月，它倒塌了，造成三人死亡五人受傷。當局怪罪卡車載貨過重，話雖如此，它卻是一年之內倒塌的第六座橋。

人們已不再因中國崛起帶來了財富，就心滿意足。劉志軍的倒台，讓橫衝直撞的特權文化更加劇烈。這麼多年來，劉致力於提升自己還有國家的前途，他已失去權衡輕重的能力，而問題則在，他所服務的政府是否也是如此。

第17章

發光

All That Glitters

胡岡教我有關行賄法官的第一件事情：請吃飯。「第一次邀請，大家都說不。邀過三、四次之後，人人都說好啊；一旦你們一起吃飯，就往一家人的路上走了。」一大堆人談中國的貪腐，但貪腐確切的運作詳情是如何——微妙的技巧、規矩、禁忌——對我依然是謎。這些年來，我蒐集了不少資料，想來了解澳門紙醉金迷的生活，搞懂劉志軍的故事，或是讀懂胡舒立的調查採訪，但我所得到的充其量只是全貌的斷簡殘編。直到我碰到胡岡，他開始幫我把其他的補全起來。

乍看之下，胡岡並非傳授成功厚黑學的明師。我遇見他的時候，他是位小說家——一位矮小而吹毛求疵的五十歲男子，對自己女兒既感自豪，又總是不放心，他還會聽從她「午餐別過量」的提醒。但跟他之前許多人一樣，當機會到處都是，要想抗拒，實在是不可能。大學時，胡岡讀的是哲學，畢業後他一開始的工作生涯，是安靜地在學校人力資源部工作。當中國經濟起飛，他去一家拍賣公司找到工作，販賣中國古典畫作，每賣一件就能賺取佣金。有一天吃午飯，他跟我講：「我發現人們寄來給我們的畫作及卷軸，很多都是贗品，這令我覺得很有意思。我想，我還是有能力以高價賣出這些東西，即便如此，我心中仍舊感到惴惴不安。」

然而，他的不安也沒持續太久。因為長期浸淫於藝術贗品的銷售中，以至於最後他也試著臨摹，而且令他大為驚訝的是：他發現自己要臨摹齊白石雄渾的畫筆、徐悲鴻的寫實風格，還頗有天分。他還擴張自己的拍賣生意到法拍，法拍只要法官一簽字，就保證賣出房子、土地等資產時，有權利得到豐厚的佣金。胡岡說，大家似乎都在幹，「所以，我開始想，若是他們都能做，我為什麼不可以？」

只是，誠如中國許多有利可圖的事物，競爭總是有的：很多人都費盡心思，找機會想買通少數有權力的人。胡岡馬上了解，光有天分是不夠的，他必須建立人脈，而在這方面，他幾乎是天生好手。他先以香菸打通法官，接下來請大餐，再來到馬殺雞沙龍。沒人教他該怎麼做，但他是謹慎的人，足以發展出某些憑以維生的規矩：例如絕不可向陌生人行賄，以及秋天要安排現金禮，因為當時要繳學費了。過沒多久，他就能跟眾多法官喬關係，有時一天安排三趟馬殺雞沙龍。他定定看著我，臉上有一絲驚恐，說：「一天三次。那可不好玩，累死人。」

千百年來，每一代中國領導人都會祭出自己肅清貪瀆的戰略。十四世紀明太祖朱元璋就下令，貪官處死、剝皮，然後屍體以稻草填實，如此一來，他們的屍體就可以像模特兒一樣被架起，供遊客瞻仰。只是這懲戒效用不長，位居高官依然是穩妥通向發財之路的選擇，以至於當一七九九年，清朝貪官和珅被拉下台時，人們發現他斂聚的財富，竟相當於整個政府十年的總稅收。因此作家兼翻譯家林語堂，才會有感而發說：「竊鉤者誅，竊國者侯。」

到了現今，貪腐與經濟共榮成長。一九八〇年代，一盒中國「雙喜」牌香菸、兩瓶「紅星二鍋頭」就足以保證能調遷工作，或者弄到洗衣機配給券。但是在一九九二年，政府開始開放土地與工廠的分配供私人擁有，貪腐勃興也大大成長。開始的頭一年，由貪腐案例取回的金額便增加逾三倍，成為六千美元，雙喜牌香菸最後讓位給愛馬仕（Hermès）名牌包、跑車，以及孩子出國讀書的學費。交易越大，必須批准的幹部層級越高，賄賂情狀與金額也就節節高升。官商彼此照應，組織成「保護傘」，這一步，中國學者們稱做國家「黑手黨化」。

就算賄賂一開始的影響很模糊抽象，但很快也變得鮮明起來。一案接一案，激怒中國大眾的慘事，總可追溯到貪汙、詐欺、侵吞與酬庸。汶川大地震中倒塌的校舍，是回扣拖累的產物；溫州列車追撞，其經管者是國家最腐敗的官署之一；二〇〇八年爆發的毒奶粉造成幼兒死亡事件，酪農與掮客一開始是賄賂國家檢查人員，叫他們無視摻在其中的化學物質，接下來，當孩子們病了，奶粉公司則賄賂新聞機構，叫他們壓下別報。

只要有創意，什麼都能變成賄賂。生意人安排賭局，保證官員必勝。名酒是可靠的上上之選，以至於國營媒體都承認，全國最出名酒類「貴州茅台」的銷售量，足堪代表「中國貪腐指數」。二〇一一年，該酒銷量如此之好，茅台酒公司必須按店分配，公司還分出中國股市史上最大的紅利。

我有一次順路訪問自由派經濟學家茅于軾，他家剛好在中國最有權力的計畫官署「國家發展和改革委員會」總部附近。他指出，佣金總是圍繞著賣酒與陶瓷的精品店。想求助的民眾都曉得，去開會之前要先囤禮。這位學者說：「這些人從城外進入辦公大樓，進去時帶著大包小包，最後是空著手離開的。幹部們下班的時候，則帶著大包小包離開大樓，但他們不可能吃喝掉一切，因此他們把贈禮賣回禮品店，而禮品店接下來又把商品賣給更多來北京出差的人。我們這條街，就變成這個模樣。」

人民公僕的官方薪水是年薪兩萬或三萬元，卻變得如此經常光顧古馳（Gucci）及路易威登（Louis Vuitton）精品店，以至於每逢全國人代開會時，北京高端精品店就會賣到缺貨（政治人物已學會，要事先打電話，保留他們最愛的物件）。有些案例當中，商人會陪官員打走道穿過，但若是那樣太招搖了，他可以把一張信用卡資料留在店內，有必要就刷。大多時候很難知道是誰付誰錢，但偶爾也會有法院案例，讓大家一窺錢是怎麼轉手的。澳門警方逮捕該特別行政區運輸工務司司長歐文龍時，他有一套「友好手冊」，裡頭就記載了一億美元的回扣。

• • •

胡岡教我行賄法官的第二件事，是有至少六個月你不會收到回報。他說：「友誼至上。友誼如此密切，你倆之間不藏祕密。」我倆聊天時，他把豬肉疊在碗裡，宛如小山。「你只有在展現忠誠之後，才能秀出你的技巧——說到做到，還有每次你都讓他覺得，付出心血是值得的。」他瞇起眼，靜靜嚼了片刻，一邊想個透澈，再說：「這些步驟做齊了，任何人都能搞定，而且關係攻不可破。」

胡岡的策略，乃是付出許多成本才學到的。在他賄賂法官的第一年，花了二十五萬人民幣在送上贈禮、女色及請客，但五年之後，回收豐厚。他擁有廣州城內最大的拍賣行之一，存款則「寒酸」到只有一百五十萬美元。他生活有節奏，他說：「我會睡到中午，接下來開始一天流程，包括照顧好大家的情婦。」

但即使如此，他發現仍有不足。「若是我一年賺三百萬或五百萬，我腦海中盤旋的，只有明年怎麼賺更多。假使我是城裡第三名，我該怎麼衝到第一？這就好比你在跑步，而一旦你開始跑，就沒有停止的可能了。你只能繼續跑繼續跑，你不會想到此中哲學涵義；就心理學層面來說，你完全活在自我世界中。」

對外人來說，對中國政治貪腐的規模經常難以理解，部分原因在於大多數人與其絕緣。造訪中國，相形其他開發中國家，遊客不會受到海關官員、街頭警察小額索賄的困擾；外國人除非接觸到學校或者公立醫院，否則他們不會感受到令人毛骨悚然的賄賂早已深入中國社會的每個角落。檯面上，中國的公立教育系統是免費、有保障的，但爸媽都知道，要付「贊助費用」才能進入頂尖學校。在北京，那筆贊助費用高達一萬六千元——比平均年薪要高一倍不止。百分之四十六的父母在一項調查中表示，只有「社會關係」很強、或有雄厚財力，才能讓孩子受到良好教育。據中國社會科學院報告，到二〇一一年，部處級官員（相當於市長）的貪腐案件，增加的速率達每天一個。

由於花錢買權力的現象過於普遍，二〇一二年，全國語文權威的《現代漢語詞典》被迫增加「買官」這個詞——花錢買官職升遷。在某些狀況下，賄賂的內容讀來就像餐館裡的菜單一樣，讓人目不暇給。在內蒙小鎮，計委一職叫價十萬三千美元，都市黨書記起跳價十萬一千美元。這是有一定邏輯可循的；在虛弱的民主政體，候選人買票謀官職；在一個連票都沒得買的國家，你付錢給分配職位的人；即便人民解放軍也有一大堆任命權漏洞，司令官從麾下、呈金字塔狀的忠誠軍官收受一大串錢財。據說一個一星將領可指望收到一千萬元的贈禮與生意機會，四星指揮官則能坐享至少五千萬元。

每個國家都有貪腐問題，但中國則「發展」到「自成一格」的程度。對高層人士來說，誘惑之大，是西方匪夷所思的。哪些白手起家的人走合法之路，哪些則不，實在難說得很，但政府官職始終是穩當的發財之道，無庸置疑。在二〇一二年，中國人大最有錢的七十名代表，身價淨值約九百億元——比整個美國國會議員淨值加總要多出不只十倍。

・・・

驚人的賄賂金額，與完全不透明的賄賂內幕，兩者結合起來所加乘的結果，破壞了黨最嚴肅隆重的儀式——二〇一二那一年，照說該整理政治舞台，老一輩的高級黨官，將把政權傳遞給新一代。計畫很是精準：秋季裡某一天，新登場的領導班子將大步走上人民大會堂的舞台，當著長六十英尺的萬里長城油畫前，客氣地彼此鼓掌打氣。但那一年開年快一個月，所有接班計畫開始解體。

王立軍原是西部城市重慶的公安頭子，黨媒一向謳歌他的強韌及革新，包括完美地從被處決的犯人身上挖出器官移植，但二月六日他開車逃進美國駐成都領事館尋求庇護。他對美國人說，自己發現一樁謀殺案，矛頭指向他的上司薄熙來一家。薄熙來是重慶市黨書記，當時是聲勢奪人的大位角逐者，有望在那年秋天登上人民大會堂舞台；被害人是當地一名英國商人，名叫海伍德（Neil Heywood），遇害時年僅四十一歲。他的一位朋友對英國媒體形容海伍德說：「他清白無瑕，非常高貴、博學，好像格林（Graham Greene）小說中的人物。」海伍德兼職替一家企業情報公司工作，公司是前軍情六處官員創辦的，而且，他在北京開的積架車，車牌號碼是〇〇七。朋友們認為，他更像是《白日夢冒險王》（The Secret Life of Walter Mitty）的主角米堤，而非詹姆士．龐德。

那年冬天，海伍德的屍體在一家叫「南山麗景度假酒店」的寒酸房間內被發現，警方說他的死因是酗酒，但王立軍告訴美國人，海伍德一直替薄熙來家工作，解決大病小痛，當他觸怒薄妻谷開來，她就叫人把他毒死。

中國菁英政治裡，薄熙來是最富領袖魅力的人物，走人民路線，很會挺人。在他的升官路上，我湊巧見識過，當時他掌管商務部，等著輪到他坐上政治局位子。他是北京名人，身材高，很上相，是黨元老薄一波的兒子，鑲金鍍玉，宛如一國儲君。他的妻子谷開來是明星律師，曾出版過一本書，談自己在法院的成功——有位美國同事曾形容她是「中國的賈桂琳」（the Jackie Kennedy of China）。薄當上重慶市書記時，發現有機會智取他那些開明改革派的對手，把自己打造成中國最像休伊．朗（Huey Long）的人物。於是他披上毛主義的大旗，召集重慶市民來唱《團結就是力量》、《革命者永遠年輕》這樣的「紅歌」；他跟手下的警力發動「打黑」，逮捕並刑求數千名政敵、巨賈及黑道。

我會遇見薄熙來，是因跟隨了採訪美國芝加哥市長戴利（Richard M. Daley）的行程，想知道當美國政客碰到中國政治，會是什麼光景。我們在薄的辦公室外候著，他突然衝出門來，笑著與前一批訪客道別；那批高瘦的非洲團，因受到如此熱誠接待而十分滿意。我問奉茶給這些客人的一名小姐，他們是誰。「蘇丹人。」她說。

薄熙來在前門與蘇丹人揮手道別，旋踵伸手攬住下一個來賓。在我被導引出房以前，薄以滿口英語表示歡迎，對中國官員來說，這算罕見而值得一誇。最後我看到他坐在戴利旁邊，兩相對照下，戴利像個來自芝加哥南區的消防栓，薄熙來則看似電影明星。

・・・

要不是公安頭子王立軍叛逃，這世界可能永遠不會知道薄熙來與他所打造的王國究竟幹了什麼事。但王立軍的揭發令人震撼，到最後，美國人並沒給他庇護，他沉鬱地走出領事館，落入中國當局手中，後來被控以叛國罪及收賄罪——對任何考慮叛逃的人，這是很明確的訊息。王立軍的事，紙包不住火，終於流傳出來，中國權力核心的某些迷思，已開始受到侵蝕。

王立軍到底說了什麼，謠言快速傳遍大街小巷及網路。黨的網管想把它們除掉，但是，對薄熙來造成的政治傷害已經有致命影響。兩個月內，薄被拔官，政府打算以收賄、濫權等罪名起訴他。黨煞費苦心，想在貌似追求司法正義，又能避免不合宜的細節被公開，這兩者之間求個平衡。在為期一天的作秀式的審判裡，薄妻谷開來因殺害英商海伍德而被定罪，只是審判對壓下民眾的狐疑功效無幾。谷現身法庭時，看來比她的照片胖很多，公眾揣測該被告是個替身，被收買來頂罪的。無論政府出多大力氣否認，此一迷思徘徊不散。自由派評論家章貽和寫道：「這讓我們想到喊狼來了的男孩，一再說謊，直到沒人相信他，最後他被狼吃掉了。」

薄熙來倒台遺緒深遠。謹舉其一，薄的事件讓中國公僕與謙卑清廉的連結迷思分崩離析。當時他的官方薪水相當於一年一萬九千美元，他的親人經查出所做的生意，價值估計超過一億美元。

對外國生意人來說，海伍德的下場令人不安，這提醒他們，儘管中國經濟有所成長，但黑社會的癖性依然潛藏在表面以下，偶爾會爆發出來。有位英國廢五金商人斯里拉斯塔夫（Anil Srivastav）對我談到，有一次他與人談判一批廢金屬，過程火爆。他說：「有些人進門把我拖出去。我大喊救命但沒人理睬。他們把我塞進廂型車載走。」他後來獲釋，但不禁想到，「以前這些事情我只在電影裡才看得到。」

對中國民眾來說，薄熙來倒台，另蘊含一個更強烈的訊息，讓他們思索周遭打轉的資訊：一個他們在網上傳來傳去的謠言，網管譴責並消音的東西，一夕之間改頭換貌，變成事實。微博上有位名叫「Jieyigongjiang」的用戶，他寫道：「『國際反動勢力』散播的攻擊，現在竟變成真相。那麼，外媒揭露的『真相』，哪些我們應該相信呢？」

• • •

醜聞正成為中國崛起的警鐘。科技、財富及長期草率結合起來，以往保護中國共產黨領導人的神祕簾幕正在揭開，外界已經得以窺其面目。人民共和國的公民，對那些操掌國家的人領了多少津貼，所取得的資訊為史上之最。一位沒沒無聞的共產黨官員韓鋒，在日記裡記下自己擔任廣西省來賓市菸草局長的生活，為期兩年，內容共有五百多件事。韓鋒的日記被洩露到網上，他想破頭也不知怎麼搞的，裡頭記載的生活充斥著宴會、婚外情、休閒商務旅遊，穿插著共產黨的老規矩。過完一個平常的上班日之後，他寫道：

「十一月六日，星期二（晴，氣溫攝氏十一度到二十五度）：我編輯完談『文明態度』的演講稿。午餐時，李德輝等來自廈門的人來訪，我們喝酒。接下來我在公司宿舍休息……去吃晚飯，喝了很多……晚上十點，譚善芳女士開車過來，拉我去她家。我們做愛三次，凌晨又做。」

一等他的日記洩露，韓鋒二〇一〇年三月被捕，受審後判刑十三年，罪狀是收賄十萬元及房地產。在政治食物鏈裡，他只是隻小魚，黨樂於把他丟出船外；我讀他日記時，最驚訝的是那種司空見慣的語調；韓鋒之突出，不在他是個惡棍或政治家，他只是個尋常男子，盡自己所能攫取上頭體制賜給的好處。公帑的濫用以「三公」最為出名——旅遊、吃飯及汽車，財政部一度估計，這些支出讓國家付出一百四十億元，超出國防預算的一半。那一年最後一天，菸草局長韓鋒對自己生活做出評價：

「二〇〇七年過去了，這一年我的工作更順手了……我在員工裡的威信高，今年更是全面完成任務，收入又高達二十萬元，明年預期更好。有鑑於此，回不回區局我都無所謂了，能再幹二年直接回區局幹個閒職再內退最好。今年兒子又爭氣，得到了推薦研究生，不用考了，兩年後他找工作會容易多。今年自己玩相機玩出心得，今後就會好好地玩到老。玩女人這方面，終於玩了楊淑紅，又和小盤玩上了，還固定和譚善芳，還有個莫瑤待玩，今年真是交了桃花運，女人多了就是要注意身體。」

日子久了，中國博客主學懂鎖定官員照片，找出花費嗜好與官方薪水不匹配的證據。他們貼出警察局有漆成藍白色瑪莎拉蒂（Maserati）與保時捷（Porsche）的照片。他們指出，有位地方房地產局局長叫周久耕的，經常被拍到抽一包值二十四元的香菸，而在一場賄賂調查之後，他被送去坐十一年牢。有位博客主專長揭露疑有昂貴名錶的黨同志，博得「腕錶看門狗」的名號。

網管盡其可能擋掉網路，但每個新案子，就讓一個始終保證「先苦後樂」的共產黨形象被撕裂一個口子。每樁不堪入耳的新案子，聽來都像是「常規」而非特例，而且每個新細節都突顯黨表面正經八百，與底下未經修飾的現實，兩者之間存有鴻溝。有位女子常艷上網描述自己與上司、中央編譯局長衣俊卿有染——諷刺的是，衣俊卿正是馬列正統學說及價值的專家。這位情婦描述自己怎麼付他錢，買到中央編譯局的工作，還貼出長達三年的手機簡訊內容，長篇敘述壽司、清酒，以及午餐時的打情罵俏。

另一例風波，則是由待修電腦中的外流照片所惹起，內容是五名男女在飯店狂歡時，扭成一團的光景，讀者很快就認出幾名政府官員的臉孔。問題不在尷尬，而在偽善：在此之前，政府曾起訴一名電腦科學副教授；跟母親住在一起的教授，閒暇之餘組織群交（在圈子裡，他以網路化名「陽火旺」而著稱）。他被捕，以「聚眾淫亂罪」判刑三年半，那項罪名，是當初政府以「流氓罪」起訴婚外情民眾的遺留物。陽火旺一案，變成隱私權倡議人士的集結號，因此，幹部雜交的新聞，對黨造成公關挑戰之流的傷害。一個縣級政府決定，把本案宣稱為認錯人，而《人民日報》以〈裸男並非我們黨書記〉為新聞標題來總結（但結果證明是他沒錯）。

我想趕上時代，還真有麻煩。在這個一胎化國家，有個山西官員被逮到有妻子四名，小孩十個。還有個黨書記叫雷政富的，在一個年紀只有他三分之一女子身上「努力耕耘」的錄影畫面，當然，事有蹊蹺，女人是當地房地開發商僱的，誘惑雷某，以便勒索他。在網路上，因雷某長得肥胖如蛙，中國網民把他的照片，跟《星際大戰》電影惡棍赫特人賈巴（Jabba the Hutt）擺在一塊兒，極盡酸諷之能事。

在我放棄不再追蹤這類報導之前，讀到的最後一案，與新疆省烏蘇市公安局長有關。此人經發現同時與兩女談戀愛，還把她們拔擢到警員行列，並用納稅人的錢，租一豪華公寓供姐妹倆居住。在此情況下，公安局發了一份大概自覺是好消息的澄清稿：局長的兩個情婦不是孿生姐妹，只是姐妹而已。我讀到這段細節時，午餐吃不下了，只能眨眼等著消化新聞；「只是姐妹」此一辯護，似乎為中國公僕的形象設下新的分水線。

• • •

此一說法是如此荒謬，以至於大家很容易忽略一件事，就是它重創了黨統治的柱石之一：幾千年來，中國統治者仰賴「德治」這個觀念。孔子說：「其身正，不令而行，其身不正，雖令不行。」與此類似的是，共產黨的威信大力仰仗這樣的一個觀念：即使地方官僚腐敗，最高領導層是如此躬行智慧、公正及菁英領導，因此異議與直選，相形就變得膚淺、過時。國家主席胡錦濤說：「培養個人道德廉明，可視為一個誠實官員的最基本品質。」政府被視為違反「德治」原則時，群眾的反應可以十分激烈：一九八〇年代，天安門發生抗暴，很大部分的起因，即在於貪腐橫行。

在最近暴增的貪腐中，反應黨的美德問題最深刻者，大概莫過於一支影片，儘管有些片段很俗氣，但令中國人民深深著迷：記者們詢問一群六歲孩童，長大想當什麼，孩子們快速地講出很多尋常的職業，消防員、飛行員、藝術家，直到有位小男孩說：「我要當官。」

「哪種官？」記者問道。

「貪官，」男孩說：「因為他們能有的東西很多。」

黨官斂聚非凡財富的新聞，來到前所未有的層級。二〇一二年六月，「彭博新聞」運用企業財報及訪談，計算即將成為中國國家主席的習近平家族累積資產價值在數億元。那麼多的財富，黨很難解釋，於是決定不解釋：二十四小時內，政府就封鎖彭博網站──在可預見的將來，它在中國都會保持封鎖，而且禁止中國的銀行與公司和彭博續約，使用其終端機。這使彭博賠上數百萬元銷售與廣告的代價。

隨著中國領導人受到壓力，某些他們的支持者對於新聞爆料怒火中燒，且以奇怪的方式迸發並延燒到我們的生活。我太太貝莎娜在非營利教育組織工作，一天下午，她接到一個在工作上認識的女人打電話來，對方是一位中國教授之妻，與黨關係密切。這對夫婦很世俗，有個孩子讀常春藤名校，另與高級領導關係深厚。她要貝莎娜到鄰近商城去聊聊，她們在Apple專賣店旁的星巴克，那女人詢問貝莎娜，我的記者工作是什麼樣的內容，還有，我跟傅才德（Michael Forsythe）是不是朋友；傅便是寫作習近平家族詳細財富的彭博社記者。她有個警告要貝莎娜轉達給我，再由我轉給傅才德。她說：「會發生事情。看起來會像是意外。沒人會曉得實情。只會發現他死掉了而已。」

貝莎娜這方面的經驗有限，於是很困惑。這是真的嗎？那女人幹嘛把這個告訴她？貝莎娜盡可能消化她所聽到的，再問那女人，幕後發出威脅的是誰？那女人說：「不是他家直接講的。」這個他，指的是習主席。「是他身邊那些想顯示忠誠的人。」

我打電話給傅才德，在歐洲找到他，他帶妻兒度假去了。他說這個威脅他也收到了，透過另一個中間人。他以前見過教授的老婆，她是習主席家族成員的公關顧問。現在他不知該如何思考了。她是想幫他？還是想把他趕出中國？習家財富的新聞是個公關大災難，逼他離開可能是為了阻止進一步的揭露。現代媒體與黑道政治，在此交叉起來。

替彭博工作的安全專家調查了這項威脅——進行訪問，調查關係——最後他們斷定傅才德一家可以安全返回北京。但這件事令人難忘。一年內他家就離開大陸，搬去香港。

假如這些威脅及報復，用意是想叫人別再去挖那些不受歡迎的資訊，那它們並未得逞。同年十月，《紐約時報》靠著企業紀錄，計算出溫家寶擔任國務院總理那些年，他的家族聚斂了二十七億美元的資產。溫家以前並不以財富出名，老爸當過養豬農，老媽是個教師，但此時溫家的財富已經多到足以讓《富比世》列入全球最有錢家族排行榜。

這則新聞讓共產黨唸誦的真言之一，為之破功：共產黨以前老愛說，在他們當權以前，中國是由四大家族把持，而黨把那些財富還給人民。現在態勢愈來愈明顯：末代王朝結束一百週年的此時，中國正倒退回某種形式的貴族統治。特權與自肥的規模之大，對溫家寶的聲譽造成特別難堪的打擊，因為他一向擺出黨內自由派旗手的姿態。因為關心窮人，博得「溫爺爺」的暱稱，他曾說：「我經常講，我們不僅應該讓人民有言論自由，更重要的是，要創造條件讓人民批評政府的工作。」然而，他家族財富被揭發的當天早上六點，政府就封鎖了《紐約時報》——而且，跟《彭博》一樣，會一直被封鎖。

封鎖某些世上最有影響力的新聞來源，恰足以反映這是多麼強烈的一招，共產黨有多麼情願使它的人民與世隔絕，以保護自己；現在它禁止人民看的有臉書、推特、《紐約時報》、《彭博新聞》等網站。在線上，網管你追我趕，以保護溫總理的形象，篩除新的字詞結合，包括「總理＋家族」與「溫＋數億」。

受矚目的不只是金錢。人們記錄下官員的生活，比起百姓的生活，真的是「健康」多了。有家空氣清淨機廠商漫不經心地激起民眾譁然，原因是它公布出來的促銷訴求，指出中國官員在首都周遭與世隔絕的辦公室裡，是藉助兩百台高級清淨機來呼吸。該公司說：「創造潔淨、健康空氣給我們國家領導人，是人民的福氣。」就在人們猶在費力了解那個「福氣」之際，他們又聽說有個「特殊農場」網站，專門提供黨幹部安全食材——亞洲開發銀行二〇〇七年一份報告估計，中國每年有三億人因食物導致疾病而受苦。在《南方週末》記者寫了「特殊農場」之後，全國總編輯接獲警告，以後不准他們再那麼做了。

• • •

胡岡教我有關行賄法官的最後一件事，實在很值得。五年後，他在一次例行的掃蕩法院貪腐中被逮到。那次總計一百四十名法官被抓，包括該省最高法院院長。胡岡被判有罪，坐牢一年。

他出獄後，以筆名「浮石」出版一本小說，接下來又一本，當我二〇一二年遇見他的時候，他正在寫電視劇本。對自己的經驗，他已達成結論。他因為消化午餐而眼神呆滯，塌在椅子上，坐得很深，對我說：「即使我們有法律系統，各式各樣法規齊備，執法則是選擇性的。法規對立法者有利時，他們就用；若不利，就忽略掉。制定規矩的人說：『我才是唯一真法，而且我最有權。』這個人人皆知。」他笑了。他說，中國是依「不成文法」運作的；「向來如此，只是問題近些年變得較突出罷了。」

在大多數國家，強賊統治的長期影響，很容易預測：經濟學家計算，若在一到十的量表上，國家貪腐每升一級，其經濟成長就掉百分之一，想想杜華雷統治下的海地或蒙博托治下的薩伊就知道了。但有些特例，反而是最重要的：在日本與南韓，貪腐陪同每個國家崛起，而非崩潰，美國更是最顯著的例子。提倡第一條跨大陸鐵路的人，被發現興建鐵路時自肥——一八七二年通稱「動產信用公司」（Credit Mobilier）醜聞爆發，媒體把金錢被掠奪的規模，描述為「殺傷力最大的揭示官商勾結的邪惡與貪腐，赤裸裸攤開給全世界瞧」。一八六六到一八七三年間，美國鋪下三萬五千英里的鐵軌，造就龐大財富，但也誠如馬克．吐溫所述，上演了「丟死人的貪腐」。鐵路大勃興太超過，導致「一八七三年大恐慌」以及接下來的金融危機，再來才有矯治弊病的政治壓力，而在「進步時代」大有進展。

貪腐會如何影響中國的未來，有兩種基本看法。樂觀派認為，這是由社會主義轉型到自由市場定然會有的事，而且即使如此，中國還是造出公路、高鐵，即使是已開發國家也又羨又妒。時任美國運輸部長的拉克德（Ray LaHood）對一位記者說：「中國較為成功，是因為他們國家只要三個人就能決策。在我們國家，要三千人。」學者裴敏欣就沒那麼樂觀了。他對我說，作惡的共產黨員裡，只有百分之三到百分之六被起訴，而真正定罪抓去坐牢，又只有三分之一。喬治城大學研究中國的政治科學家魏德曼（Andrew Wedeman）研究過日本與南韓的等級恩酬制度後，再檢驗賄賂與起訴的形態，期望發現中國貪腐的機制。只是，魏德曼結論說道：「證據顯示，當今中國的貪腐，根本上是無政府狀態。」他寫道：「中國的貪腐，更肖似薩伊，而不像日本。」但是，跟薩伊不一樣的地方，在中國又處罰很多貪腐的人：五年當中，中國懲罰了六十六萬八千名黨員，罪名是行賄、收賄及侵吞，因貪腐被判死的有三百五十人，於是魏德曼評說：「在很基本的層面，這麼做似乎能遏止貪腐免於惡化到失控。」

較悲觀的看法認為，中國貪腐造成的威脅不在經濟面，而是政治。依此觀之，中國百姓與其領袖之間的結合程度，正在損壞之中，統治階級正在盡可能搜刮最後幾年的經濟成長，而黨比起蘇聯，由內而外改革自己的能力也沒更高強。薄熙來醜聞後，幾名中低層黨員開始懷疑起黨的體質。四名退休官員簽署公開信問道：「當黨的最高領導層，都捲入邪惡程度更甚於《一千零一夜》的故事，那麼本黨是何形貌？」他們寫道，新領導班子「必須公布……他們私人與家族的財產」。中國領導人相信，政治改革將導致動亂，但他們是否相信，什麼都不做也會如此嗎？當經濟繁榮時，即使貪腐明目張膽，人民都可以忍受；可是，成長減緩時，同等級的貪腐就變得令人無法容忍。

我問胡岡，他是否認為中國終究會成長，擺脫其貪腐狂潮，一如美國與南韓。他沉默了一陣子，然後說：「我把我們社會看待成巨大池塘。多年來，人們一直把它當廁所用，只因我們能那麼做。而且，即使池子愈來愈髒，我們還滿享受那麼做的。可現在我們要有人，能夠挺身而出，告訴大家：池子已經被汙染了，你們再繼續汙染下去，就沒人能活下去。」

第18章

硬道理
The Hard Truth

英語教主李陽正在四分五裂。我見過他之後幾年內，曾目睹多批學生獻身於「瘋狂英語」，而與此同時，李陽變得愈來愈怪異、好鬥。二〇一一年，東日本大海嘯，造成數萬人喪生，因日本二次大戰曾侵略過中國，他把這起天災稱為「神的小小懲罰」。一位上海博客主宣稱李陽是「大明星神經病」。

這麼多年來，李陽猶有神智、最說服人的證據，是他不斷支持自己妻子李金，可是在二〇一一年九月，她控告他家暴，訴請離婚。在一個配偶暴力很少見諸公眾的國家，這則新聞登上全國媒體。李陽對一名當地記者說：「我有時候會打她，但從沒想到她會公開，原因是把家裡衝突公開給外人知道，不符中國傳統。」接下來幾個月，李金不可思議地崛起為偶像，中國媒體形容她是「中國受虐妻子的草根英雄」。

李陽的生意撐過這次醜聞，但他的聲譽受損，事業面臨轉折點，年輕男女曾對他那麼信仰，現則十分困惑。我認識的那位李陽學生張麥可一天早晨打電話給我連絡感情，他說：「他打老婆那麼兇。他不是個好爸爸，不是值得追隨的好老師。我恨──」他停了下來，再說：「不對，我不該說我恨他。」

幾個星期後，我到華南，坐大巴出城去看麥可跟他爸媽。他們已搬離廣州市淘金路的公寓，住到鄰近較小的清遠市，車程只一小時，但清遠感覺上較為灰撲，更像農村。清遠還沒有高鐵直通省會，我在巴士站等候麥可時，身旁站的一位男子，削了根樹幹，挑在肩上平衡其行李。麥可抵達時，戴的耳機時髦地圍在頸上，穿著流行防風上衣，看來很不搭嘎。他打量一下我身旁光景，似乎急著用較為現代的眼光描繪他住的新地方。他說：「三年後，這兒會變成國際都市。我討厭廣州，那兒滿是盜賊。我就被搶了三次。」

我們坐出租車穿過城市。他跟父母住的地方，或許可以稱為陶瓷區，因為街道兩旁店面都在賣水槽、馬桶及浴室瓷磚。路上散布著各種顏色的瓷磚碎屑，看來像五彩碎紙。公寓位在灰色水泥住宅樓的八樓，沒有電梯，我們爬梯而上之際，聽得到遠處蓋房子的回音。這兒沒他們廣州住處那麼精雕細琢、都市化，但空間較為寬敞，麥可有自己房間。貼在牆上的自勉標語有他往常的樂觀，但混雜了一絲挫折。其中一張寫道：「心理上，我必須改變自己一生命運！」另一張則寫著：「我再也受不了了！」

他的衣櫃上有個很大的瓦楞紙箱，潦草地寫著「瘋狂英語」。我問箱裡有什麼，麥可嘆氣了。他說：「李陽真會賣東西。他說服我愛上『瘋狂英語』達九年。他深入我的靈魂。我完全變成怪人。」他笑了，接著說：「『瘋狂英語』的學習法很爛。很多學生來找我說：『我花了九千元，但我的發音依然很破。』」

教英語生意不好做。麥可借錢開始「基礎英語」之後，公司營運了兩年，只是最後合夥關係惡化了。麥可一直負責銷售業務，但他招生成績不好。二〇一一年一月，生意倒閉，麥可破產兼負債。他兩個星期在父母公寓裡來回踱步，心情很糟，思索已發生的一切。他對我說，這次經驗讓他學到無情的教訓：靠人不如靠自己。

而他會搬離廣州，是為了省更多錢，此時，在清遠這間八樓無電梯公寓裡，他致力於個人計畫：打算寫一本英語教科書。他說：「我的夢想是改變整個漢英教學系統。」他深信，如果有人給他機會，他能寫出很成功的書。他說：「我有實力。我是無可取代的。」而我則聽見他內心的回響。他說：「你能相信嗎？」

• • •

午餐做好了，我們擠坐在客廳的餐桌旁，牆壁上掛的肖像人物在較勁：麥可的房門外貼了張李陽的海報；而在他母親鄰近的牆上則掛了幅標語：基督是撐起一家的柱石。她已改信基督教，談到此麥可看得很開，他說：「我只由各宗教取其精華。」

麥可急著跟我講他的寫書理念，他想克服他蔑視為「考試英語」的難題，也就是許多中國學生為了通過大學入學考試，而學習的那種矯揉造作的語言。

他滔滔不絕地唸出一大堆例子：「懂了。起床。筋疲力盡。振作起來。夥計，讓我休息一下。夥計，我搞不懂。夥計，我真不知道。夥計，住嘴吧。」他還標出八百個字眼，讓他的學生一再複誦，以磨練發音。他展示他的技巧時，聽起來宛如用單句道盡中國現代史：「我能，我能，我能，我能。受苦，受苦，受苦，受苦。有，有，有，有。」

我注意到他的父母在看著他，感覺上他們對此已經習慣了。他已把他們家變成「英語為第二語言」教室，儘管兩老跟他們同世代大多數人一樣，不懂英語。他們別無選擇，只能相信兒子做的是有價值的事。

當天下午稍晚，麥可、他爸媽跟我去看他們最自豪的新財產：一間興建中的公寓，要給麥可與他希望有一天找得到的妻子。我們走過陶瓷區：麥可的爸爸穿著軍中剩下來的迷彩鞋，與瓷磚破片很合襯。我們抵達一棟高而不寬的現代高樓建築，有現代大廳，光滑整潔，迷彩鞋突然看來不合時宜。大廳中央有住宅群依比例縮小的模型，裝設微小能發光的燈，棕櫚樹下還有塑膠小人偶。大廳兼做售屋中心，但當天沒有人來看屋；中國經濟在減速，清遠市房地產榮景不復。我們本想去看他們的新公寓，只是大樓還沒完工，電梯的面板連著電線垂掛著，看起來不怎麼格外安全。麥可戳了戳了無生氣的按鈕，然後提議我們去看看樣品屋就好了。

樣品屋的四壁只有水泥，意味著未來不是前途光明，就是整個建設工地陷入麻煩。我們往外走到陽台，往下可看到一個湖泊。由十八樓俯瞰，底下的人看來就像大廳裡的人偶。麥可與他雙親買得起的公寓，在工地的另一邊，瓷用品店那一側，不在湖濱。我們走回電梯，麥可似乎心有所感，他用英語對我說，不讓他爸媽聽懂，他說：「我不想住這裡。我會把爸媽安置在這兒。我必須回到像深圳、北京或上海的大城市。清遠太鄉下了，一個二線城市只學『考試英語』，這兒的人夢想不大。」

這麼些年下來，我感受到其他跟麥可一樣努力的青年，也愈來愈感挫折。低技術工作倒不成問題——工資在上升，但白領工作不足以僱用每年造就的六百多萬大學畢業生。二〇〇三到二〇〇九年間，移民工的起薪成長近八成，但大學畢業生的則停滯不動。你若考量到通貨膨脹，會發現他們的收入反而減少了。努力的中國年輕人極力想「車房齊備」——找到配偶，奮力上升到中等收入階層，然而此時才了解到真相：中國新創造出來的財富，分配極其失衡。二〇一二年時，中國城市一間標準公寓，售價為全國平均年收入的八到十倍。即使在美國房地產泡沫的高峰，此一比例最高也才五比一。年輕人用一種方式自嘲：男人沒有致富人脈，或者沒錢可結婚，便自稱為「屌絲」。這些年輕人成長於自我創造的時代，手機行銷時強調「我的地盤我做主」，學校誓詞告訴他們，「我是自然最大奇蹟。」叫他們大夢初醒的理由很多，挑選二〇〇九年度漢字時，網民選擇了「被」字，即被動介詞，如用在「被炒魷魚」或「被虐待」。

一種新的情緒在發酵：中國經濟勃興，幾乎讓人們在某種程度上比以前好過，過去十年，平均收入增加三倍以上，但貧富差距擴大的程度，則令共產黨始料未及。二〇〇一年，當人家詢問說話耿直的國務院總理朱鎔基，他是否憂心貧富差距擴大會導致社會不安。朱說，「不止如此」。他援引用來測量收入分配公平、通稱「吉尼係數」（Gini coefficient）的數據，其範圍可以由零到一，而一便是貧富差距達到極端。中國官員預測，只要吉尼係數維持在朱鎔基稱為「危機線」的零點四，中國就不會動亂。然而十一年後，這個數字已變得如此之大，以至於政府乾脆停止公布，聲稱富人把自己太多收入隱藏起來，因此本統計數據不再可靠。

貧富差距可不是什麼抽象概念：一個出生在偏遠青海高原的孩子，五歲前夭折的機率，是北京兒童的七倍。政府被迫有所行動，它本可以改革稅制——中國還是沒有資本所得或遺產稅——但它沒那麼做，而是採取更直接的策略：二〇一一年四月，北京禁止公司行號使用「豪」字在公司名或廣告之中。結婚蛋糕叫價三十一萬四千美元的「黑天鵝豪華蛋糕」，必須自稱為「黑天鵝藝術蛋糕」。只是，最終這項禁令沒持續下去。

在多年不敢測量吉尼係數之後，二〇一三年一月，政府終於公布一次數值：〇點四七，但許多懷疑的人嗤之以鼻，經濟學家許小年說它是個「童話」。有項超然的估算，把數值訂在〇點六一，比辛巴威的水平還高。然而，儘管都在談收入不均，情勢愈發明顯的是：人們最最在意的，是機會的不平等。二〇〇九年，哈佛大學社會學家懷默霆

（Martin Whyte）調查中國民眾，他發現令人稱奇的事——人們對財閥政治的崛起，容忍度很高。大家憎恨的是讓他們無法加入的種種障礙：司法軟弱、濫權、求助無門。張應強及易利森（Tor Eriksson）兩位學者由一九八九到二〇〇六年間追蹤中國家庭的生計之道，發現「機會不平等的等級很高」。他們寫道：「市場改革背後的理念，是讓一部分人先富起來，接下來這批人再帶動其他人致富。但我們的分析顯示，至少到目前為止，改革少有跡象顯示已經掃平障礙變得公平。」他們發現，在其他開發中國家，父母的教育是決定孩子未來的最重大因素。但是在中國，該決定因素變成「父母人脈」。有人做的另一份研究，對象是中國城市親子，發現「跨世代流動性低得驚人」，報告寫作於二〇一〇年，作者們進行排行，說「中國都市是世界上社會流動最低的地方之一」。

甚至這些統計數據還沒出現、加以佐證之前，人們已在描述自己社會浮現的新區別；不僅分析BOBO族、頂客族及新中等收入階層的區別，此時還出現一條界線，劃在白領階級與人稱「黑領階級」之間。有位匿名的作者流傳一則散文，定義「黑領」為：「他們穿黑衣裳，他們開黑色汽車，收入不為人知，生活不曝光，工作不為人知。有關他們的一切都諱莫如深——一切如此神祕，宛如站在暗處。」

• • •

隨著發跡機會變小，白手致富的魅力喪失不少。黃光裕是電子業大亨，曾位列中國首富，因內線交易等罪名被判刑十四年。在八年間當局至少處決十四名億萬富豪，罪名由老鼠會到僱兇殺人不等。袁寶璟曾是股市經紀人，四十歲前便賺到三十億人民幣，因安排殺手去殺一名想勒索他的人而被處決。因此年度富豪排行榜被戲稱「死亡名單」。

垃圾皇后張茵碰到的麻煩種類不同。在她被歌頌為世上白手起家最有錢女人不到一年之際，名聲在中國開始變糟。一個名為「大學師生監察無良企業行動」的勞工權益團體發布「血汗報告」，指責她的玖龍紙業虐待勞工，包括工安意外、安全設備不足、歧視B肝帶原者。該團體出版《玖龍紙業員工手冊》部分內容，其中有「尊敬領導。遇見高階領導時停止走動，向他們問好。走在一起時，要走在高階領導後面。」員工很容易被罰款，罰款範圍很廣，比如由公司巴士往窗外吐痰或者在員工餐廳插隊，罰三百元；打盹、允許外人來瞧工廠或打麻將，罰五百；組織罷工或「散播謠言傷害公司」，罰一千元甚至開除。手冊另指出，工資為機密，「透露人的薪水」或者「問別人」薪水多少，都構成開除的理由。

一家報紙援引美國鍍金時代的剝削行為，譴責張茵「點血成金」。人們指出，她有一次說：「假如國家不是貧富皆有，那麼不會強大富裕。」一本著名週刊《三聯生活週刊》這樣寫道：「如果張茵識趣的話」，她就該主動請辭全國政協委員一職。文中還說：「玖龍紙業生產出的每一張紙……都浸透了造紙工人們的鮮血。」即使某些最賣力鼓吹自由市場的人，都感受到某個時代已一去不返了。《中國企業家》雜誌在一篇論張茵的報導裡宣稱，「在五年前的中國社會，或許一家公司因創造成功生意，而在其他方面並不完美，還可以被容忍、崇拜。可是，如今世事已經改變了。」

報告出現時，張茵憤怒回應說：「我們變得有錢，是因為我們找到了變廢為寶的商業模式，而不是嚴厲對待員工。」她說，公司給予員工的獎勵，遠比罰款多。而且她質疑這家勞工權益團體的政治動機，森然稱它「收受歐洲給的錢」。

我跟她談到這件事情，張茵告訴我，玖龍已廢止向員工罰錢的做法。通常一個較懂得盤算、八面玲瓏的執行長，會說到這裡就停了，但張茵推開她的椅子，解釋說，事實上她依然相信，罰款在條件正確時，是合理的手段。她說：「假如你不制定罰款規則，工人會漫不經心，搞到受傷，再回頭要求更多賠償。」廣東省工會經調查後，儘管批評玖龍紙業的處罰體制和其他管理措施，但聲稱玖龍「是家相當不錯的企業」。這實在無濟於事，張茵的評論，還有工人權益團體的報告，合力讓她的公共形象改頭換貌，她已變成放肆資本主義時代的梟雄。

・・・

我在中國住得愈久，情形看來似乎愈是如此：人們已瞧出經濟勃興有如一列座位有限的火車。對那些已找到座位的人——可能由於他們上車較早，家庭正確，有付賄賂等——進展超乎想像；但其他人只能靠自己雙腳所及，能跑多遠多快，就跑多遠多快，只是最終，他們只能望著火車消逝於遠方。

這種挫折感，在極端時像是炸藥。到了二〇一〇年，罷工、暴動及其他「大型群眾事件」在近五年中增加一倍，成為一年十八萬件。據政府統計數字，幾乎一天五百件。二〇〇九年七月二十四日，吉林省的鋼鐵工人因為害怕被裁員，於是攻擊總經理、一位名叫陳國軍的大學畢業生，用棍棒及磚塊把總經理打死，而且封鎖公安及救護車。黨結束如此的動亂之際，經常說毛病出在「群眾有人不了解真相」。但似乎毛病就是真相本身，情形似乎愈來愈是如此。在某種程度上，鄧小平制定的全國大跑步比賽有人作弊，賽場不僅不利於尋常人，甚至可以說玩的不是相同比賽。

二〇一〇年一月，一位名叫馬向前的富士康科技員工由工廠宿舍樓頂跳樓。他在組裝線上一週工作七個晚上，每班十一個小時，但接下來被降級去掃廁所。馬死後幾個月內，富士康另有十三名員工自殺。人們懷疑自殺是不是像瘟疫傳染，而且指出，一個工廠大如城市，按理，成串自殺依然會以這種速率進行下去。

富士康後來在其建築物樓頂安裝圍網，而且為員工加薪，自殺案件銳減之快，一如其發生之速。局外人很快就想像，這又是一家血汗工廠了，但如此解說相當不正確。富士康請心理治療師到廠，為員工診治，他們發現的狀況，跟社會學家開始由各類對新中產階級所做調查得知的，一模一樣：第一代組裝線工人，只因能脫離田地，就十分感激，但下一代會拿自己與飽經風霜的上一輩相比。清華大學社會學家郭于華在二〇一二年寫道：「今天中國最尋常的感覺是什麼？我想很多人會說是失望。這種感覺源自經濟快速成長，但生活改善卻不夠。此外，它也源自個人社會地位提升的程度，與想到『強大國家崛起』，兩者之間有落差。」

我注意到，人們依然引用《大亨小傳》來類比中國當下的崛起，只是此時這種參照帶有邪惡的新意味。他們注意到加拿大勞動經濟學家寇拉克（Miles Corak）的成果，通稱為「蓋茨比曲線」（the Great Gatsby curve）的研究，它產出進一步的證據，即中國是世上社會流動性程度最低國家之一。一位中國博客主讀完後寫道：「老鼠的兒子會打洞……出生決定階級。」《大亨小傳》讀來再也不像一個自我造就的人之事跡。另一個博客主寫道：「盜賊橫行，農人離開土地，奔往東岸大城市，農業生活式微。金錢凌駕道德……今天中國面臨的事體，就是這些。」中宣部通告周知，各種報導指出大家不快樂，不是大家喜見樂聞的。二〇一二年四月，我的手機嗡嗡響了：

「所有網站不得轉貼標題為『聯合國公布《世界快樂報告》，中國排行一百一十二』的新聞。」

•••

我結束與麥可見面，回到北京那一天，冬陽和煦，我把腳踏車牽出來，繞這區一大圈。我騎到長安街，再次右轉往北，經過中宣部，它還是踞坐在佛塔式屋頂之下。

自從我首度注意到中國人在追求真相以來，已過了好幾年，它以一度難以想像的方式膨脹，中宣部也見招拆招。該部幫助黨撐過金融危機，叫「阿拉伯之春」的崇拜者噤聲。黨把劉曉波、艾未未捉拿下獄，把韓寒的出版野心打了下去。即使是愛扒糞、自命啄木鳥想讓體制長得更直一些的總編輯胡舒立，也衝撞到黨認為可以忍受的極限。凡此種種努力，都強化黨的決心，要圍堵、管制對真相的追尋。中國言論管制最高負責人柳斌傑那年春天被問道，評估過去六年的表現如何。柳說：「客觀來說，相當傑出。」

柳的自負實在言之過早。以往在中國，國事總是不讓大眾過目，到最後才以既成事實的樣貌揭曉。可現在沒料理過的素材——各種交易、世仇、背叛，都攤在陽光下供人審判評價。人們正在評估這套體制是否符合他們所追求的道德目標。二〇一二年，中國首度出現每兩秒鐘就有一人上網的比例，只是，上網人口還是不到總人口數的一半。劉曉波入獄前指出，讓他取得靈感的哈維爾《七七憲章》，在政治體系依作者群預見方式演化之前二十年便已出現。依哈維爾看來，在共產黨統治之下過活的關鍵，便是維持「雙重生活」——心甘情願，在人前說一套，而私底下則是另一套，因為恐懼，或利益，或兩者兼具。到最後，雙重生活還是撐不下去的。

在中國，雙重生活正在磨損。極度不公平此一事實，現在躲都躲不掉：一部分中國人的物質世界跟其他同胞是天地之差。當然，這種現象在很多國家都如此，包括我的國家美國，只是在中國格外深刻；一個世代以前，中國還打著平等主義名頭要人民刻苦犧牲，現則不然。此外，中國菁英領導的迷思與寡頭統治的現實之間的落差，變得愈來愈清晰。

二〇一二年，三位政治科學家史宗瀚（Victor Shih）、阿道夫（Christopher Adolph）及劉明興組成團隊，挑戰包圍中國崛起最根本的迷思之一：中國共產黨獻身於經濟開發始終不輟，誠如鄧小平所說，「發展是硬道理」，保護著菁英統治，獎勵能做最精明經濟決策的黨幹部；但學者們發現，這一點沒有佐證；相反地，中國有搞好經濟紀錄的官員，其升遷不見得比表現差的人來得順。最重要的，還是他們與上司的關係。

隨著黨對資訊壟斷的消褪，其道德公信力亦然。對諸如哲學系生唐杰這樣的人，光追尋真相還不足以滿足他們的懷疑；這使他們發出更深沉的疑問：想成為怎樣的人？可以相信的人又是哪些？二〇一二年夏天，大家發現另個字眼在搜尋時被封鎖了。天安門廣場示威紀念剛過，人們一直用密語討論它，把它稱為「真相」。網管逮到這點，等人們搜尋微博，想有進一步發現，他們開始收到一項警告：「依相關法律、規定及政策，『真相』的搜尋結果不會顯示。」

第三部

信仰

PART III

FAITH

第19章

精神空虛

The Spiritual Void

「毛主席像章熱」一九六六年夏天起橫掃中國，當時上海聯合徽章廠生產一種簡單的鋁質別針——直徑半英寸，上有主席的肖像。文化大革命的聲勢日隆，像章蔚為時尚。幾週之內，像章便全國量產，男女老少都把像章別在心口以上，作為效忠的證明，像章越多越好，由他們的胸膛垂下，橫繞在臂上。

像章上，主席的臉安置在往前方面，或者是側面像，但絕不朝右，右是反革命的方向。有些像章能在暗處發光，有的是由美軍在越南被擊落戰鬥機取材製成。鐫文歌頌主席為「勞動人民的救世主」、「偉大救星」及「我們心中的紅太陽」。

文化大革命是毛為了權力的最後一搏。大躍進造成大災難之後，他的政敵把毛晾在一旁，所以毛祭出中國的年青人來「炮打黨中央」。文革讓毛有了新光環；媒體宣稱，

「讓毛澤東思想控制一切」，人民則跪在毛銅像腳邊，懺悔自己的罪過。他的小紅書《毛主席語錄》，據稱有神奇力量：國營媒體報導，小紅書讓一隊外科醫生能摘除重九十九磅的腫瘤，還幫上海工人把下沉中的城市抬高四分之三英寸。

毛澤東摸一下，就能取得神界一般的重大意義：一九六八年，一個巴基斯坦代表團送一籃子芒果給毛，他轉贈給工人，工人感激涕零到把果子放在祭壇上，群眾排隊膜拜；一粒芒果經包機飛送上海，如此工人們如王小萍（音）才能看見。她後來在一篇散文中回憶說：「『芒果』是什麼？沒人曉得。有知識的人說它是極其罕見的水果，好比長生果。」那些芒果開始腐爛，便用福馬林保存起來，造出塑膠複製品。有位村裡牙醫說，芒果看起來像地瓜，被依惡意誹謗罪審判並處決。

就在毛愈來愈變成神明之際，他的信徒則在拆毀中國古老的宗教信仰基礎。馬克思認為，宗教是「幻想的幸福」，與社會主義的奮鬥並不相容，而《人民日報》則呼籲年輕人「破四舊」——舊思想、舊文化、舊風俗、舊習慣。紅衛兵拆廟砸古物的凶狠蠻勁，誠如高萬桑（Vincent Goossaert）及宗樹人（David A. Palmer）所述，是「中國甚或世界歷史上，摧毀所有形式宗教生活最徹底的行動」。在某些案例，毛的神格化與摧毀他的敵人，變得難以分辨。小紅書被用來當「照妖鏡」，可以剝掉「階級敵人」的面具，在兩個省分，這股狂熱更惡化成人吃人的地方：階級敵人被開腸剖肚，在公社餐會上吃掉。

到了一九六九年，毛派已經失控，危及中國的未來。死亡人數增多，寺廟已成廢墟，而且即使像章都變成麻煩：中國生產了這麼多（總數在二十到五十億之間），導致缺鋁。最後毛說，鋁金屬必須用來「造飛機保衛國家」，才結束這股狂熱。

毛主席一九七六年死後，蒐藏家及投機客瞧見可賺錢的商機，於是收集像章，當成投資。但這門生意如此油水豐厚，使得像章市場贗品泛濫。這種護身符變成大宗商品，我在北京跳蚤市場看到它們埋在古董攤裡。在線上，工廠大批販售，每個只要七分錢。

毛的文化大革命摧毀了中國舊日的信仰系統，即使鄧小平的經濟革命也無法重建。不懈地追求財富，舒緩了中國過去的匱乏，但卻無法為國家與個人的終極目標下定義。此時真相明擺著，有目共睹：共產黨治下的中國，資本主義毫不節制、貪汙舞弊、不公平猖獗。一度還有些藩籬可以約束道德沉淪，中國則全都跨過去了，現還要衝刺往前。中國生活裡有個洞，人們叫它「精神空虛」，得做些什麼來填補它。

・・・

二〇一〇年冬天，我們搬進國學胡同一座小磚屋裡。這是一條巷尾不通，路面彎曲狹小，兩輛汽車無法同時通行的巷子，巷名倒是氣派很大。到了春天，街坊鄰居在巷弄有陰影那一邊占路玩紙牌，巷子變得更窄。

國學胡同，被紫禁城以北的嘈雜大道包圍起來，是老北京的殘留，能躲過拆除，是因為它卡在兩大寶貝之間：雍和宮（北京最大的藏傳佛寺）與孔廟（有七百年歷史的中國最重要哲人祭祀場所）。這些地方的四周，北京算命先生聚集得最多，再與寺廟結合起來，讓本區成為北京最具有靈性的區域。這裡有紊亂露天市場的氣味，販賣的貨色倒不是商品，而是各派教義。

這條巷弄的名稱源自它的地點：「國學」指的是混合了哲學、歷史及政治的中國文化。要確切定義它包含了什麼——該教什麼歷史、哪些思想令人信服——叫人緊張，但歷來的中國思想家期望能找到最強的處方，讓中國能免除西化的壓力。二十世紀重要的知識分子梁啟超呼籲提倡「國粹」，近幾年中國領導人則投注於這個想法，盼望把社會主義的殘餘綁緊在中國文化較深的根苗裡。西方政治價值的傳播令他們氣餒，如哲學生唐杰重新擁抱中國經典以作自衛。我們這一區有張標語說，這兒是「國學研究聖地」。

我們巷子沒有商店、酒吧或餐廳。它離主幹道雍和宮大街只一百公尺，但不通的巷道及古老的房舍，讓它感覺起來像個村落，被一千九百萬人住的城市包圍起來。有位鄰居養雞報曉，另位做晨操的方法，是在晨風中揮牛鞭。大家住得很近，每晚此刻，我坐在書桌前凝神靜聽，我的鄰居，一位叫金寶珠（音）的寡婦準時在下午六點開爐，六點五分，熱油滋滋響，六點十五分，晚飯就好了。

巷弄孤絕，生活倒有幾分隨興的品質：中國農曆年時，有位鄰居邀我們過去放爆竹，那件事嚴格說來，是不合法的。有一年，爆竹歪了，一枚沖天炮射進人堆裡。兩個月之後，金太太決定敲掉她的房子重蓋，如此她才能由空地多占幾英尺空間。我不介意，她有所需要，地方太窄了；但我的房東生氣了，責備她「偷陽光」，因此興訟。誰擁有什麼，他們莫衷一是，部分原因在文化大革命期間，大家彼此攘奪了太多太多。

離我們前門不遠，官方設了面公告欄，執行「反邪教警告與教育」。上頭橫寫的中文大字說，「留心邪教，建設和諧」。本區有這麼多宗教活動，政府對此不怎麼放心，原因在憂心各宗派競逐人們的忠誠與奉獻。一九九〇年代宗教運動法輪功崛起，呼籲更多權利及認可，黨宣布它為邪教，掃蕩且圍捕其信眾，持續至今。有張海報標題寫著，「打擊法輪功導致麻煩與破壞的日常陰謀」。它說，邪教「使用網路捏造並散播謠言，讓社會秩序陷入紊亂」。我從沒聽過本區有任何人談到要加入邪教，就算有好了，也有一張海報教導如何應對：別聽、別讀、別分享、別加入。

外人往往認為，中國人講實用，花在信仰的時間沒多少，但是幾千年來，這個國家是由信仰及儀式編織起來的。曾有一度，北京的寺廟數目為亞洲之冠。循著五花八門的本土神祇，道教與佛教興盛起來；學者們膜拜文聖人，病人拜掌管疾病的神明，砲兵則祭砲神。北京吸引千里以外的人來朝聖，其中有些路上還一步一叩首，像煞蛾類幼蟲。

文化大革命退潮之後，中國學者逐漸獲准重新詮釋馬克思信念，即宗教「是群眾的鴉片菸」，而他們主張說，馬克思指的是他那時代，德國的宗教，而非宗教本身。在當時，中國還在追求滿足物質，而人們發現，那只能滿足他們某些渴求：但在存在方面的問題——意義、自我培育、生命本身，都是死胡同。三不五時，愛國主義會高漲一次，讓人的生命取得形式與方向，但它就如日本作家村上春樹寫到自己國家的愛國主義那般，「像廉價劣酒」：「只喝幾杯，它就讓你醉了，叫你歇斯底里，但在你醉了，大鬧一場之後，除了翌日早晨劇烈頭痛以外，什麼都沒留下。」

我們定居到這區來的時候，中國已在全面復興茁壯之中。誠如一項研究所述，此時「精神空虛」正要被一個「向四面八方炸開的宗教宇宙」所填滿。人們不信任身邊的建制機構：共產黨偽善肆虐；媒體因賄賂及刪檢而嚴重變弱；大公司恩酬及用人唯親是眾所周知的事。人們把自己的信仰寄託在別的地方。即使在鄉間最貧窮地帶，寺廟也重新開張，提供混雜道教、佛教及民間信仰的東西。目前基督徒有六千到八千萬人，社群大如共產黨。我還碰到過信五旬節教派的法官，以及信巴哈伊（Baha’i，舊譯「大同教」）的大亨。

面對這麼多選擇，有些人兩面下注，有點像宗教雜交：每年春天，學校要考試之前，我會看到中國父母魚貫走進雍和宮大門，祈求孩子成績考好；接下來他們又走去對面的孔廟拜拜；有人下午最後落腳於天主教堂，以防萬一。

有些成長最快的團體把宗教、商業及改善自我揉合在一起。我參加過一個名叫「頂級人類」（Top Human）的組織集會，該組織召募有野心的男男女女，販賣「啟發式行銷」產品，可以助你「瞧入你的心理」。當地報紙詢問這算是一種「靈性行銷」方案，抑或有可能是一種「宗教」。最後政府查禁了它，創辦人被抓去坐牢，據說罪名是逃稅。

這些年來，我一直追蹤那些經歷多年貧窮之後追求財富者的故事；我曾行旅全中國，訪問各式各樣說實話的人。只是我待在中國愈久，愈想了解那些較難一眼看出的變化——也就是對意義的追求。中國歷史近這一百年，再沒有比爭戰信仰引起更大動盪的了。我想知道，中國男女在試圖決定人生什麼最重要時，他們的生活會是怎樣，而我並不必外求遠尋。我住的這區書市裡，像《靈魂導覽》、《我們幹嘛活著》之類的書就有很多。以我前門為圓心繞個圈走到任何一點，都可以找到不同答案。

・・・

國學胡同的正東就是雍和宮，是由木石建築而彩漆鮮艷的複雜建築群，檀香高燒而裹成一團。這是世界最重要的西藏寺院之一，而對中國來說，是城裡最敏感的地點之一。有一度，北京與藏傳佛教關係密切，皇帝在京城供養數千喇嘛，祈求國泰民安。但是一九五九年，西藏精神領袖達賴喇嘛因拒絕承認共產黨擁有西藏的主權，由山區跋涉到印度，離開中國。流亡歲月中，他得了諾貝爾和平獎，而且出力轉化西藏人；依他朋友、哥倫比亞大學教授兼前喇嘛佘曼（Robert Thurman）所言，西藏人變成「人權運動的小海豚」◉。誠如教宗若望保祿二世被視為反抗蘇維埃帝國的偶像，達賴變成抵抗中國統治的代表人。二〇〇八年春天，西藏抗暴過後，中國領袖譴責達賴醞釀不安。他否認有任何參與，但中方說他是「披著僧袍的狼」，意圖「分裂祖國」。

喇嘛廟四周總是有穿制服及便衣的警察，看到他們實在令人犯疑，因為大多數遊客並不是西藏人，都是富裕的年輕中國夫妻，前來燒香，祈求生下健康的孩子。他們大多數人認為西藏是中國迷人的大西部，是時髦景點，讓人聯想到靈性與吃苦耐勞的個人主義。有位中國年輕搖滾樂手對我說：「我在西藏時，可以自由自在。」

我認識不少漢族中國人信仰藏傳佛教，其中有位姓林的私募股權投資人就是其中之一，他一腕戴佛珠，另一腕戴瑞士名錶。自己信藏傳佛教，而政府對達賴喇嘛諸多警告，讓他糾結，努力調適。他說：「我師從自己的仁波切時，習慣問他們：『你們是中國人，還是西藏人？你們打算用我的錢，去買武器嗎？』」他曾涉獵心理學及宗教書籍，最後信仰藏傳佛教，因為感覺它比漢傳佛教要純淨；漢傳佛教已沾惹上道教元素及其他傳統。談到達賴喇嘛，他說：「他寫了大約六十本書，我大概讀過三十本吧。」

當時我們坐在北京一家露天咖啡，同桌另位朋友是開餐廳的，湊巧是黨員。他誇張地倒抽一口氣說：「他這麼講，真夠大膽的。」林翻翻白眼，我感覺他很享受自己信仰所伴同的膽大包天。林說：「我想達賴喇嘛實則不是西藏分離分子。要是他是的話，西藏現在早就不可收拾了。」

由雍和宮往四面八方輻射，屋舍都是小間小間的店面，坐著風水師、瞎子算命仙及命名老師，他們只要價錢公道，就可以提供一個對嬰兒或一家公司最吉利的名字。不能見光幾十年之後，算命生意現在公然進行，而且大發利市。在中國，與成敗攸關的神祕因素、私人關係及不見光的交易這麼多，以至於人們急著追求神靈方面的優勢。

算命先生在窗戶貼告示，宣傳自己提供的服務：預測政經未來、評估婚姻前途、改善大學入學考試分數。較先進的流程，可以按要求而炮製，誠如一張告示所言，包括解咒等等。尚德剛（音）的鋪子總是讓我聯想到產科醫生辦公室：壁上貼著客戶微笑的照片，讓你約略了解有前途的孩子未來的模樣。一天下午，他手指敲著一張照片，照片中的女子笑得很僵，臉頰紅潤，對我說：「這位年輕女士彭媛（音）剛來北京時沒沒無聞。現在她是美容師，與很多名人交友。」照片中，她端著綠而扁的東西。「我替她造了那個玉盤，改變了她的命運。」

尚大師的辦公室塞了很多不怎麼古老的書，比如《華爾街風水師》，而且他的服務揉合了佛教、道教及幾絲奇門遁甲。只是，他的行銷大致與歷史掛鉤起來：他自述為古代將領尚可喜的後代，書桌上保存一本皮質封面的尚家族譜，有四英寸厚。讓客戶印象深刻的是，原來尚家那麼多成員在文化大革命中被毀，這讓同樣未能了解自家歷史細節的客戶從中得到少許安慰。他的招牌保證提供：曾經只供上層階級的超自然服務。

毛澤東使盡渾身解數，但民俗宗教依然在生活各角落欣欣向榮。我們搬進來的第一個秋天，我聽到書桌上方天花板有搔刮挖敲的聲音。我不以為意，可幾星期之後，我的辦公室開始聞起來有幾分動物園的味道。有一天夜裡，我由窗子看到一團金黃色毛茸茸的東西竄上樹，消失於屋頂的一個洞。我向鄰居黃文義（音）提到這件事，他笑了。他說：「那是隻黃鼠狼。你該高興才對！」他表示，黃鼠狼象徵即將發財，刺猬、狐狸跟老鼠也一樣。因為這些生物都在墳墓遛達，所以被視為帶有祖先的靈魂。黃說：「別理牠。」我跟我們管家馬阿姨提到有這動物，她嚴肅地說，「別打牠。絕對不能打黃鼠狼。」

但書桌頂上的氣味叫我難以工作。總得想想辦法。幾天之後，我與一位名叫韓昌東（音）的滅鼠專家站在院子裡。我描述自己看到的。他安慰地點點頭說：「那是隻黃鼠。你真是幸運。」

我說：「可你做的是滅鼠這一行啊。」

韓聳聳肩說：「中國人認為，有隻黃鼠狼搬進家中，是非常吉利的事。」他說，隨著北京城愈來愈多地方變成混凝土建築，最後一批野生動物擠到胡同來找木材跟稻草。他從工具袋裡掏著。「在我家鄉，你該燒香謝財神才對。但情形不同。我們把牠解決掉。」他從袋子裡造了一罐毒鼠藥，讓我看來不怎麼對勁。

我說：「等等，就習俗來講——這個點子很糟嗎？」

他考慮了一下，再說：「你應該沒關係，因為你是老外，又不信這個。」

我已不敢打包票自己信什麼了。只是為時已晚：韓已開始把一手又一手的粉紅老鼠藥塞進屋頂的大洞小洞。他說，自己的工作有一年保證，無效退錢。他還說：「假如黃鼠狼再回來，打電話給我。」

天花板再度安靜了。可兩星期後，搔刮聲再現——這回更大聲。氣味更濃烈——是報仇的味道。我想了想，沒再去電韓滅鼠專家，跟他討無效還錢。反而是去買了把電風扇，讓我辦公室通風，學懂跟頂上的黃鼠狼一起過日子。

• • •

所有鄰居裡，跟我們最近的莫過孔廟；它跟我家廚房共用一面牆。這廟是北京最寧靜地方之一，一三〇二年興建，是與世隔絕的建築群，古木林立，還有一個很高的木塔，良心般俯臨我們房子。很多個早晨，我會端一杯咖啡到戶外，傾聽隔壁剛起床的聲音：掃帚拂過石板，扭開水龍頭，還有趕走上頭喜鵲的罵聲。

孔廟能倖存迄今，也算個小小奇蹟。孔子是生於西元前六世紀的哲學家兼政治家，一度全國有數千家孔廟存在，以尊崇孔子。他在中國歷史取得的地位，好比西方的蘇格拉底，部分原因在他的意識形態鼓勵秩序及忠誠。有次人家問他政府管理應是什麼，孔子回答說：「君君，臣臣，父父，子子。」孔子把道德與政權力量連在一起：「為政以德，譬如北辰，居其所而眾星拱之。」毛主席信仰「不斷革命」，文化大革命始於一九六六年之際，他聳恿紅衛兵小將們去「破四舊」：舊思想、舊文化、舊風俗、舊習慣。狂熱分子譴責孔子培養出「壞分子、右派、牛鬼蛇神」，毛的一名助手還准許去挖孔子的墳，數百間孔廟被拆毀。到了一九八〇年代，儒家被醜化得如此不堪，以至於歷史學者余英時把它稱為「孤魂野鬼」。

二〇一〇年九月的一個早上，我聽到孔廟內擴音器生氣勃勃在大喊。接下來沉重的鐘聲，繼之以鼓聲、笙簫，朗誦者背誦中國古代經典的章節。表演持續了二十分鐘，一小時之後重複一次，再一小時又一次，翌日再來一遍。孤魂野鬼以心照不宣的形式在舞動。從八〇年代起，態勢變得明朗，總之要有東西來填滿「精神空虛」，對此黨決定插一腳。無產階級的舊式美德（革命、階級意識）都過時了。領導們要找新的道德語彙來搭配執政黨；找個辦法把他們與中國古老文明的光輝連起來。中國需要一種道德、一種政治，供新中等收入階層使用。黨對新加坡及台灣等地華人社區的儒家復興很是好奇。畢竟，孔子是本土的道德偶像，牢牢嵌在中國的「國學研究」。在北京，孔子又官復原職了。

中國政府在全球開設四百多家「孔子學院」，傳授北京官話及中國歷史（在海外，學者們抱怨，孔子學院讓有爭議的命題如西藏及台灣不得討論）。支持儒家復興的人主張，儒學可以保衛中國，免於西方「自我中心哲學」侵擾，而且最後把孔子出生地曲阜市比擬成耶路撒冷。據說孔子出生的山洞，投資五億元開始興建博物館及公園建築群，不少計畫呼籲興建孔子像，高度約與自由女神像等齊。曲阜市的行銷策略中，自稱「東方聖城」。二〇一二年，造訪當地的遊客有四百四十萬人，超越到以色列參觀的人數。「中國孔子研究學會」揭櫫新的傳統，鼓勵新人在孔聖塑像前強調他們的婚約。為了給孔子較新鮮的形象，歷史學家公布他們叫做「標準化」的肖像：一位慈祥的老人家身著中式長袍，雙手交叉於胸前。

大學為從經典裡找尋「經商智慧」的創業家開設高收費課程。專研孔子思想的「國學網」在深圳證交所上市，有些有事業心的儒家學者創設「國際孔子文化節」，贊助者是以孔子為主題的製酒公司；節慶上，數千人塞滿曲阜市地方體育場，巨大氣球飄浮於頭頂，標著古代儒者的名字，而一位南韓搖滾歌星穿著縮小版的行頭，進行搖滾樂表演。

誠如一九六〇年代美國的保守運動獲利於後自由運動後，渴望回歸到道德與高貴，中國古典的復興源自對中國鄉愁般的意象。它編織出較單純的過往，依中國古代歷史中理想化的故事記載，來形塑意象，有高貴的軍人、誠實的統治者，他們依明澈的道德及使命而行動。年輕愛國志士如唐杰組織各種活動，包括造訪孔廟，穿戴上傳統士子長袍，重新表演大多數人早已忘記的儀式，假設他們了解就是了。

儒家復興還創造市場。最令人驚奇的是：近些年來最暢銷出版品，是于丹有關孔子演講的合輯；于丹是影視傳媒研究的教授，也擔任黨的政治顧問。她寫道：「要評估一個國家真正的實力與繁榮程度，不能只看GNP成長，而忽略每個尋常人的內在經驗：他覺得安全嗎？快樂嗎？」懷疑論者揶揄于丹作品是儒家心靈雞湯，但于丹還是成為全國賣座第二的作家。

我聽見孔廟內傳來聲音幾天之後，廟方展開孔子誕辰慶祝，為共黨一九四九年掌權以來首度。慶典焦點在政府官員及教授演說，以及一群孩童背誦論語篇章。我琢磨著可能音樂表演至此結束了——但事實上，表演持續下去，還排了固定時程：每天上午十點到下午六點，每個小時一次，一週七天，晴雨無休。聲音迴盪在國學胡同所有牆壁，原先還是新鮮的東西，漸漸在我鄰居的心中挖溝刻痕，變成老套。一天下午，鄰居黃對我說：「夜裡我腦中都聽得見。好比整天坐船後，依然感受得到船搖似的。」

他想到一個點子，臉亮了起來。「你應該去跟他們講，把音量關小。」

我問說：「為什麼要我去？」

「因為你是外國人，他們會比較在意你。」

因為去中國最著名哲學家孔子的廟抱怨而引起關注，這種在意我還真不知要不要。但我對表演很是好奇，於是安排訪問孔廟的館長吳志友。他跟我料想的大不相同，看來較不像神學家，而像是演員，可以在中國連續劇裡扮演慈祥老爸的人；他五十多歲，臉龐大而英俊，臉頰上一對酒窩很完美，聲音宏亮，聽來有幾分熟悉。被安插來經管孔廟之前，吳大多在中宣部研究室度過，而他有心思於行銷。談到孔廟表演，他說：「表演已吸引社會各階層人士前來——中國人跟外國人、男男女女、專家及尋常人。」

我詢問他是否參與節目製作。他眼睛亮起來，說：「我是設計主任！我監督每個細節。即使解說的旁白，我都自己來。」

吳志友說，孔廟表演是在很吃力的條件下構思出來的。孔子兩千多年前便已去世，但人家只給吳一個月來組織表演。他僱了作曲家，由當地藝術學校召募舞者，由經典裡挑出文句，以便似模像樣。他說：「還必須安排高低起伏及高潮，像電影或戲劇。假如太平淡就沒有功效。」

我感受得到，吳很珍惜把孔子推上舞台的機會。「我讀初中時，總是學生會宣傳部的領袖。我愛朗讀、音樂及藝術。」空暇時間，他還練對口相聲。對我來說，吳志友已經成功地把孔廟打入他自己的社區劇場。未來他還有很多計畫。「我們正在建造新的場景，有陶做的七十二賢，還需要更多燈光。屆時，或許可以說就完整了。」

吳志友看看手錶。他希望我趕得上看三點的表演。我離開之前，他送我一本孔廟誌，然後說：「讀完這本書，你的問題就不再是問題了。」

舞台在孔廟建築群北側的亭塔之前，已經安裝好舞台燈光。演員班底由十六名年輕男女組成，都穿上士子青衫；每個歌舞流程都由經典文句命名，而且都採振奮人心的詮釋：「快樂」是基於「禍兮福之所倚，福兮禍之所伏」而來，舞台版則省略不祥的那一半。結尾「和諧」則把孔子與共產黨連起來。小冊子解說，它傳達了「古人的和諧意識形態及和諧社會，對建設現代和諧社會，有正面影響。」

・・・

我讀了館長給我的書，古代事件的詳情讓我印象深刻：如記錄了七百年前，哪些樹是誰種的，在「群賢軼事」中，收藏孔廟史上名人栩栩如生的描繪。但有些事則付諸闕如得很明顯，如一九〇五到一九八一那些年。孔廟的官方歷史中，二十世紀大多空白。

我待在中國的歲月裡，已學懂歷史的詮釋，有時就如錄音時音頻的中斷流失——音樂會突然悄然無聲，但之後再接續時又彷彿什麼都沒發生過。有時，那些剪輯是由上級指示的：黨禁止人們討論天安門鎮壓，或是大躍進導致的饑荒，因為黨從未否定或接受這些事件的責任；也沒有處理過怎麼改變才能防止它們再度發生。有很長一段時間，中國百姓也情願協助「遺忘」，不只是因為他們太窮，決心過好日子就算，也因為他們當中，很多人在某些時候是被害人，但其他時候卻是加害者。

但還有別的談論孔廟的書，而且填補了空白——尤其是一九六六年八月二十三日夜裡。當時文化大革命剛開始幾個星期，「破四舊」的命令已惡化為暴力攻擊各種權威。

當天晚上，一群紅衛兵召喚中國最知名作家之一的老舍，前來孔廟大門。

老舍時年六十七，是中國最有望贏得諾貝爾文學獎的人選之一。他成長的地方離此不遠；其父是護軍官，死於抵禦外國軍隊的戰役之中。一九二四年，老舍前往倫敦，待了五年，住在布魯姆茨伯里附近，讀康拉德與喬伊斯的作品。因為買不起呢子布，他穿卡其衣。一九三九年，他出版了《駱駝祥子》，主角是個誠實、心思獨立的年輕黃包車夫，而他不公不義的遭遇改變了他，用老舍的話，成為「病態社會墮落、自私、不幸的產物」。老舍之於北京，正如雨果之於巴黎：是代表著城市精髓作家。黨點名老舍是「人民藝術家」，被要求生產政治宣傳品，他滿心憎恨，但是跟很多人一樣，他是忠誠的公僕，當同僚作家自黨內失勢，他不忘大肆批評。

可此時他變成靶子。一群紅衛兵——大多是十三到十六歲之間的女學生——推他走進孔廟，逼他跪在篝火旁的石板上，身邊還有其他也遭攻擊的作家、藝術家。指控他的人譴責他與西方有關連。他們喊著：「反黨分子下地獄！」然後用前有黃銅扣的皮帶抽打身前這些老年男子和女人。老舍頭部流血，但撐著不昏倒。這樣撐了三個鐘頭，直到最後他被帶去派出所，由他老婆接走他。

翌日早晨，老舍一大早便起床，由他家往西北走到一處叫太平湖的寧靜湖邊。他朗讀詩歌並寫作，直到太陽西下。接下來他脫掉襯衫繫在樹枝上，在口袋裡裝滿石子，走進湖裡。

隔天他的屍體被發現後，兒子舒乙被召來收屍。公安已找到老舍的衣服、手杖、眼鏡、鋼筆，以及他留下來的一捆紙。官方的死因裁決說他「自絕於人民」，因為他是「反革命分子」，不准他平常下葬。最後，他妻子兒女把他的眼鏡、鋼筆放進籃子焚化。

我對舒乙很好奇，他曾去收其父的屍體。今天舒乙已七十多歲，比他父親過世時的年紀還大。我四處打聽，發現他住的地方離我家走路僅幾分鐘。他邀我過訪。舒乙的公寓塞滿了書籍、卷軸及畫作，擺設的方式讓我想到算命鋪子。舒乙滿頭白髮，臉龐憂鬱而慈祥。我們談天時，輕柔的微風由鄰近的運河吹進窗子。我問他對其父臨終前的心境是否領會得更多。

他說：「其實很難了解，但我想他的死，是最後掙扎之舉。」舒乙接著說：「多年以後，我湊巧讀到一篇《詩人》的文章，是他在一九四一年寫的。」即老舍死前二十五年——「他寫道：『在別人正興高采烈，歌舞昇平的時節，他會極不得人心的來警告大家。人家笑得正歡，他會痛哭流涕。及至社會上真有了禍患，他會以身諫，他投水，他殉難！』」

這種殉難是中國傳統，可追溯到西元前三世紀，詩人屈原沉江，抗議國事糜爛。舒乙對我說：「他們這麼做是在反擊，告訴人們真正的真理是什麼。」他說，他的父親是「寧碎毋折的」。

我見過舒乙之後，回頭去找孔廟館長吳志友，問他老舍最後一夜的事情。他短嘆了一聲，說：「沒錯。文革時期，這裡有很多鬥爭場面。之後，老舍回家，投湖自殺。這堪稱歷史事實。」

我問他，為什麼孔廟的書裡一點也沒提到這件事。他很費力想找說法，我心中有準備，以為大概會聽到一點政治宣傳話，但接下來吳志友說的讓我很驚訝。他只說：「這件事太悲傷，只叫人們覺得悲慘。我想最好別把它納入書中。它是事實，是歷史，但事發不因孔廟，是因為時局。故不應列入孔廟的紀錄之中。」

我了解他的觀點，但覺得並不完整。老舍之會在孔廟被毆打，是因為這兒是學習、是思想及歷史的場所；允許攻擊中國最知名小說家之一，宛如大多數文革的行動，允許攻擊對中國人來說很重要的意義，而且在往後數十年，黨與人民對那些日子中所喪失的一切從未和解。即使有人想標出北京最偉大記錄者結束自己生命的地點，都很困難；太平湖在幾十年前，就因擴展地鐵系統而被填掉了。中國人民能把那麼多事情安然拋諸腦後：革命、戰爭、貧窮及當今的動盪，經常令我很吃驚。我的鄰居黃文義就住他母親的隔壁，她八十八歲了。我有一次問她有沒有家族的老照片，她說：「文革時都給燒掉了。」接著她笑了，浮起那種中國人格外空洞、專門保留給慘事的笑容。

・・・

每一天，都有內地來的公務員，以及來自北京市的學生們現身於孔廟，既來觀光，也來看表演。我瞧見一位綁馬尾的年輕導遊面對著一群中年婦女。她伸出雙手，在身前擺個手勢說：「這是向孔子致敬的手勢。」她帶的遊客盡可能模仿她。我意識到，對許多中國人來說，歷史的間隙已經讓孔子變成陌生人了。

既有此真空，有些人急著把老哲學家派上政治上更有用的任務。劉曉波得到諾貝爾和平獎之後，一群愛國人士組織他們稱做「孔子和平獎」的獎項，而且在翌年頒給普丁，原因是為俄羅斯帶來「安全及穩定」。一群中國學者譴責想在孔子故鄉興建大型基督教堂的計畫，他們寫道：「我們求求你們，尊敬這塊中國文化的聖地。」

其他學者對這種版本的孔子漸生厭煩。堅持和諧似乎沒有為政治協商、真誠思想的碰撞提供更大的空間。北京大學教授李零瞄準他稱為「加工後的孔子」而寫道：「真實的孔子，曾活在世上的那個人，既非聖哲也非國王……他沒有權力也沒地位，只有道德與知識，他有膽量批評當時的權貴。他周遊列國，推銷他的政策，絞盡腦汁協助那時代的統治者解決問題，總是想說服他們放棄邪路，正直一些……他受苦、執迷，被迫流浪，為自己理念而辯護，較像喪家之犬而非聖哲。這才是真實的孔子。」

作者出版這篇文章，遭儒家人士譴責為「末日預言者」。替他辯護的人之一，是劉曉波。他入獄之前，劉曉波警告一種情緒，就是「罷黜百家，獨尊儒術」。劉寫道，知識分子與其求救於孔子，不如崇尚「思想獨立及人的自主」。

中國人民前來國學聖地，是為了追尋某種道德的延續性。但他們的追尋很少就此結束。為了維持對歷史的掌控，黨提供的是一種諷刺漫畫般的孔子。幾個世代的中國人成長時，被教育為要唾棄中國傳統倫理及哲學，現在發現黨突然又高捧這些傳統，也不容討論在此期間發生了什麼。一個致力於保護「國粹」的地方，似乎只強化了世上再也沒有單純的國粹此一事實。

不少跡象顯示，反對如此強力擁抱孔子的人，不僅是自由派知識分子。二〇一一年元月，有座孔子的巨大塑像出現在天安門廣場旁邊，是自從毛澤東陵墓一個世代前建立以來，唯一新添加的東西。哲學家及政治科學家很好奇，這是否意味黨的綱領有所改變。只是，它還是消失了。就在它運抵三個月之後的某個半夜，塑像被挪到一個博物館的院子裡，地點的位階很低。何以如此？依然是個謎：中宣部禁止任何討論。人們只能開玩笑說，來自山東省的遊方教師孔子，因為未獲許可而住在北京，於是被捕。

第20章 視而不見

Passing By

在一個國家的生命裡，總有些時刻，人們會停下來端詳一下自己，琢磨自己是否迷失了道路。以中國為例，其中一個這樣的時刻，在二〇一一年十月十三日降臨，地點是在這個國家最南陲的佛山市。佛山是個市集城鎮，許多巨大的露天商業中心以此為基地，一個挨著另一個，如鋼鐵世界、花卉世界、童裝城；這裡童裝城每年銷售的衣服，足以讓全美兒童換裝兩次。

其中最大的一個是五金城，常住人口有三萬，專門製造冷酷無情的建設用人工製品：鋼鏈、動力工具、化學品貯存槽，以及粗如人臂的電纜捆。它由店面及巷道組成迷宮，占地百畝，雜亂的錫質、塑膠質屋頂遮蓋住底下的世界，永遠籠罩在熹微的光線裡。五金城聞來有木屑及柴油的味道，有兩千家店鋪，一區接著一區，市場成長得如此快而紊亂，又沒有街道指示或交通號誌，以至於很容易迷路。

當天下午才過兩點，年輕媽媽兼店主曲菲菲去幾區外的托兒所接她女兒，再返回她五金城的家。她是溺愛小孩到無法無天的媽媽，花在做女兒洋裝的時間，比做她自己的要多四倍。曲菲菲與她先生開了一家小店「瑞鑫軸承」。他們帶著一個兩歲、一個七歲的孩子住由貯藏空間改建的樓上，燈光很暗，天花板的高度僅容大人站直身子。

曲菲菲的先生王持昌已在五金城工作八年。他兩眼大而分開，劉海很長，蓋住眉毛。他出生在山東省某縣，那裡一度以產桃子和李子出名，目前則改為生產化學用劑。他在職業學校學畜牧農事，接下來去北京碰運氣，他在北京曾做過建築工，也在寵物店工作，再尋路到佛山五金城。兩人結婚後，曲生了個兒子，取名王碩。再生了個女兒，因為一胎化關係，夫妻繳了罰款，取名王悅；人人都叫女嬰小悅悅。等到她兩歲時，顯得很早慧，很快就能使用卡通節目《巧虎》學到的字眼，自己扮家家酒炒菜玩很快樂，而父母則在店裡做晚飯。母女當天下午從學校回來，曲上樓從曬衣繩收衣服，王悅則在樓下玩耍。母親下樓時，女兒不見了。這沒什麼大不了的——王悅總是在鄰居家跑來跑去——曲到外頭找她。夜色降臨，天空開闊，秋雨勁急，砸打在市場屋頂上。

幾個街區外，另一位年輕商販名叫胡軍，正準備開車送當天最後幾批貨。跟王家一樣，胡軍與妻子有個小女兒及一家軸承店，而他們也來自山東省，然而五金城太大，兩家人並不認識。胡軍爬進小而便宜的廂型車，中國人叫「麵包車」，可蜿蜒穿梭於擁擠的巷弄中。他來五金城並不熟悉的區塊收款，一邊開車一邊看店招。

小悅悅沒去找鄰居。她跑出去逛，沒多久她就離家兩區半。為了招徠客戶，沿街店鋪喜歡把貨色擺出店外，即使堵到路邊亦然。小悅悅經過高度跟她一樣的貨品堆；小小女孩穿著暗色襯衫及粉紅褲子，經過轉角一家店面，那兒裝設了一部破舊的監視器，監視鏡頭錄下了十六個不同角度的動態，且錄到了接下來發生的事：

五點二十五分。小悅悅頭轉過肩膀側看著，一邊繼續往前走。當她掉過頭，看前頭的路時，只來得及看到廂型車，但已來不及躲閃，她被撞了。胡軍後來說，他只感覺到輪胎有輕微撞擊——喀一下，這麼輕微，他以為是有人把東西亂丟到路上，如一包破布、紙箱。他甚至停車檢查一下都沒有。

・・・

小悅悅被輾了兩下，先是前輪，再是後輪，分別輾到她的上半身及下半身。她最後躺在一大捆貨品旁，除了左臂稍有動作，此外一動也沒動。

她被撞後二十秒，有名男子，穿著白襯衫及深色褲子，徒步走近。他看了眼她的方向，減緩了步伐。接著再往前走。五秒鐘之後，有輛摩托車經過，駕駛人側頭瞥見孩子，但沒減速。十秒鐘後，另一名男子經過，往她方向一看，繼續往前走。九秒鐘後，一輛小卡車駛過來，一樣撞到小悅悅，輾過她兩腿，繼續往前開。

更多人經過——有個穿藍色雨衣的人；一個穿黑T恤的騎士；一個在交叉路口裝貨的工人。有個騎摩托車的男子盯著她，跟店主說話，接下來匆匆離去。她被撞四分鐘後第十一名靠近的，是位女性，牽著一個小女孩的手。她在附近開店，一樣從學校接女兒放學。她停住腳，跟一位店東詢問路上躺著的小孩，接著快速離開，推著女兒離開現場。人們來來去去，有機車騎士、步行男子，從街角商店出來的工人。

五點三十一分，女孩被撞六分鐘之後，一名身材瘦小的女性，帶著一袋袋回收的廢棄瓶罐，靠了過來。她是第十八個路過的人，但她沒走開，而是把袋子丟下，試著把小悅悅抱在手中。她聽到孩子在呻吟，小小的身軀鬆垮垮的，死了一般沉重。這位婦人是位祖母級的老太太，名叫陳賢妹，以拾荒維生。她把孩子的身軀拉往路邊，接著四處張望求救。她去找附近的店主，但一位忙著招呼客人，另一位告訴她：「那孩子不是我的。」陳賢妹試著到下一街區呼喊求救，在那裡她碰到小悅悅的媽媽曲菲菲；她正焦急地尋找自己的女兒。陳帶領她到路邊。母親蹲到柏油路，雙手抱起小悅悅，開始跑起來。

在中國，救護車很罕見，因此小悅悅的爸媽只能把她送上小型家用別克車。當他們抵達十五分鐘車程的黃岐醫院，身穿粉紅制服的護士正在照料川流不息的病人。候診室裝飾得很好，很潔淨，但牆壁上的告示則警告大家，中國的醫療系統伴有諸多危險。一張告示勸告大家，不要試圖行賄醫生以為能得到較好的醫療；另一張則警告「看診黃牛」：「假如有陌生人宣稱與某專家關係密切，想帶你離開本院，別上當。」

醫生們發現，小悅悅顱骨破裂，腦部受傷極重。一開始，地方記者們猜測這應該是典型的肇事逃逸，接下來他們看到監視錄影。一時之間，有十七人路過而見死不救的事情傳遍全中國，引發自我反責的狂潮。作家張麗佳寫道：「假如這個國家十四億人民都冷血，我們怎可能贏得敬意，在世界扮演領袖角色？」這影片在電視及網路上不停播放，宛如指控大城市冷漠、精神墮落的道德劇。對很多人來說，那個瞬間讓他們清晰感受到，這個國家充斥著巨大的競爭，讓某些中國最弱勢的人被踩在腳底下。它打開集體耐疚的泉源——從嬰兒吃毒奶粉事件、學童陷身在倒塌的校舍，以及一連串人們無視求救中的陌生人等案例。中國報紙最近才報導一位八十八歲老翁之死：他在菜市場跌倒，因為沒人幫他翻身，他因流鼻血窒息而死。

當地記者趕去五金城現場，以發掘該事件全貌：轉角有家店叫「新中國安全器材批發」，老闆說他忙著記帳，而他老婆則在做晚飯。他說：「我聽到有孩子的哭叫，但只持續一兩下，接著就沒聲音了。我沒再想什麼。」地方媒體追蹤到騎紅色三輪車的男子，但他能說的只有，「我沒注意到她」，一連說了十次。人們在線上爬梳那段影片，認出轉角鉛管店的老闆；他走出自家店面，往地下看，再退縮回去。他堅稱自己絕沒看到路上受傷的孩子，但人們說他「沒良心」，把他的網站塗得面目全非。同一時間，他們把停下來幫忙的拾荒老婦謳歌為英雄。記者們一再問她，為什麼要伸出援手。這個問題叫老太太迷惘了。新聞退燒之後，她問她媳婦：「幫助小孩，我怕什麼？」

・・・

中國人最自豪的便是「仁」，而仁是中國道德的基本概念，好比「待人如待己」原則之於西方。但是近些年，出於實際考量，中國的孩子們被教導要留心一些沒那麼振奮人心的東西，比如「做好事被訛」——意思是在幫忙人的過程中被欺被騙。這種恐懼已自成一格到被稱為「碰瓷」——有人控罪你「打破一件原本已破的瓷器」。

對很多人來講，在今天這個時代活在中國，好像活在新近富裕起來的島嶼，周遭暗流凶險——留在乾地上，生活可望安全，滿足而快樂；失足一下，世界可能就塌了。能吸收生活慘事的空間是這麼狹小，以至於他們覺得別無選擇，只能加強保護自己。我有位記者朋友李菲，乃父是個物理教師，她跟我講，有一天她爸爸騎腳踏車時，被汽車撞倒在地。她說：「他爬起來，盡可能快地騎走。」回到家之後才意識到，他才是被害人。他是如此深信有人要占他便宜。她說：「我想，在中國，實在很容易掉到麻煩裡。」這些年來，因為幫忙他人而有受累之虞，一再出現在報導標題。二〇〇六年十一月，一位老太太在南京某巴士站摔倒，有位叫彭宇的年輕人停下來幫助她，送她到醫院。復元期間，老太太控告彭宇讓她跌倒，地院法官受理此案，並判彭宇賠償七千多美元。判決的依據不是證據，而是判決書裡的「社會情理」：彭若不是罪惡感驅使，不會出手幫忙。

判決引起轟動，而我愈是對小悅悅案感到興趣，愈是注意到事實上我碰到的每個人，都聽聞過「彭宇案」。人們經常自願提供類似的故事：有位愛助人的城市中產階級被目光灼灼的詐騙專家算計了。教訓始終一樣：你一生積攢的些許，可以一瞬間化為泡影。有位姓陳的年輕人遭不實指控，說他傷害到一位騎腳踏車的人，之後他對記者說：「若是以後再碰到此類情景，我真的不知道會不會再伸手幫忙。」

儘管當「好撒瑪利亞人」（Good Samaritan）卻被敲詐的機率似乎很小，但在大眾意識裡卻不斷膨脹，因為這證實了人們對當下這個時代的焦慮，人們感到爭強好勝的競爭意識正腐蝕掉中國的倫理道德。而且，人們愈不為自己同胞著想，就愈不願出頭幫忙——這變成了惡性循環。研究五金城事件的人類學家周如南告訴我，最意識到有被騙風險的人，莫過於來自外地的移民工。他說：「在美國，個人是文明社會的基本單位，但是在中國，集體正在瓦解，而取代它的東西還沒出現……當你來到新地方，你得照料自己，你要與家人一道謀生活——核心是你太太、妳先生、你們的孩子，在此之外的人變得沒那麼重要。你在心裡已有所區分了。」

中國媒體急忙強化這個理論，說案例反映出大城市生活的疏離：《環球時報》宣稱「沒心肝的旁觀者不光是中國問題」，《人民日報》則描述為「國家邁向都市化免不了的事」。只是我愈是研究小悅悅及其他案件，愈是發現這些解說並不充分。

• • •

最早懷疑都市化傷害國民道德體質的，並非中國人。一九六四年，美國人因為一名二十八歲女子吉蒂·吉諾維斯（Kitty Genovese）在紐約被謀殺一案，而震驚不已。《紐約時報》當時描述，「長達半個多小時，三十八名可敬、守法的皇后區公民瞧著殺人凶手大步走著，捅死一個女人」，而沒人報警或伸手救援她。美國人接受這個故事，是因為這跟他們對漠不關心的都市社會的恐懼吻合，而這通稱為「吉諾維斯症候群」（即「旁觀者效應」），成了社會心理學的標準解釋。

話雖如此，這並非完全真實。多年後學者們回頭去找目擊者，翻閱法庭紀錄，發現聽到被害人喊叫並了解她碰到什麼事的人，只有三或四人，而且攻擊事件中，至少有一名目擊者可能有打電話給警方。然而，警方趕來太遲而沒救到她（不意外的是，也有三十八人默不作聲，旁觀此事，據警察局長跟報紙講）。在小悅悅一案，人們為何猶豫躊躇，冷漠應該不是唯一原因。人類學家閻雲翔檢查中國「好撒瑪利亞人」變成被敲詐的受害人的二十六個案例，發現每一案例中，當地警方及法院都先把助人者視為有罪，直到他能證明自己無罪為止。那二十六案例中，要求勒索者提供目擊者佐證指控的，沒有半件；另外，即使助人者已獲證實遭冤枉指控，也沒半個勒索者受到處罰。

在經濟勃興那些年，人們累積更多畏懼而非信任法律的理由。他們成長的年代，是執法工作有時會賣給出價最高的人，而法官被行賄已經習以為常，這樣人們當然要懷疑。中國學者王正緒二〇〇八年做調查，他發現「改革後公民信任政府與黨的程度，降低了很多」。警方一心一意想起訴定案，達成業績，結果一系列案子最終真相大白時，才顯示了當初匆忙辦案的惡果。一名叫佘祥林的男子，因謀殺其離異妻子而坐牢十一年——直到他「被殺的妻子」有一天回家探視家人。真相是她移居他省而且再嫁；而被告則是被毆打十天十夜後冤屈認罪，二〇〇五年才終於獲釋。二〇一三年，一篇發表在《科學》期刊、研究中國人態度的文章發現，年輕的中國男女，用作者的話說，變成「較不信賴人，較不值得信賴，偏向逃避風險，較不進取，更為悲觀而且比較不講良心的個人」。

事實上，經過小悅悅身邊的每個人都堅稱，自己什麼也沒瞧見，只有一人例外：一個帶著女兒經過的母親。她名叫林清妃（音），在當地記者追蹤到她的時候，她並沒對閃過心中的記憶感到退縮：「她用很微弱的聲音在哭……有個年輕男子站在店前。所以我問他孩子是不是他的。他揮手叫我走開，什麼也沒說。我女兒說：『那小女孩渾身是血。』我是如此害怕，拉著我女兒就走。」林回到自家店鋪，跟她丈夫講自己看到的光景，但他埋首於自己的工作。林說：「沒人敢碰她，我又能怎樣？」

・・・

在黃岐醫院，小悅悅的父母在琢磨，若是他們設法找路子，把女兒送到中國醫術最精湛、原不收容平民的一家醫院，她是否能得到更好的治療。他們翻遍在五金城的人脈，去找一位山東老鄉移民工，老鄉再轉介他們去找另一位移民工，那人開家店叫「國王研磨」，販賣電動砂輪機的替代砂輪；重要的是他乃退伍軍人，他打了通電話，成功讓小悅悅轉院到廣州軍區廣州總醫院加護病房。他瞧過那支影片，後來說：「很多走過去沒幫忙的人，我都認得。」當他去找其中一人理論時，對方告訴他：「她又不是你的孩子，幹嘛捲進跟你沒關係的事！」

小悅悅被撞後兩天的十月十五日，她被送到大型的醫院加護病房——牆壁塗成淡青色，身旁插滿醫療機器的架子、管子。她已動過緊急手術，打開顱背，只是仍在危急狀態。她的父母心思轉去找肇事者。他們沿門挨戶問道：「您認識影片裡開麵包車的人嗎？」他們在五金城發傳單，懸賞五萬元人民幣，即八千多美元，給提供線索的人。王把一張告示貼上網，標題取為「妞兒會好的」。

在駕駛人胡軍家裡，他們開始意識到出事了。他的小舅子是家中第一個瞧見影片的人。胡軍的辯護人李旺東律師告訴我：「當時，胡軍回頭想才意識到，『我想我兩天前撞到了什麼東西。』」李說，胡軍看過影片後，「他從頭到腳都僵了。」

駕駛人向警方自首。根據《羊城晚報》報導，胡軍對警方說：「當時在下雨，雨打在屋頂的聲音那麼響，以至於我沒聽到孩子的哭聲。我瞧右後視鏡，沒看到什麼，所以我才繼續開走。假如我知道我撞到人了，我肯定會停下來。」他的律師跟我講，撞到人之後幾小時，胡軍的舉動並不怎麼像犯了罪的人，「他沒洗車，或用抹布把它擦掉。他到家時，並沒緊張或驚惶。與其他店主談天時，舉止也沒異常。」

胡軍被捕之後，當地記者追問小女孩的父親王持昌有什麼反應。「我真不知道要表達什麼：怨恨嗎？憤怒嗎？那有什麼用？怨恨能讓我小孩復元嗎？」日子一天一天過去，小悅悅仍留在加護病房，與父母只隔一扇玻璃。她沒有恢復神智。十月二十一日午夜剛過，她死於多重器官衰竭。

・・・

電視鏡頭離開五金城幾個月之後，我來到佛山，決定到車禍現場一看。那兒看來跟電視上一模一樣：路旁放著大捆貨物，上方灑落昏暗光線。我漫步走進一家叫「聰明五金」的店面，發現一名男子坐在零亂的書桌後頭。他叫陳東陽（音），快六十歲，頭髮後梳成毛主席風格，鼻樑架著眼鏡。他似乎猜出我的來意，然後請我坐下。我都還沒發問，他就說她女兒當天一直在工作，「她什麼都沒聽到。」

陳跟我談了很久。對他來說，談論小悅悅，其實是在談論你可以相信什麼。他說：「過去你以眼見為憑，誰有那個時間或金錢去造假？現在即使魚翅都可以是假貨……過去若東西不夠吃，我會給你一口飯。過去是那樣。但改革開放之後，情況變了。就算你有一口飯，我有一口飯，我也會設法奪走你的，為自己留兩口，讓你什麼都沒有。」

他說著說著微笑了。「我們這些壞習慣，都是從你們那些國家學的，我們忘記自己的良好傳統了。你看我，我都忘了請你喝茶了！」他突然站起來，在店裡找茶葉，可接下來放棄了，坐回原位。我問他，是不是把以往歲月描述得太好了一些。

他說：「現在人人口袋裡都有些錢，但錢不安全。人要有安全感，才會舒服。」我問陳，若是他瞧見小悅悅躺在路上，會有什麼反應。他沉默片刻。

他說：「要是在改革開放之前，我會衝出去，冒自己性命去救她。但之後呢？我可能會猶豫。我沒那麼勇敢。我想說的是：這就是我們目前生活的世界。」陳有個外孫女，於是我問他，「等她長大，你想她當一個怎麼樣的人？」

他說：「那要瞧世局如何。假如好人當道，她應該做好人。假如是壞人吆五喝六，你別無選擇，只能做惡。」

當天晚上，我請陳賢妹吃飯，就是那位把小悅悅拉到路邊的老太太。她應該是我見過身材最矮小的成年人了：四尺七寸，她家人說，應該是她小時候住廣東山區的關係，當地很缺食物。她只會說當地方言，要聽懂很吃力。她兒子及媳婦當她的口譯員，讓她跟外界能溝通。每天早晨，她替五金城的工人做飯，下午則去找四散的螺絲釘與廢鐵。她說：「每樣小東西都可以再賣出去。」車禍當天，她家人曾勸她，下雨了，別出門。

但她說，下雨天才能發財，因其他拾荒人會待在家裡。

人們發現她在幫忙小悅悅的過程中所扮演的角色之後，她變成小小名人。攝影記者把她擺到田裡收割莊稼，以突顯她寒微的出身——不管她多少次想對他們解釋，當時又不是收穫季。她受邀到北京六次，接受官方「公益行動」表揚，雖然如此，說實話，去北京的經驗只讓她不舒服。她說：「我又不懂人們在說什麼，而我說的他們也不懂。」

當地官員及私人公司爭著與她合照，而且她收到大約一萬三千美元的獎勵金。但隨著她名氣傳開，經驗卻轉為惡劣。她村子裡的人瞧見她愈來愈出名，認定她收到的錢遠多於實際上給她的。鄰居開始跟她借錢。不管她說什麼，他們都堅持要借。他們甚至要求她替通往村子的路鋪路面。

陳賢妹跟我講，她很感謝那些獎勵，但她寧可地方政府准她孫子能就讀公立學校；他的戶口在鄉下，不能讀城裡的公立幼稚園，因此他父母每月得花七百元人民幣，讓他讀私立學校，而她收到的獎勵金無法撐太久。

她的義舉出現奇怪的後續發展，影響到他兒子的工作。無論多少次，他對一起做工的人講，他並沒有錢，但人們總是認為他母親藏了一筆財富。壓力變得如此巨大，以至於他不得不辭工。他能找到最好的新工作，就是一天開麵包車十三小時，累死人。

• • •

至於小悅悅的父母則收到來自全國的捐款。有一班當地孩子送來一個餅乾桶，塞滿小額鈔票。小悅悅父親家鄉省分有家報紙出於好意，鼓勵人們打電話給他，而他被如此反應弄得頭暈眼花。有次只在五分鐘內，他算一算有五十一通來電未接。

與此同時，一種荒唐的理論在網上生根，說全案是詐欺。影片、女孩、醫生們——人們說，一切都是騙局。漢娜·鄂蘭（Hannah Arendt）曾指出一種「特殊的犬儒主義」（peculiar kind of cynicism）◉，其若在社會裡生根，往往會讓「謊言持續而且完全取代事實真相」。她寫到，這種反應是「絕對拒絕相信任何事情的真相」。王持昌努力想闢謠，邀請當地記者前來，看著他點數捐款，再存入銀行。總數將近四萬四千美元。但詐欺的含沙射影始終不散。到了十月底，王是如此急著盡快處理掉這筆錢。他把它捐給兩名有急需的病人，接下來他與妻子避開群眾的視線。王父討厭出門。夜裡，夫妻倆不斷夢到他們女兒；王持昌的夢裡，他抱著女兒，背在肩膀上；而在他太太夢裡，小悅悅總是穿著黃色洋裝，一直在笑。過沒多久，王家就搬離五金城。

到最後，檢察官認定胡軍並非知情而逃離車禍現場。警方重演事故發生過程——用消防車往五金城屋頂噴水——而胡軍則對過失致人死亡認罪。他向王家道歉，而他的辯護人則請求庭上施恩，還提交一張胡軍抱自己十個月大女兒的照片以為證。我注意到，他的女嬰穿的不是傳統開襠褲，而是紙尿布，或許這是一個中國家庭踏入中產階級的第一步，最清晰的跡象。當影片在法院播放時，胡軍低下頭。他被判刑兩年六個月。

小悅悅死後幾個星期，深圳市起草中國第一部法規，保護好撒瑪利亞人免於法律責任，把舉證的擔子交給控方，而且對誣告設下處罰，其範圍由公開道歉到拘留不等。法律只差沒要求路過的人必須參與（在日本、法國等則有此義務），但它不失為中國修法最偉大的一步。日子一天天過去，我開始同情起五金城的男女老少——我必須承認，也包括那些路過的人。他們被徵召進一則寓言裡，但此中的道德戲碼對他們生命的複雜性並沒有公平地呈現出來。中國民眾讀到小悅悅之死的感受，與一九六〇年代美國人對吉諾維斯遭遇的反應頗多雷同，儘管湊近端詳，還有諸多未盡之處。

想反駁中國人不再關心彼此的理論，最明顯的證據就是他們真的關心：每一支說人們漠視彼此的影片出現，就會有相反的例證指出人們在冒險保護他人。二〇一二年十二月，有個發狂男子持刀衝入湖南省一家小學，刺傷二十二名學童，監視錄影顯示，此時有另一名男子在追他，所攜帶的武器除掃帚之外，別無其他。市場時代帶來諸多霧化效應（Atomizing Effect），但樂善好施的文化並未萎縮，而是在成長。以往被黨關閉的私人慈善組織，現正重返。捐血成長如此之大，以至於往日的買血販子，沿門挨戶要農民倒立的人，全都消失了。二〇〇八年汶川大地震之後，超過二十五萬名志工馳往當地幫忙，其中大多數是年輕人，而且自費前往當地。人類學家周如南對我說：「年青人正在練習

◉——注：出自漢娜．鄂蘭 *On Lying And Politics* 一書。

變成完滿的個人，而非自私、孤絕的人。年青人正是希望所在。」

黨煞費心思提倡道德，卻得到空洞的迴響。我跟大家談到小悅悅一案的時候，國營電視正在播毛主席發現戰士雷鋒六十週年的紀念。雷鋒是社會主義者奉獻的偶像。公車候車站、公車海報上滿是雷鋒形象。黨為三部新拍的雷鋒電影加持祝福，但這場全面的宣傳攻略戰慘敗，沒人要看雷鋒電影。《環球時報》有篇新聞報導，電影院向空無一人的座椅播映雷鋒電影，「以防有人現身」。在線上，人們揶揄雷鋒：大家統計數據後歸結指出，如果雷鋒真如他們宣稱的撿過那麼多糞，那他必須在九個小時內，每走十一步就碰到一塊大便；另一篇貼文暗示，雷鋒很可能貪汙，花在治裝的費用，要比他薪水能支撐的來得多。貼文的兩名男子都被抓了起來。警方聲明說：「雷鋒的光明形象遭到某些網民質疑。很多網民向警方報案，呼籲徹查製造謠言、玷汙雷鋒形象的人。」

有時候，我很好奇，中國領導人若是能提供可靠的跡象，顯示他們正努力把國家機構變得更講道德，值得信賴與誠實，而非揮舞雷鋒與和諧社會的旗幟，那麼事態應該有所改觀。有所為，有所不為，這個政權所執行的道德觀至少很遵循孔子。孔子說：「君子之德風，小人之德草，草上之風，必偃。」中國政府因其濫權、欺騙，無以講出可以說服人的論調，闡述中國在現代世界裡的意義。黨已經把它的合法性，押在繁榮、穩定，以及奉祀空洞英雄的公廟上。如此行徑，就如在競逐靈魂的戰場上已丟盔棄甲，逼得中國人民必須到思想的市場遊逛以找尋他們自己的偶像。

第21章

靈魂爭霸
Soulcraft

這一路走來，不知哪個時間點，我跟一位叫林谷的朋友失去聯繫。他是個人脈很廣的記者，自命社交花蝴蝶，而且自詡自己公寓裡從來不必開伙做飯。我跟周遭的人打聽，有位朋友告訴我，林已搬去山區，開始修行當和尚了。這件事倒非聞所未聞；中國最近已超越里程碑，成為世上最大佛教國家。林谷回北京一下，我倆共進晚餐。我在地鐵外遇到他，他穿了一襲寬鬆褐色棉袍，頭髮剃光。他住在一個偏遠社區，人口二十四，離最近的城市約兩個鐘頭路程。「老生常談，是吧？」他說著笑起來：「中產階級中國和尚？」

身為中國記者，林谷向來奉行他稱為金科玉律的原則，即「一切都懷疑」。他時年三十八歲，成長於文化大革命之後的充裕年代，當時人們對政治沒什麼興趣。他母親年輕時，是忠貞黨員，而林谷獻身於信仰則拖到很晚。他曾對佛教有不敢恭維的印象，他形容說：「老奶奶老爺爺跪下來燒香」。二○○九年冬天，林谷花大錢，招待自己與母親到泰國一遊。他搭機之前，到成都一家書店逛，湊巧碰到一本和尚的回憶錄。他根本沒料想那本書對他影響那麼大。林說：「我發現佛陀是個啟發。他邀請我勇敢地思索這個世界。佛陀可以挑戰任何社會常則，比如印度的種姓制度。」他繼續說：「他從第一天便重新思考舊有的思維框架。」

林谷的泰國旅遊，時間全花在飯店房間，浸淫於書中——「我甚至游泳池都沒去。」等他回家之後，便開始頻頻造訪北京自家公寓附近一所佛教機構。他轉型的瞬間來自他領悟到一個理念的那一刻，依他所言，「這個世界是幻影」。他發現不可能回到以往的工作。他問道：「我們為什麼要黏著金錢、名聲及社會地位不放？」他繼續說：「身為中國記者，你必須戴銬而舞；無論身處哪個空間，都得臨深履薄；得跟政府及宣傳部官員鉤心鬥角，還有你報導的當事人……我們浪費一大堆精力與時間，想繞過宣傳機器的重重障礙。到那時候，你已筋疲力盡，截稿時間已到。因此，你對自己報導的專業水準不會感到滿意，會嫉妒西方同僚可以專注在寫作本身。」佛教給他的解答，是新聞辦不到的。他說：「我追尋真理已有很長時間了。」

二十一世紀頭幾年，活在中國所目睹的宗教復興，堪比美國十九世紀的「大覺醒運動」。中國民眾滿意於先有車有房，再問道德，這種刻板印象正逐漸過時。人們愈是去滿足基本需求，發現的真相愈多，就愈要去挑戰舊有規矩。為了找尋意義的新來源，他們不只仰賴宗教，還有哲學、心理學、文學，在一個意識形態不一致、野心又無情的世界裡，尋覓指引自己的新路子。一個超級競爭、市場導向的社會裡，個人對陌生人有什麼義務？在說實話反而很危險時，公民必須說實話的責任有多大？試著從內部改變威權體系，還是冒著一點效用也沒有的風險由外部反對它，哪種比較好？

尋找這些問題的答案喚醒了人們，也刺激了人們，一如當初追求財富。二〇一二年十二月的一天晚上，我來到中國東南海岸畔的廈門大學，學生們當時簇擁在演講廳外，人數超過建築物能容納的一倍以上。我站在大門旁的廳內，望著年輕人愈聚愈多，在玻璃門外，他們臉上泛著紅光。警衛緊張兮兮，呼籲大家冷靜。大學校長打電話給當晚活動的籌辦者，警告他們別讓場面失控。學生如此狂熱期盼的目標——此君在中國取得的歡迎程度，誠如《中國日報》所述，「通常只有好萊塢明星及NBA球星才辦得到」——是位內向的美國明尼蘇達人，名叫桑德爾（Michael J. Sandel）。桑德爾是哈佛大學政治哲學教授，開一門很受歡迎的課程叫「正義」，向學生們介紹西方思想的柱石：亞里斯多德、康德、羅爾斯等人。

桑德爾指出各家哲人面對真實世界，要做道德決策而有兩難局面時的理論。酷刑是合理的嗎？你孩子要靠一種藥才能活下去，你會用偷的嗎？這些課程曾拍成美國公共電視系列節目並放到網上。影片開始在中國流傳，中國志工幫它配上字幕，兩年之後，桑德爾取得的名流地位之高近乎不可思議。他配上中文字幕的論西方政治哲學，點閱量至少二千萬次。《中國新聞周刊》點名他為二〇一〇年「最具影響力外國人」。

桑德爾快六十歲，是理智、一絲不苟的人，灰髮漸疏，淡藍眼珠看待世界，帶著無表情而通徹的神色。他比較習慣與妻子、兩個兒子在麻州布魯克林的生活，但他也慢慢學懂期待國外的不凡反應，尤其是在東亞。在首爾，他在室外體育場演講，聽眾有一萬四千人；在東京，他演講的黃牛票價達五百美元。只是在中國，他激起近乎宗教的熱忱，他多次訪問，讓他顯赫程度達到另類層面。有一次，在上海機場，護照檢驗警官擋下他，只為向他傾訴，自己有多麼崇拜他。

廈大演講廳外，群眾不斷增加，直到籌辦者最後決定，若是他們大開四門，比較能不出事故。所以，儘管仍戰戰兢兢，他們放群眾湧入座位、走道，直到年輕男女聽眾把地板坐到水瀉不通。桑德爾走上講台。他身後是一張巨大的塑膠告示板，上頭有他最新著作的中文書名「錢買不到的東西」。他在書中詢問，現代生活的太多特徵，是否正演變為他稱為「生財工具」的東西。在這個似乎一切都有價碼可買的國家——軍方職位、婚姻、讀幼稚園資格——他的聽眾聽得如癡如醉。他對聽眾說：「明確地說，我不是主張反對市場。我想主張的是：近幾十年來我們已經偏離道路，而且幾乎沒有察覺，我們要市場經濟，而非變成市場社會。」

桑德爾提到一則新聞報導：王尚昆（音）是出身安徽省偏遠地帶的十七歲高中生，

他在上網聊天時被聳恿去非法賣腎，價金三千五百美元，這事情在他母親發現他拿iPhone手機及iPad平板回家，接下來則發生腎衰竭後爆出。動手術的外科醫生及另八人以十倍價格轉售該枚腎臟，因此被捕。桑德爾對聽眾說：「中國需要器官移植者，有一百五十萬人，但每一年可取得的器官只有一萬枚。」他問道，在場的人有多少支持腎臟市場自由化合法化？

一位身穿白色汗衫、戴厚眼鏡，英文名叫彼得的年輕人舉手，大發自由主義者言論，支持腎臟交易合法化，認為可以消滅黑市。其他人則不同意。桑德爾加碼，說有位中國父親已賣掉一顆腎，「幾年後他需要送兩個兒子去讀書，有人來找他，問他要不要賣另顆腎——如果他願意付出生命，心臟也可以。那這種情形，有什麼不對勁嗎？」

彼得思索一下說：「只要是自由、透明且公開，富人可以買到性命，沒什麼不道德的。」這話激起聽眾一陣騷動；有位中年男子從我身後大喊：「不對！」桑德爾先安撫全場，再說：「市場的問題，事實上是在質問，我們打算如何一起生活。我們要一個什麼都可以賣的社會嗎？」

• • •

翌日，桑德爾對我說：「我走訪各式各樣國家，對於自由市場的設想與信仰，在中國年輕人當中要比其他任何地方都強，美國或許有得比。」然而令他最感興趣的是相應對抗的力量，也就是當提及要賣第二顆腎時，群眾泛起的騷動。他說：「假如你探索、琢磨，會發現一個又一個的例子，證明把自由市場邏輯擴展到一切的局限性。」

在中國，外來思想歷來都會激起熱潮。第一次世界大戰之後，杜威（John Dewey）前來中國遊訪，激起大批追隨者。後來則有佛洛伊德與哈伯瑪斯。二〇〇七年，桑德爾第一次來訪，時機已經成熟。北京清華大學萬俊人教授介紹桑德爾時，說中國有「哭泣的心」。桑德爾生涯很多時間用在考量他稱為「身為公民同胞，我們彼此該有的責任」。他在明尼蘇達州明尼亞波利郊區的霍普金斯成長到十三歲，再隨家人搬去洛杉磯；在當地，同學們會蹺課去衝浪。這種行為，與他在中西部的成長習慣有所扞格。他對我說：「南加州對形成今日的我的影響，乃在見識到無拘無束的自我在運作。」他很早便對自由派政治學產生興趣，先去布蘭迪斯大學（Brandeis University），後來拿羅德學人獎學金到牛津讀書，有一年寒假，他與一位同學打算合撰經濟學論文。桑德爾說：「我朋友睡眠習慣很奇怪。我固定時間上床睡覺，大約在午夜，而他呢，可以熬夜到任何時候……這讓我有很多個早晨可以讀哲學書。」到了開學，他已讀過康德、羅爾斯、諾齊克及鄂蘭，擱置下經濟學，改讀哲學。

接下來的歲月中，他主張在公共生活中更直接談論道德。他說：「馬丁・路德・金恩公然援引靈性及宗教素材。羅伯・甘迺迪一九六八年競選總統時，他暢談的自由主義

也有道德及靈性的迴響。」只是桑德爾說，到了一九八〇年，美國自由派人士避而不用

道德與美德的語言，原因在它後來被視為「應該是宗教的事」。「我開始覺得，這種價

值中立的政治裡，有些東西在流失，所以我想，一九六八到一九九二這段期間，美國自

由主義或多或少生機懨懨，失去激勵人的能耐，這不是意外。」

二〇一〇年，中國出現一群翻譯志工，自稱「人人影視」，合作把外國節目加上中文字幕。當情境喜劇及警匪劇都做完了，志工們轉向開始在線上可取得的美國大學課程。桑德爾在此之前曾訪問過中國一次，對一小群的哲學系學生演講，可等到他的課程上網後再返回中國，他發現情況大為改觀。他說：「他們跟我講，晚間七點才演講，但孩子們下午一點半便開始占位子。人數多到講堂容納不下，而我得努力走進這群精神亢奮的聽眾之中。」桑德爾曾瞧見，他的作品讓其他國家激動，但在中國如此突如其來，則沒見識過。我們聊著，試圖了解這種現象的意義。哈佛大學光環當然有關係，還有公共電視產製節目時的修飾，讓它看來比其他節目更有趣。但對中國學生而言，他的教學方式也是一種啟發：他要求學生們做自己個人的道德論述；進行並無單一答案而激烈的辯論；對無止境、複雜的事務做創意的獨立思考，其方式以往在中國課堂聞所未聞。

然而，除開教學風格，桑德爾感受得到，中國對道德哲學有強烈興趣，此中有著更深沉原因。他說：「在道德哲學曾引發興趣的各個社會中，從來沒有這般光景，不管什麼原因，大眾會如此認真地討論重大倫理問題。」年輕人特別「感受到在公共議題的討

論方面，有種空虛，而他們想改善這種情況」。在布波族及白手致富的年代，中國最講究不羈的自我，在這兒人們能釋放自我，不受社會契約和歷史所約束，可依據自我利益來下決定，這種方式在以往絕不可能。統治國家的技術官僚，公開時提倡一種眾所懷疑的意識形態，然而在實務上，官僚們的信仰是押在經濟與工程，講效率到無情程度。鄧小平認同繁榮富裕是「硬道理」之際，他讓中國走向充裕的路途，規模之大空前未有，但中國也出現了假藥、現金堆積無路可去、男人只要是「三無」就得當光棍等現象。桑德爾與他傳授的政治哲學，讓中國年輕人取得一種他們認為有用且具挑戰的語彙，但又不致於顛覆；這也是一種討論框架，在其中可以談貧富不均、貪腐及合理公平，聽來不像在說政治。它是一種談論道德的方式，不必援引「只有姐妹」（just sisters）◉來自衛，或是在澳門展示的野心。

桑德爾從不公然挑戰中國政治的禁忌：分離勢力、黨高於法。但中國當局偶爾會把他刷回去。有一次，上海的中國作家、學者沙龍安排了桑德爾在八百聽眾前公開講話，但是演講前夕，當地政府把它取消了。桑德爾詢問籌辦人：「他們有給理由嗎？」

籌辦人說：「沒有。他們從來不給理由。」

有時候，桑德爾會碰到中國批評家的懷疑；有些人認為，他的反市場主張在理論上好像很好，但籠統的公平觀念，觸發中國人回想到配給糧券及貨架空空如也的時代。其他人則主張，在中國，只有錢才能保護你，免遭政府濫權侵害，因此限制市場只會鞏固了政府的鐵腕。但廈大演講之後，我觀察他在北京對幾所大學所發表演講，狀況很清楚，他描述生活的「天價化」（skyboxification）——即美國分裂為有錢人過的世界，與其他人的世界兩者不同——中國聽眾發現很多酷似之處。往一切都可買賣的未來世界長征三十年之後，很多中國人都在重新思索。

桑德爾在北京最後一夜，在「對外經濟貿易大學」發表演講，然後會見一群志願把「正義」演講系列中譯弄得完美的學生。有位年輕女子大喊，「您的課程拯救了我的靈魂」。桑德爾還沒來得及問她指的是什麼，群眾就簇擁著他離開，要求合照及索取簽名。我則退後，向女生自我介紹。她叫施儀（音），二十四歲，正攻讀人力資源碩士學位，她對我說，桑德爾的作品是「開啟我心智、質疑一切的鑰匙。一個月之後，我開始覺得不一樣。那是一年前的事了。今天我經常捫心自問，這兒有什麼道德兩難？」

她父母曾經務農，直到後來父親去做海鮮生意。「我陪媽媽去拜菩薩並在桌上供奉些食物。在過去，我不認為這一切有什麼問題。但一年以後，我再陪我媽，就問她：『妳幹嘛這麼做？』」她的母親對此有點不高興。「她認為我在問傻問題。我開始詢問一切。倒不是論是非，只是發問。」

施儀不再向黃牛買火車票，原因如她所述：「當他依他所設價格來賣，就限制了我

◉——注：《只有姐妹》（*Just Sisters*）為 Bonnie Louise Kuchler 2006 年著作書名。

的抉擇。若是價格不由他訂，我就能決定要買經濟艙或頭等艙，可現在他剝奪我的選擇。那麼做不公平。」她開始遊說朋友們也這麼做。「我還年輕，力量沒大到可以改變許多，但我可以影響他們的思考。」

施儀快要畢業了，但她新發現政治哲學，讓事態變複雜了。「我遇見這些授課之前，我很肯定自己將成為人力資源專家，在大公司當人力資源經理，替受薪員工服務。但現在我困惑了。我質疑原先的夢想，希望做些更有意義的事。」她不敢跟父母講，但私底下她希望自己找不到人力資源工作。「我可能偷空一年出國旅遊，邊打工邊看看世界。我想了解自己能對社會有何貢獻。我想自助旅行，因為中國許多旅行團都很市儈。總而言之，旅行的意義在於體驗。」

我問道：「妳想去哪兒？」

「紐西蘭。北京的空氣太糟糕了，我想逃離到純淨清新的地方，休息一陣子。然後再思索下一個地方。可能是西藏吧。」

• • •

遇見一些幾乎是因為遭遇意外而轉移到新信仰領域裡的人，對此我已經司空見慣。有位經濟學家叫趙曉，他對我說：「若是中國菜讓我更強壯，我就吃中國菜；若是西式餐點讓我更強，我就吃西式的。」趙的務實主義讓他很吃得開——到了四十五、六歲時，他入黨，並得到北京大學的博士學位；他著手研究是否能夠從主流的基督教社會中援引出什麼政策課程，並在首都各大知名院校教書。趙結論認為，基督教可以協助中國打擊貪腐、減少環境汙染，而且會刺激出早年曾領導美國基督徒創建哈佛及耶魯大學的那種慈善主義。趙對我說：「我們瞧見蘇聯及全東歐的共產黨都垮了，而國家也隨之四分五裂。」他說，只是在中國，黨存活下來，「正因為它持續變革。」

共產黨面臨著持續增加的壓力，要改變看待人民信仰欲望的方式。中國憲法保障信仰自由，但這項權利受到法規縮限，因為禁止改信他教以及其他活動。中國官方只承認五種宗教——道教、佛教、伊斯蘭、天主教、基督教——信眾可以在國家控制的場合中膜拜。二千多萬名天主教及基督教徒做禮拜的教堂，是由中國天主教愛國會及其對應的「三自愛國教會」所經營。但到未經註冊的「家庭教會」去做禮拜的人數，在其一倍以上；這些機構，範圍由鄉下農舍裡的小型研讀團體，到城市裡大型的、半公開的信眾聚會都有。「家庭教會」未受法律保護，因此，官方可以某一天寬容它們，而翌日卻強行關閉。近些年，黨雖步伐蹣跚，但邁向寬容；檯面下，它允許家庭教會成長，但對法輪功的攻勢依然毫不妥協，在西藏及新疆的少數民族自治區，對佛教及伊斯蘭所設的各種限制，也經常引發騷動。

儘管有風險，信眾的人數還是大為成長，尤其在知識分子當中。有位人權律師叫李建強，我們吃午飯時，他勾出一長串已改信的同僚，他們正運用法院，試著為自己的信仰贏取更大承認。他對我說：「他們才不在乎誰掌權：凱撒、毛澤東、共產黨。誰掌權都成，但不能妨害我對耶穌的信仰。」一位世俗自由派作家李凡（音）對我說：「基督教很可能已成為中國最大的非政府組織。」以往避人耳目的家庭教會，目前只要找得到足夠空間，便爭相成立。我在「桑拿城」參加過一場格外令人振奮的布道，這是家夜總會兼做馬殺雞，裝潢著霓虹的環境堪稱不敬。我跟傳道人金明日牧師談到這一點，他露齒而笑說：「這兒租金很便宜啊。」

金牧師三十九歲，波浪狀灰髮濃密，有著電視福音傳道人的活潑本領。他出生在不信教的家庭，加入共產黨，在北京大學讀書，沒多久之前，命中註定可享受郊區中國生活的種種寧靜、安逸。但是讀大三那年，天安門鎮壓事件搖撼了他對政府的信念。他說：「一九八〇年代的大學生很受國家照顧，政府幫我們付學費及生活開銷。」但突然之間，他「感受到無限的絕望」。教會讓他有出路：它推崇道德的澄澈，以及成為一個比中國還大的事業體的一部分這種感受。他對父母說，他要改信教：「他們認為我瘋了。」

長達十年間，他在中國官方的新教教會傳教。接下來他有個想法。與其開一家信眾全擠在客廳裡的傳統「家庭教會」，他倒想變得「公開而獨立」。他說：「我們沒什麼要隱藏的。」金形容，當局規勸他「別走非法的路」，但他安撫他們說自己無意搞對抗。他對我說：「起初，我們有個龐大、一切都管的政府，但政府在穩定地收縮之中，而民間社會的力量及規模都成長了。我覺得教會應該好好利用這個機會來擴張。」二〇〇七年，他在桑拿城五樓的辦公空間找到一個安靜角落；雖然空間枯燥乏味，但夠大，足以容納一百五十人。中國的未註冊教會有不成文的老規矩：規模要小，以避開當局。然而，金卻在室外掛了招牌、印名片，歡迎警方光顧他舉辦的活動。他把它叫「錫安教會」。

錫安教會剛開幕，一位牧師服務二十名信眾。一年之間，信眾來到三百五十人——幾乎都是四十歲以下、教育程度高的人。我在某個週日來訪，只剩站位，可以聽到孩子們在隔壁遊戲室快樂尖叫的聲音。金擅長表演；他布道時，旁邊有穿亮粉紅袍子的唱詩班，伴奏有鼓及電吉他。他傳授的是非宗派的、保守種類的福音基督教，他還在布道詞中加味加料些流行文化及經濟的參照。當天他結束布道時的呼籲，我不曾在任何教會聽過。他笑著懇求說：「請離開吧。我們沒有足夠座位供其他想前來的人，因此，請維持一天一次禮拜就好。」

・・・

隨著行旅中國，碰到基督徒已不再令我驚奇了。有次往東部海岸的商業重鎮溫州市一行，我去拜訪商會會長鄭勝濤，他是中國最有錢的人之一，也是工業實業家，總是在隨扈陪行下，坐銀色勞斯萊斯繞行全城。他在中國的經濟大潮裡乘風破浪，但是當毒奶粉事件發生，嬰兒中毒時，他終於認為中國不對勁了。鄭對我說，自從十年前成為基督徒以來，他致力於勸說其他生意人簽署道德保證。他屈指數出各種要求：不逃稅、不賣不合標準的產品、不「改變合同及保證」。但他問我：「假如我值得信任，而他人則不是，那會怎麼樣？到最後我豈不是輸家？」

對成長於經濟及個人生活都不再受控制的年輕男女，要限制他們能不能信教，似乎已經過時了。我遇見二十五歲的馬君燕（音），她是基督教唱詩班的成員，該班替各家教會表演而維持生存。這些開銷都不入帳，我問馬，她的唱詩班申請表演，要不要經過地方政府批准。她扮了個鬼臉，對我說：「耶穌教我們向大家傳教。他從來沒說：『你必須有執照才能傳教。』」實情當然遠遠複雜得多，但我了解她的意思：她活在一個如此自給自足的世界，不必對政府思量再三。馬與另外五十名團員合住在市場小街的宿舍裡，路面有車轍，兩旁則是賣包子及蔬菜的小攤。嚴格來說，她們這個團不算合法，但他們的生活沒什麼格外偷偷摸摸的。牆上掛的標語寫道：北京歸神所有。這個口號平凡無奇，除非你想起來，北京是歸共產黨所有的。

馬與他人正在排練一套舞步，伴奏有吉他、鋼琴及鼓。房間潮濕，塞滿了人，男孩們有的十來歲，有的二十來歲，時而竄高時而伏低，高喊著：「這是聖靈的力量！什麼也不能擋！」我以前在美國遇過這類場景——在西維吉尼亞以及在芝加哥南區——但是在中國，它依然令我驚愕。馬跟她的朋友們與父母一輩不同，在其成年時，基督教不再是危險的祕密。因為有身分高的人改信了，所以西方宗教有一抹魅力；比如電視女星姚晨，她是中國社群媒體最受歡迎的人。馬跟她朋友們結束排練時，他們低下頭，緊閉雙眼，淚水流下他們的臉頰。兩排陣列的中心，有個女子仰起頭祈禱說：「中國會成為基督教國度。」

那種願景——中國會全盤大轉向，皈依西方宗教——除了在這群真誠信仰者的白日夢之中，不然似乎不太可能發生。中國顯然更傾向吸收西方信仰、哲學中最有用的部分，而丟棄其餘，一如當初中國對待馬克思主義、資本主義等舶來品。但是以別種角度來看，中國的認同新而重疊，在這個背景下，它已經是基督教國家，就如它是害相思病的國家，愛扒糞的國家，破除偶像的國家。那麼多事情同時發生，方式空前未有。共產黨不准許信仰的成長，一如黨奮力想追趕上它。

第22章

文化戰爭

Culture Wars

我造訪艾未未工作室時，感覺很奇怪——一種壓迫感，空間幽閉得令人恐懼。他的助手正在工作，設計圖用大頭針釘在牆上，但艾未未還生活在法律的煉獄裡，雖然能自由地創作藝術，但禁止離開首都。警方要求他每次離開家都要先來報到。他跟我說：「我必須向他們報告我要去哪兒，要見誰。基本上我聽他們的命令，原因是這根本不意味著什麼。我還想告訴他們，我不害怕。我可不偷偷摸摸。他們可以跟蹤我。」

《藝術觀察》（*Art Review*）雜誌最近公布其全球最有力量的藝術家排行榜，艾未未列在榜首。有位記者電話訪問他有何感想，他說這荒謬至極，因為他「感覺上一點力量也沒有」。他覺得脆弱，在很長的一段期間內，他第一次向自己無法控制的力量屈服了。

艾未未已走出監禁，並投入更大的戰役，以爭取影響中國的文化生活。在這位藝術家獲釋不久，國家主席胡錦濤便矢言加強他稱之為中國「文化安全」的工作。他警告說：「國際敵對勢力正加強西化、分裂中國的戰略陰謀。」國家主席呼籲國人要「敲響警鐘，提高警覺」。黨正在意識到一些急迫的問題：如中國藝術、思想及娛樂的界限將由誰來界定？而在政府、異議人士、企業大亨，還是扒糞人之間，公眾會相信誰？

黨決定採用當初對經濟很管用的方子——計畫、投資及制定規則，然後應用在文化界。第一批目標裡的一些選秀節目，足以支配某些地方電視台。黨下令電視台拿掉「重複、越線及氾濫過多的節目，包括那些談愛情、婚姻、友情的東西，還有選秀、煽情故事、電玩節目、綜藝秀、脫口秀及實境節目」。三個月內，政府把那些東西的數目砍掉三分之二，而且矢言讓電視回歸到宣揚「社會主義的核心價值」。

• • •

藝術家、作家及製片人逐漸失去了耐心。中國可以在一天內新增加電影銀幕十塊，但其製片人卻被掐得透不過氣來。導演賈樟柯抱怨說，為了在中國發片，「我得把所有的共產黨人描繪成超級英雄。」中國產出的電視節目比世上任何國家都要多——一年超過一萬四千檔，但其他國家不要那些東西，所以中國進口的電視內容，要比出口多十五倍。當裝模作樣的南韓音樂影片《江南 Style》變成驚奇大轟動——網路史上最多人觀看的短片，中國藝術家則抱怨說，他們是做不出這樣作品的，因為主管的文化官員絕不會允許戲謔嘲弄北京上流菁英的東西，反之官員堅持出口的音樂影片要堂皇並令人印象深刻。藝術家之間流傳一則苦澀的漫畫叫「上海Style」，當中這位舞步的創造者，不但未能獲得灑下來的鈔票，反而被關起來，罪名是「瘋狂四處跑」。

文化界人士變得愈來愈辛辣。電影導演陸川本來答應替北京奧運製作一支短片，但他被如此多的官方「指南及命令」滔滔淹沒，最後只能放棄計畫，並鑄出一個新詞來形容這一狀況：「功夫熊貓」（Kung Fu Panda）。意思是：那部有史以來描述中國兩項國家象徵——「功夫」及「熊貓」最成功的電影，必須由外國電影公司（夢工廠）來生產才行，因為沒有任何中國製片人能獲准拿這麼嚴肅的主題來搞笑。

「中國國家廣播電影電視總局」的刪檢人員總是私下作業，他們絕不會公布自己的命令和指示，只是現在，導演們開始向民眾公開抱怨了。二〇一三年四月，電影導演馮小剛領取「年度導演」獎項，發表例行演講時，抓住機會大膽陳詞；他縮短自己的感謝對象名單，然後說：「過去的二十年間，中國的每個導演都倍受煎熬，這種煎熬就是審查。」馮小剛並非異議人士，他憑著拍浪漫喜劇及大預算史詩電影而白手致富，只是數十年來的妥協、退讓，在他的專業自豪裡留下不平的傷害。他對聽眾們說：「為了通過審查，我得把自己的電影往壞裡改。」若是馮小剛的論點講得還不夠清楚，那電視觀眾可以看刪檢人員貌似不經意的示範：就在他致詞時，控制間不知是誰及時按下了按鈕，刪掉馮談到刪檢行為的部分；觀眾只聽到馮小剛說，「這種煎熬就是——（嗶）」。

一些中國最有創造力的人認定，按規矩玩的成本，要超過利益。在馮導大暴走幾個星期後，小說家兼散文家慕容雪村也遭逢限制。當網管刪掉他的微博帳戶，他發表一篇散文叫〈給匿名審查人員的一封公開信〉。他寫道：「在未來的幾年裡，我會長期奮筆反抗，不停創作直到我看到黎明的曙光……我意識到這封信可能只會給我帶來不幸……我曾經恐懼，但從現在開始，我不再懼怕……這就是我們之間的不同，親愛的匿名審查員——你擁有的只是現在，而我憧憬未來。」

為了創意而奮鬥，遠超過電影及小說的範疇。中國經濟已來到轉折點：廉價勞工的時代快要結束，中國領導人也絞盡腦汁，想培育創新，以讓國家超越組裝線時代。中國在研發方面的投資僅次於美國，而且已超越美、日，成為最大的專利申請國。但其中很多沒什麼價值；提出申請只為符合政治目標或吸引資金。中國生產的科學論文數目，除了美國，別國比不上，但就品質的測量標準（論文平均獲他人引用次數）來說，中國連前十名都打不進去。學術造假猖獗；浙江大學有本期刊，使用「交叉檢查」（CrossCheck）軟體，掃描抄襲行為，發現收到的所有論文裡，三分之一有抄襲，不然就是從以往論文裡拷貝篇章。在一項政府支持的、由六千名中國科學家所做的研究裡，三分之一承認自己捏造數據或者抄襲。

在北京清華大學蒼翠的校園裡，公共管理學院院長薛瀾悲嘆說，很多中國機構根本在擋路，不讓國內某些最有才華的年輕人出頭。他舉例說，在一個渴求要冒險的時代，在一個白手致富及出現農民達文西的時代，一九九九年政府創設小型企業創新基金，但官僚DNA卻使它只押安全賭注。薛院長對我說：「鑑於它是公家基金，如果失敗機率很高，審核不怎麼好，人們就說：『嘿，你們在浪費錢。』但創投資本家則說：『碰到一大堆失敗是很自然的事』。」要培育新銳創意並讓他們發展，可不是簡單地宣布自己有此野心就足矣；這需要強大的法庭，以保證不受政治干擾且可以保護智慧財產權，如此創業家們才能彼此信任，推動創新及合作共事；這需要大學實驗室，裡面的創意思考者可以自由挑戰其老闆，不必害怕被報復，也不用擔心中宣部會來干擾。博客主兼新聞分析家趙靜習慣用「安替」的筆名寫作，他便問道：「若是你厚顏無恥地抄襲美國網站就變成億萬富豪，然後再推它上股市，那麼誰願意挺身而出搞創新？」

有時候，中國為了實施操控而在制度上的本能反射，違背生產力幾乎到了叫人窒息的程度。曾有一度，中國程式人員被禁止更新一套很受歡迎的軟體系統叫「Node.js」，原因是它的0.6.4版本呼應到六月四日，天安門鎮壓的日期。還有另一個案例，有個數位設計專案，取名自瑞典一個叫做法倫（Falun）的城鎮，結果被打到趴，原因在防火長城把這個名字詮釋為「提及法輪功」。臉書上市前幾天，投資銀行家兼哈佛商學院畢業生、易凱資本創辦人王冉，翻閱臉書的上市說明書，瞧見一個句子提醒投資人說，臉書在四個國家遭到封鎖：伊朗、北韓、敘利亞及中國。他看見中國列居世界上這些功能最失常的國家之中，這實在令他錯愕。他對自己數百萬名社群媒體追隨者寫說：「我不認識各位，但我開始認為，國事如此，實為汙辱。」那記尷尬像是蜂螫，其背後還有一個問題——攸關中國未來的深沉問題：假如中國連讓它的人民使用臉書都不敢，它怎麼能期盼發明出「下一個臉書」？

・・・

挑戰中國文化的限制，無人可以超越艾未未，而當局最後回應的策略，是叫他住嘴。他獲釋後第五個月，也就是十一月，政府勒令他支付「未繳稅的款金及罰金」二百四十萬美元，說是跟三宗建築設計案有關：他替北京設計的攝影博物館、替英國及新加坡付費客戶設計的兩間公寓。艾未未懷疑，這些案子會吸引官方最高矚目，是因為它們牽涉到海外客戶及戶頭。但艾未未並未接受罰單，反而挑戰它；按照法律，假如他在十五天內存入八十萬美元（罰單金額的三分之一），他就可以上法院抗告。這一消息傳開之後，援助源源而至；人們把百元紙鈔摺成紙飛機，射過圍牆，進入艾未未工作室的院子。他們用現金包蘋果及柳橙，送到他家門口。他們電匯金錢給他。有位捐助人寫道：「別急著還，你可以等到新貨幣出現再還。」——即有朝一日，鈔面再沒有毛像的時候。

這種反應，叫艾未未感到敬畏。「有個年輕女孩背著背包，包裡都是錢，走進來說：

『該把這個放哪兒？』」她對我說：「錢本是購車的積蓄，我現在不買車了。錢給你。」

艾未未表示：「人們會發聲且行動，捐錢給一個政府說是『罪犯』的人？這個局面真是無法想像。」他的會計師貼出不斷增多的捐贈。贈與者的名單令人如遭電擊，我從中認出一個孩子喝了毒奶而生病的爸爸的名字。而到第一週結束，支持者捐贈的錢已超出艾未未必須存的金額。他接受捐贈的主題成為微博上最流行的話題之後，他關閉帳戶。我的電話嗶嗶叫了，給中國記者的新指示說：

「刪除提到艾未未借錢繳稅的一切網上訊息。必須迅速刪除互動頁面上趁此機會攻擊黨、政府及法律系統的訊息。」

黨的政治八卦小報《環球時報》提到，摺鈔票紙飛機扔過工作室圍牆，可能構成「非法募款」，而且傳達一項警告：「過去三十年之間，艾未未之流此起彼伏。可是，儘管他們悲觀地預測中國，中國依然持續崛起。真正的社會潮流乃是這批人將被鏟除。」艾未未等候出庭日，他變得愈形焦躁。冬天來臨，他屋外的樹都禿了，而公安裝在路燈杆的監視鏡頭突出而刺眼。艾未未向它們扔石頭，警方把他拉進警察局，指控他「攻擊公安鏡頭」。他的一個粉絲則發布一則假作關心的揶揄：「鏡頭嚴重受傷了？需要檢查嗎？有可能喔，要電腦斷層掃描是吧？」

幾天之後，我們坐在他客廳的餐桌旁。冬季陽光由南方照進來。年邁又耳聾的可卡犬丹尼歪歪斜斜地繞室而走，宛如醉漢。艾的妻子路青下樓走進客廳，往門口走去。她還沒習慣眾所矚目；去年發生多起偵訊，還有她丈夫被押期間，她代他發言而造成轟動，對此她還不甚習慣。她的名字在工作室的正式文件上，所以她也被捲入逃稅案。艾未未由餐桌瞧著他老婆，正拿一條亮紅色的圍巾纏過肩頭，包起來抵禦冬寒。她準備到法院繳交更多文件。她抓起一個牛皮紙袋抱在胸前，打開前門時她稍稍停下來。艾未未問說：「妳還好吧？」她頷頷首，強笑一下，閃身出門。

我問他是不是有逃稅。坦白講，就是有，我也不驚訝——在中國，人們開玩笑說，逃稅是全國運動。政府研究員估計，在二〇一一年，逃漏稅叫政府少收一兆人民幣，大約一千五百七十億美元；而且他們發現，最大的逃漏稅戶事實上是國營企業。每天好幾次，我都會收到垃圾簡訊，打算賣給我偽造的業務開銷發票，可以用來逃稅。艾未未回答我這個問題時說沒有。一般遇到這樣的狀況，我會審核他案子裡的檔案，可是警方查扣他公司的紀錄，不讓大眾及媒體了解法院訴訟程序，我致電法院及檢察官，也沒人願回答我的問題。即使是艾的律師浦志強也從未獲准審查本案的原始文件。我問藝術家，自己認為會不會贏。他說：「不會。我們只贏在揭露真相。」

他說得沒錯，沒有贏。二〇一二年三月，他申請就他的逃稅舉行聽證會，政府拒絕，所以他試別的招數：他控告國稅局，說該官署在處理證人和證據上有錯誤。這次讓他很驚奇，法院居然同意聽審。只是，等他想前往法院進行聽證時，收到警方來電說：「你就算嘗試，也絕對辦不到。」他太太及律師出庭，但法院外圍著數百名制服及便衣警力，不讓記者與外交官員靠近。人權人士胡佳想去參加，結果被候在他屋外的幹員掐住脖子毆打。北京市還更改了大巴路線，繞過法院。他被捕一週年那天，面對他家電話被竊聽、電郵被監看、工作室外包圍著監視鏡頭，艾未未決定煩死警方：他在工作室裡裝設了四部網路攝影鏡頭，其中一部在他臥室天花板，開始在網上播放自己的生活。他稱此為「weiweicam.com」。條子被搞傻了。幾個星期後，他們下令要他拔插頭。他不能對自己做監控。他開玩笑說，要寫本有關稅法的書，很可能是當代藝術家首創之舉。對他來講，任何知識都是他可以創造的最強而有力的藝術。他說：「他們的權力基於無知，而我們假裝不知道。」

・・・

艾未未本以為獲釋一年後，自己能取回護照，但一週年，即二〇一二年元月來了又過了，卻沒消息。他獲告知，不准旅遊外出，原因是涉嫌另外三項犯罪：重婚、非法外匯及拍攝色情品。當局告訴他，色情品的調查重心是照片：一張他在自己工作室裡自拍的裸體照；艾未未本人坐在椅上，左右有四個女子站著瞪著鏡頭。當他的粉絲聽說他可能因此被起訴，便開始拍攝自己的裸照，以示與艾未未團結在一起。

那年秋天的某個早晨，我經過艾府，他悶悶不樂。逃稅案的最後上訴，法院已做出不利判決。政府還關閉他的製作公司「發課文化發展有限公司」，原因在公司未能更新年度登記（做年度登記很困難，因為警方早已經抄沒公司用來年度登記的文件與印章）。他說：「這就好像你跟來自外太空的人玩棋，他們的玩法是你怎麼都想不到的，而且棋局早設計好，他們必定是贏家。我被迫跟他們玩，不管我下得多妙，最後還是輸家。」

以前我沒看到他這麼消沉過。他已認定，當前體制的最大弱點，倒不是它不同意他的見解，而在它乾脆駁回他想跟黨的思想抗衡的唯一權利——他想爭取大眾的信任。「每天我都坐著等，或許有個官員會來敲門說：『未未，來，我們坐下來，聊一聊。你的觀點是什麼？讓我瞧瞧你有多傻。』」

他兒子當時三歲半了，我問艾未未打算怎麼向兒子解釋艾家的處境。他不發一語很長一段時間，眼眶都紅了。接下來他說，對這個問題，自已萌生很怪的幻想：「我希望我兒子慢點長大。我不要他太快成熟、懂事。」那是我頭一次聽到艾未未支持無知，勝過知識。「當前的處境根本無法解釋，不講理，對此我真的無從理解。我搞不懂為什麼非要這個樣子。」他的情緒似乎令自己也吃驚，於是他改變話題。他的一切麻煩，讓他感受到身邊正攢聚更廣大的變化。「我想，今天幾乎社會各階層都了解，中國在信任、意識形態、道德標準上，正遭逢大危機，還有很多很多別的東西……這樣撐不下去的。基本政治結構再不改變，中國已走到盡頭。所謂的奇蹟將無法維持。」他說：「共產黨成功了九十年，依然是地下黨。從來無法真正說明自己的理念，而且，他們也絕無能力與任何智力上可挑戰他們的人平起平坐。」

我認識艾未未這些年來，他已成為男子漢的象徵，也是中國前所未有的最知名的異議人士。談論艾未未的書籍、電影及文章不少，可一等他變成名流，藝術界似乎失去耐心，急著找下一個話說得更響的人（《新共和》雜誌刊了篇文章，標題為〈艾未未：傑出的異議人士，很爛的藝術家〉）。最讓艾未未心煩意亂的，可能是中國藝術同僚的舉動。「我消失期間，他們幾乎沒人問：『這人跑哪兒去了？他犯了什麼罪？』」

我問艾未未，對於他們的悶不吭聲，他有何看法。

他淡淡地說：「我想他們是害怕。我若碰到他們，他們總是說百分之百支持我，但若是你要他們公開表明自己的立場，他們絕不肯那麼做。」

對有些人而言，艾未未為他人設下了並不公平的道德標準；他認為一個想避免衝突、避開政治的藝術家、作家或思想家，根本是懦夫。當倫敦舉辦中國藝術展，並受到正面評價時，他則抨擊該展沒能解決「這個國家最壓迫人的當代議題」。他把展覽比擬成一座「唐人街餐廳，賣的是些如宮保雞丁與咕咾肉等標準菜色」。

・・・

創意階級因遭逢壓力而掀起的衝突，遠超過艾未未的世界；為競逐道德權威及信任而發生的爭戰漸漸轉向個人。二〇一二年元月，一位自名「麥田」的博主寫了篇標題為〈人造韓寒〉的文章，他比對韓寒博客貼文的時間與他參加賽車的日期，歸結說文章不可能是韓寒所寫，可能是由寫手代筆。麥田聲稱韓寒是個騙局。韓寒的反應是駁斥，懸賞三百萬美元給任何能證實麥田無誤的人。他的粉絲指出麥田的時間點多有錯誤，於是麥田把文章撤架，但是這次詐欺的論戰，引起一位不尋常人物的注意，他名叫方舟子。

方舟子是生物學家，在密西根州大取得博士學位，因揭露學術造假及學術腐敗而名聲大噪。在中國，這種工作很危險。方曾遭攜帶鎚子及辣椒噴霧劑的流氓攻擊，事後證明，這些人是一名醫生僱用的，因方舟子曾指控該醫生學術造假。方的指控並非全部正確，他曾因誹謗罪挨告，依他自述，贏了三件官司，輸了四件；但是在中國新出現的懷疑文化裡，他吸引了大批追隨者。我遇見方舟子時，他對我說，他質疑的信眾有很多種；這麼些年來，他曾批評過福音派基督教及法輪功，而他看到人們把信仰重重地押在韓寒身上，與信教有類似之處。他告訴我：「我想批評的，是他們想製造假的偶像。」按方舟子說法，那些讓韓寒變成明星的事實，比如驟然崛起，習慣一人振筆疾書，堅稱他愛賽車勝過寫作，此時聽來十分可疑。韓寒努力想平息此事，最後掃描公布了手寫文稿，粗估有一千頁，但方舟子反駁說，這些都是影印本，顯然缺乏「情節上的變化，以及特殊點」，他揣測韓寒的著作，都是由其父代筆，一個不得志的小說家，或者出自那位我曾遇過的，伶牙俐齒的出版家旗下的其他作者。

韓寒與方舟子兩位中國最具影響力的評論家的碰撞，造成轟動：兩星期內衍生一千五百萬條微博貼文。有些抨擊韓寒的人，甚至要求國稅局去調查他；他們質疑他的賽車成績是否已有內定；甚至責備他虛報身高。爭論韓寒的真相與美德，讓中國知識分子循此戰線而分裂，它如此尖刻，以至於小說家慕容雪村瞧著泥巴飛來飛去，有感而發說：「中國知識分子彼此表達巨大的仇恨，為文革以來首見。」天下至大，何以是這件事導致如此激烈的對戰呢？蘇聯時代的詩人葉夫圖申科（Yevgeny Yevtushenko）一度問道：「為什麼右翼那些混蛋總是肩並肩站在一起，很團結，而自由派內部卻分崩離析？」依慕容看來，原因是中國的知識分子被打壓匍匐，以至於他們趴在地板上爭碎屑吃。這麼多思想家「花那麼多精力在筆墨之爭，我們已經忘了批評政府權威；我們已經忘了關心社會福利。那些才是我們該操心的。」

•　•　•

我去拜訪韓寒，請教他對那些指控的看法。他說：「要反駁你從沒做過的事，實在很難，」他暗示指責他的人是神經病，「他們就像那些堅稱美國從沒登陸月球的人。」我問他，乃父是否曾用他的名字寫過文章，他說沒有。「我們的寫作方式各異。」他父親在意的是故事，而韓寒只關心情緒。他帶著賽車風馳而過的咆哮說：「倒不是說我寫得有多好，我的寫作其實不完美；而是我們的風格截然分明」。韓寒以更廣的原因來勾勒針對他的指控。「在這個社會，人們彼此不信任，所以他們利用這份不信任來攻擊他們想攻擊的任何人。」提到方的線上粉絲團，他說：「他們只相信自己的電腦。」

說韓寒是他父親與出版商發夢炮製的成品，這種可能性在理論上說得通——或者說，至少不比薄熙來老婆毒殺英國商人，或鐵老大拐來的現金多到會悶燃，更加怪異。說老實話，我倒有幾分想看見對韓寒的指控真實無誤，原因在那就是上好的新聞報導了。我有兩次遇見中國作家，說他們聽聞某人是「韓寒寫手」，但我追蹤下去，總是沒有下文。我訪問過韓父，結果認為，如非韓家父子都是極為高明的演員，不然就是指責韓寒的理論根本乃癡心妄想。我認為，韓寒最有可能的模樣是：一個由其行銷團隊細心雕琢出來的作家，但這不是騙局。

依我看來，很多批評韓寒的人痛罵的倒不是他這個人，而是他印證的當下。對指責韓寒者，比如追躡真相、斥責韓寒為「偽偶像」的方舟子，韓寒的成功，是對傳統知識分子生活信譽的嘲弄，原因在他以惱人的速度產出作品，用半生不熟的作品餵飽市場。對其他批評人士，韓寒是老於世故的批評家，當風險變得太大，他情願放棄變革的呼籲；韓寒拒絕發言反對艾未未被拘留，兩人的關係就變差了，藝術家形容作家「太默從」了。在這些批評裡，我瞧見共同的根苗：人們把他們想見的投射到韓寒身上，而他抗拒他們的投射。依此言之，他最終是個業餘者，一個「我世代」個人主義政治的偶像而已。我愈是由巴士站海報、地鐵廣告中瞧見往外窺看的韓寒臉孔，愈是聯想到戰士雷鋒，舊社會主義的看板人物。不管情不情願，韓寒已變成一種穿牛仔衣的雷鋒——承載著一種信仰，而沒人能實現它。

二〇一三年春天，我最後一次順道去看韓寒時感受到：這些年來他所承載著的那種信仰，已對他造成很大的傷害。經歷過全套戴銬而舞——雜誌被關、來自黨的警告——之後，他已把辦公室搬去上海某住宅區的安靜別墅，四鄰是小型科技公司。他經營一家初創公司，生產安卓（Android）手機的ａｐｐ程式——「一個」（One），一天捎送一個項目給用戶——一則文章、詩、影片。創辦頭六個月，它就吸引三百萬訂戶，但它夠隱晦，不引起中宣部的注意。他對我說：「因為我不准做雜誌，我們就把它轉變成應用程式」。我們當時身處他房子頂樓，一間小而陽光燦爛的會議室，我們樓下幾個房間裡，年輕的員工用電腦工作著，四周是填充娃娃、乒乓桌等初創公司的裝潢、配備。韓寒說他的時間大多花在與女兒玩耍，開他的跑車。望著他最新的化身，壞孩子作家已退休，我問他為何不再寫披露貪腐、司法不公等其他敏感題材，他說：「我們現在有微博了。在上頭人們可以找到所需的一切。我很少寫政治。對我而言，政治已經無聊了。」

「無聊？」我問道。

「因為同樣的壞事一而再，再而三發生。身為作家，你不想重覆自己。我有其他方式來表達憤怒。不然，我可以選擇完全不表達。」

· · ·

韓寒寫作生涯的弧線可以說令人振奮，也可以說叫人沮喪，端賴你怎麼看。我認識他的時候，他正瀕臨與共產黨的大衝突，但這些年下來，他跟當前體制已找到容納彼此的方式。他的作品對中國的影響力已大不如前，但要批評他選擇較不喧鬧的方式，也實在很難；熱忱太高，不肯妥協，會碰到什麼重大危險，黨已經讓大家清清楚楚——這一點只讓我發現有人爭取更大自主權而失敗時，竟然還會選擇再次投入爭執之中。

二〇一〇年三月，我接到邀請函，參加北京市中心一場典禮：胡舒立總編輯重出江湖，來搞挖掘醜聞了。她與發行人決裂不到四個月，便租下一家餐廳的舞廳，邀滿記者、官員及學者。她開創一個媒體集團，左右手很多是隨她一起離開《財經》的編輯、記者。她要了想吵架的一招，把新刊物取名為《財新》，在中文裡聽起像新《財經》。

我在來賓席就坐，瞧著胡舒立走上講台。她穿了一件紅色有金屬亮片的夾克，麥克風周圍放了花，勉強看得到她的頭。她用尖銳的嗓音說：「我們的編輯方針，客觀報導中國重大經濟、社會變革，不會改變」。她的新事業讓她得到一直想要的股份；她跟手下的編輯們握有三成經營權；剩下的則由一群投資人，以及一份相形進步派的中國報紙《浙江日報》持有。與一家國營報紙共事，自有其風險，但隨著日子過去，她有信心《浙江日報》會實踐諾言，讓她有掌管編採中心的迴旋空間。

接下來兩年，我看著胡舒立與她的員工奮力重新站起來。創刊初期的興奮之後，很多記者逐高薪而他就，或者到較穩固的新聞機構。她冒險行事。有一次她擴張，開發廣播分支，結果成本太高昂複雜，於是她放棄了；編輯台有人戲稱這件事為胡舒立的「大躍進」。然而，她撐了下來。從業人員報導有影響力的新聞，談金融詐欺、官員濫權；有一個案例中，掌管一胎化政策的官員經調查發現居然帶走嬰兒，賣到孤兒院，再給外國人收養。胡舒立撰寫火熱的社論，挑戰黨的基本論點，即民主容易引發動盪。中東人民起義時，她寫道：「製造混亂的，正是獨裁制度，而民主則孳生和平。支持獨裁體制，事實上是拿短期利益，換取長期代價。」

只是文章固然大膽，胡舒立的聲浪不再超群拔類如十二年前她辦第一本雜誌的時候，原因很簡單，此時有太多聲浪與她競爭。企業劣行及貪腐一向是她發力的主要目標，現在每一天都有尋常人在揭發，而他們不必有什麼工具，能連上網就行。以往只把獨家專訪給胡舒立的企業大亨，現則上網自己發聲。即使胡的老雜誌《財經》都自我重組。王波明或許是感受到自己身為傳媒大亨的光輝陷入危機，於是向讀者保證，自己會抵抗「來自上面的不適當控制」，而且雜誌繼續聚焦於調查採訪。因此，胡舒立的離開並未讓調查採訪陷入困境，反而數量增加一倍。

・・・

二〇一三年春天，貝莎娜與我準備離開北京。經過了八年，我們想有機會，借助於距離的隔閡，來思量中國。我們會無限想念中國，而且會回來，但此時是離開的時候。我們開始與好友們道別，而我則最後一次到胡舒立的公司拜訪。這麼些年來，我已把她認定為一種「心臟監視器」，憑以測量北京知識分子的生活；她的脈搏加快或減緩到爬行的速度，端賴包圍住獨立思考的壓力與機會而定。

我抵達時，《財新》的編輯台又比上次見到更空曠了。我曉得，年輕記者們正偷偷溜走，找更光鮮或更高薪的工作去了。她的辦公室還能運作，裝潢稀少。我問她，現在在中國要當醜聞揭發者，是變簡單還是變難了，她則坦承，競爭者如雨後春筍。她說：「我創辦《財經》時，問題在無所取材！唯有《財經》！現在則有太多可取材的了，而你必須判定哪些才是真的。因此，我們必須做到有影響力而全面——成為獲眾人信賴的消息來源。」在缺乏信任的社會中，這是有市場價值的。

「妳靠那樣能存活嗎？」我問道。

「這要看中國的整體情況。若是中國能改變，未來光明，那我們能撐持下去，而且成長很快。」另一種狀況她沒說，而且思索了片刻。接著她繼續說：「我想，要叫中國走回頭路很難，所以我還是心存希望。」此時她在廣州中山大學兼課，接觸到年輕人，叫她重拾活力。「大學生們問我說：『我們曉得當記者很難，那妳為什麼鼓勵我們去當記者？』我說，若是大家都曉得很難，而你一直堅持去做，你會成功的。人人都怕難，所以他們不來競爭。」

對胡舒立來說，決心從頭開始，意義不只在新聞或出版。她忠於那些一開始就激勵她的想法。「我們不想死，我們要的是新生。」她說：「這些年輕人很有自信、很樂觀，是他們在導引我。他們的年紀大約在三十與四十之間，都有創業取向。他們有自信，相信未來。他們信任的不只是我，還信任未來。那對我來說，不僅是一種壓力，還是鼓勵。他們說：『我們何不自己來開展？我們可以再次開始。』」她笑開了，說：「當然，對我來說壓力很大。但有時候，你就是得做出選擇。」

第23章 真正的信徒

True Believers

愛國者唐杰再次躍躍欲試，不得安生了。那個民族主義影片讓他一戰成名後，這些年來他住在上海、柏林，以及北京——他加入北京那家製作公司「四月傳媒」（M4）還不到六個月，便計劃更大的響動。他打算把自己的工作擴大，不僅僅批判西方媒體，也批評中國媒體，而且發表政治評論。他要把自己的權威意見，拉高到超越尋常的線上同儕，從而躋身於他稱之為「獨立媒體」的水平。他的幾位共同創辦人不同意；他們擔心一旦跨越狹小的專注範疇，會叫他們關門大吉。唐杰告訴我：「只是對我跟其他人而言，我們一直密切關注這個國家和它的問題所在，這就意味著政治。『政治』一詞的英文字根與『政策』、『警方』相同；若是你想談一個國家的崛起，要避開這個主題實在不可能。對我們這樣的年輕人，若是不談政治，那麼要談什麼呢？」

二〇一一年八月，他與十名員工出走，開創新的網站叫「獨家網」，新口號野心十足，叫做：「與中國一起崛起」。我認識唐杰的四年裡，中國網民已經增加了一倍，此時來到五億人，而他想成立中國民族主義者的 YouTube。他說：「我們要的不只一個態度。」唐杰找到天使投資人，籌到三百萬人民幣（約五十萬美元）來周轉營運，在北京的科技走廊租了一套辦公室，地點在百度搜尋引擎總部的隔壁。他與同仁們把一個房子改成錄音室，透過網路播送訪談及教學演講。為了看起來很好學，他們找到都柏林一家圖書館的照片，讓它呈爆炸形狀，貼在牆上當背景。

他們製作的影片檢視過中國的太空計畫、歐債危機、高盛銀行、希臘債務問題及槍枝管制。他們自始至終地懷疑西方；他們也批評胡舒立總編，說她呼籲改革，引進自由派民主到中國來，不啻在「書法真跡」上頭塗抹「偽西方的油畫」。即使依中國標準來看，唐杰的民族主義都走得過於極端。有一次，他批評國營新聞台立場太軟弱，而中央電視台的一名記者把他叫成「五毛」，指忠誠的「民意引導人」。我問他：「央視新聞說你是支持政府的誘餌？」他咧嘴笑說：「沒錯。我們認為那有點兒滑稽。」

我碰到過有錢的中國商人投資於類似唐杰的網站；而在獨家網這裡，他的投資人卻不願透露姓名。「三百萬元對他而言並不多，那個數目在北京根本買不到一套房。」唐杰說：「我們想獲利，一開始我們的投資人也認為我們做得到。」但後來證實很難：二〇一二年四月，薄熙來的謀殺醜聞事件驚動了黨的檢查人員，他們展開廣泛的行動，掃邊網路上的政論，這使得連唐杰的愛國網站都受波及。他由國新辦收到通知，要求關閉一個月，等待「認可」。我們交談時，唐杰使盡全力，讓自己看來和顏悅色。他說：「『認可』的意思是你必須告訴他們有關你從業人員的資料，誰在管理，他們都會記錄下來，然後你才能回去幹活。我們了解，他們必須這麼做，不然政治評論會泛濫得一發不可收拾。」他接著說：「那件事很煩人，但我們從沒停止工作。即使我們自己的網站被關，我們還是可以把自製影片送到其他網站，傳播出去。」

「你認為網站被關合理嗎？」我問，這問題讓他想了一下。

「我認為他們做得太過火了。有那麼多網站被關。當然，我們希望氣氛能自由一些。只是，『自由一些』是很抽象的概念……我們必須保持有建設性。」

唐杰的信仰還在。「重組」從一個月變兩個月，再由兩個月變三個月。他的投資人無心了，不再挹注資金。唐杰開始操心起租金與薪水。最後，在網站被封的第五個月，也就是二〇一二年九月，他被獲准重返網路——正好讓他來得及趕上，幫政府捍衛稱為東海「神聖領土」的五個小島、三個暗礁，中文裡稱為釣魚台列島的主權。這些島嶼遠伸入海，島上住的只有錢鼠及信天翁，無人居住，日本控制了這些地方，但中國堅稱自己才是釣魚台列島的合法擁有人。數十年來，該爭議本已寢寂，但據說島嶼底下蘊藏有珍貴的石油、天然氣，慢慢地，局勢演進成具體衝突。

當年九月，擁有那幾個島的日本某家族，把其所有權賣給政府，此舉引發了中國多個城市的抗議，有些地方甚至失控。在西安，群眾甚至包圍咸信住有日本遊客的飯店，最後必須由鎮暴警察驅退。在該市區其他地方，一個名叫李建利的中國人，因為開的是日本車而遭到攻擊：他被人從這輛本田車的後方扯離駕駛座，並被腳踏車鎖慘打，導致半身癱瘓。在北京，有些店主在櫥窗貼出告示抗議日本，其中有家餐廳用英文寫道：「本店不接待日本人、菲律賓人、越南人及狗。」

在這種氛圍中質疑愛國主義者的大義，很是危險。經濟學家茅于軾已屆八十四之齡，他質問政府說，何以花納稅人的錢去保護這彈丸之地，「既無國內生產毛額又無任何稅收」，結果他在深夜接到電話轟炸，說他是「賣國賊」。有個左派網站製作「西奴」，即西方人的奴隸的肖像，舉了一串學者及記者，包括胡舒立總編、諾貝爾和平獎得主劉曉波等人，每幅像都繪有絞繩勒頸，圖說寫道：「中國平安，西奴平安；中國有難，上門清算。」

另一場遊行示威計劃在駐京的日本大使館外舉行，我騎單車穿過城市，看到這次中國警方已經準備就緒。穿迷彩軍服的民兵部隊及穿藍色制服的警員，人數遠比示威者來得多。日本大使館的建築，也反映出與地主國關係之嚴峻。似乎設計這個大使館時，已經料想到要挨石頭：這座六層樓的堡壘式建築，遠離大路，且窗子都有鋼柵欄遮護。

然而，相形前幾天的暴動，這次示威更像是遊行。警方允許示威者向大使館大門丟礦泉水瓶及垃圾，再催促他們往前走。我隨著情緒高漲的示威者一路而行，不禁想到，中國政府要費力提醒示威者，自己與他們同路同心，這是多麼困難的一件事。我聽見擴音器傳出一名女性預錄的聲音，但好久我才了解到，這聲音來源非從示威者，目標也不是日本人，而是警方呼籲群眾要支持他們：

「我們的感情與各位相同。政府的立場很清楚：絕不容許我國主權受到侵犯。我們應該支持政府，以合法、有序、理性的方式表達愛國情操。我們應遵守法規，不採取極端行為或擾亂社會秩序。請與我們合作，聽從警方指揮。」

就近端詳街上的這些男女示威者，與其說中國的民族主義是意識形態，不如說那是經濟勃興時代裡另一種找尋意義的方式。我的朋友路寒（音）是作家兼翻譯家，對反日示威興趣索然，但她卻感受得出其他人何以受到吸引。她對我說：「我們成長於中國，很少有機會去表達那樣的感受——精神昂揚地致力於一件更大的事，而非個人事務，那是比你日常生活圈還重要的東西。」依此看來，民族主義是一種宗教，人們把信仰寄託在其中，一如他們對儒家、基督教或康德的道德哲學。報紙主編李大同對我說，他相信中國年輕愛國志士的怒火，源自他們「累積已久而想表達的欲望，彷彿洪水，突然競相沖往缺口」。洪水的流向隨心所欲，因此對中國政治領袖來說，年輕保守派人士是令人生畏的新力量。

• • •

通俗民族主義的爆發讓唐杰左右為難。他瞧見這股情緒公開流露，但他厭惡暴力；暴力不僅在道德上是錯的，而且還破壞生產。他急著在自己的信仰與民粹的狂怒之間，劃出區隔。我去他公司總部拜訪，他對我說：「這兒的年輕人，比起那些上街拿標語旗的，要有知識得多。」

辦公室由玻璃牆隔成許多方塊辦公單位，我們一屁股坐進兩張灰灰的沙發。儘管他遊歷甚廣，又研讀西方思想，在黨鬧出這麼多醜聞後，他的保守主義思想並未減損。他急著把中國的政治體系定義為自成一格，而它也努力自成一格。「在北京，每天有一千萬通勤族穿梭於城市裡，外加數萬輛卡車把食物帶進來，把數量不可思議的垃圾載走，所以很難想像沒有強力政府，你怎還辦得到。」他補充說：「我們必須了解自己，絕不能無視自己的特殊性。在六十年之間，我們變成世界第二大經濟體——可能是第一，這要看你怎麼衡量，而在同一時間，我們從沒殖民任何國家。」

在我們聊著時，他說了些話叫我大吃一驚：唐杰感覺到了公共輿論轉而反對他。他認為民族主義式的抗議沒有焦點，前景渺茫；他愈來愈相信，大多數中國人並不贊成他。他說：「一切都朝往一個方向，也就是美國方向。這是主流觀點，按理來講不該懷疑它。人們說，一切都必須更像美國，不論是經濟、法律，還是新聞。那已變成老生常談。」叫我吃驚的是：唐杰相信政府裡的很多人也是那麼想的，即使他們不說出來。「自從開放變成國策以來，大多數政府官員都支持改革，叫他們接受另一類觀點，非常困難。」

有位嚴肅而更年輕的男士前來加入我們的聊天。他名叫李育強（音），一開始當唐杰的助手，後來更上層樓，長久地主持獨家網。他一樣畢業自頂尖名校北京大學，讀書時他念心理學及軟體開發。我們聊著，他接續唐杰談意識形態轉變的話題，說：「中國媒體的主流是自由派，已經是眾所周知了。」他點出一串他不贊成的目標：司法系統獨立、市場經濟、小型政府。這位年輕人以更嚴厲的、更衝突的態度看待事務。「這些控制媒體的人說他們是自由派，但他們做事更像威權人物。如果觀點另類，就遭到封殺。」一瞬間，我以為他在說笑，但他沒有；崛起中的中國民族主義者是很真誠地抱怨說，他們自由表達的程度還不夠。

在中國，有件最難做的事情便是測量輿論。民調雖可提供某些洞見，但有其局限，原因是，任何人只要多花些時間在中國，就會明白用電話訪問威權國家的公民，讓他們談自己的政治觀點，不會取得坦率的答案。由遠處看，民族主義的爆發，以及偶爾伴隨的暴力，讓情勢看來彷彿中國正沸騰著愛國怒火，但湊近一看卻不是這麼回事，而且，要了解究竟有多少人真的有那種愛國激情，也非常困難。黨向來自豪於它表達出中國生命的「主旋律」，但隨著這些年下來，共產黨版本的主旋律似乎愈來愈走調，周遭不斷傳出各種雜音與即興變奏。想了解「大多數中國人」相信什麼，幾乎不可能，原因在中國的國營媒體及政治體制的設計，並非用來放大輿論，而是旨在強加塑形。民族主義，宛如主旋律裡的任何其他音符，可能在一時冒出表面，換個瞬間就消褪到背景，但它是主流觀點嗎？民族主義者可不這麼想。

唐杰的網站被關五個月，受創極重。唐找不到其他願意支持他的投資人。他說：「錢幾乎用光了。」拿民族主義當一生事業？他猶豫了。他開始接洽人，談回大學去教書的可能。他太太的故鄉重慶市，有家大學的哲學系釋出一個兼職缺，他接受了，於是他把時間分成兩半，既在重慶教柏拉圖的《理想國》，又在北京經營民族主義者網站。他說：「我們很擔心。下週我要跟一個可能資助我們的人見面，但這項計畫不保證有收益，他會給錢？我很懷疑。」轉換身分的學者唐已斷定，自己做生意這方面不怎麼在行。他說：「這不是我。」

夜色漸深。我們回到那間有圖書館背景的錄影室，一起拍個照。儘管唐杰的觀點如此尖刻，但有時候我感受得到，他對西方有些東西還是妒羨的。他對我說：「第一次見面時，我問你美國最基本的價值是什麼，你好像說是自由。我想到，哇，這個國家有舉國信仰，而且它把公民教育得這麼好，以至於人人都相信。」無疑這是個理想化的意象，但我了解他的意思。他繼續說：「你們美國有這個基本信仰——共同的價值，但對中國來說，這還真是個問題。在中國，信仰各自不同，自由派、傳統派、毛主義，不一而足。」我問他如何描述他自己的信仰，而他用地緣政治的詞彙來作答。「幾百年來，我們變成西方中心觀點的囚徒，而把世界分割成兩大陣營：西方與東方，民主與威權，光明與黑暗。光明的一切都屬於西方，一切黑暗都屬於東方。這種世界觀應該推翻。」他能談到的信仰，近乎於此。他說：「這就是我的革命。」

• • •

抗議持續到那年秋天，有些人開始反擊民族主義。社群媒體有數千萬追蹤者的自由派作家李承鵬寫道，他本來是「標準的愛國志士」，直到汶川大地震發生為止。李寫道：「愛國主義……不是一邊號召不要讓強盜欺負我們的母親，一邊讓大地震裡很多喪子的母親成為受害者……愛國主義是……多吐槽些醒世真言。」◉有位南京作家寫了篇很流行的散文指出，中國正在東海保衛神聖領土，同一時間，移民工卻無法讓子女進北京學校就讀。文中問道：「假如中國學童甚至無法進中國學校讀書，再多領土有什麼用？」有些笑話圍繞著「五毛」這些總能找到方法來捍衛黨的人。若是有五毛聽到人說，「這個蛋真難吃。」他會回答說：「你怎不試著去生蛋，瞧瞧它滋味如何？」

想成為真正的信仰者，那是個分外困難的時代。同年六月，叛逃者林毅夫結束了他的世界銀行任期，返回北京。他對任內成就很是自豪，他促使世銀多學習中國經驗，多強調基礎建設及工業政策，送別時，大家向他致敬；只是私底下，他與世銀分手時，彼

◉——注：李承鵬《寫在5.12的愛國帖》。

此都覺五味雜陳。他以局外人之姿到任，離職時還是個局外人。當他在世銀內部碰到批評人士，質疑他信仰政府能做出最好的投資決定時，他避而不辯。他與招募他的世銀總裁佐立克並無交乘作用。林愛掛在嘴邊的是：他不僅是第一位出身自開發中國家的首席經濟學家，還是頭一個「能好好了解開發中國家」的學者。

他去國那些年，林只是更多地宣揚中國經濟手法的福音，可等他返回北京，那個觀點已經令他跟不上許多同儕。中國有諸多成就沒錯，但其人均所得依然只在土庫曼（Turkmenistan）與納米比亞（Namibia）之間。中國讓一個原本貧窮的鄉土國家成功工業化沒錯，但那麼做還能撐多久，經濟學家們見解分歧。曾預言安隆（Enron）倒台的避險基金經理人查諾斯（James Chanos）主張說，中國經濟仰賴的大泡沫「一千倍於杜拜」。在二〇一一年，中國國內生產毛額近七成來自基礎建設及房地產，在現代國家中，沒有其他大國曾瀕臨那個水平。即使在一九八〇年代經濟繁榮到頂點的日本，也只抵達那個水平的一半。在一窩蜂投資熱當中，由省級、地方當局控制的公司所獲得的新貸款，比例之大，實在離譜。二〇〇六到二〇一〇年間，中國地方當局撥出超過八千平方英里的鄉村土地來開發，整個面積相當於新澤西州。都市化是中國經濟成功重要的一環，但伴隨的是高昂的代價，包括汙染，攘奪珍貴土地而引發的憤怒。二〇一一年，地方政府債務飆升到占中國國內生產毛額的五分之一。中央政府不准他們發行自有公債，所以地方政府只能由農民手中低價買地，再轉售出去來籌錢，而這正是中國許多民怨的來源。

林毅夫前學生之一、名叫姚洋的教授在北京發表關於中國未來的政經見解，與其恩師大相逕庭。姚指出，裙帶資本主義興起，貧富差距之大，都證明中國的經濟模式，如果再不允許更大的政治開放「以平衡不同社會團體的各種需求」，那已走到一切可能性的極限。他舉網路及工會管制，還有工作條件不安全為例。「中國公民面對這些侵犯，不會默不作聲，而且他們的不滿將導致週期性抵抗，」他警告說，「不久之後，某種明確的政治轉型，允許尋常公民參與政治過程是有其必要的。」這篇文章流傳得很快，它似乎捕捉到中國知識分子困惑於政府不肯分權，讓改革陷入停滯而累積的挫折感。

金融海嘯後幾年，大多數經濟學家最後都相信，隨著中國勞動大軍老化，其成長將減緩。有多快？影響有多廣？端賴中國政府怎麼動作：它能不能控制貪腐，維繫大眾支持，解決汙染，縮小貧富差距，釋放人民另一波潛能。到二〇一二年，減緩的跡象很明顯。許多經濟學家預測會硬著陸，但對此林毅夫並沒猶豫不決。他堅持說中國有潛力「保八」直到二〇三〇年，這個姿態讓他變成外交部的甜心，替他安排媒體簡報，駁斥較悲觀的預測。有位專欄作家替林毅夫取綽號為「林增長」，另譴責他是在「放衛星」——絲毫不客氣地提到毛澤東忠誠的助手林彪，在大躍進時代把浮報的假收穫量，比擬成蘇俄成功發射「史普尼克」號人造衛星。有個經濟學網站設立專頁，上頭橫亙著一則問題：「林毅夫3.0能返回地球？」《南華早報》寫道：「你不必是顯赫的國際經濟學家，也能瞧見他論證裡的破洞。」

我到北京大學拜訪林毅夫。在校園偏僻角落的一處傳統瓦頂四合院，建築已修復，他的辦公室設在其中，寬敞而漂亮。自從華府回來，他喜歡坐在書桌前，在那兒他最快樂。話雖如此，看到他身處辦公室裡，我感覺到他似乎很孤絕。我提到外人批評他如此堅定地信仰當前的體制時，他微笑了，承認他那麼樂觀，以致變成箭靶。他說：「中國做得很好，但收入分配變成課題，貪腐也一樣。而且，收入分配與貪腐有關，感覺上讓貪腐更為嚴重。因為有那些經驗，人們往往更負面地看待它。他們很失望。」

以林正誼上尉的身分登上大陸海岸三十多年來，他曾被疑為間諜及「來歷不清」的人；他如此徹底獻身給新主人，沒有東西能讓他的信念偏移或動搖。他一直把國家的成功，描述為其決心所致，而這與他的人生道路沒有兩樣。他寫道：「成敗不該是宿命的東西。」他最愛的文章裡，有一行是經濟學家兼諾貝爾獎得主劉易斯（Arthur Lewis）寫的；劉易斯認為，所有的「國家都有機會，只要它們能鼓起勇氣及意志力好好把握」。可此時，他的觀點與周遭的情緒發生衝突，這些情緒是機會縮小與縮窄、不公平，以及被動的「被」。北京大學經濟學同儕霍德明寫道，林毅夫的觀點「在中國沒有市場」。

在華府看到林毅夫，還有現在返回北京，我感覺他始終是局外人。他由華盛頓回中國時，北京政府正式詢問台灣是否允許林毅夫回到故鄉，顯示兩岸關係的改善。但台灣拒絕。假如林踏上台灣土地，便會因叛國罪而面臨軍法審判。他的妻子當時說：「我必須一直安慰丈夫，跟他講要再等一陣子。或許等我們百年後，才可以回到家鄉。」

林毅夫的反應則是更投入工作。他三年內出版三本書，而我最後一次看到他時，他給我第四本書的校對大樣。我讀了，而且我喜歡和他交談。只是，林毅夫的一面仍是我無法了解的。多年以前，我曾因他暢談叛逃的決定而被他吸引。我曾把它想像成理想主義者的行動。但這些年來，我終於看到他在抉擇時務實的一面。總之，他是個相信自己實力可達成野心的男子，而且為了如此，他什麼都願意做。而且我了解那相當合適。這正是中國經濟大繁榮的動能所提煉出的最堅硬的真理：一名男子，孤身一人，他決定只有到中華人民共和國，才能落實他的未來。接下來沒多久，我遇見另一名男子，他相信自己唯有離開中國，才能落實他的未來。

第24章 突圍而出

Breaking Out

那個時刻是依陳光誠的選擇而降臨的。這位自學的盲人律師被軟禁在家十五個月後，即我第一次想去造訪他的七年之後，他下定決心要走。二〇一二年四月二十日，他逗留在床上。他那樣躺著已有幾個星期，盼望讓看守他的人誤以為他生病，或者已對現況投降。此時，他與妻子袁偉靜已曉得看守人的作息，還有監控他們的攝影鏡頭的角度。早晨慢慢過去，來到令人昏昏欲睡的晌午，陳光誠開始爬起來。

他由自家後門爬出去，爬過院子，來到石牆腳邊。他攀緣而上，坐到頂端。行動是如此匆忙紊亂，以至於他翻到牆另一邊時，右腳摔斷了。他拖著身子來到鄰居的豬舍，深藏在內，等候白天過去。一等夜色籠罩身邊，他再次開始行動，摸索著往村緣一條叫做蒙水的河畔走去。那條路徑自小時候便鐫刻在他的記憶裡。他蹣跚而行，不時跌倒，每聽到什麼響動就匐伏在地。他曉得有個河灣，小時候他曾與哥哥們一起游過，那個地點水很淺。到夜最深時，他涉水而過。

等到他抵達河另一邊時，陳光誠身上發冷，裹滿泥巴，但他已離開了東師古村。天色破曉，一名村民瞧見他，帶他到他以前的客戶、一位叫劉遠誠（音）的農民家中。他把陳光誠拉進房裡，再接洽陳的哥哥。消息開始在同情陳光誠的人當中傳開。參與線上墨鏡活動的英語老師何培蓉，由一封加密的電子郵件得知陳的出逃，內容為「鳥兒已出籠」。當地警方了解陳光誠的失蹤，只是時間早晚的事，因此何老師與其他人開兩部車，出發前往山東接他，載他到北京。

這趟車程花了二十小時，他到了北京後，只能暫時地、偷偷地在各戶人家之間移動。這樣子不是辦法。保護陳光誠的民權人士向美國大使館求救。美國外交官權衡這件事——這樣合法嗎？聰明嗎？他們的結論是陳光誠腳斷了，可以理直氣壯地用人道理由庇護他。但把他弄進大使館又是另一回事了。他們安排在北京市邊緣見面，一部大使館汽車外出與搭載陳光誠的汽車會合。他們發現兩台車後都有中國公安跟蹤。他們取消會面地點，突然轉入巷道。大使館車輛靠近，然後打開車門。誠如一位館員後來對我形容，美國人是「抓著領子」把陳光誠拉進車內的，然後往大使館疾馳而去。

一等他們回到館內，一位大使館醫生開始治療陳光誠的腳骨折，外交官們則料理接下來與中國政府的對峙。一九八九年，一位中國異議人士名叫方勵之，與妻子在館內避難，他倆在一個祕密、無窗的房間裡待了十三個月，直到談判人員斡旋出方案，把他們弄去美國。國務院史上留館最長的客人，是匈牙利樞機主教明曾蒂（József Mindszenty），反蘇聯撐腰政府人士；他在一九五六年進入駐布達佩斯美國大使館，待了十五年。事情更棘手的是：再過幾天，美國國務卿希拉蕊．柯林頓按行程就要來北京，舉行戰略及經濟談判，中、美雙方都極力避免她的行程與這樁外交危機相撞。

美、中談判人員在外交部會面，磋商解套方案。一開始雙方立場南轅北轍：美國人建議，陳光誠可以到上海求學，紐約大學正打算在當地開設法學院。中方則表示，他應該以叛國罪治罪。三天談判之後，兩邊都同意給陳光誠到天津市讀書的選項。他同意了，坐車前往北京朝陽醫院，與家人團聚。但當天晚上，陳光誠夫婦及子女發現，他們已經沒有美國人的陪護而滯留在醫院。陳光誠對離開美國大使館很是後悔，他打電話給在美國的朋友求救。這麼些年來，陳光誠反強迫墮胎的活動，已吸引宗教保守派人士的支持，其中有位華裔美國人傅希秋，他領導一個叫對華援助協會的基督教促進團體。傅對美國政治很了解，他很敏銳地敲響警鐘：他對記者們說：「美國政府已拋棄陳光誠。」而當時正在競選總統的羅姆尼（Mitt Romney）則宣稱，當天是他對手歐巴馬總統的「羞愧日」。接下來傅希秋組織了一個值得紀念的場面：在國會山莊的聽證會上，他端著自己的 iPhone 湊近麥克風，讓全世界聽見陳光誠在北京醫院房間裡說話的聲音。陳說：「我擔心家人的性命，」請求美國給他庇護，「我有十年未曾真正休息了。」

新的協議匆匆敲定：陳光誠用紐約大學訪問學人的身分去紐約市。當協議公布時，「人權觀察」組織的中國專家林偉（Nicholas Becquelin）不禁嘖嘖稱奇：「一個人，竟能讓整個中國政府彎腰。」五月十九日，陳光誠拄著楞杖，登上飛往紐華克機場的班機，他的妻子，兩名年紀十歲及六歲的小孩陪在身邊。飛機一到達，有一群人接機，包括陳光誠的老朋友孔傑榮；他始終一致，穿著單排扣的西裝外套。他們驅車前往紐約大學，有一群人正在那兒等著。陳光誠走向麥克風，感謝中國官員「以冷靜克制處理情況」。在中國，中宣部禁止報導陳光誠赴美；另把網路黑名單擴大，禁掉了人們可能用來討論陳光誠狀況的詞彙：

盲人／

《刺激一九九五》（The Shawshank Redemption）／

光明＋真相／

墨鏡哥

• • •

大約六個月後，一個和煦的紐約早晨，我穿過華盛頓廣場，往南走麥道格街。抵達紐約大學法學院「亞美法研究所」，陳光誠在他研究室門口等我。首次在這麼接近我故鄉而非他故鄉的地方見到他，感覺怪怪的。他的研究室很整潔，灰白空間，空調的聲音在背景處朦朧地嗚叫。他穿著短袖直排扣襯衫，墨鏡框小而橢圓。研究室內牆壁光禿，書架上大致空盪，只有幾株盆栽，還有一個「我愛紐約」咖啡馬克杯。

抵達紐約以來，陳光誠的時間大致用在發表演講，寫回憶錄，適應東師古村與格林威治村的不同。他早年很多印象來自嗅覺：河流散發自然香味，汙染發出強烈臭味。他最愛的地方是紐約的植物園，那兒對鼻子來說堪稱盛宴。也有些事情頗讓他驚奇：跟北京地鐵不同的是，紐約地鐵站沒有空調。他曾前往華府，拜訪眾議院院長貝納；貝納的話雖然不多，但他辦公室裡皮沙發的舒適程度，卻是陳光誠坐過之最。

他跟我講，當時他最擔憂的，是自己留在中國的親戚。警方發現陳光誠失蹤後，便去找他哥哥陳光福，揍他一頓並套索在他頭上，帶去盤問。此過程中，陳光福的兒子陳克貴用菜刀割傷一名警員；他宣稱是自衛，但還是被判刑三年以上。陳光誠在自己辦公室說：「任何人的權益若受到侵犯，或者瞧見不公不義，都會保衛自己。那種狀況下，人們要脫身，不奮戰是不可能的。」

多年來，我一直想知道陳光誠的司法、民權理念是怎麼形成的，於是我問他，失明與他的維權之間有沒有關係。他說：「你經歷過的不公愈多，就愈是渴望公平，愈是要求正義。」但我感受得出，他對這個問題感到厭倦。大家都認為他身軀有缺陷，便注定他擁有堅定信念；我了解自己的這一假設，而忽略掉陳光誠自己的好奇心。他說：「我小時候，有問題無法解答，會一再去問年紀較大的人，也就搜集到不同的解釋。接下來我再思考，哪個似乎更接近正確無誤。」

他回憶說，自己小時候坐上拖拉機，摸遍機器自己能接觸到的每一部位。他的好奇心超越了實物界。有一次他與母親坐火車，車上服務員沒收一位乘客的丙烷罐子，理由是丙烷可燃。「我問道：『他們賣掉丙烷後，會把錢還給那個人嗎？』我母親沒回答，默不作聲一陣子，突然生氣起來說：『說實話，你怎麼會認為他們會把錢還給那個人？』可是我想，他們怎能拿走別人財物去轉售，而不給任何東西？」

陳光誠說，自己心中還感受得到希望，乃是他父親種下的。「他認為人基本就有仁慈公正的傾向，而且你必須勇敢到把它說出來。」我問他是否相信，共產黨最後能由內部自己改革。他說：「那倒很難想像。共產黨依然相信槍桿子出政權，而且到最後，它可以動武來控制局勢。」黨經常把陳光誠等異議人士形容為反常，但陳光誠自己不這麼想。「二千五百年前，孔子就說人可以殊途同歸。看看艾未未的背景與我差異有多大；他出身世家，而我家窮困，但我們追求正義卻是相同的。」他打個比方，「這就好比水面：沒人打擾時，水面平靜。可你丟個小石頭進去，漣漪會擴散向四方，有時還會相交。當人曉得自己權益在那裡，運作時就是如此。」

我們交談時，陳光誠用點字模組上網——一部黑色機器，大小有如鍵盤，在他指尖下造出有形的朗讀，而非螢幕顯示。當我問陳光誠，網路在中國是否會扮演重要角色時，他嘆息了。他把科技形容為旁枝末節，說：「倒不是每個人都仰賴互聯網，還有很多其他管道。在中國，我們說：『言語快過疾風，一傳十，十傳百。』」

陳光誠不是很隨和的採訪對象。他發現我的問題空洞或激不起他興趣時，我可以感受到他的不耐煩，也發現自己中文講得更蹩腳。我愈想理順自己的措詞語句，他愈是轉向其電腦。我請他的助理幫我表達自己費力想講的念頭，但過一小時左右，我察覺到我們的訪談已到盡頭。我向他道謝，他客氣地送我到門邊。

往回走過華盛頓廣場公園，我意識到我們的邂逅所碰到的困難，是我始料未及的。他愛爭辯，而我感到挫折。但我指望什麼？他會身處紐約的唯一原因，是由於他不願接受體制上他發現不具說服力的想法。我突然明白，陳光誠一生都是流亡者，即使身處他家鄉的村落：他在一個不怎麼寬容盲人的國家裡，眼睛瞎了；他在一個推崇特權通融的文化裡，是固執己見的人。要不然他怎能自習法律，爬過他家院子圍牆，溜過看守他的人，動員那麼多外交官替他斡旋妥協方案？我期望太多別的，未免太蠢了。一定程度上，我會受陳光誠吸引，會受叛逃戰士林毅夫，或這些年當中其他很多人所吸引，道理是一樣的：他們每個人都考量到命運對他們的安排，但拒絕接受。就近一看，他們並不像崇拜者眼中的偶像，敵人想像的惡棍；他們只是中國歷史上，「拒絕纏足」的人。

陳光誠拒不聽從他人的期望，接受我採訪並不是最後一次。我拜訪他四個月後，他涉足美國的政黨政治：他與反墮胎人士結盟，其中有對華援助協會的傅希秋，還有一位名叫柯拉羅（Mark Corallo）的公關顧問。柯拉羅是司法部長阿什克羅夫特（John Ashcroft）的前發言人，據其網站自述，「華府過去十年內，共和黨危機管理值得一記的事情，幾乎無役不與」。新澤西州選出的保守派眾議員史密斯（Christopher Smith）譴責紐約大學阻撓他與陳光誠見面，而陳則責備大學為了討好中國政府，拒絕延長他的學人身分（兩項指控，紐大悉數否認）。陳光誠公布聲明：「中國共產黨在美國學術圈內的工作，遠大於人們想像所及。」話雖如此，他拒絕解釋自己指的是什麼。陳光誠與紐約大學不歡而散，讓許多他的支持者失望，包括孔傑榮，他沉鬱地說：「身為教師，我失職。」二〇一三年秋天，陳光誠出任「威瑟斯龐研究所」（Witherspoon Institute）的高級學人，該保守派研究組織反對墮胎及同性婚姻。與此同時，為了努力讓自己被貼上標籤，他變成天主教大學的訪問學人，以及「蘭托斯人權與正義基金會」（Lantos Foundation for Human Rights and Justice）的顧問，該自由派組織同年稍早曾頒獎給他。

看著陳光誠的生活移往新方向，我感覺上認為，他在中國煉就的本能，已經引導他走進美國的政治地雷場；那對任何想穿梭其中的人來說，向來很困難，尤其對陳光誠。他能存活多年，靠的是不信任各色權威，而就很多方面看來，他已在紐約的新生活應用該原則。但這使他與一些本可以幫助他的人疏遠。陳光誠不曉得他會在美國待多久，但睽諸歷史，流亡生活其實沒較好過。蘇聯時代，索忍尼辛蟄居佛蒙特州，對真正存在及憑空想像的敵人咆哮；昆德拉（Milan Kundera）由布拉格逃到巴黎之後，他憂心自己的志業會變得「無意義，宛如鳥兒的啁啾」。中國異議人士在海外尤其吃力。在中國坐牢十八年的魏京生，一九九七年出獄後直接往紐約，他抵達的時候，成為中國最顯赫的流亡人士；幾年之內，他與贊助人士及其他人權人士形同陌路，那些人的注意力已不在他身上停留。有些人遽下判斷，說陳光誠正重演更早時期中國流亡人士的命運。但是，他的過往如果有指引功效，他未來還有更多變身轉化。我不禁想到，依據在他以前來美的中國流亡人士之命運，來預測他未來會怎樣，實言之過早。縱觀他一生迄今，他所追求的，最重要還是把他當成一個獨特的人來對待。

・・・

陳光誠由東師古村到北京、紐約，還會走下去，這趟漫漫旅程太戲劇性、太特例，因此大家很容易說它是異數。異議人士逃離威權國家，是一直都有的事：它跟中國百姓的生活有什麼關係？只是，在他決心逃離自身處境的行動中，陳光誠體現的，是遠大於他個人的力量。我當初抵達的中國，是奮力想把被剝削拋在身後的國家，人們直到最近還是如此飢餓，以至於想都沒想過，自己除最基本的三餐溫飽和活下去以外，還能有什麼野心。但那樣的時代已經過了。驅動陳光誠的既不是財富，也不是權力，而是想到他自己一生的命運、尊嚴，就這一點來說，他跟其他很多人有基本共通之處。

二〇一三年三月，我接到英語老師麥可打來的電話。這麼多年來，他一直在講要來北京，現在，機會終於來了。有家小型出版公司打電話給他；一位編輯人員聽他教過一堂課，於是邀請麥可來北京，工作是寫教科書。上次我見到他是幾個月前，他意氣消沉，可這次機會讓他高興到發抖了。他在手機中對我說：「他們找到我了。」接著坐十三小時的列車，來到首都。即使對一個曾住過大城市廣州的年輕人，北京依然暗示著可望改頭換貌，誠如毛澤東說過，這兒是個大鎔爐，人別無選擇，只能轉型。

麥可的列車抵達後，他請我幫忙校閱他寫的幾章課程。我邀他到我家。我們約在雍和宮地鐵站碰面，走路經過算命與命名師，回到我家。他把背包放在客廳，抽出筆電。自從他前任偶像、「瘋狂英語」創辦人李陽出大醜以來，麥可已認定：李陽想量產說英語人士，犯了錯誤；李陽的方法感動了不少人，但不夠深入。麥可說：「李陽總是對我說：『你將來必須賺很多錢。』可我不打算那麼做。錢不是活下去的唯一道路，只是生命一部分而已。你必須成為重要的人。比如賈伯斯（Steve Jobs）。」

麥可已找到新偶像。他說：「我的英雄是賈伯斯。他用 iPod 改變音樂產業，接下來再用 iPhone 4 改變世界。這你能信嗎？」賈伯斯二〇一一年去世之後，在中國變成叫人迷戀的對象；對崇拜他的中國年輕人來講，他是個不守舊規而變成億萬富豪的人物。我見過買不起 iPhone 手機但買得起艾薩克森（Walter Isaacson）所著《賈伯斯傳》中譯本的年輕人，奉行引用它直如聖經。麥可點擊筆電上一支影片。那是一支蘋果電視的老廣告，他上網找到的。「給發瘋的人、格格不入的人、惹麻煩的人、不合時宜的人……」廣告以「想想不同的」這個句子收尾；麥可屏息說：「好美。」

麥可一如以往，總是有新點子可分享。有些很務實（他打算授權出版一本簡化、縮短的賈伯斯傳記，上頭有語音標註，協助學生們閱讀時，發音正確），但另些則十分好笑：他正努力推廣一個他夢想出來的行銷語彙「魅力癡狂」（charmiac），用以描述跟他一樣的人，會癡狂於某些事物到魂不守舍的程度。我跟他講，那不是利用時間最好的方法，他聽來很失望，低聲到不行地說：「李小龍讓『功夫』二字收錄進辭典呢。」我們翻看幾章麥可已寫好的新課程。在一章當中，他鼓勵學生們填空，寫出讓他們有活力的東西。「賈伯斯的使命在用科技改變世界。愛迪生的使命在帶光明給世間。李小龍的使命，在讓功夫全球聞名。而我的使命是＿＿＿＿」。

我們校好之後，到外頭呼吸新鮮空氣，走經一張慶祝毛主席發現無私戰士雷鋒六十週年的海報。上頭寫道，「扛起雷鋒的大旗，參加義務勞動」。麥可讀著，微笑起來；他遇上李陽「瘋狂英語」之前，曾認為雷鋒是他兒時偶像之一。我問他，是否還認為雷鋒補襪子撿大糞的故事是真實無欺。他皺眉說：「我想，至少四成真吧。」我了解，在這個認定毛為「功過七三開」的國家，這種回答很明智。麥可並不堅稱雷鋒有多可信，我覺得挑起這個問題很傻。他說：「若是有人真能讓我怦然心動，我就相信。」這些年來，我注意到麥可吸收了來自生活各方面的影響，由他母親的基督教，到他自己獻身的「瘋狂英語」。在他寫的一課當中，他把它們攏總塞進單一段落，讓學生們複誦：

「偉大的賈伯斯有句諺語：『我們來世上，是要讓宇宙塌陷。』他讓我了解，我們生命中最有力、珍貴的東西是靈魂，而靈魂最後落腳於信仰。天下真的再沒有別的，能比信仰更影響我們！縱觀人類歷史——政治、經濟、科技、文化、藝術或宗教，都始於信仰。就好比耶穌、孔子、賈伯斯、李小龍、毛澤東與雷鋒。為了創造更美好的世界，他們從改變自己開始。」

他來北京幾天後，撥電話給我，說出版社的工作不怎麼順利。他說：「他們什麼都要管。他們不在乎我，只在乎賺錢。他們年紀較大，正向我施壓。」我搭出租車到出版社去看他。地址位在科技區，離唐杰經營民族主義網站的地點不遠。麥可在地鐵站接我，帶我走進招牌寫著「動物用藥管制辦公室」的建築群。教科書出版商怎麼會坐落在這裡，他茫無頭緒，只是他已習慣神神祕祕的做生意安排，因此決定不問太多。

當時是週末，人少了一半。麥可在一間借來的辦公室裡賣力工作；房間用中國傳統傢俱及書法作品裝潢得很好。他的電子用品及筆電四處擱著。幾天來他一直在寫英語課程，交給編輯出版，但編輯的命令讓他很受傷。我們聊天的時候，有人急速敲門，探頭進來。那人是老闆，身材矮胖、滿臉橫肉。麥可很禮貌地介紹大家認識。他離開之後，麥可扮個鬼臉說：「他一直叫我抓狂。『你今天寫了什麼？你有什麼本領，秀給我看』。」

我們決定在老闆回來檢查他之前離開。我問麥可住哪兒，他帶我往回走到街上，經過一串賣吃的小攤，走進一家超市後頭的停車場。有一側是間兩層樓宿舍，麥可租了個床位，他與另九名男子合住一間房。他的床位每月租金二百八十元人民幣，相當每天一點五美元。穿堂寫了一系列規定，說本宿舍一切概不負責。告示牌寫道：「不管去哪兒，住宿者必須隨身攜帶一切值錢物品」。

我們到他房間時，麥可食指湊唇，提醒我別作聲。當時是晌午，他的室友有些做夜班，因此現在在睡覺。房間空氣不流通，潮濕又狹窄。房裡有五組金屬質料的上下鋪床沿著一小塊地板放置，地板上塞滿行李；窗戶前有根竿子吊掛衣裳。天花板有個大小如籃球的破洞。這類宿舍在中國城市邊緣大肆出現；中國大學畢業生、找工作的人愈積愈多，盼望找到突破。擠住在一起的這些人，中文通稱為「蟻族」。

這個詞彙令我回想到一九七〇年代那本書《藍蟻帝王》。在當時，這個比喻還很中性，描述中國現實而已，但一個世代之後，年輕且有野心的人自稱蟻族，是源於憎恨。若是中國再不開始把他們整合入城市，這批都市未入流人口，數目到二〇三〇年就會達五億（整個都市人口的一半），只是政府發現這項事實讓他們不舒服，因此在二〇一〇年十二月，專責失業人口的部門推出一組美好的統計數據，宣稱前一年的大學畢業生，九成以上已就業。這種說法讓人們狂笑，網路上充斥著來自學生們的證詞，他們說學校強迫他們自述為「已就業」，以便提高統計數據，保護學校的聲譽。

麥可與我回到正午的陽光下。看過他那叫人心生幽閉恐懼的房間後，戶外感覺起來涼爽寬廣。他一直要我去看看他的宿舍，可此時似乎有自知之明了。我們走開時，他說：「那裡讓我受不了。」居住條件讓他尷尬。「隔壁間有十個女孩住在一起，我們上同樣的洗澡間，同一個廁所。我討厭這樣。」問題不在舒服與否。他說：「那樣子是在浪費我的生命。我無法跟這種人住在一起。」他有幾個室友失業，流連在房裡睡覺、吃東西、打電動。他說：「這樣會摧毀我的精力，殘害我對一切的熱情——生活及事業。」

我們走著，他似乎突然領悟到，目前他的生活在他人眼中看來是何模樣，於是翻攪出一個詞彙問題。他問道：「英文字眼裡，形容像這樣的人，是哪個字？」

「像誰？」我問說。

「像我。」他說。

我想了好一陣子，在我還沒能回答之前，他自己便有了想法：他說：「社會低層？」

「不對，」我說：「英文裡，對此真沒有好的字眼。」

我們往前走。他說：「我英文遇到困難時，總是先找網路。若還找不到答案，我就請教你。」他對自己的疑問，我覺得虧欠他一個答案。他過得比那些住鄉下的人好多了，但他還卡在成功的邊緣。我最後說：「我想，我們會把你稱為『有志氣的中產階級』。」

麥可請我把詞彙寫在筆記簿一張紙上，再把紙放進他口袋。

我們駐足在一家低檔房地產商店面前，櫥窗上貼了許多廣告。我端詳著價格，看看是否有任何能讓他脫離蟻族的房間。但最便宜的一間是一百二十平方尺，租金每月三百元，比麥可平常一個月掙到的錢還要多。

・・・

到最後，麥可在京的經驗未能滿足他的期望。他不信任出版公司那些人。他說：「他們只想拿走我的成果，把他們的名字印在上面。」他決定回南方，繼續寫歸他所有的書。他離去之前，我帶他去吃午飯，有點算是餞別——我要搬走了，可我也想鼓勵他，把眼光定在較具體的目標之上。跟他父母住在清遠市空盪的公寓，我想不算妥當，於是我希望他能考慮再應徵別的工作。他從一個志向轉移到另一個，漂來漂去，而且他決心靠自己而成功，只加深他的孤離而已。

他說：「你不必替我操心。我是堅強的人。」我擔心的倒不是堅不堅強。若要形容的話，他讓我想到史坦貝克（John Steinbeck）筆下的一隻海龜——在公路上寸步移動，「勇往直前」；但海龜被卡車撞癱了，靜靜躺著，接下來才調整自己，舉步向前，「在塵土上劃下一道波浪狀的淺痕」。◉我們交談著，麥可似乎經常分裂於兩種狀況：既想自認為

◉——注：史坦貝克（John Steinbeck），曾獲1962年諾貝爾文學獎。本段出自《憤怒的葡萄》（*The Grapes of Wrath*）。

成功，又想自承前途多艱；擺盪於自誇與自憐之間。有一度，他說：「我恨英語產業」，詛咒那些他認為想拿走他的點子，但不把功勞給他的人。下一個瞬間，他說：「我想教英語，一如信教。我的生涯有規劃：五年、十年。」接下來他的自信又消褪了。他說：「中國人真骯髒。至少四成如此。」

事實是，麥可沒多少時間可以斟酌了。他也感到時不我予。麥可二十八歲了，他說：「在中國，三十而立。」那是個莊嚴的期限。他思索了一下，接著又容光煥發起來，說：「或許明年你走進書店，會瞧見我的書擺在架上。你信嗎？」我說我信。不知怎地，我相信。

當時是週末，我們一時在餐桌畔逗留沒走。食客們漸漸散去。麥可挑起話題，談他父親在煤礦工作的往事。那種謀生方式向來極其危險。有一次，在麥可成長的五號礦，單一樁事故就讓四十九名礦工喪生。該事故並非很不尋常；儘管近來有所改善，中國依然每星期平均有六十名煤礦工死於礦災。麥可談到他父親，「他一天工作至少十四小時，每天早晨五點起床，對我母親跟我不發一語。那時我不曉得原因。」只有到後來，麥可才多少了解他父親遭逢的壓力。他說：「他得支撐讓四個孩子去上學，從不抱怨。」

然而，他父親生命有一部分，是麥可永遠無法了解的。「他很多朋友喪生了，但他們的姓名在書裡都不會找到。」幾十年來，對於這些中國崛起的犧牲者，死於中國礦場、工作場所、工廠裡的詳細描述被列為機密。政府公布的統計數據很廣，但工傷死亡的細節、方式，依然是國家機密。麥可說：「政府只講一號礦或二號礦，就只是這樣。」想到他爸爸的同事死得沒沒無聞，距離麥可所期待的自己及世界是如此遙遠，他無法接受這樣的事實。他花那麼多時間幻想著取得認同——出版自己作品，群眾熱愛、名聲響亮，想到此刻卻沒沒無聞，令他十分困惑。他對死者不能留名極其排斥，其方式讓我想到艾未未在尋找死於震災兒童的名字。麥可對政治一絲興趣也沒有，但對他來說，名字有關尊嚴，而且跟政治全然無關。

翌日早晨，麥可搭上回鄉的列車。要回到清遠耗時十三個鐘頭。他希望有朝一日能升級，去搭飛碟狀車站開出來的高速列車，只是那一天還沒到。目前，他背負著雙重壓力：過去的重擔界定了今日的他，還有現在他奮力想創造的未來。傳統世界期待著包容，而現代的壓力叫他自立自主，令他左右為難。一如過往，他把這種處境寫成一個段落，讓學生們背誦，而我聽來，那個段落宛如佛經、天主教聖母經等經文。但這段祈禱文，只供他們自己：「我將完全接受自己出生而伴隨的一切，而我會竭盡全力來改變它。」

後記

Epilogue

我在北京的最後幾個月，體驗到了共產黨的某個脆弱時刻，黨居然把一個有兩千萬人口的城市，成功帶回較簡單的歲月。那是二〇一二年十一月，黨著手清理首都，以備舉行十年內最神聖的事件：中國共產黨的第十八次全國代表大會，兩千多名黨代表集會在京城，最高潮處是新政治局的揭幕，並被委以帶領人民共和國走向未來的重任。在準備期間，中宣部要求其遍布全國的辦事室創造出一種「簇擁推動十八大勝利召開的氛圍」，另外，網路上的宣傳也要達到高潮」。檢查人員切斷了網路上談論貪腐及陰謀的新帖文，封鎖最新的雙關語，另讓網路上那些令人難以忍受的玩笑來源，全都噤口：有個任職於北京某投資基金的男子翟小兵，發了一條推特冷笑話，把十八大比擬成一部新的關於世界末日、天地毀滅的電影，於是被捕，關了三星期。

對實體領域裡的威脅，黨一樣戰戰兢兢，如履薄冰。出租車公司下令司機們拆掉後車窗的搖軸，以防止乘客做出擾亂式的行為，比如「放出有口號的氣球，或有反動信息的乒乓球」。公交車的車窗都用膠布貼封起來。北京市禁止湖上遊船行駛，禁售孩子們玩的遙控飛機，還下令鴿子都關在籠裡—雖然沒明說為什麼，但或許是預防鴿子攜帶可爆裂的東西。人民大會堂前，特殊滅火隊已經定位待命，原因是，擔憂有西藏人計劃自焚，以抗議北京當局對他們故鄉實施的政治、宗教政策。而在十八大會議上現身在人民大會堂的西藏人，只有官方的西藏特派團，他們帶來的新聞說：他們的首府拉薩在過去五年中，四度獲選「中國最快樂城市」。

在大會開幕中，即將卸任的國家主席胡錦濤發表了最後的公開演講，標題為〈堅定不移沿著中國特色社會主義道路前進·為全面建成小康社會而奮鬥〉。其中有些十分簡練的警句：「我們絕不照搬西方的政治制度」。國營新聞媒體報導，一位女性黨代表聽到演講是如此感動，以至於她「哭了五次」；另一則新聞說她鼓掌三十五次，手都痲了。

十八大開了一星期之後，我擠進記者群，為了那個幾乎人人都在等待的瞬間：揭曉新的政治局中常委。中常委由七名男士組成：五人將任職五年，而國家主席及國務院總理按理服務十年。此一場合叫做「媒體見面會」，話雖如此，卻不准媒體發問。首先上台的人將成為國家主席，他是黨的總書記習近平，出生在良好的革命世家，父親是黨「八大元老」之一。就個人而言，他與前任胡錦濤差異極大。習的臉龐紅潤而圓，熊一般魁梧的身材，語音豐富如廣播，喜歡穿寬鬆的西服。整個人叫人想到美國喜劇演員傑基．葛里森（Jackie Gleason）的程度，更甚周恩來。他說：「我們的人民熱愛生活，期盼有更好的教育，更穩定的工作，更滿意的收入，更可靠的社會保障，更高水平的醫療衛生服務，更舒適的居住條件，更優美的環境，期盼著孩子們能成長得更好，工作得更好，生活得更好。人民對美好生活的嚮往，就是我們的奮鬥目標。」◉

習近平語彙清新，大致上擺脫了黨的老套。然而習近平和他身邊站著的幾個人，這一畫面驗證了黨的意志，不允許自己的未來跟過去差別太大：目前領導國家的七人中，四人出身自共產黨權貴世家；黨一度煞費苦心，避免給人用人唯親的感覺，可現在它把政治穩定擺在最高，其新接班世代的統治權來自世襲的比例，為人民共和國史上之最。外表上，黨矢言以「民主、開放、競爭、用人唯賢」來選拔官員，但政治觀察者能由政治世家、黨內大老及權力派系的密室協商中，而推測出接班的梯隊。有心改革的人不會獲選，贏家都是忠心耿耿的保守派。劉雲山是老練世故的宣傳官員，張德江的經濟學是在北韓學的。他們尊奉前例，願意順從，甚至擴及其服飾外表：他們登台時，都穿深色西裝打紅色領帶。他們的頭髮也都染成一樣沒特色的烏黑光亮，無人破例。

◉——注：此段為習近平在常委見面會上的講話。

• • •

兩星期後，這七人首度合體在人民大會堂外亮相。他們挑選了一個象徵性的背景，看來不是要眺望未來，比如說，一家科技公司或大學—而是國家博物館裡一個叫「復興之路」的特展。該政治展覽一如館方所述，描繪了過往「中國沉淪到半帝國半封建社會」之境地，而在共產黨手中得以拯救。習站在展覽之前說：「每個人都有理想和追求，我們說的每個人都有夢想……實現中華民族偉大復興，就是中華民族近代最偉大的中國夢……國家好、民族好，大家才會好。」

習近平談到的「中國夢」很快就變成看板及電視上的口號。有一個星期，「中國夢」就在《人民日報》頭版出現二十四次。有個選秀節目叫「中國夢之聲」，黨派遣「精神文化宣傳團」前赴非社會主義國家，傳播大義。科學家受鼓舞提出「中國夢」的研究計畫，藝術家被聳恿繪製關於「中國夢」的「傑作」。習鼓勵軍方做「強軍夢」，黨的宣傳首腦劉雲山下令，將其寫進教科書，確保它「進入學生的腦中」。

「中國夢」半宣稱事實，中國在復興，半是承認中國的野心。有些抱負比其他的容易實現。為了繼續當執政黨，共產黨曉得，它必須允許人民繼續繁榮。它打算再蓋十萬里公路、五十座新機場，再修築五千多里的高速鐵路。但是，新執政者曉得，普通人民有更急切的關注，於是一就任便矢言提升最低工資，允許儲戶靠著存款能賺更多錢。

要滿足對真相的追求，看起來愈發困難。掌權的前六十年，共產黨靠著審查制度、保密及恫嚇來維持穩定，可目前它面臨充斥著懷疑、揭發的文化，免於恐懼的自由也愈來愈多。有著現代牆壁及塔式屋頂的中宣部，依然屹立於長安街—是個思想矛盾的紀念碑。最後一次騎車經過時，我腦中閃過一個念頭：若是有朝一日中宣部的總部掛上招牌，那就意味著中國領導人已走出象牙塔，全然融進周遭的現實。

最困難的事情很可能是滿足信仰的追求。中國已身處意識形態停滯的狀態；沒有任何政治派系能宣稱自己有優勢。民族主義還會多次爆發，政界裡還會有新的煽動家來玩弄恥辱感，但那些情緒傷害黨的程度，要大於對黨的鞏固。共產黨把中國設定為反「普世價值」的國度，這確保它將面臨更多訕笑、更多抗議、更多劉曉波的空椅子◉被不斷提及。黨也在強化中國人的認知，以往的國恥，還有應為國恥負責的人，不會受到寬容。

中國開始時作時歇地接受自由市場三十年之後，目前已無單一的、可以團結一切的主義，沒有「主旋律」，而且沒有什麼可預測它將變成哪種國家。習主席揭櫫「中國夢」（Chinese Dream），其用意是它有團結一心的功用，但他的人民把這個夢詮釋成複數的形式（Chinese Dreams）。我湊巧遇見鄰居寡婦金寶珠，她正被我的房東控告，因房屋擴

◉——注：二〇一〇年十二月十日，諾貝爾和平獎典禮現場，獲獎者劉曉波缺席，大會以一把空椅子向身繫囹圄無法現身的中國民運人士劉曉波致意。

建被指控偷走了鄰戶採光。金瞧見新聞上的新口號，對我說：「我的中國夢是什麼？不過是在我的房子裡多住上幾年罷了。」

沒過多久，網管就得忙著從網上拿掉形形色色的照片，照片上人們手持標語，上頭寫道：「我的中國夢是公平與公正」，「我的中國夢是習近平能保護我的人身安全及生育權利」。《人民日報》經營的一家網站進行「中國夢」調查，詢問人民是否支持一黨專政，以及他們是否信仰社會主義，當三千名作答的人，對兩項問題都回答「不」者高達八成時，調查就突然撤架了。以往人們說，自己的東西被刪除叫「被和諧」，此時他們說「被夢掉了」。

• • •

很多人都相信，除非共產黨擊退貪腐浪潮，不然貪腐將「無可避免地導致亡黨亡國」，習近平上任沒多久就承認了這一點。他把現況比擬為「物腐生蛆」，矢言不光打低階的「蒼蠅」，還要打實力強的「老虎」。他呼籲同志們要「勤勉節約」，習第一次正式訪巡時，國營電視台報導他住的是「普通客房」，晚餐沒辦宴會，而是吃自助餐，這項表態在中國政治文化是如此激烈，以至於「自助餐」一詞變得有超自然意義。國營的新聞通訊社還發了偌大頭條，標題是「習近平拜訪河北貧戶：晚餐只四菜一湯，沒有酒」。

習要求官員們拋棄車隊、鮮花及冗長而制式的談話。地方官員爭相把他的指示奉祀成新法令，但這麼做只是不經意地突顯了以往做事的亂搞：銀川市宣布，官員往後不准「在婚禮、遷居或子女入學註冊時收受紅包」。繼「四菜一湯」運動之後，則是「光盤運動」，即鼓勵官員們吃光所點的菜。大吃大喝的現象突然大降，沒多久就影響到經濟：宴會上流行的魚翅銷量大減七成以上；澳門賭場VIP人數之銳減，創史上之最；而瑞士名錶的進口數量，相形去年同期減少四分之一。奢侈品廠商急得哀哀叫。

黨內老將王岐山獲任為新反腐沙皇（中央紀律檢查委員會的書記），他的專業是歷史學家，於是要同仁們去讀托克維爾（Alexis de Tocqueville）的《舊制度與大革命》（*The Ancien Regime and the Revolution*）。話傳出來以後，這本書變成暢銷書，而中國讀者也從中看到很多他們熟識的荒淫貴族行徑，感到苦惱挫折的商人階級，以及由統治者主導的政府。這些統治者本假設，中產階級是支持他們的骨幹，直到中產階級出力砍了國王的腦袋為止。托克維爾寫道：「大革命雖叫全世界大吃一驚，但它其實不可避免地是長時間醞釀的產物。」王岐山從沒明確指出，他要人們由那本書汲取的訊息是什麼，但討論的重心涉及到托克維爾的觀察，即一個國家貧窮的時候會不穩定，但「政府突然放鬆其壓力時亦然」。

為了展現打貪決心，二〇一三年六月，政府把鐵老大劉志軍送審。一開始，這台戲唱得很順。庭審不到四個小時就結束，而劉志軍也善盡其表演的天分：他哭泣、他懺悔，他甚至還找到法子與習主席的新口號掛鉤起來，說外界的誘惑讓他分了神，以至於沒善盡推動「中國夢」的目標。為了避免無端端地討論到用人唯親及貪汙受賄，檢方起訴他的罪名很輕微：濫權及受賄約一千零六十萬美元。但是當他被判為「死緩」，而該量刑可以減輕到坐牢大約十三年時，人們則把本案稱為漂白。《南華早報》問道：「他是怎麼獲准爬上那麼高的位子，攬事達那麼久？在領導班子裡是誰在保護他，而他們又收了多少錢？這些都是有趣的問題，而肅貪的檢方從沒用心去探究。」為了確保人們不要去自行追究，中宣部下令停止這些討論。它對總編們說：「劉志軍案已經結案。媒體必須只引用新華社的報導。不准做詳細報導、評論，也不可譁眾取寵。」

劉志軍自己倒是捎話出來，他給律師一則訊息，傳遞給他女兒：「不論妳做什麼—遠離政治。」政治很難搞，而且會愈來愈難。習近平遭逢一個他之前的領導們從未碰到的政治難題：這是個充滿資訊及憤世嫉俗的年代。習並非民選，但他得設法受人愛戴。毛主席一度把他的同志們比擬成魚，而群眾為水；毛說：「魚兒離不開水。」可現在，沒了意識形態之後，中國政府的合法性仰賴它滿足、討好群眾的程度空前未有。

以一些基本指標來看，比如消滅飢餓、文盲及就醫無門，中國民眾的滿意度要大於大多數國家。哈佛社會學家懷默霆二〇〇四年開始調查，詢問中國民眾在公辦醫療保險計畫中有沒有受到照顧，結果鄉下民眾說有的只有一成五；但到二〇〇九年再問時，比例已升到九成。雖然人民遭遇的健保待遇差距依然很大，而且健保提供的僅有最基本的照料，但進步還是相當明顯。

把中國的滿意度與其他國家並列比較，向來讓共產黨覺得受用：二〇一三年五月，皮尤研究中心發現，受訪的中國民眾裡，覺得景氣良好者達八成八，比例之高為它所調查國家之最。但是全貌不只如此。南加大經濟學教授伊斯特林（Richard Easterlin）率隊在中國進行長達二十多年的五項長期研究，結果顯示「沒有跡象佐證中國人民平均而言較為快樂……有所發現的是：他們的滿意程度不如一九九〇年，而且滿意程度下降最大的是，重負竟然由財富地位最低的三分之一人口所承擔。甚至，中國前三分之一人口的滿意度也僅僅是略微上升。」學者們發現，整體而言，「經濟成長不足，工作安全，及社會安全網，這三項對人民的快樂感也至關重要」。當民調指出，九成三的中國人「相信國家最好的時日，還是在未來」之際，伊斯特林的研究成果顯示人民著墨於期盼的分量，要大於滿意度。魯迅曾說過：「希望本是無所謂有，無所謂無的。這正如地上的路；其實地上本沒有路，走的人多了，也便成了路。」

習主席專注打貪，等於在下賭注：若是黨向自己的不公宣戰，民眾的焦點就會放在宣戰，而非不公。這很危險，幾十年來，黨的領導們曾說過：「打貪太輕，亡國；打得太重，亡黨。」習的打貪行動立馬大受歡迎。新的草根網站如「我行賄了」讓人們能呈報任何向他們索賄的人。曾任北京市人大代表的律師許志永組織一項請願，呼籲高級官員們公布財產，他的志業吸引數千人支持，而被稱為「新公民」活動。

黨對這股熱情很快就感到不安了。我的手機嗡一聲響，中宣部傳來指示：「報導官員疑涉貪汙收賄，或是誰已墮落，要嚴格遵守來自官方的資訊。別揣測，別誇大，不調查，而且不引用互聯網上的東西。」

到了夏天，政府已經受夠了；它把「我行賄了」網站關閉，拘捕了近百名大力支持廉政活動的人士。而許志永被逮捕起訴，罪名是「聚眾擾亂公共場所秩序」。人們站出來捍衛許志永，也一樣被捕；有位投資家名叫王功權，靠著創投賺進幾十億元，他組織一場請願，希望釋放許志永，但他也被捕，罪名也是聚眾擾亂公共場所秩序。王是白手致富的人，他直言不諱的評論吸引線上廣大支持，只是在政府眼中，富豪居然與活動人士掛鉤，或者對從政產生興趣，這令當局感到格外不安。

同年九月，政府推行一則異想天開的措施，想馴服網際網路任性的力量：最高人民法院頒布法令，聲稱任何「不實誹謗」的評論，只要被點閱五千次，或轉寄五千次，就可以導致某人被判刑達三年。此時，政府機器要想防止人民不發聲已經很難，因此它轉而不讓大家引述他們所聽到的訊息。國信辦主任魯煒在一場演講上宣稱：「沒有秩序的自由，根本不存在。」接下來幾個月，微博上展開的討論變得火藥味不那麼濃，用戶數減少，人們去找更安全的發言平台。

官方反腐的行動有其限制。好些政府部門不再於公眾之前大吃大喝，轉而聘請大飯店的廚師到府內操辦盛宴。非官方的新口號隨之生出來：「靜靜吃，斯文拿，偷偷玩。」

・・・

黨的長期目標算不得什麼祕密：若是習近平做完他的任期，帶領黨直到二〇二三年，中國就超越前蘇聯的紀錄，成為一黨專政最久的國家。蘇維埃掌權達七十四年，而中國領導人害怕落到蘇聯下場，已經是公開的事。習近平就任沒多久，在一場致黨員的演講中問道：「蘇共為什麼會垮台？一個重要的原因是理想信念動搖了……最後，戈巴契夫◉輕輕一句話，宣布蘇聯共產黨解散，偌大一個黨就沒了。按照黨員比例，蘇共超過我們，但竟無一人是男兒，沒什麼人出來抗爭。」

習近平的「竟無一人是男兒」演講，展開新的一輪宣傳攻勢：人民會好奇，如果沒有了共產黨，會發生什麼事情嗎？《人民日報》則描繪一幅慘淡的光景。它說，蘇聯倒台後，俄羅斯人發現他們的「GDP減半……船艦老化銹蝕，坍成一堆又一堆廢鐵；寡頭強人崛起，攘奪國家資產；俄羅斯人在人行道排隊，面臨供應短絀苦況；老兵必須出售他們的勳章，才買得起食物。」報紙問道，有什麼東西對今日中國造成類似威脅？它

◉——注：戈巴契夫，港譯戈爾巴喬夫，前蘇聯總統，曾獲得諾貝爾和平獎。

再自問自答說：互聯網。「微博主及其金主每天散布謠言，捏造各種社會壞消息，炮製中國滅亡的末日光景，詆毀社會主義體制，凡此種種，都旨在推銷歐美模式的資本主義及憲政主義。」

沒有跡象顯示，習近平統治下的共產黨已經找出脫離意識形態之道。它繼續扛著社會主義大旗，以及大旗引領的理念（思想改造、黨權至上），但與此同時，黨處處都會碰到不羈的「美國西部式」資本主義，還有形形色色的思想喧囂著競逐市場。若說黨內有菁英持有開明觀點，知道該如何解決此一緊張，那麼該觀點也還沒冒出來。相反地，黨內流出一份備忘錄在八月被《明鏡月刊》刊載，通稱為《九號文件》—呼籲根除七種顛覆性的思想。率先被點名的是「西方憲政民主」，接下來還有西方新聞觀、公民社會、「普世價值」如人權，及「宣揚歷史虛無主義，企圖否定中國共產黨的歷史和新中國的歷史」。「七大危險」發送給大學教授、社群媒體名流，警告他們不得越線。《人民日報》還祭出過去革命至上時代的用詞用語，警告說，憲政主義，也就是呼籲共產黨依法而治的思想，是「信息戰的武器，也是美國壟斷式資本主義權貴及其中國代理人發動的心理戰，妄想顛覆中國的社會主義制度」。

黨大有緊張不安的理由，因為它已經陷身在自己製造的困境之中。另外，它致力於壓制異端思想，維持穩定，但那種措施只會製造出更多的異端及不穩定。黨深信中國的未來端賴思想創新，這一點沒錯，它也讓全世界感受到了這一點，然而它卻深懼吸收「普世價值」會危害其生存。

中國領導人正面臨一項選擇：要繼續成長，他們可以採取較為民主的政府形式，一如一九八〇年代的南韓，不然他們就得重新致力於威權治理。然而借鏡歷史，後者的風險較大。長期而言，威權國家的成長不如民主國家可靠；它們很脆弱，而它們能繁榮，往往是因為個別領導人的高瞻遠矚。哈佛經濟學家羅德里克（Dani Rodrik）表示，「相形每一個新加坡的李光耀，剛果的蒙博托（Mobutu Sésé Seko）更多」。沒錯，短期來說，黨可以成功地叫批評人士閉嘴，但長期看來，情勢就沒那麼清楚，尤其是黨內派系重估自己忠於黨，會有怎樣的風險及報酬，繼而決定站在民眾那邊，以收穫更多的時候。

一度以和諧一致著稱的中國，現今是不同勢力激烈對抗的國度：西方風格的自由主義者對抗民族主義保守人士；現任黨官與不滿的財閥相抗；蟻族對布波族；宣傳部對抗網路烏托邦鄉民。問題在這些緊張的關係，是會搗向外，去對付西方，還是會搗向內，對付自己的政府。就目前而言，想找到一種有團聚力、能挑戰黨的力量還真不容易；雖然中國中產階級已受到許多課題的刺激，如消費者權益、環境保護、勞工權益、住屋價格、言論自由，一如民主湧現時的台灣人、菲律賓人及南韓人，但是在中國，正式組織太少，人們無法從中集結，生產出協調過的力量以取代黨的統治。

• • •

到目前為止，中國的中產階級活躍人士一般只追求改革政府，而非取代它。但在很多國家，擁有更高教育及進取心的中產階級則要求對國政有更大掌控力。政治科學家說有「民主轉型區」，即人均所得超過四千美元，政體改變的交互關係就會劇烈上升，而中國已經跨越該門檻。到二〇一三年，中國已來到年均八千五百美元的水平。學者裴敏欣調查二十五個收入水平較高但傾向抗拒民主化的獨裁國家，發現其中二十一個是產油國。中國則不是。

當局勢變得明朗時，習近平把寶押在了鞏固現狀上面，另一位黨內貴族、前國家主席胡耀邦的兒子，六十三歲的胡德華，則藉著姓氏及特權公開批評習主席。胡德華認為蘇維埃倒台的真正原因，是蘇共無法自行克制「藉由侵吞及行賄來分配公共資產」。胡德華說黨的確面臨危機：「有兩種選項：鎮壓反對派，或與人民達成妥協。」在此之前，黨已面臨這種取捨一次，那便是在一九八九年；胡德華驚人地承認血洗天安門之後，他問道：「這就意味著夠『男兒』嗎？開著坦克對付自己同胞，就是夠『男兒』嗎？」

• • •

由遠處看，大家經常描述中國正邁向康莊大道，這已經無可逆轉。但在中國內部，人們則更小心謹慎。中國的一切，都是靠鐵、淚水及火而取得的，中國人比誰都更曉得一切無常，誠如費茲傑羅形容：「真實的不真實，宛如一個許諾，即這個世界的基石是安置在精靈的翅膀上。」我在北京的最後幾個月，那種脆弱感更深地纏繞著我。二〇一三年七月，諾貝爾經濟學獎得主克魯曼（Paul Krugman）在《紐約時報》的專欄中寫道：「中國的整體經營之道，即曾驅動經濟不可思議地成長三十載的體制，已經到達了它的極限。」

中國經濟減速，已到一九九〇年以來最嚴重的程度，而中國經濟成功的藥方裡，某幾味藥的功效現在已變得很低。一胎化政策已大量減少年輕工人的數量，而中國製造一度能那麼廉價，靠的便是他們。二〇一〇到二〇三〇年間，中國勞工會減少六千七百萬人，相當全法國人口。尤有甚者，中國ＧＤＰ的半數是用在投資之上，此一比例在現代要比任何國家都高，但成長依然減緩，這意味著在新設備和其他資本財上的投資收益會大不如以往。中國經濟不大可能立即大崩潰，北京握有三兆美元的外匯儲備，而且限制金錢流出流入中國，因此銀行大脫逃是不可能的事。較大的危險在中國地方政府舉債建設太多，以至於他們的債務自二〇一〇年以來增加一倍，幾乎占國內生產毛額的三成九。因此，與其把錢交在消費者手上，中國則用錢來防止城市變得無力償債，那個光景讓人想到日本式的經濟停滯。

有人傾向由一九八〇年代的日本來找借鏡，信貸浮濫、冰塊是由北極切來的──那個瞬間在當年七月降臨，也就是中國長沙市的房地產開發商，動土興建全世界最高建築「天空之城」。經濟學家指出，歷史上，「推出世界最高」與經濟減速兩者之間有交互關係。它雖然不是因果關係，但那些大建築案是信貸寬鬆、過度自信、地價膨脹的象徵。此一形式可回溯到美國的鍍金時代之巔峰，當時紐約市興建「公平人壽大廈」（Equitable Life Building），建築物落成於一八七三年，繼之以長達五年的經濟衰退期，後來通稱為「長蕭條」（Long Depression），而且該形式接下來幾十年不斷重演。一本上海刊物《摩天大廈》（*The Skyscraper*）雜誌把全球最高大樓群當成名流來處理，它在二〇一二年的一則報導中說，未來三年，中國每隔五天就會完成一座新摩天樓；全球構建中的摩天大樓，有四成是在中國。

• • •

二〇一三年夏天，貝莎娜與我打包我們在國學胡同的家。我向寡婦金寶珠說，我們要搬回美國了，她忠告說，要小心。雖然她足跡從未踏出中國，可她新聞看得很仔細。她說：「美國很富裕，可是槍枝太多。」我訂了兩張往華府的單程機票。我們把空氣清淨機送給朋友，而且我曉得，當我開始思索天花板沒有黃鼠狼的生活，我已犯上了鄉愁。那年春天，黃鼠狼生了四隻崽仔，母子五口夜裡會爬出來到屋頂，再跳下來溜達。我把這件事向鄰居黃文義講，他說這對我們搬回美國，是非常吉祥的兆頭。

一天，我與黃站在外頭的巷子裡聊天，一位身穿螢光橙色連身裝的男子向我們走來。在這個區域裡，穿螢光橙色連身裝的男人和女人都替區政府的衛生部門工作，多是鄉下來的移民工；他們打掃巷道，清理公共廁所，收集垃圾。有些人戴著斗笠，陰影大到包住他們的臉，再搭上合身的制服，叫我很難搞清他們的數目。我搞不懂來的是三人抑或三十人。此時，向我們走來的男子一頭亂髮，眼眶周圍有魚尾紋，咧嘴一笑露出一口亂牙。他指著我們腳底下的灰色石板。

「你們看到那塊石頭上的皇帝沒有？」環衛工問道。

還以為我聽錯了。

「我可以瞧見就在那塊石頭上，有皇帝的形影。」他說。

黃與我先瞧瞧石板，再回頭看環衛工。黃不感興趣。他說：「你在胡扯些什麼？你根本不曉得自己在說什麼。」

環衛工笑了，問道：「你是在說，你認為我是沒文化的人？」

「我說的是，你講的東西沒頭沒腦。」黃說。

環衛工望他一眼，沒怎樣，再轉向我說：「我能凝視一切，而從中抽出精髓。不管東西多平常，在我眼中，它會變成寶貝。你信我講的嗎？」

黃生氣了。他說：「老頭，我在跟我們這位外國朋友聊天，你能不能別打擾我們，回去做你的工作？」

環衛工一直說著，速度更快了，談到中國古詩、作家魯迅，有些內容講太快，典故太晦澀，我無法了解。他聽起來半似有趣，半似發瘋。驕傲的北京人黃先生受夠了，他便嘲笑男子的鄉下腔調，說：「你回去先練好北京話再說。」

環衛工小聲說：「只要講的是人類方言，都理直氣壯。」但黃不聽他的。他揮手叫他走開，再踱回自己屋子。我自我介紹了。環衛工名叫齊祥福，來自江蘇省，他說自己三個月前才來北京。

「你來這兒做什麼？」

「探索文化的領域。」他笑得很崇高。

「哪種文化？」

「主要是詩，中國古詩。唐代的時候，詩達到高峰，每個詩人都想來京城長安。」他提到這座古代京城，是比北京更早的中國首都。齊對我說：「我要更大的舞台。我成功或失敗並不打緊，我來了，那才是要緊的事。」他的說法讓我想起「召喚」。我剛抵達中國時，感覺起來彷彿大多數正聆聽召喚的人，都還年輕飢渴，比如龔海燕、唐杰一類的人。自當時以來，召喚曾吸引其他很多人。正好比魯迅筆下寫的，「走的人多了，自然就變成了路。」

齊跟我說，他去參加詩歌比賽，「我贏得『中國超級對聯王』的稱號。」他空暇時，會上網去主持討論中國現代詩歌的線上論壇。他說：「你可以上網，讀讀我的消息。」

那天晚上，我把他的名字鍵入搜尋列，還真的出現了：齊祥福，中國超級對聯王。照片裡，他帥氣地打領結穿夾克，看來年輕而有自信。中國詩詞對我來說，很難讀懂，而齊的很多詩作尤其古怪，無法讀透。但我很欣賞某些優雅的字句、段落。他寫道：「大地知道我們腳的輕盈。我們在那兒相見／在天地之間。」

令我驚奇的是：我愈是搜尋齊祥福，我愈發現一個部分活在線上的人生。有一次他寫了短篇回憶錄，文中他以第三人稱描寫自己，這種格式通常是保留給中國最著名作家的。他寫道，父親早逝，齊祥福是由叔伯帶大的。他如此寫自己：「齊祥福初次讀毛詩〈七律·長征〉，他便決定毛澤東是指引他人生道路的老師。後來他讀了李白、杜甫、蘇東坡、陸游等人的詩，於是自己發願：要成為文學大師。」

他描述自已首次透過某建築工地的擴音器將一首詩作朗誦給一大群人；還有描述一次大巴長途旅行，邂逅一位「富有同情心的女孩」，他倆結婚，「結束他的流浪生涯」。有幾處談到生活的困難。有一度，他寫下捐贈乞求，這麼說：「唉，齊同志目前很吃緊」；但他線上角色的精神，有一點令我全神貫注。回憶錄中很多事情，在幾年前是不可能發生的：來北京遊歷、線上身分、內心生活，都跟他展露給外界看的模樣大相逕庭。任何人只要深入一些，突破中國生活的表面，都能發現美好生活的概念已較為複雜，追求汽車與公寓以外，還留有空間可以追求價值與尊嚴。

我遇見環衛工齊祥福之後，開始經常遇見他。我們交換了手機號碼，他不時會由簡訊捎一首詩給我。他借助放大鏡，由手機鍵出漢字。他的很多詩充滿濃烈的共黨狂熱，其他的則奧祕奇特。但任何人試著以寫作來理解這個地方，我都會心表同情，而且我也尊敬他的毅力。他對我說：「我經歷過人們各式各樣的冷漠、無動於衷，但我總是讓自己求知，一路向上到大學等級。但我沒有文憑。所以人們看我的時候，都輕視我。」

我離開中國兩星期之前，最後一次在街上遇見齊祥福。他沒穿制服，穿的是上街的行頭：一件利落的白襯衫跟黑夾克，齊正要去看他女兒，她在附近一家餐廳工作。他臂彎裡夾了一本書《當代十大散文家》。這是我首度瞧見他線上及真實世界兩種人格合而為一。我曾經問過他：「能讓你振奮的是什麼？」他說：「在我寫作的時候，一切都變為具體。生活之中，我必須務實，但當我寫作的時候，一切操之在我。」

犯同謀」。我聰明的姐姐 Katherine Sanford 與姐夫 Colin 撫育我，讓我振作；他們的小孩 Ben、Pete 與 Mae，讓我學到什麼叫模範家庭。

貝莎娜來到北京，停留一年。期間與我相見。七年後我們返回美國時，已結為夫婦。中國讓我遇見貝莎娜，光這一點便值得我深深感謝。她的家人，岳父母 Ruth Nemzoff 及 Harris Berman、姻親 Kim Berman and Farzad Mostashari、Mandy Lee Berman 與 Seth Berman、Rebecca Berman 與 Franklin Huang，視我為骨肉手足。貝莎娜的愛，喜歡每個字都朗讀這項智慧，還有最重要的是她的笑聲，在在支持著我。她天生就能做良好判斷，讓我每個句子變得更好。除了這個段落，我寫的任何東西沒經她過耳，都不能算數。

Dorothy Wickenden 及 John Bennet 讓我變成作家；他們超凡的技巧及判斷，為寫作定下良好標準。Peter Canby 的查證人員，尤其是 Jiangyan Fan，改進並保護我們。即使在我全神貫注於寫作本書時，Nick Thompson 及 Amy Davidson 都提供容身之處，供我寫作、思考。John 的編輯眼光完美。David 及 Dorothy 在 Anna Altman 在我最需要他們法眼時，幫我校閱草稿。其他朋友，包括 Barbara Demick、Gady Epstein、Ian Johnson 及 Jeffrey Wasserstrom 一路下來幫我校對原文，他們犀利的觀察貫徹於全書。

我前往中國之前，曾拜訪 Farrar, Straus and Giroux（FSG）出版公司的 Jonathan Galassi，他給我忠告：「要挑對書，必須有耐心。」等我找到寫作這本書的靈感，他的回應是送我大禮：有機會與高明的 Eric Chinski 合作，他是一位作家最夢寐以求的好編輯，細心、條理分明，孜孜不倦又風趣。FSG 公司裡，我還要感謝 Nayon Cho、Gabriella Doob、Debra Helfand、Chris Peterson、Jeff Seroy 及 Sarita Varma 的創意與細心。

成年不久時，我遇見 Jennifer Joel；後來她成為文學經紀人，而我成為她的客戶，受益於她閱讀原文，激勵作者時的無限才華。在 ICM，她得到 Clay Ezell 及 Madeleine Osborn 的協助，我感謝他們的專業與呵護。

我的家族分散很廣，親情濃厚，能容忍十年來我錯過無數假日與生日，偶爾去拜訪時，又因時差而睡眼朦朧。我不凡的母親蘇珊撫養我們，讓我們到全世界都能安適自在，捍衛重要的價值；我父親彼得是新聞工作者兼出版家，永遠是我的恩師，靈感來源兼「共

Jen Lin-Liu、Melinda Liu、Jane Macartney、James McGregor、Alexa Olesen、Philip Pan、Herve Pauze、Hyeon- Ju Rho、Lisa Robins、Jeff Prescott、Paola Sada、Sarah Schafer、Baifang Schell、Orville Schell、Carla Snyder、Nick Snyder、Craig Simons、Comino Tamura、Tang Di、Alistair Thornton、Tini Tran、Alex Travelli、Alex Wang、Alan Wheatley、Edward Wong、Zhang Xiaoguang。

另外要感謝的有海外媒體俱樂部（Oversea Press Club）及亞洲學會（Asia Society）對外國記者包括我的支持。我必須特別向赫伯特·愛倫三世（Herbert Allen III）致謝，感謝他對我的支持與好奇心。自從最早他邀我去討論中國以來，這些年間我學習到的，比我所提供的，要來得多。

寫書過程中，我不知多少次從傑出年輕記者、學者得到珍貴的協助，他們包括 Gareth Collins、Devin Corrigan、Jacob Fromer、Gu Yongqiang、Houming Jiang、Jordan Lee、Faye Li、Max Klein、Wendy Qian、Amy Qin、Gary Wang、Debby Wu、Xu Wan、及 Yang Xiao。他們做研究、轉錄及翻譯。但花最多時間處理這些主題，與我分享的，莫過於 Lu Han，我感謝她所提供的專業、冷靜又公正的判斷。

本書不少部分，引用自我任職《芝加哥論壇報》時寫的報導；我以夏季實習生身分前往該報，後來任職不平凡的九年，大多數時光派駐海外。把我派往海外、給予我友誼者，我得感謝 Lisa Anderson、George de Lama、Ann Marie Lipinski、Kerry Luft、Tim McNulty、Paul Salopek、Jim O'Shea 以及 Howard Tyner。

最近六年，我任職《紐約客》雜誌，同仁 David Remnick、

Arthur Kroeber、Kaiser Kuo、Christina Larson、Tom Lasseter、Dan Levin、Louisa Lim、Phil Lisio、Julia Lovell、H.S. Liu, Jo Lusby。

還有 Mary Kay Magistad、Mark MacKinnon、Simon Montlake、Richard McGregor、Andrew Meyer、Paul Mooney、Allison Moore、David Murphy、Jeremy Page、Jane Perlez、Nick Platt、Sheila Platt、John Pomfret、Qin Liwen、Simon Rabinovitch、April Rabkin、Austin Ramzy、Chris Reynolds、Tiff Roberts、Andy Rothman、Gilles Sabrie、Michael Schuman、Clarissa Sebag- Montefi ore、Susan Shirk、Karen Smith、Kumi Smith、Megan Stack、Anne Stevenson- Yang、Anya Stiglitz、Joseph Stiglitz、Didi Kirsten Tatlow、Philip Tinari、Wang Wei、Joerg Wuttke、Lambert Yam Eunice Yoon、Kunkun Yu、Jianying Zha、Zhang Lijia、Mei Zhang、and Yuan Li。已過世的加州大學洛杉磯分校包瑞嘉（Richard Baum）創建「ChinaPol」這個機構，充當研究中國社會的資源，讓大家都變聰明了。

至於尋求忠告、專業意見時，我得感謝白傑明、Nicholas Bequelin、Ira Belkin、Annping Chin、Don Clarke、Jerome Cohen、Paul Gewirtz、Huang Yasheng、Bill Kirby、Roderick Mac-Farquhar、Victor Mair、David Moser、Barry Naughton、Minxin Pei、Victor Shih、Xiaofei Tian、Sophie Volpp 以及 Jeffrey Wasserstrom。

沒有以下的朋友，真不知在北京生活會是怎樣：Amy Ansfield、Jonathan Ansfield、Hannah Beech、Fannie Chen、Eleanor Connolly、John Delury、Barbara Demick、Michael Donohue、Gady Epstein、Ed Gargan、Deb Fallows、James Fallows、Michelle Garnaut、Jorge Guajardo、Susan Jakes、Jonathan Landreth、Brook Larmer、Dune Lawrence、Woo Lee、Leo Lewis、

沒見過的表兄讓·瑞斯扎德（Jan Ryszard）。他擔任英國皇家空軍「波蘭中隊」（Polish squadron）領航員而殉職。母親那邊，我的外祖父亞伯特·薛若（Albert Sherer）是美國外交官，與外祖母卡蘿（Carroll）奉派到東歐。一九五一年，蘇聯撐腰的布達佩斯當局指控亞伯特擔任間諜，勒令他一家人二十四小時內離開匈牙利。《芝加哥日報》（The Chicago Daily News）報導這則新聞，標題為「赤軍踢走北佬」（REDS BOOT YANKS）。這些經驗在我們家族記憶裡揮之不散，我從小就很好奇：威權統治下，未見諸筆墨的生活經驗究竟是怎樣。

在中國，我最該感謝的，是那些我在本書追蹤報導他們生活的人。一個人的底細，包括弱點、熱情及個人抉擇，若透露得太多，在中國是一件很危險的事。但書中的男男女女都歡迎我再去找他們，年復一年，皆是如此，儘管他們想破頭也不知道能再提供些什麼。當然，還有一些中國人，有些任職於政府，另些在窮鄉僻壤，其姓名不能透露，我感謝他們鼓起勇氣對我訴說。

在中國這些年，最大的快樂之一，是一些才華洋溢的朋友伴我度過，這些人為：Andrew Andreasen、Stephen Angle、Michael Anti、Angie Baecker、Bill Bishop、Tania Branigan、Chris Buckley、Laurie Burkitt、Cao Haili、Leslie Chang、Clifford Coonan、Edith Coron、Max Duncan、Simon Elegant、Leta Hong Fincher、Jaime Florcruz、Peter Ford、Michael Forsythe、Paul French、Alison Friedman、John Garnaut、John Giszczak、Tom Gold、Jeremy Goldkorn、Jonah Greenberg、Elizabeth Haenle、Paul Haenle、Peter Hessler、Isabelle Holden、John Holden、Lucy Hornby、Andrew Jacobs、Ian Johnson、Joseph Kahn、Tom Kellogg、Alison Klayman、Elizabeth Knup、

有關謎雲包圍著煤礦死者的背景分析，請見涂建軍所著 "Coal Mining Safety: China's Achilles' Heel," *China Security* 3, no. 2, 2007, pp. 36-53.

後　記

• • •

翟小兵被捕，是美國「國會及行政部門中國問題委員會」（Congressional-Executive Commission on China）所報導的。禁止乒乓球與氣球的禁令拷貝本首度貼上微博，是一位叫 Luhuahua 的用戶幹的。劉志軍的辯護律師錢列陽同意接受採訪，以釐清本案當中一些罪名。齊祥福的詩作及回憶錄，在好幾個網站都找得到，包括 http://hi.baidu.com/abc87614332。

至於民調結果及滿意水平的背景資料，請參閱 Richard A. Easterlin, Robson Morgan, Malgorzata Switek 及 Fei Wang 合撰的 "China's Life Satisfaction, 1990-2010," *PNAS Early Edition*, April 6, 2012.

致　謝

• • •

我的祖父母、外祖父母都沒能活到瞧見這本書，然而書的肇始，要感謝他們。我父親的雙親，即約瑟夫及瑪它・歐斯諾斯（Joseph and Marta Osnos）在希特勒一九三九年入侵時逃離華沙，跋涉過羅馬尼亞、土耳其、伊拉克及印度，最後落腳於紐約，從頭開始（我父親彼得出生於孟買，即旅途之中）。約瑟夫・歐斯諾斯進入空調行業；瑪它則是生化學家。我全名的中間名字理察，是來自一位我從

第 22 章——文化戰爭

• • •

慕容雪村的〈給匿名審查人員的一封公開信〉頭一次是貼在《紐約時報》中文版上；匿名譯者替他翻成英文。韓寒與方舟子的衝突，中國記者及博客主都有廣泛報導。方舟子的說法，並非來自我採訪者，大多可在他的網站找得到：http:// fangzhouzi.blog.hexun.com/。周華寫了珍貴的分析文章，刊在 www.danwei.com/blog-fight-of-the-month-han-han-the-novelist-versus-fang-zhouzi-the-fraud-buster/。

第 23 章——真正的信徒

• • •

唐杰的網站「獨家網」貼有他大多數的評論與影片。我採訪過林毅夫任職世界銀行期間，熟知其事的員工。姚洋論中國經濟未來的文章，二〇一〇年二月刊登在《外交事務》(Foreign Affairs)，標題為 "The End of the Beijing Consensus: Can China's Model of Authoritarian Growth Survive?" 陳雲英二〇一二年三月回答台灣媒體提問時，自述希望她的丈夫能夠返回台灣。

第 24 章——突圍而出

• • •

我感謝何培蓉及幾位參與陳光誠逃離東師古村的美國官員，他們分享自己的觀點。文中其他細節，引自《明鏡線上》、《陽光時務》，還有中國人權、全球之聲、中國數字時代的報導。

第 20 章——視而不見

• • •

小悅悅事件，是透過採訪、觀看攝影畫面、閱讀中國媒體報導而重建起來的。我要特別感謝李旺東律師，他是肇事駕駛者胡軍的律師，與我分享他調查時寫的注解與拍攝的照片。另感謝人類學家周如南對五金城的社會興衰嬗遞及歷史，著有詳細報告，還有他對小悅悅事件的反省。

至於中國「好撒瑪利亞人」的研究，請參閱閻雲翔所著 "The Good Samaritan's New Trouble: A Study of the Changing Moral Landscape in Contemporary China," *Social Anthropology* 17, no. 1, February 2009, pp. 19-24.

重述吉蒂・吉諾維斯案時，我取得作家 Kevin Cook 的協助，他著有 *Kitty Genovese: The Murder, the Bystanders, the Crime that Changed America*, New York: W.W. Norton, 2014。我還借助 Rachel Manning, Mark Levine 及 Alan Collins 合著的 "The Kitty Genovese Murder and the Social Psychology of Helping: The Parable of the 38 Witnesses," *American Psychologist*, September 2007, pp. 555-562.

第 21 章——靈魂爭霸

• • •

在中國，准許一個記者進入信教社團，並非沒有危險之舉。我很幸運，替《芝加哥論壇報》、《紐約客》工作時，得到那些機會。關於背景資料，除了 Goossaert 及 Palmer 的 *The Religious Question in Modern China* 之外，我另借助於楊鳳崗的 *Religion in China: Survival and Revival Under Communist Rule*, New York: Oxford University Press, 2011.

Economic Review 21, no. 4, 2010,pp. 607-616。我另要感謝懷默霆（Martin Whyte）在本主題的建議與判斷。

第19章——精神空虛

• • •

為了解一九四九年前後，中國宗教信仰的背景，包括北京廟宇的消失、信仰毛的教派，以及由此而生的暴力，我仰賴白傑明所著 *Shades of Mao: The Posthumous Cult of the Great Leader*, Routledge, 1996; Jasper Becker, *City of Heavenly Tranquility: Beijing in the History of China*, New York: Oxford University Press, 2008; Vincent Goossaert 與 David A. Palmer 合著 *The Religious Question in Modern China,* Chicago: University of Chicago Press, 2011；Melissa Schrift, *Biography of a Chairman Mao Badge: The Creation and Mass Consumption of a Personality Cult*, New Brunswick NJ: Rutgers University Press, 2001; Daniel Leese 之 *The Mao Cult: Rhetoric and Ritual in China's Cultural Revolution*, Cambridge, UK: Cambridge University Press, 2013; 還有 Alfreda Murck 的 *Mao's Golden Mangoes and the Cultural Revolution*, Zurich: Verlag Scheidegger and Spiess, 2013.

孔子金句「君君臣臣」是出自理雅各（James Legge）所譯。至於討論「國學」，以及有關儒家復興的辯論，我受惠於《國學復興》（The National Learning Revival）特刊的幾篇論文（*China Perspectives* 2011/1），由「法國現代中國研究中心」（French Center for Research on Contemporary China）出版。

我很感謝老舍之子舒乙邀請我到他家，討論其父之死；還有學者傅光明，他口述的老舍之死史實，誠為無價之寶。

Within: Investigating the Massive Corruption of the Chinese Military," *Foreign Policy*, April 16, 2012. 茅于軾對國發改委禮物餽贈伎倆的描寫，見諸他的微博帳號 http://weibo.com/1235457821/yibTdoQsS，而且首刊在《上海人》。

至於更多中國貪腐的沿革與演化，我仰賴 Melanie Manion 所著 *Corruption by Design: Building Clean Government in Mainland China and Hong Kong*, Cambridge, MA: Harvard University Press, 2004, pp. 114-115; Paolo Mauro, "Corruption and Growth," *Quarterly Journal of Economics* 111, no. 3, 1995, pp. 681-712; 裴敏欣之 *China's Trapped Transition: The Limits of Developmental Autocracy*, Cambridge, MA: Harvard University Press, 2008; 裴敏欣之 "Corruption Threatens China's Future," Carnegie Endowment for International Peace, Policy Brief no. 55, 2007; 還有 Andrew Wedeman 的 *Double Paradox: Rapid Growth and Rising Corruption in China*, Ithaca, NY: Cornell University Press, 2012.

第 18 章——硬道理

• • •

為了了解中國機會與流動性的變化，我仰賴許多研究，包括 Cathy Honge Gong, Andrew Leigh, Xin Meng 合撰的 "Intergenerational Income Mobility in Urban China," Discussion Paper no. 140, National Centre for Social and Economic Modelling, University of Canberra, 2010; James J. Heckman 與 Junjian Yi 合撰的 "Human Capital, Economic Growth, and Inequality in China," NBER Working Paper no. 18100, May 2012; John Knight, "Inequality in China: An Overview," World Bank, 2013; Yingqiang Zhang 與 Tor Eriksson 的 "Inequality of Opportunity and Income Inequality in Nine Chinese Provinces, 1989-2006," *China*

中國高鐵成長的背景資訊，請參閱 Paul Amos、Dick Bullock 及 Jitendra Sondhi 合撰的 "High- Speed Rail: The Fast Track to Economic Development?"World Bank, July 2010; Richard Bullock, Andrew Salzberg 與 Ying Jin 合著 "High-Speed Rail—The First Three Years: Taking the Pulse of China's Emerging Program,"*China Transport Topics*, no. 4, World Bank Office, Beijing, February 2012; James McGregor 所著 "China's Drive for 'Indigenous Innovation': A Web of Industrial Policies"，其報告二〇一〇年七月由 U.S. Chamber of Commerce 資助進行。

劉志軍與他弟弟劉志祥的生活及犯罪細節，是由採訪他們的受審，還有其他鐵道部要角的判決收集而來。我另要感謝《財新》等中國媒體的調查採訪。劉志祥斂財的陰謀，還有他參與謀殺一名承包商，請見芮紀雲〈武漢鐵路劉志祥腐敗大案舉報始末〉，《檢察風雲》，二〇〇六年五月，網址為 http://www.360doc.com/content/06/0612/08/142_133043.shtml。

第 17 章——發光

• • •

胡岡的幾本小說及技術指南，源自他的行賄藝術專業，包括筆名浮石的《青瓷》（湖南：湖南文藝出版社，二〇〇六年）及《中國式關係》（北京：金城出版社，二〇一一年）。

中國當代貪腐案件，包括薄熙來倒台，均廣獲中外媒體報導。彭博新聞有分析、比對中國人大與美國官員的淨資產值。人民解放軍的貪腐細節，係由 John Garnaut 報導，文章標題為 "Rotting from

第 15 章—— 沙塵暴

• • •

除了我的採訪及經驗以外，許多有關「茉莉花革命」事件流產的敘述，已見諸出版品。記者遭到人身攻擊的詳情，《華爾街日報》、CNN 及「駐中國外國記者俱樂部」都有描述。就分析及時序方面，我特別受益於 Scott J. Henderson 的 "Wither the Jasmine: China's Two-Phase Operation for Cyber Control-in-Depth," *Air and Space Power Chronicles*, Maxwell Air Force Base, AL, First Quarter 2012, pp.35-47; Dale Swartz,"Jasmine in the Middle Kingdom: Autopsy of China's （Failed） Revolution,"American Enterprise Institute for Public Policy Research, no. 1, April 2011, pp. 1-5.

艾未未是在接受我採訪時，描述他被捕的狀況。令我受益良多的另有 Barnaby Martin 所著 *Hanging Man: The Arrest of Ai Weiwei*, New York: Macmillan, 2013.

第 16 章—— 風暴雷嗔電閃

• • •

為重建二〇一一年七月二十三日列車事故，我訪問了幾十人，包括鐵道官員、工程師、乘客、調查人員、承包商及地方記者。其中大多數人必須不透露姓名，原因是有遭報復的危險。最珍貴的文件當中，有官方國務院對事故的調查報告，名稱為〈7・23 甬溫線特別重大鐵路交通事故調查報告〉，線上可以參閱，網址為 http://www.chinasafety.gov.cn/newpage/Contents/Channel_5498/2011/1228/160577/content_160577.htm。

Internet,"*The Economist*, April 6, 2013; Gary King, Jennifer Pan, Margaret E. Roberts 合撰的 "How Censorship in China Allows Government Criticism but Silences Collective Expression,"*American Political Science Review* 107, no. 2, May 2013, pp. 1-18; Evgeny Morozov 所著 *The Net Delusion: The Dark Side of Internet Freedom*, New York: PublicAffairs, 2012; 還有 David Bandurski 所著 "China's Guerrilla War for the Web,"*Far Eastern Economic Review*, July 2008.

至於中國的「諾貝爾獎情結」，我受益於與藍詩玲（Julia Lovell）的交談，還有她對這個主題的著作 *The Politics of Cultural Capital: China's Quest for a Nobel Prize in Literature*, Honolulu: University of Hawaii Press, 2006.

第 14 章——雞舍裡的病菌

• • •

陳光誠回憶與副市長劉杰會面，記載在張的文章〈陳光誠與溫家寶：權力 VS 人權〉。「信訪局」的研究，係根據于建嶸教授所述。至於中國傳統抗議的背景資料，要感謝明尼蘇達大學方強教授協助。

我另根據以下的著作：Xi Chen, *Social Protest and Contentious Authoritarianism in China*, Cambridge, UK: Cambridge University Press, 2011; 孔誥烽的*Protest with Chinese Characteristics: Demonstrations, Riots, and Petitions in the Mid-Qing Dynasty*, New York: Columbia University Press, 2011, 以及方強的*Chinese Complaint Systems: Natural Resistance*, Routledge Studies in the Modern History of Asia, Vol. 80, New York: Routledge, 2013.

其他學者、批評家還寫出大量的分析文章、翻譯作品。有一本涵蓋這段令人犯疑時期的書，是 Lee Ambrozy 編譯的 *Ai Weiwei's Blog: Writings, Interviews, and Digital Rants, 2006- 2009*, Cambridge, MA: MIT Press, 2011.

研究艾未未背景及這位中國前衛藝術家的誕生，我參考的書籍有 Karen Smith 的 *Ai Weiwei*, London: Phaidon Press, 2009; Karen Smith, *Nine Lives*, Beijing: Timezone 8 Limited, 2008; Philip Tinari, "A Kind of True Living," *ArtForum* Summer 2007; 還有巫鴻的 *Making History*, Beijing: Timezone 8, 2008.

有幾本中文著作，就了解艾家及其背景，誠為無價之寶，包括艾未未之母高瑛寫的《我和艾青》（北京：人民文學出版社，二〇一二年）；他弟弟半杜撰式描寫艾家的紐約時光：艾丹《紐約札記》（河北：花山文藝出版社，一九九九年）；還有一本詳細描寫他父親艾青的傳記：駱寒超、駱蔓著《時代的吹號者—艾青傳》（浙江：杭州出版社，二〇〇五年）。

第 13 章——七項判決

• • •

劉曉波的法院陳詞由林培瑞與廖天琪譯成 *No Enemies, No Hatred*。該書另收納溫克堅與警方的互動。高智晟描述自己遭拘留時的狀況，文章是 "Dark Night, Dark Hood and Kidnapping by Dark Mafia: My Account of More Than 50 days of Torture in 2007"。二〇一〇年四月，他接受美聯社訪問時，表示決定放棄民權活動。

研究中國網管的演化細節，我仰賴許多消息來源，包括楊國斌的 *The Power of the Internet in China*; Gady Epstein, "Special Report: China and the

After Tiananmen，再版於二〇〇九年三月出刊的 *China Heritage Quarterly*；林培瑞（Perry Link）之 *Liu Xiaobo's Empty Chair: Chronicling the Reform Movement Beijing Fears Most*, New York: New York Review of Books, 2011; 劉曉波、林培瑞與廖天琪（Tienchi Martin-Liao）合著 *No Enemies, No Hatred*, Cambridge, MA: Harvard University Press, 2012; 劉曉波 *June Fourth Elegies: Poems*, Jeffrey Yang 譯，Minneapolis, MN: Graywolf Press, 2012.

第 11 章—— 獨唱團

• • •

為了不與中國網路文化脫節，我大力仰仗範圍很廣的網站，其中最重要的是「中國數字時代」。韓寒用中文寫博客及書本。他第一本及最成功的書是《三重門》（北京：作家出版社，二〇〇〇年）。在寫到麥可與韓寒世代描述自己，相形他們父母一輩自我描述，其方式有所不同，我受益於任璧蓮的書 *Tiger Writing*，書中探討中國人回憶錄，跨世代之間風格的不同點。黨千方百計，想改革並規範幽默，這段沿革，我受益於 David Moser 寫的 "No Laughing Matter: A Hilarious Investigation into the Destruction of Modern Chinese Humor"。文章在二〇〇四年十一月十六日貼上「單位」網站，網頁為 www.danwei.org/tv/stifled_laughter_how_the_commu.php。

第 12 章—— 抵抗的藝術

• • •

艾未未作品繁多，除了他的影片、藝術作品、建築及書籍，

Press, 2012.

方可成報告，自己發現「中國人民情感受傷」這種表述，其次數大增，是在自己的博客 www.fangkc.com 裡。

第 10 章——奇蹟與魔法引擎

• • •

行文過程中，我引用不少林毅夫的論文及書籍，包括他與蔡昉、李周合著的《中國的奇蹟》（*The China Miracle: Development Strategy and Economic Reform*），香港中文大學出版社，二〇〇三年；*Economic Development and Transition: Thought, Strategy, and Viability*, Cambridge, UK: Cambridge University Press, 2009; 林毅夫與 Celestin Monga 合撰的 "Growth Identification and Facilitation: The Role of the State in the Dynamics of Structural Change," Policy Research Working Paper 5313, World Bank, May 2010; *New Structural Economics: A Framework for Rethinking Development and Policy*, Washington, D.C.: World Bank Publications, 2012; *The Quest for Prosperity: How Developing Economies Can Take Off*, Princeton, NJ: Princeton University Press, 2012.

關於中國經濟智庫的細節，請參見 Barry Naughton 所著 "China's Economic Think Tanks: Their Changing Role in the 1990s," *China Quarterly*, 2002.

我描寫劉曉波的著作，使用網際網路及行動主義，是取自我與他的互動，閱讀他的作品。他用中文寫作，但有些他的作品—書、詩、散文、評論，已轉譯成英文。我最仰賴的幾部作品，是劉曉波等人所著，包括白傑明所譯的 "Confession, Redemption, and Death: Liu Xiaobo and the Protest Movement of 1989"，文章刊在 *The Broken Mirror: China*

Marie Brady 的 *Marketing Dictatorship* 以及 *China's Thought Management*。夏偉對政治文章的評論，可由他一九四六年的論文 "Politics and the English Language" 得知。

胡舒立不吝撥出時間，與我談及她的回憶。為了了解她一生的事業，我訪問了幾十位記者，談天中受益良多，尤其是與 Wang Shuo、Qian Gang、David Bandurski、Wu Si 及 Li Datong 等人。

為了得知新聞業及言論自由的背景，我參考何清漣的 "The Fog of Censorship: Media Control in China,"New York: Human Rights in China, 2008; 以及潘公凱的《走出毛的影子：為新中國的靈魂奮鬥》（*Out of Mao's Shadow: The Struggle for the Soul of a New China*）, New York: Simon & Schuster, 2008.

第 9 章——自由引導著人們

• • •

我感謝唐杰由二〇〇八到二〇一三年多次願意與我見面。他的影片可以在 www.youtube.com/watch?v=MSTYhYkASsA 看得到。我很幸運能採訪到他太太萬曼璐，還有他幾位朋友，包括曾可為及劉晨光，他們都回答問題好幾個小時。官方支持中國民族主義，還有修訂教科書的背景資訊，請閱 William A. Callahan 所著 *China: The Pessoptimist Nation*, Oxford: Oxford University Press, 2010; 還有 Hongping Annie Nie 的 "Gaming, Nationalism, and Ideological Work in Contemporary China: Online Games Based on the War of Resistance Against Japan,"*Journal of Contemporary China, Vol.* 22, no. 81, January 2013,pp. 499-517; 以及汪錚的 *Never Forget National Humiliation: Historical Memory in Chinese Politics and Foreign Relations*, New York: Columbia University

99 Cases," *UNLV Gaming Research and Review Journal* 13, no. 1, 2009.

第 7 章—— 任重而道遠

• • •

一九四二年五月，毛〈在延安文藝座談會上的講話〉鋪陳他對藝術文化的願景。這段引言取自第三部。要想更加了解社會主義寫實主義，還有當代藝術之興起，請參閱夏偉、魯樂漢的《富強之路》；Walter J. Meserve 與 Ruth I. Meserve 合著 "Evolutionary Realism: China's Path to the Future," *Journal of South Asian Literature, Vol.* 27, No. 2, Summer/Fall 1992, pp. 29-39; 還有 Barbara Pollack 所著 *The Wild, Wild East: An American Art Critic's Adventures in China*, Beijing: Timezone 8, 2010.

至於嚴復訪英的背景，他的譯作帶來的影響，以及中國與西方的衝突關係，我大力仰仗夏偉、魯樂漢的《富強之路》。

中國連續劇《走入歐洲》，在 Pál Nyíri 的作品 *Scenic Spots: Chinese Tourism, the State, and Cultural Authority*, Seattle: University of Washington Press, 2006. 有所描述。

本段的中學生調查，在 Yali Zhao、Xiaoguang Zhou, 及 Lihong Huang 合著的 "Chinese Students' Knowledge and Thinking about America and China" 論文有敘述（*Social Studies* 99, no. 1, 2008, pp. 13-22）。

第 8 章—— 戴銬而舞

• • •

研究中宣部之沿革、組織及演化時，我大力仰仗兩本書：Anne-

劣產品、虛報註冊資本案〉，二〇一〇年二月二十日。珍貴的中國媒體報導中，有王開〈造假者王桂平：帶走九條人命的鄉村「冒險家」〉（三聯生活周刊，二〇〇六年六月二日）。

很感謝香港高等法院登記處答允我的申請，給予一份有關審理陰謀殺害王鑑明，勒索蕭潤平案件的謄本。我在準備該申請時，得到香港大學「比較法與公法研究中心」主任楊艾文的協助。二〇一一年，我在蕭潤平的建築工地訪問到他。我首度得知「爛賭平」，由一篇「路透」通訊社的文章，刊登於二〇一〇年三月，與艾薩克斯（Matt Isaacs）合撰。艾薩克斯任職於加州大學柏克萊分校調查採訪課程，另慷慨提供該案進一步資訊給我。

至於更多中國人的冒險行為以及錢進澳門，請參閱藍誌雄所著 *The World of Chinese Gambling*, Adelaide: Peacock Publications, 2009; Elke U. Weber 與 Christopher Hsee 合著 "Cross- national differences in risk preference and lay predictions," *Journal of Behavioral Decision Making*, Vol. 12, 1999, pp. 165-179.

而美國國務院對澳門貪腐及洗錢的分析調查，請閱 *2011 International Narcotics Control Strategy Report, Volume II: Money Laundering and Financial Crimes*. Tremont Capital Group 的執行長 Sam M. Ditzion 對美國自動提款機的使用有所研究，我在此鳴謝。其他有關澳門組織性犯罪的資訊，請參閱 Roderic Broadhurst 與李勁華合著 "The Transformation of Triad 'Dark Societies' in Hong Kong: The Impact of Law Enforcement, Socio-Economic and Political Change," *Security Challenges*, Summer 2009; Angela, Veng Mei Leong 所著 "Macau Casinos and Organised Crime," *Journal of Money Laundering Control* 7, no. 4 , 2004; 曾忠祿與 David Forrest 合著 "High Rollers from Mainland China: A Profile Based on

Lives, New York: Routledge, 2008; Anne- Marie Brady 所 著 *Marketing Dictatorship: Propaganda and Thought Work in Contemporary China*, Lanham, MD: Rowman and Littlefield, 2007, p.57; 還有 Jing Wang 所著 "Bourgeois Bohemians in China? Neo-Tribes and the Urban Imaginary,"*China Quarterly, Vol. 183*, September 2005, pp. 10-27.

福塞爾的 *Class* 有簡體中文版，書名叫《格調：社會等級與生活品味》（中國社會科學出版社，一九九八年）。

論中產階級典型的匿名文章，標題叫〈白領隕落黑領升起〉，可以在 http://forum.iask.ca/archive/index.php/t-266552.html 找得到。

何肇發的箴言，見刊在〈中國的現代化需要時間社會學—訪社會學家、中山大學教授何肇發〉，《社會》期刊，一九九四年第六期。

《哈佛女孩》的成功，見 Andrew Kipnis 專文 "Suzhi: A Keyword Approach,"*China Quarterly*, Vol. 186, June 2006, pp. 295-313.

英文在中國的興衰史，見 Bob Adamson 所著 *China's English: A History of English in Chinese Education*, 香港大學出版社，二〇〇四年。

第 6 章——割喉

• • •

藝術家蔡國強訪問過一百名農民達文西，而且挑選他們的發明品，在二〇一〇年上海外灘美術館展出。我收納在本書的採訪，取自蔡的展覽型錄：《蔡國強，農民達文西》。

有關自修自練的化學師王桂平，還有他受審的判決，見〈江蘇省泰州市人民檢察院訴王桂平以危險方法危害公共安全、銷售偽

Chinese Want: Culture, Communism, and the Modern Chinese Consumer, New York: Macmillan, 2012; 還有李成編纂 *China's Emerging Middle Class: Beyond Economic Transformation*, Washington, D.C: Brookings Institution Press, 2010.

「抵押貸款」一詞的翻譯由來，還有物價飆升的規模，請閱吉密歐（Jamil Anderlini）所著的 "Chinese Property: A Lofty Ceiling," *Financial Times*, December 13, 2011.

對住居的影響，請閱魏尚進及張曉波所著 "The Competitive Saving Motive: Evidence from Rising Sex Ratios and Savings Rates in China," NBER Working Paper no. 15093, June, 2009.

第 5 章——不再是奴隸

• • •

我感謝張麥可與我分享他的寫作。

討論語言包圍著階級鬥爭與中產階級時，我仰仗李成編纂的 *China's Emerging Middle Class*，還有 Xing Lu 所著 "An Ideological/Cultural Analysis of Political Slogans in Communist China," Discourse & Society, Vol. 10, Issue 4, 1999, p. 487；還有 Andrew Scobell 及 Larry Wortzel 合撰 *Civil-Military Change in China: Elites, Institutes, and Ideas After the 16th Party Congress*, Carlisle, PA: U.S. Army War College, 2004, pp. 258 and 275n5. 香港大學的方克濤（Chris Fraser）助我了解孟子，李成協助我理解今天黨高層如何利用孟子。

在討論中國與其他社會主義國家相比，其貧富差距的狀況，新中等收入階層的出現，執政黨、革命史博館取消及布波族，請閱古德曼（David S. G. Goodman）所著 *The New Rich in China: Future Rulers, Present*

謝凱博文博士與我討論這些課題，另提醒我去閱讀他同儕及畢業學生的著作。

有關個人語言、個人自主權的降臨及其相關資訊，我大力仰仗 *Deep China* 一書，尤其是景軍所撰的 "From Commodity of Death to Gift of Life"。此外，我還參考 Tamara Jacka 的 *Rural Women in Urban China: Gender, Migration, and Social Change*, Armonk, NY. and London: M.E. Sharpe, 2006; 還有 Mette Halskov Hansen 的 "Learning Individualism: Hesse, Confucius, and Pep- Rallies in a Chinese Rural High School,"*China Quarterly, vol.213*, March 2013, pp. 60-77.

至於愛情在中國的政治角力歷史，我參閱閻雲翔的《私人生活的變革：一個中國村莊里的愛情、家庭與親密關系（1949-1999）》及 *Deep China* 這兩本書。此外還有 Fred Rothbaum 及曾育彪（Bill Yuk-Piu Tsang）撰寫的 *Lovesongs in the United States and China: On the Nature of Romantic Love*, Journal of Cross-Cultural Psychology, Vol.29, Issue 2, March 1998, pp. 306-319; 還有李海燕的《心靈革命》（*Revolution of the Heart: A Genealogy of Love in China, 1900–1950*）, Stanford, CA: Stanford University Press, 2006.

我還受益於龔海燕的著作《愛得好，傷不了》（北方婦女兒童出版社，二〇一一年）。

第 4 章—— 心靈的胃口

• • •

我很感謝龔海燕與我分享她的故事，允許我在那些年間，上班時去拜訪她。

消費習慣及廣告的背景資料，請閱 Tom Doctoroff 所著 *What*

Monkey and the Dragon: A True Story About Friendship, Music, Politics and Life on the Edge, Melbourne: Text Publishing, 2000.

大學對林毅夫申請入學的反應，描述在〈林毅夫真相，中國人民大學應以「來歷不明」被拒〉（《環球人物周刊》，二〇一二年四月十四日）文中。

有關個人地位、中國文化法律歷史交相依賴，還有「思想改造」的起源，請參閱白傑明及 Linda Jaivin 的 *New Ghosts, Old Dreams: Chinese Rebel Voices*, New York: Times Books, 1992; Mette Halskov Hansen 及 Rune Svarverud 等編纂的 *iChina: The Rise of the Individual in Modern Chinese Society*, book 45, Copenhagen: Nordic Institute of Asian Studies, 2010; 任璧蓮（Gish Jen）*Tiger Writing: Art, Culture, and the Interdependent Self*, Cambridge, MA: Harvard University Press, 2013; Richard Nisbett, *The Geography of Thought: How Asians and Westerners Think Differently...and Why*, New York: Simon & Schuster, 2004; Pál Nyíri, *Mobility and Cultural Authority in Contemporary China*, Seattle: University of Washington Press, 2010; 還有夏偉與魯樂漢合著的《富強之路：從慈禧開始的長征》（八旗文化，二〇一四年）。

作家兼翻譯家周華（Joel Martinsen）對雷鋒現象研究有成，與我分享，讓我受益良多。他在這個主題的著作包括 "A Lei Feng Two-fer,"www.danwei.org/trends_and_buzz/a_lei_feng_twofer.php

文革期間被流放到西部沙漠的醫生，其訪談是凱博文（Arthur Kleinman）所進行，見諸精神病學家、人類學家及中國學者凱博文、閻雲翔、Everett Zhang、景軍（Jing Jun）、Sing Lee 等合撰的 *Deep China: The Moral Life of the Person*, Berkeley: University of California Press, 2011. 我深深感

陳光誠慷慨地同意討論他的童年，還有對他思想的影響。我造訪他所住村莊的部分過程，見刊在二〇〇五年的《芝加哥論壇報》。至於他生命的背景等細節，我大力仰仗幾本新的著作，包括張耀杰的 "Chen Guangcheng and Wen Jiaobo: Power vs. Human Rights," China Rights Forum 3, 2006, pp. 35- 39.

中國網管「防火長城」的起源，以及師濤一案，我能取得寶貴的洞見，得自 Rebecca MacKinnon 的 *Consent of the Networked: The Worldwide Struggle for Internet Freedom*, New York: Basic Books, 2012; 以及楊國斌的 *The Power of the Internet in China: Citizen Activism Online*, New York: Columbia University Press, 2009.

查建英的北京印象，見諸她的著作 *China Pop: How Soap Operas, Tabloids, and Bestsellers Are Transforming a Culture*, New York: New Press, 2011. 為了了解北京城歷史，我求教於白傑明（Geremie Barmé）的 *The Forbidden City*, Harvard University Press, 2008; Jasper Becker, *City of Heavenly Tranquility: Beijing in the History of China*, New York: Oxford University Press, 2008.

中國歷史的背景，以及對時光演遞的領略，我大力參考 Colin A. Ronan 的 *The Shorter Science and Civilisation in China: An Abridgement of Joseph Needham's Original Text* , volume 4, Cambridge, UK: Cambridge University Press, 1994；還有巫鴻（Wu Hung）的 "The Hong Kong Clock: Public Time- Telling and Political Time/Space," Public Culture 9, 1997, pp. 329-354.

第 3 章—— 文明的洗禮

• • •

台灣叛逃者的經歷，包括黃植誠的，都描述在 Linda Jaivin 的 *The*

and Company, 1990; 趙紫陽《改革歷程》（*Prisoner of the State: The Secret Journal of Premier Zhao Ziyang*）, New York: Simon & Schuster, 2009; 以及周曉（Kate, Xiao Zhou）的*How the Farmers Changed China: Power of the People*, Boulder, CO: Westview Press, 1996.

第 2 章—— 召喚

• • •

有關天安門廣場示威的歷史描述，請參見夏偉（Orville Schell）的 *Mandate of Heaven: A New Generation of Entrepreneurs, Dissidents, Bohemians, and Technocrats Lays Claim to China's Future*, New York: Simon & Schuster,1994.

以網路之興起與民族主義的成長為主題者，有 Xu Wu 的 *Chinese Cyber Nationalism: Evolution, Characteristics, and Implications*, Lanham, MD: Lexington Books, 2007; Peter Hays Gries, *China's New Nationalism: Pride, Politics, and Diplomacy*, Berkeley: University of California Press, 2005.

研究消費者文化、休閒及選擇的背景時，我最仰賴閻雲翔的《中國社會的個體化》；戴慧思（Deborah S. Davis）的 *The Consumer Revolution in Urban China*, Berkeley: University of California Press, 2000; Pál Nyíri, *Mobility and Cultural Authority in Contemporary China*, Seattle: University of Washington Press, 2010; Li Zhang, *In Search of Paradise: Middle- Class Living in a Chinese Metropolis*, Ithaca, NY: Cornell University Press, 2010.

要取得中國經濟成長之規模，速度的統計數據與分析，我仰賴《經濟學人》及《紐約時報》。至於黨的「教育運動」，我參考最多的是 Anne-Marie Brady 的 *China's Thought Management*, New York: Routledge, 2011.

Richard White, *Railroaded: The Transcontinentals and the Making of Modern America*, New York: W. W. Norton and Company, 2012; Bill Bryson, *At Home: A Short History of Private Life*, New York, Random House, 2010.

第 1 章——鬆綁

• • •

我要感謝林毅夫在多次訪談中，與我分享他的事蹟與著作。此外，我仰賴台灣國防部對他叛逃事件製作的官方檔案，包括二〇〇九年五月二十日的〈調查報告〉及二〇〇二年十一月二十六日的〈糾正案文〉。其他有用的背景及細節，收納在鄭東陽著《林毅夫：跌宕人生路》（浙江：浙江人民出版社，二〇一〇年）。

我要感謝金門當地歷史學家及作家林義春（音）帶我遊金門，分享他對冷戰時代，該島生活的著作、回憶錄。

描述金門島冷戰時代，在台灣與中國大陸衝突中的活生生歷史，請參閱宋怡明（Michael Szonyi）的 *Cold War Island: Quemoy on the Front Line*, New York: Cambridge University Press, 2008; Robert Shaplen,"Letter from Taiwan," *The New Yorker*, June 13, 1977, p.72; Richard James Aldrich, Gary D. Rawnsley, Ming-Yeh T. Rawnsley, *The Clandestine Cold War in Asia, 1945-65: Western Intelligence, Propaganda and Special Operations*, New York: Routledge, 2000.

改革開放降臨時，中共大老間關係的背景，請參閱Barry Naughton的"Deng Xiaoping: The Economist," *China Quarterly*, Vol. 135, *Special Issue: Deng Xiaoping: An Assessment*, Sept. 1993, pp. 491-514; 史景遷（Jonathan Spence）《追尋現代中國》（*The Search for Modern China*）, New York: W. W. Norton

前言

• • •

我要感謝閻雲翔與我分享他對夏家村的回憶錄；文革期間，他在那兒當農夫，後來還重返當地，以人類學者的身分，進行一系列長期研究。他把位在黑龍江省夏家村的變化記錄成文獻，寫成好幾本詳細的著作，包括《私人生活的變革：一個中國村莊裡的愛情、家庭與親密關系（1949—1999）》（*Private Life Under Socialism : Love, Intimacy and Family Change in a Chinese Village 1949-1999*, Stanford University Press, 2003）及《中國社會的個體化》（*The Individualization of Chinese Society*, Routledge, 2009）。

魯迅是在他的短篇小說〈故鄉〉中談到希望，文章首刊出於一九二一年一月。

與英國的比較是刊登在麥肯錫全球研究所（McKinsey Global Institute）二〇一二年的著作 *Urban World: Cities and the Rise of the Consuming Class*，依據的是格羅寧根大學學者梅迪森（Angus Maddison）的研究。

我要感謝「龍洲經訊」（GaveKal - Dragonomics）的執行董事葛藝豪（Arthur Kroeber）；他協助我修訂改革前後的收入比較。收入比較取自世界銀行使用圖表集法估計的中國人均國民所得毛額數據，單位為美元。

中國早先時代給人印象的樣本，請參見 George Paloczi Horvath 所著 *Mao Tse- tung: Emperor of the Blue Ants*, London, Secker and Warburg, 1962.

鍍金時代的背景，請參閱馬克・吐溫及 Charles Dudley Warner 的 *The Gilded Age: A Tale of Today*, Hartford, CT: American Publishing Company, 1874;

資料來源
Notes On Sources

本書是在中國生活、報導新聞八年的成果。我在二〇〇五年六月搬去北京，待到二〇一三年六月，與我妻子貝莎娜搬到華府為止。我採訪報導的絕大多數，仰賴個人經驗及訪問，但仍要感謝很多學者、記者、藝術家及作家的幫忙。探究及寫作本書的過程中，我進行幾百次訪問，研讀我對象的個人資料、報導，取得數百頁法院文書，用以解釋某些我描寫的訴訟好戲。至於新聞方面，我仰賴外國及中國的出版品，尤其是英國廣播公司、彭博社，《財經》、《財新》、《經濟觀察報》、《經濟學人》、《金融時報》、《紐約書評》、《紐約時報》、《南華早報》、《華爾街日報》及《華盛頓郵報》。若沒有這幾家網站，是不可能追蹤中國互聯網文化的變化的；它們對新聞報導，流出的官方檔案及社群媒體評論，進行翻譯及分析。這些網站是：Beijing Cream、中國數字時代、ChinaFile、中國傳媒研究計畫、ChinaSMACK、單位、GreatFire、上海人（Shanghaiist）及 Tea Leaf Nation。

中國觀察 25

野心時代

在新中國追求財富、真相和信仰（二版）

AGE OF AMBITION：Chasing Fortune, Truth, and Faith in the New China

作者　歐逸文（Evan Osnos）
譯者　潘　勛、馮奕達（新增作者序）
責任編輯　穆通安、洪源鴻（初版）、李銳俊（二版）
校對　魏秋綢
封面及版型設計　井十二設計研究室
排版　宸遠彩藝

副總編輯　邱建智
行銷總監　蔡慧華
出版　八旗文化／遠足文化事業股份有限公司
發行　遠足文化事業股份有限公司（讀書共和國出版集團）
地址　新北市新店區民權路 108-2 號 9 樓
電話　02-22181417
傳真　02-22188057
客服專線　0800-221029
信箱　gusa0601@gmail.com
Facebook　facebook.com/gusapublishing
Blog　gusapublishing.blogspot.com
法律顧問　華洋法律事務所／蘇文生律師

印刷　成陽印刷股份有限公司
定價　650 元
初版一刷　2015 年 2 月
二版一刷　2025 年 1 月

ISBN　978-626-7509-17-3（平裝）
978-626-7509-16-6（EPUB）、978-626-7509-15-9（PDF）

野心時代：在新中國追求財富、真相與信仰 / 歐逸文 (Evan Osnos) 著；
潘勛、馮奕達譯 . -- 二版 . -- 新北市：八旗文化，遠足文化事業股份有
限公司出版：遠足文化事業股份有限公司發行，2025.01
　面；　公分 . -- (中國觀察；25)
譯自：Age of ambition : chasing fortune, truth and faith in the new China.
ISBN：978-626-7509-17-3 (平裝)

1. 社會生活　2. 中國

540.92　　113014361